本论集由宁波大学文物与博物馆专业硕士学位点资助出版

宁波文物与博物馆专题研究论集

刘恒武　王结华　主编

THE COLLECTION OF THESES ON NINGBO CULTURAL RELICS AND MUSEUM STUDIES

ZHEJIANG UNIVERSITY PRESS
浙江大学出版社
·杭州·

前　言

宁波文博工作历史悠久，积淀深厚，进入21世纪以来进步尤为显著，无论是业务能力还是学术水平都上升到了一个新的高度。特别是在史前考古、港城考古、水下考古、海丝研究、浙东运河遗产保护与研究、博物馆建设与运营管理等方面，甬城各大文博机构及高校的专业团队知行合一，业绩斐然，其实践与理论成果不仅在省内名列前茅，而且受到国内外学界的广泛关注。

为了更好地从专业视角总结过往、明察当下、展望未来，宁波大学文物与博物馆专业硕士学位点联合宁波市文化遗产管理研究院、宁波市天一阁博物院、宁波博物院和宁波中国港口博物馆，共同编辑了这本《宁波文物与博物馆专题研究论集》。我们期待，这本论集能够让文博业界同仁和相关领域研究者、爱好者深入了解宁波地区文物与博物馆领域的基本情况、重点方向、研究动态和进展趋势，同时也能够为宁波高校文博专业师生提供参考。

按照我们构想的框架，本论集包含四个专题栏目：文物研究、考古研究、博物馆研究、文化遗产保护与传承研究。其中，文物研究栏目收录宁波出土/出水文物、博物馆/档案馆等馆藏文物相关研究成果；考古研究栏目收录宁波历年水陆考古（含科技考古、环境考古、动植物考古等）相关论文；博物馆研究栏目收录博物馆教育服务、展陈、经营管理，以及博物馆藏品征集、管理与保护等方面的研究成果；文化遗产保护与传承研究栏目收录文化遗产保护（含科技保护）、遗址公园建设、文化遗产数字化、文化遗产可持续性利用等方面的相关论文。

最终征集、编辑的稿件，也大致均衡地分布于以上四个专题栏目。可以说，本论集既汇集了前辈硕学的所知所悟，也收纳了青年才俊的所学所思。文物研究栏目中，有的文章论述梅园石质文物等宁波特色文物，有的文章则以宁波各博物馆的馆藏文物为研究对象。考古研究栏目所收论文基本覆盖了宁波考古的几个重要专题：史前文化、港城变迁、越窑青瓷、海上丝路、水下考古等。博物馆研究栏目收载的论文分别涉及博物馆教育与服务、博物馆观众、非国有博物馆、社区博物馆、博物馆与非物质文化遗产等专题。文化遗产保护与传承研究栏目论文的主题包括宁波海丝文化遗产、浙东运河文化遗产、宁波会馆遗产、古村落保护、古建筑保护等，亦有文章从人文地理的维度对浙东运河—塘河系统进行了探讨。

由于文物、考古、博物馆、文化遗产各领域之间存在交集，有些论文的内容实际上同时牵涉多个板块。例如，考古研究栏目中，《考古遗址公园模式下考古工作的挑战与机遇——以望京门城墙遗址公园为例》和《考古库房建设初探——以国家水下文化遗产保护宁波基地为例》两篇论文的一些研究要素亦分别属于文化遗产学、博物馆学领域，《考古学视野下的宁波越窑青瓷与东亚海上陶瓷之路》也可被置入文物研究栏目，而博物馆研究栏目的有些文章则同时涉及文化遗产学的范畴，这种交汇融合无疑是十分有益的。当然，我们也可以看到，本论集涉及的若干研究专题尚有很大的探索空间，一些作者提出的观点或结论也有待进一步商榷。我们相信，探索与交流正是这部论集的价值所在；我们也希望，这本论集的编辑出版能够给宁波文博带来更多的关注与支持。

刘恒武（宁波大学文博专硕点）

目 录

文物研究

考古研究

博物馆研究

文化遗产保护与传承研究

文物研究

预防性保护在文物藏品管理及利用中的应用研究

——以天一阁博物院实践为例

饶国庆　沈芳漪　赵旭腾

（宁波市天一阁博物院）

摘　要：预防性保护旨在通过采取一系列预防性措施实现长久保存文物的目的，现已成为国内外文物藏品保护管理工作的重要趋势。本研究通过问卷调研了解国内文博机构预防性保护工作的现状及问题，并以宁波市天一阁博物院的实践为例，提出预防性保护应用于管理和利用文物藏品方面的对策。

关键词：天一阁；预防性保护；藏品管理；数字化

一、调研背景

预防性保护（preventive conservation）的概念，最早于1930年在意大利罗马召开的第一届艺术品检测和保护科学方法研究的国际会议上被正式提出。1963年，意大利学者切萨雷·布朗迪（Cesare Brandi）在专著《修复理论》中也提及"预防性修复优先原则"，引起了极大关注。[①] 至20世纪80年代，预防性保护已经成为博物馆保护文物的主要理念，也被应用于图书馆、档案馆等对藏品的保护规划中。这一阶段强调对于馆藏文物所处环境的控制和监测，如调控温湿度、光照以及防治虫害等。

20世纪90年代以来，伴随着预防性保护的广泛实践，其涵盖的内容更加全面化、系统化。对于馆藏文物而言，预防性保护贯穿可能对文物造成影响的一切工作，包括建筑库房设计、运输、展览、研究利用、日常管理等环节。预防性保护也成为博物馆人员职业道德的重要部分。21世纪以来，风险评估、灾害管理、安全防卫

① 吴美萍：《中国建筑遗产的预防性保护研究》，东南大学出版社2014年版，第11—12页。

等多学科交叉的内容也被纳入预防性保护的讨论范畴。除馆藏文物保护外，诸如古遗址、古建筑保护等更为广义的文化遗产管理和考古、旅游等相关领域也逐渐重视实施预防性保护的理念。

在我国，预防性保护理念的正式兴起虽然较晚，但前期已有较多关于各类文物保护修复技术及馆藏文物保存环境控制的研究[①]，因此在进入 21 世纪以后，相关理论与实践不断蓬勃发展，如中国国家博物馆、敦煌研究院、秦始皇帝陵博物院等大型博物馆都率先开展了预防性保护工作。“防自然损坏”也被写入《中华人民共和国文物保护法》等相关法规中。在国家政策的引导与支持下，《博物馆藏品保存环境试行规范》等多个涉及预防性保护的规范、标准得以出台，许多博物馆的预防性保护项目得以批准实施，大大改善了馆藏文物的保存环境。同时，不可移动文物及其他文化遗产的预防性保护工作也在积极开展，对文物本体及环境的监测研究得以加强。

此外，对文物信息进行“预防性保护”的文物资源数字化，也被视为实现文物可持续发展的有力工具而得到广泛应用。文物资源数字化是博物馆数字化建设最重要的基础工作，即利用三维建模与图像处理等技术，实现文物外形结构、纹理、色彩等信息的高精度获取与保存，并绘制与建立相对应的高保真数字图片和模型，为文物修复保护、学术研究出版、展览展示宣传、文创开发等提供精准的数字化素材。[②]

近年来，随着我国文化事业的发展兴盛，让文物“走出来”“活起来”成为非常响亮的口号。为了满足大众精神文化生活的需要，文物逐渐“走出深闺”，利用率越来越高，这对文物保护和管理也提出了新的更高的要求。预防性保护与文物数字化，虽然不是全新的概念，但对于新时代如何做好文物保护利用仍有着重要的指导价值和现实意义。我们应该以此为抓手，进一步加强文物的系统性保护，推动文物资源走向公众、服务社会，实现传统文化创造性转化、创新性发展，为建成文化强国的目标添砖加瓦。

二、调研情况

为了解各地文博机构预防性保护工作的实际情况，我们组织开展了线上问卷调研，调研对象为管理不可移动文物、可移动文物或兼管两者的机构的从业人员（图 1）。此次调研共回收有效问卷 34 份，涉及浙江、上海、甘肃、北京、湖北、四川

① 周宝中：《文物保护科技的发展历程和前景》，《文物修复与研究》2003 年。

② 薛霏：《文物数字化探析》，载杨国富主编《变革与发展：大学图书馆的探索和实践》，浙江大学出版社 2017 年版，第 364—370 页。

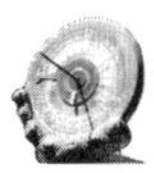

等 16 个省市不同级别的文博机构(图 2、图 3)。

从调研结果来看,预防性保护的理念已经得到了较好的普及。从事文物管理、学术研究、展览陈列、安全保卫、宣教活动、文保修复、运营管理等不同岗位的基层工作人员或中层以上领导,都或多或少地了解过预防性保护的基本概念(图 4)。

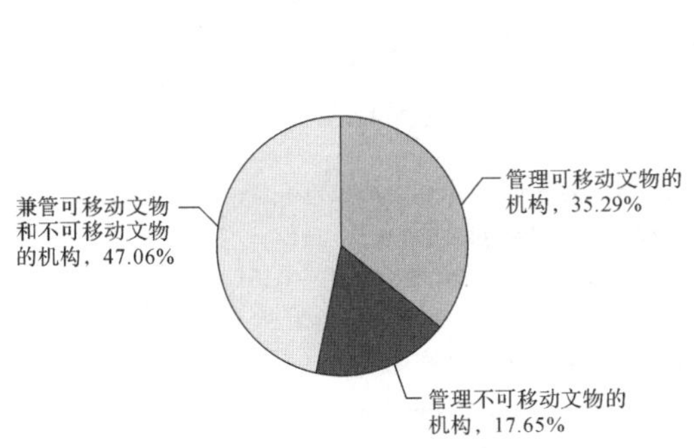

图 1　文博机构性质统计

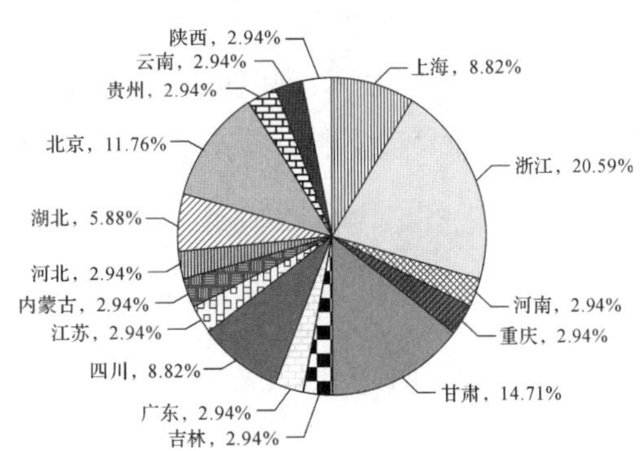

图 2　受调查的文博机构所在地区分布情况

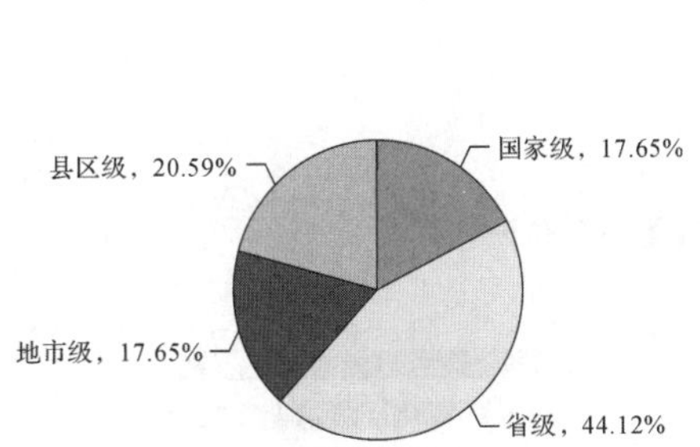

图 3　文博机构级别统计

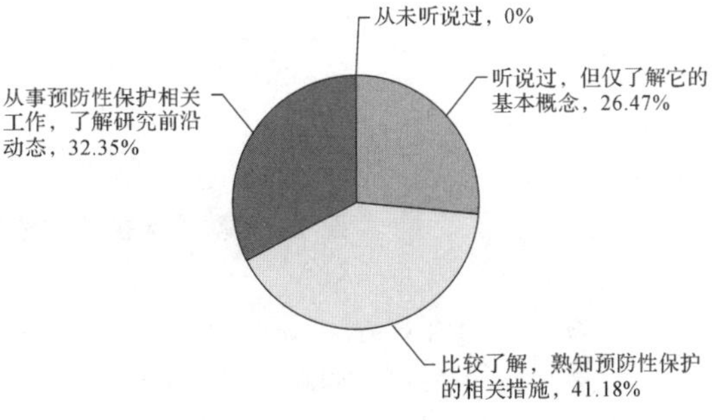

图 4　预防性保护理念的普及情况统计

从项目申请及资金投入情况来看,超过 70%的受访单位都曾申请过预防性保护相关项目,且一些国家级、省市级的单位持续投入超过 500 万元的资金(图 5、图 6),反映了国家及地方对文物预防性保护项目十分重视与支持。

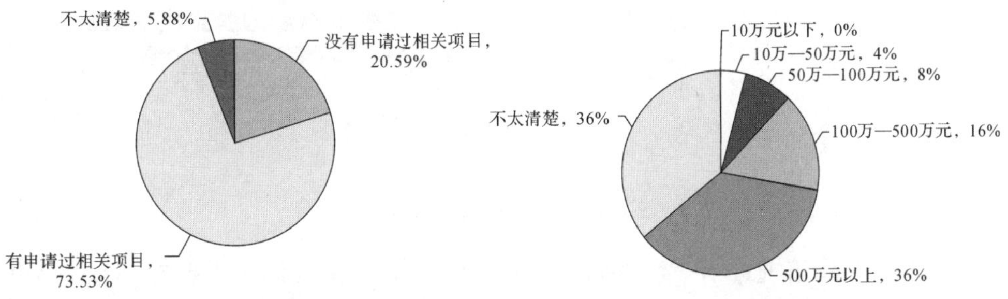

图 5　预防性保护相关项目申请情况统计

图 6　专项资金投入情况统计

关于预防性保护的操作路径，从管理制度、保护规划和建筑规划等顶层设计，到对文物本体及环境的监测调控、风险灾害防范，再到日常巡查保养及包装运输的静态、动态管理，以及硬软件设施设备配置、文保技术应用研究等，均被绝大多数的受访者视为预防性保护的重要手段。此外，面向全体员工组织培训及引导公众参与预防性保护等措施也逐渐引起重视。多数机构采取了文物本体监测、包装运输管理、文保技术应用研究，并制定涉及预防性保护内容的管理制度、保护规划和建筑规划设计方案等。举办员工培训和引导公众参与的情况较少(图 7、图 8)。

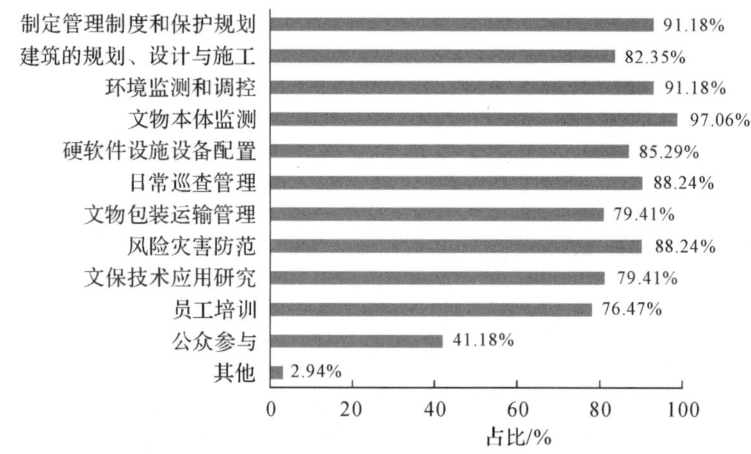

图 7　预防性保护操作路径的重要性评价统计

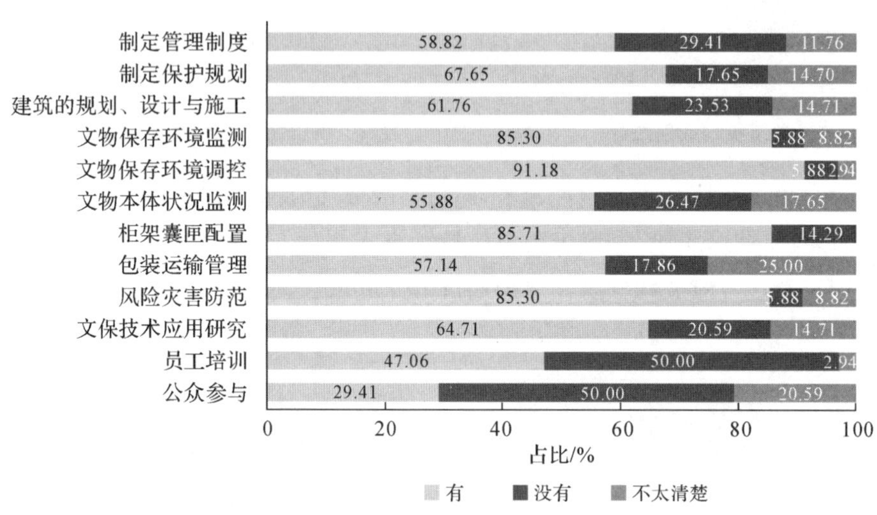

图 8　采取预防性保护相关措施情况统计

从实际工作情况来看，受调查的文博机构主要采取的是文物保存环境监测与调控、风险灾害防范以及可移动文物柜架囊匣配置等措施，其保护实施范围多为

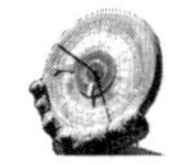

珍贵文物，尚未涵盖全部文物藏品（图 9、图 10）。

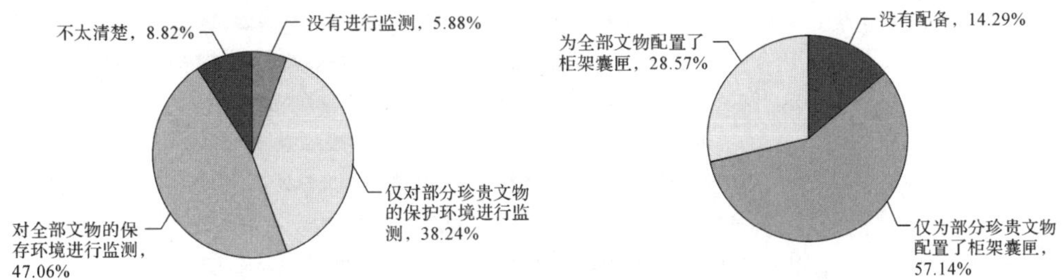

图 9　文物保存环境监测情况统计　　**图 10　可移动文物柜架囊匣配置情况统计**

从实施效果来看，几乎半数的人给予了正面的评价（选择“非常好”和“比较好”），肯定了单位在预防性保护方面所做的工作，但也有超过 20％的受访者认为仍有较大提升的空间（选择“非常不好”与“不太好”）（图 11）。

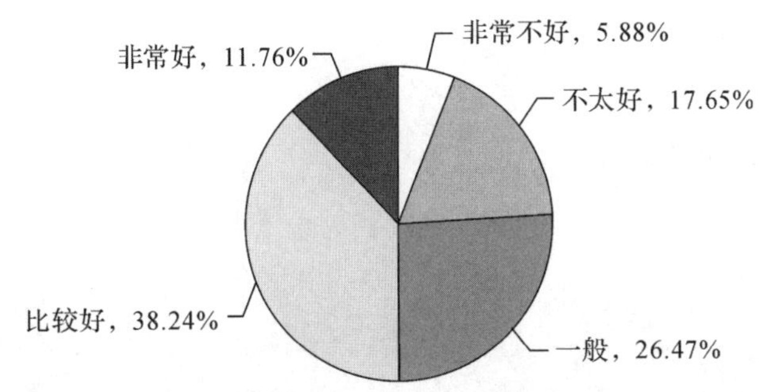

图 11　预防性保护工作成效评价统计

就文物资源数字化而言，仅有少数受访单位尚未进行此项工作（图 12）。数字化资源多用于建设藏品数据库、宣传出版、展览陈列等（图 13）。超过半数的受访者给予了比较正面的评价（选择“非常好”“比较好”和“一般”），肯定了单位在文物资源数字化方面所做的工作，但也有超过 30％的人认为仍有提升的空间（选择“非常不好”与“不太好”）（图 14）。

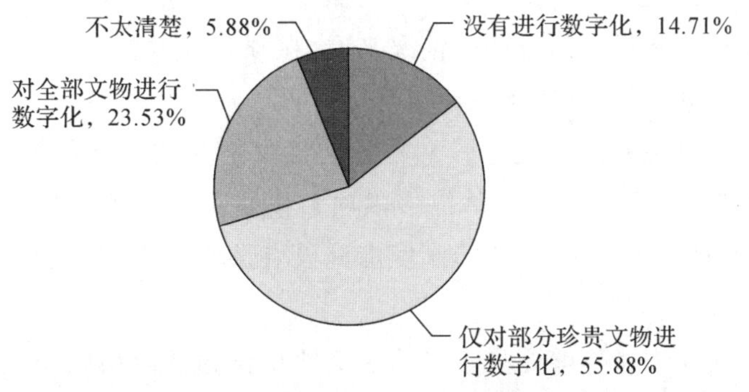

图 12　文物资源数字化情况统计

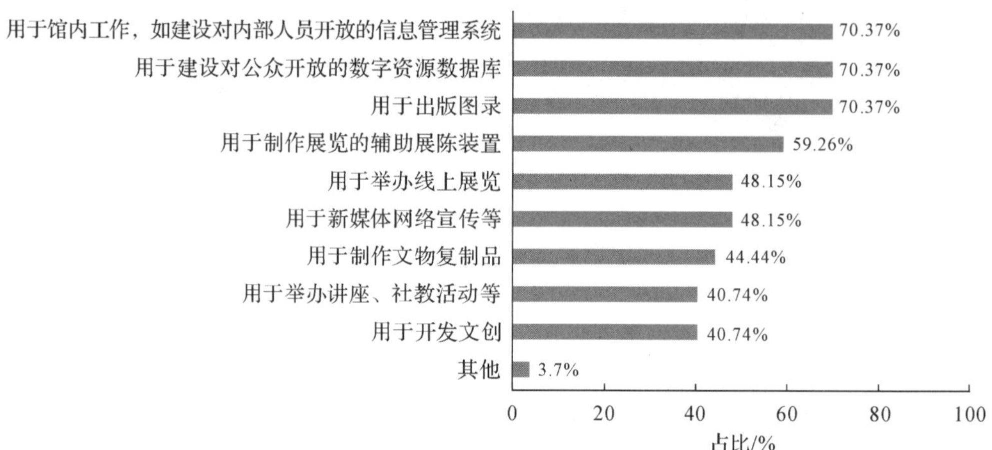

图 13　文物数字化资源应用情况统计

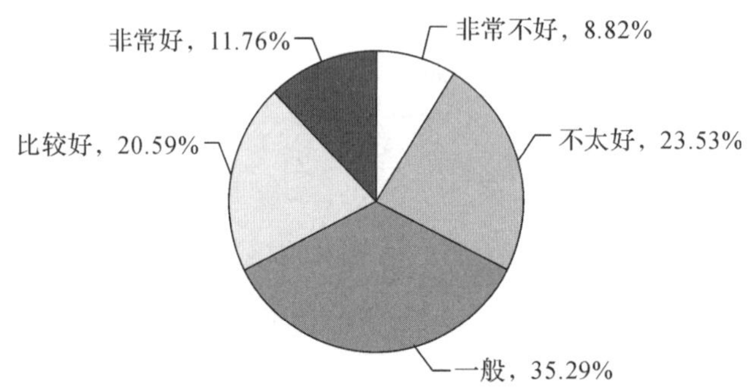

图 14　文物资源数字化工作成效评价统计

三、主要问题

目前预防性保护的理念逐渐深入人心，不少文博机构已初步建立起预防性保护技术体系。然而现状是一些机构投入了很多人力、财力、物力，却因种种原因，并没有达到预期的效果。结合调研情况来看，在预防性保护和数字化保护利用方面存在以下一些共性问题（图 15、图 16）。

一是长期建设机制尚未建立。文物预防性保护及数字化保护利用是一项持续性的系统工程，而目前各文博单位多以项目模式推进相关工作，项目一旦验收完成，工作就暂时告一段落，配套的制度措施没有及时跟上，可能会导致硬软件设备空置或资源浪费。

二是专业人才力量不够充足。目前各文博单位通常以招收历史学类（包括考古学、文物与博物馆等专业）和艺术学类的相关专业人才为主，而缺少如材料、化

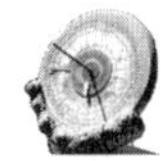

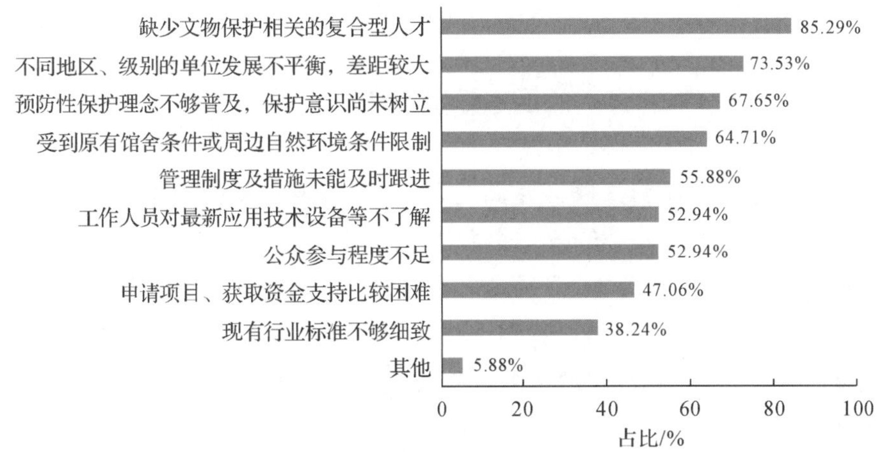

图 15　预防性保护工作存在的问题

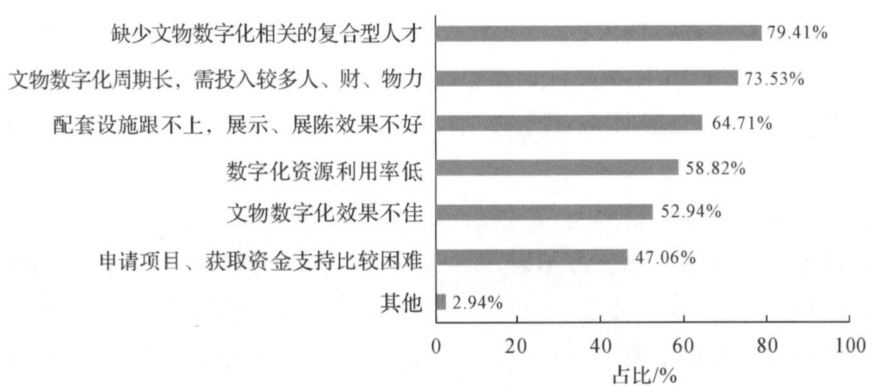

图 16　文物数字化工作存在的问题

学、环境科学、计算机、测绘等专业的与文物保护技术、文物数字化有关的复合型人才。文博单位的相关科研项目多依托与高等院校、科研企业等机构的合作，而没有培养自身的研究与开发力量。

三是信息资源有待挖掘利用。文物保存环境监测以及文物资源数字化等均产生了海量的信息资源，这些资源多处于存储堆积状态，而未被广泛深入地开发。此外，还有资源储存及使用的安全性、知识产权授权等后续问题有待关注。

四是相关设备需要持续运维。随着科技的不断更新，相应产品也迭代较快。已成熟的产品，往往在投入使用几年时间后，便跟不上发展趋势，不能充分满足需要。而运用最新技术的产品相对不太成熟，其可操作性、稳定性较差。因此需要持续投入人力、物力、财力进行运营维护。不同的预防性保护设施设备由于数据标准和接口不同，还会有兼容性差的问题。

总体来说，如何让预防性保护真正落到实处，以延长文物的生命周期，并应用数字化成果来加强保护利用，是从业者需要持续思考的问题。

四、案例分析

天一阁坐落在宁波市海曙区月湖之西，是中国现存年代最早的私家藏书楼，为全国重点文物保护单位，价值非同寻常，保护意义重大。天一阁博物院现为国家一级博物馆，拥有古籍善本、书画碑帖等类型众多、数量庞大的可移动文物和碑碣石刻等不可移动文物，属于博物馆、文保单位、景区等“多合一”的机构，文物保存环境复杂多样。近年来，文博事业与旅游、教育、科技等领域的深度融合，更对博物馆保护好、利用好、管理好文物提出了新要求，预防性保护正是一项重要的博物馆基础性建设工作。

天一阁自明清建成以来就有预防性的传统保藏理念，如因江南地区气候温暖湿润，多台风、洪涝等自然灾害，范氏族人在设计藏书楼建筑及阁前园林时就考虑了防潮防火，在书橱周围放置英石和芸香草以吸湿、防虫。同时在管理制度上坚持多方共管以防止书籍散失，重视禁烟禁火、定期晒书等，都是很有先见之明的举措。

范氏藏书的传统和精神也被后代所继承。天一阁的管理者一直以来十分重视文物的预防性保护工作。近年来，天一阁一直致力于预防性文物保护的实践与摸索，针对本馆藏品特点及江南地区的气候环境，通过实施诸多项目工程，有针对性地开展预防性保护工作。初步形成了相对完整的保护理念、保护方法及保护队伍，切实加强了可移动与不可移动文物的预防性保护水平，并利用文物数字化资源开展多项应用研究。

（一）影响文物保存的环境因素

对影响文物保存的环境因素进行基础性的分析研究，是开展预防性保护工作的前提与基础。从预防性保护的理念来看，环境因素主要包括自然和人为两方面的因素。

1. 自然因素

自然因素主要包括温度、湿度、气体污染物、光辐射、虫和鼠等生物以及霉菌等微生物，对于在室外的不可移动文物而言，还包括土壤、水文以及台风、洪涝、强降雨等自然灾害。

宁波所在的江南地区属亚热带季风气候，本就有温暖湿润、四季分明的特征，加上宁波位于东海之滨，昼夜温差较大（图 17），属于高湿环境。综合历年温湿度监测的结果来看，春夏秋三季湿度基本超过 70%，远高于《博物馆藏品保存环境试

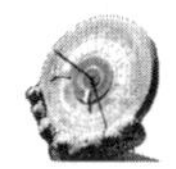

行规范》中规定的最高值60%，冬季的湿度也在45%—65%。若不采取调控措施稳定温湿度，很容易导致馆藏大量纸质文物受潮变形、黏结或产生虫害与霉变。

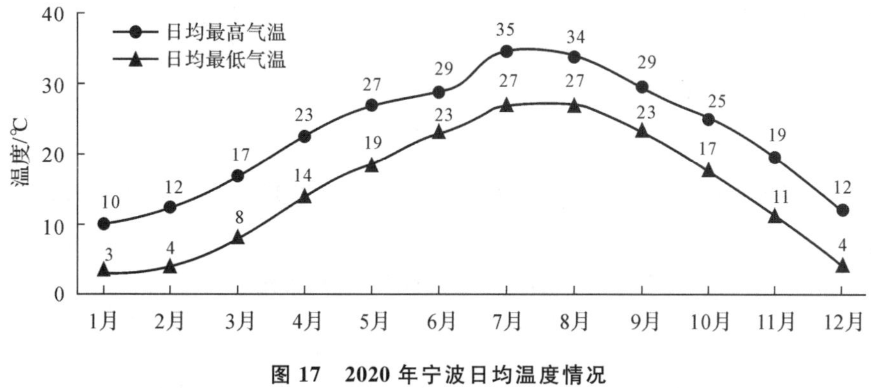

图17　2020年宁波日均温度情况

气体污染物主要包括甲醛、二氧化碳、二氧化氮、二氧化硫、臭氧、挥发性有机污染物（VOC）、颗粒物等，它们都会对馆藏文物造成腐蚀、老化、变色等潜在影响，颗粒物等也会在室外文物表面发生风化等不良作用。结合前期监测数据看，天一阁北书库的VOC含量在0.98—2.41mg/m^3，新库房的VOC含量在0.84—2.58mg/m^3，高于《图书馆古籍书库基本要求》中VOC浓度应低于0.12mg/m^{3}的标准。

光照和紫外辐射过强会加速文物老化，产生不可逆的损伤，但书画等光敏感文物往往需要在高照度环境下才能被更加有效地观赏，在保护与展示利用上存在矛盾。检测结果显示，天一阁博物院库房内照度和紫外辐射合格，仅展柜内照度部分超标。

生物或微生物也是影响文物保存的重要因素。目前天一阁所藏纸质文物中多见虫蛀、霉菌类病害，轻则导致表面出现蛀洞、字迹不清，重则使得纸张碎为细渣，难以辨认字迹或修复。天一阁景区周边有猫、狗、鼠、蛇、蚁及黄鼠狼等动物，动物的行为活动或遗留的毛发、体液等均会影响文物保存状况，如木构建筑会受到老鼠啃咬、白蚁蛀食等，植物生长会导致石质文物等出现裂缝。因此需要及时防治生物及微生物。

宁波所在的江南地区水网密布，地表及地下径流会对不可移动文物的底部、根基造成冲蚀。土壤中的盐分和酸碱度也会引发不良影响，盐分迁移运动易导致空鼓脱落等病害。此外还多见台风、洪涝、强降雨等自然灾害，近年来，这些灾害现象还有强度加大、次数增多的趋势。若不及时预警、采取对应措施，将会造成不可估量的损失。

2. 人为因素

除自然因素外，人们往往忽视了诸如展览、查阅、研究、搬运、数字化、修复、修缮等人为保护与利用活动实际上也是造成文物损害的重要原因。对文物的每一次利用都可能是一次潜在的损伤，若出现撕裂、磕损、水淹、盗窃、火灾等，更是严重的文物安全事故，因此需要由专人依据专门的管理制度和操作规程开展工作。

对于不可移动文物而言，游客的不文明参观行为也易影响文物安全。例如，经常用手触摸石碑易使石碑表面字迹受损，在古建筑周边随意抽烟也有引发火灾的风险。

此外，博物馆的储藏和展示材料也可能会释放污染物，对环境中的文物产生潜在损害作用。其中，酸性物质对纸质文物的作用最为明显，会导致纸质文物老化。工作人员在选择材料时必须选用无酸性的耐久保存材料。

（二）预防性保护

基于对影响文物保存的环境因素的分析，为了延长文物的生命周期，提供“稳定、安全、洁净”的保存环境，尽量实现它们的永续利用，天一阁从以下方面开展了预防性保护工作。

1. 制定保护规划和管理制度

天一阁作为全国重点文物保护单位，依据相关法规要求于2017年启动了保护规划的编制。在对文物本体、周边环境、基础设施及文物保护、研究、管理、利用情况等方面的现状进行科学评估的基础上，制定针对性的保护措施。在保护原则中明确提出了“重保养、重预防”的原则，加强了对文物的日常维护和监测工作，改善周边环境和防灾设施条件，及时排除安全隐患，使文物得到持续的保护。

除了长期的保护规划外，作为博物馆，天一阁还有自身的中期发展规划。“十三五”“十四五”的相关发展规划均强调要开展预防性保护研究和数字化建设，“让保护的步伐前置一步”。在这种理念的指引下，2018年，天一阁通过积极申报，成功申请国家文物局文物保护专项资金来实施预防性保护和数字化保护项目。

此外，在《库房工作制度》《藏品养护办法》《古建筑保养维护规程》等日常管理制度中，虽然未明确提及“预防性保护”，但在各个业务环节中均制定了比较细致的操作规程，如“阴雨天或梅雨季，不提看书画等纸质类易受潮藏品”“观摩者请勿动手触摸，或面对画面讲话，以免口沫喷到画面而造成污染”等。

2. 合理规划设计建筑

天一阁博物院是以全国重点文物保护单位为依托而建立的博物馆，因此在馆区范围内有较多古建筑，多数经修缮或移建后改造用作展厅。新建建筑多为库房建筑及办公用房。第一代新建的库房为北书库，建成于20世纪70年代，现仍作为库房使用，兼具展示功能。第二代新建的库房为新库区，由浙江大学建筑设计研究院设计，于2010年正式投入使用，目前承担主要的藏品保管功能。工作人员在

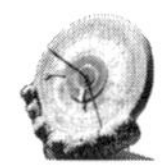

设计之初就考虑了恒温、恒湿、隔热、防日光、防紫外线照射、防尘、防污染、防有害生物等问题，并按照《馆藏文物保存环境质量检测技术规范》等规范进行建设。经过八年的使用，天一阁又对新库区进行了修缮改造，部分办公辅助空间改造为库房，增大了库房面积，为藏品的科学分库保管提供了保障，并整体改善了保存环境条件。

3. 日常巡查管理

预防性保护理念贯穿于日常的巡查管理工作中。依据天一阁的各项管理制度，库管员日常进库检查，查看文物保存情况、库房设施安全及卫生情况等，实行双人双锁出入管理；展厅由藏品保管部门、陈列部和保卫部进行定期巡查清洁，一旦有特殊情况，立即上报处理；文物保护部负责不可移动文物的日常巡查及定期维护，检查本体损坏或病害情况、周边环境变化情况及其对文物的影响。

4. 监测调控文物保存环境

监测调控文物保存环境是预防性保护的关键性措施。在引入环境监测系统之前，天一阁主要通过人工记录进行温湿度的监测。2012 年，天一阁通过陈列改造项目引进一套环境监测系统，以监测不可移动文物、库房与展厅的环境，监测内容包括温湿度、大气污染物种类及浓度等。但此系统仅在宝书楼、北书库和新库区的普本库中设置了传感器，监测范围十分有限。

2020 年，通过预防性保护项目，天一阁构建起一套基本覆盖全馆的环境监测系统，主要由三部分组成，分别为基础监测系统、可移动文物保存环境监测系统及不可移动文物环境监测预警系统。在此基础上构建的环境监测系统平台，可实现环境数据的实时采集、监测、查询、分析、预警，有效提高了馆藏文物保存环境的风险预控能力。

基础监测系统是对室外大环境的监测。通过设置自动气象站和大气污染监测站，对温湿度、风速风向、气体污染物种类及浓度等数据进行监测记录，以供馆内各监测点对比。

可移动文物保存环境监测系统对文物库房、展厅和重点展柜的环境进行监测，共布置了 27 个传感器终端作为监测点位。监测要素包括温湿度、二氧化碳浓度、光照度、紫外线强度等。另配备了便携式检测仪，工作人员可手动监测温湿度、紫外线，以及二氧化碳、甲醛、酸性及碱性污染气体等的含量，以达到及时掌握环境质量的目的。

不可移动文物环境监测预警系统对建筑物周边环境和内部小环境进行监测。天一阁选取了宝书楼、秦氏支祠戏台、百鹅亭等 3 处重点建筑及明州碑林，布置不同类型的监测终端，包括对温湿度等大气环境参数和温度、水分、电导率、酸度、成分元素等土壤环境参数的监测。

由于不可移动文物所处的室外环境基本不可控，因此调控的对象主要是库房、展厅等可移动文物的保存环境。2010 年正式启用的新库区库房均配有恒温恒湿系统和 VRF（可变性冷媒流量）空调系统，2018 年改造时，对这些设备系统进行了全面更新，目前 24 小时持续运行；对于新改造为库房的空间，则使用空调、除湿机等进行环境调控，在一定程度上缓解了相对差值较大的问题。为了更好地调控柜内湿度、降低柜内污染物浓度，通过预防性保护项目，购置了一批专用的被动调控材料，如调湿剂、吸附剂、除氧剂、除虫剂等。

5. 监测文物本体状况

早期对文物本体情况的监测主要依靠传统的监测方法，即在设立监测基准点的基础上，进行简单的测量和数据记录，并配合日常检查和巡查。2009 年，天一阁开始对宝书楼进行定期的科学监测，利用自动安平水准仪、激光经纬仪等设备，检查其沉降、倾斜等变形情况。2020 年建成的不可移动文物环境监测预警系统中，也包含了对文物本体的监测，对象主要是宝书楼、百鹅亭、明州碑林等不可移动文物，也包括家具等可移动文物。该系统可监测本体表面温度、水分含量、沉降或位移程度等信息，还配置了劣变信息视频采集设备和振动报警检测终端，可为文物本体与环境数据对比分析、本体劣变图像分析以及病害化学分析等相关研究提供依据。

6. 文物保藏和包装管理

文物保藏和包装管理主要面向可移动文物。在实施预防性保护项目之前，仅有少数文物配备保存装具，其材质不一且已部分老化。藏品柜架多为木质，长期使用易变形，影响密封性。2020 年，通过预防性保护项目，天一阁补充购置了承载强度更大、结构更加稳定的 65 个多功能钢制柜架，以及 15 个书画卷轴柜、16 个雕版柜、2 个适宜环境敏感型珍贵文物存储的可调控式智能存储柜和 6 个存放砖类文物的重型文物存储架，充分满足了不同材质和级别文物的保存需求。同时配备了 5 万片古籍实木夹板、1600 余个无酸纸囊匣、2000 个书画布套等材质友好的装具。这些装具是依据每一件文物的形态和尺寸专门定制的，与文物紧密贴合，能够降低冲击、震动等对文物的伤害，可进一步减缓温湿度波动及气体污染的影响。对于为古籍专门定制的夹板，在捆绳处特意预留了凹槽，防止长时间的捆绑使书籍表面产生褶皱。

7. 风险灾害防范

风险灾害防范包括对自然灾害及人为风险的防范。为应对各类情况，馆里制定了比较全面的安全防范应急预案。面对台风、洪涝等自然灾害，通过与气象、水利、应急管理等部门保持联动，在灾害来临前进行专项检查、购置应急设施等，并

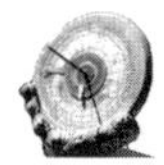

安排人员轮流值班，及时采取措施，保障文物安全。

针对人防、安防、消防“三防”问题，2019 年，通过智慧消防、安防综合提升项目，天一阁构建了比较健全的智能化内部保障系统。馆内安装摄像监控、红外探测器、电子门禁等安防系统和气体灭火系统、电气火灾监测报警系统、消防增压水泵、消防应急广播电话等消防设备，并配备与海曙公安联动的报警装置。中控室控制大屏 24 小时运行，实行双人值班制度，保障随时掌握报警信息。

此外为了防止游客出现吸烟、触摸文物等不文明游览行为，一方面，通过参观标识、新媒体推介等进行宣传教育；另一方面，安排专人进行巡逻检查及行为引导。

8. 文保技术应用研究

在环境监测和本体监测基础上，逐步开始探索利用监测数据开展文物保护应用研究，如制定百鹅亭结构加固的预防性保护方案、开展以宝书楼为例的木结构建筑稳定性监测预警技术研究等。[①] 对于可移动文物的文保技术研究主要是对纸质文物的检测分析，已开展纸张纤维的分析检测、纸张保存环境研究等相关研究，为古籍书画等纸质文物的保护修复奠定基础。

9. 员工培训

目前预防性保护相关的员工培训主要包括藏品保管、消防安全、设备运维等。其中，消防安全培训面向全体职工，其他为对应岗位的职工培训。除专场培训外，平时在工作中也积极开展即时教学，以提高员工的预防性保护意识。

（三）数字化保护利用

数字化保护与预防性保护相辅相成，均为提升文物保护利用水平的利器。天一阁主要从以下几方面入手开展数字化保护利用工作。

1. 文物信息数字化

较早进行的是天一阁馆藏古籍的数字化，开始于 2007 年。因古籍数量巨大且陆续新增，截至 2023 年 12 月，未扫描的古籍仍占总量的 70%左右。近年来，通过与武汉大学、浙大宁波理工学院等的合作，开展大量技术研发与平台建设工作，形成了一套较为成熟的古籍数字化采集处理工作流程，在全文影像高清扫描的基础上，通过 OCR 识别技术为主、人工核对为辅来实现全文录入、文本句读及知识提取。2020 年开展的数字化保护项目主要面向除古籍外的其他可移动文物，完成了 1700 余件珍贵字画、200 余件碑帖、近 120 件馆藏碑石以及 318 件馆藏瓷器等

① 干彬波：《天一阁现状保护和分析》，载天一阁博物馆编《天一阁文丛》第 11 辑，浙江古籍出版社 2013 年版，第 220—224 页。

器物的数字化采集工作。后期处理获得的图片和模型具有8K高精度、高色彩还原度，兼具质感和美感，展示效果突出。在外观信息数字化的同时，还尝试利用高光谱成像的无损分析技术采集了部分可移动文物的材质信息，包括20幅扇面和438件各类材质的器物，以分析书画颜料、器物材质等，为文物鉴定真伪、价值评估及研究展示提供依据。

除可移动文物数字化外，天一阁与天津大学等高校合作“天一阁古建筑保养维护信息采集项目”，已完成多座建筑空间测绘及建模，获得了相关测绘数据及三维模型；与浙江大学合作“天一阁天花彩绘智能处理与利用技术研究与系统开发”项目，完成了对天一阁一楼天花彩绘的高清化采集。

2.数字化管理

构建藏品信息管理系统是建设数字化博物馆的重要基石。天一阁原为馆内古籍信息及数字化资源数据自行研发了“天一阁资源”管理软件。该软件整合古籍题名、年代、版本、册数、卷数等基础信息，索书号、馆藏号等管理信息，以及拍摄、扫描、出版情况等资源信息，可实现信息数据与数字化资源的关联。经过第一次可移动文物普查后，天一阁已全面了解整体馆藏情况，亟待建设综合性藏品信息管理系统。一方面，须打破古籍与其他文物信息的访问壁垒；另一方面，须整合多种资源和研究应用成果，并服务于博物馆各项工作。

2020年，天一阁通过数字化保护项目构建了全新的天一阁藏品信息管理系统。该系统主要有以下三个亮点：一是多维信息著录，除以可移动文物和古籍普查要求的基础信息为标准外，也录入外在特征信息、社会历史内涵信息、多媒体数字信息、管理信息（如展览、修复、移动、损坏等信息）、科研信息（如高光谱频谱等信息）等。二是多种业务管理，提供征集鉴定、入藏登记、入库上架、统计清点、出库提用等相关业务功能，并专门设立藏品修复功能模块，为申报审批、记录档案提供便利。三是多字段信息检索，如可对藏品柜架囊匣信息进行检索；为适应古籍管理需要，在检索字段中还加入“著者”“索书号”等，以方便查询。

3.数字化利用

天一阁通过以下六种形式对相关资源进行了初步应用探索。

一是建设对公众开放的古籍数字化服务平台。天一阁古籍数字化服务平台于2009年启动建设，经过10余年的运行，于2022年4月启用新版服务平台，可实现影像和全文同屏联动阅读及全文检索。现已收录古籍5200余部，包括馆藏全部善本及大部分孤本，如明代地方志、科举录，清代学者稿本、抄本以及浙东家谱、方志等。截至2023年12月，该平台已为超过20万用户提供了从专业学术研究到普通读者家谱查询等的全方位服务，网站浏览量超400万人次。

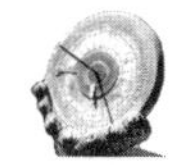

二是打造线下数字化展览和沉浸式体验。2017 年开始，天一阁推出“智享书香”数字特展，融合 AR、VR、环幕投影等技术，推出“VR 虚拟登楼”“神笔酷甩”“虚拟书橱”“会动的古画”“沉浸式影院”等八个项目，使观众能够零距离“触摸”、鉴赏天一阁珍藏的古籍、书画等。观众还能“登上”未对外开放的宝书楼二层，一窥其中的陈设。

三是推出线上云展览。在 2020 年疫情期间新上线的“公如砥柱——天一阁创始人范钦生平特展”“乾隆三宝——天一阁藏御赐珍品数字特展”等虚拟展览，都应用了相关文物数字化资源，点击量超过 800 万人次，深受公众好评。

四是文物复制出版。通过配备一套涵盖数据采集平台、图形工作站及显示器、微喷打印机等设备的书画打印系统，既可实现数字化成果的直接输出打印，又兼具扫描、传输、处理等功能，为陈列展览、学术研究及成果出版等提供便利。天一阁已利用数字化成果累计制作了 100 余件高仿书画碑帖，用于展陈、社教等。古籍数字化资源则更多用于制作复制本或影印出版等。

五是完善智慧导览 App。设置藏品导览模块，增进观众对古籍、书画、碑帖、器物等未展出藏品的了解，现已发布明代赵澄《秋溪策蹇图轴》等 12 件文物的数字化成果。利用环境监测数据，显示景区内气象信息，为观众出行提供便利。因宁波麻将起源地陈列馆展陈缺少文字说明，天一阁制作了“麻将起源”AR 动画，旨在为观众提供更具互动性的参观体验。观众可通过导览 App 中的 AR 服务，用手机扫描对应展品的二维码或图片，观看此动画。

六是古建筑数字还原。2020 年，天一阁结合测绘成果及保护研究，利用数字孪生技术实现了百鹅亭的三维可视化还原，既可还原百鹅亭的原貌，又可呈现百鹅亭未来经修复保护后的新貌，突破了时空的限制。同时，相关资源还可以用于预测古建筑形变趋势、地下径流影响、温湿度变化影响等，以更加科学地进行保护。

总体来看，天一阁博物院通过近两年来国家文物局专项资金支持的预防性保护和数字化项目，面向可移动和不可移动文物开展相关工作，从多个层面构建了比较系统、全面的预防性保护体系，也逐步利用大量的数字化资源，探索合适的利用方式，其实践经验值得在浙江乃至整个江南地区推广。

五、对策与建议

江南地区历史底蕴深厚，文化史迹丰富，经济条件较为优越，高素质、高水平的人才比较集中，再加上各地自然环境条件尤其是气候条件颇具有一致性，因此，江南地区各文博单位在开展预防性保护和数字化保护利用工作上具备比较成熟的条件,可以相互借鉴合作,共同争做文物保护利用的"模范生"。

(一)总体措施

一是提高认识。近年来,让文物"活起来"一直是文博领域的热词,尤其是2018年中共中央办公厅、国务院办公厅印发了《关于加强文物保护利用改革的若干意见》,为文物预防性保护、数字化保护利用工作提供了政策支持。文博工作者更应该提高对文物保护利用重要性的认识,进一步增强责任感与使命感。

二是统筹推进。如上文所说,预防性保护及数字化保护利用是一项系统工程,牵涉面较广。应该加强顶层设计,统筹规划,并持续深入地开展相关工作。如博物馆仅有中长期发展规划,可制定专门的预防性保护规划或数字化规划,明确工作目标、时间安排及具体措施。应以长期规划指导工作,而不是以短期项目带动工作。同时,应及时更新配套管理制度和管理措施,以凸显预防性保护的重要性。

三是争取支持。若想构建比较完善的预防性保护体系,或在数字化保护利用方面有所成果,就需要在资金层面投入大量的物力、财力。因此,文博单位可结合如"文物火灾隐患整治和消防能力提升""互联网＋中华文明"等一些专项行动,积极争取国家或地方有关部门的支持。在技术层面,需要多关注如上海博物馆等重要科研机构及技术研发龙头企业的最新动态,可以加入相关行业联盟或参加展会,以了解新的发展趋势和产品质量,不断完善预防性保护体系及数字化产品矩阵。

四是队伍保障。在队伍组建上,应当依据单位需求,招收一些与科技保护、数字化传播应用等有关的复合型人才。在人才培养上,应将文物预防性保护作为新进人员岗前培训的一项重要内容,包括了解业内通用的保护措施、一些设施设备的原理及使用方法、相关管理制度等,在继续教育中也增加相关内容。此项工作周期长、投入多,应该通过积极组织申报科研项目,激发业务人员研究的积极性和产出成果的成就感。

(二)预防性保护

一是加强前期基础调查和后期研究。对文物进行预防性保护前,应进行文物病害破损及保存环境情况的基础性评估调查,才能"对症下药","把钱花在刀刃上"。后期应借助藏品保存环境监测、微环境控制、分析检测等设施设备,加强文物常见多发病害病理、保存环境质量评估和适宜指标等综合研究。

二是继续扩大预防性保护措施的覆盖面。目前各文博单位的预防性保护措施多针对珍贵文物,应继续扩大至一般文物;多面向库房,须加强对展厅保存环境的调控,如采用密闭性更强的展柜、在展柜中放置小型温湿度调控设备或被动调控材料等;要逐步推广藏品的电子标识,加强在运输过程中的动态保护,以此构建比较系统全面、动静兼管的预防性保护体系。

三是贯彻实施相关规范标准。国家文物局近期已出台多项新的行业标准,如"馆藏文物保存环境监测""馆藏文物预防性保护装备""馆藏文物包装材料""馆藏文物展藏"系列等,之前也发布过库房设计、保存环境等相关规范要求。文博单位可按照这些规范标准来实施预防性保护工作。

(三)数字化保护与利用

一是持续推进文物数字化采集。数字化采集应有计划地逐步进行,直至覆盖全部馆藏。数字化资源不仅为利用服务,也为预防性保护服务。除现行采集要素外,还应关注文物其他物质性信息的采集,如古籍、书画的原始装帧及原始夹板、题签等附属物,也可对其材料材质、纹理特征进行扫描、检测,亦有助于文物鉴定识别与保护研究。

二是加强公共藏品数据库的建设。藏品数据库是文博单位公众服务的重要一环。可选择精品,逐步开发面向公众的专题数据库,满足不同群体的需求;并同步整合研究著作、学术文章、展览影像及图录等最新研究成果,让文物数字资源"讲对故事";同时应注意知识产权保护和访问控制等问题。

三是探索数字化展陈方式。例如,天一阁等依托全国重点文物保护单位而建的博物馆,本身展陈空间条件有限,再加上 2020 年以来受疫情影响,线下展览越发受到时空的限制,应借鉴故宫博物院"数字故宫"、敦煌研究院"云上敦煌"、浙江省博物馆"丽人行"展览等成功案例,探索线上展览、数字多宝阁等新型数字化展陈方式,开发多方位的数字媒体资源。

四是研发实体及虚拟文创产品。近年来,巨大的市场需求及产品日趋同质化的竞争现象要求博物馆开发更具新意、更有特色的文创产品。而高精度的文物数字资源,可提供更多细节、展示更全信息、提供更佳素材,可以激发设计灵感、助力创意产品开发。除实体文创产品外,基于 IP 合作研发的各种游戏、影视节目、NFT 数字艺术品等虚拟文创日渐火爆,文博单位可借助这股热潮顺势推广自己的精品馆藏。

宁波博物院藏竞渡羽人铜钺研究

杜博瑞　马　涛

（中国社会科学院考古研究所；宁波博物院）

摘　要：竞渡羽人铜钺年代争议不断，本研究通过器形、纹饰、工艺的分析推定其年代为战国晚期至西汉早期，进而认为其器形受到了湖广地区的影响，而纹饰受到了东周时期人物画像纹与云贵地区羽人竞渡纹的影响。竞渡羽人铜钺的器形与纹样展现了古越人的文化习俗与文化交流。

关键词：铜钺；竞渡羽人；区域交流；文化习俗

宁波博物院藏竞渡羽人铜钺1976年出土于浙江宁波鄞县（今鄞州区）。[①] 该铜钺一经发现便引起讨论，如今针对其年代仍有不同的观点。[②] 该铜钺的年代、纹样对认识相关区域的特征与文化交流都具有重要意义。因此我们在系统分析其年代的基础上，探讨相关问题。

一、年代推断

竞渡羽人铜钺通高10.1厘米、刃宽12厘米，形制为凤字形；长方形銎口平直，銎部至刃弧弯，圆弧刃，刃面有钉孔。刃面一面为素面，另一面以弦纹沿刃面勾勒，弦纹内上部为两龙相向，昂首、卷尾；下部为四人，头戴羽冠，坐在轻舟上持桨划水（图1）。根据其特点，我们从器形、纹饰、工艺三个方面试析年代如下。

---

① 曹锦炎、周生望：《浙江鄞县出土春秋时代铜器》，《考古》1984年第8期。

② 主要为铜钺春秋说与战国说两种。春秋说的观点认为其年代为春秋早期或春秋时期，参见曹锦炎、周生望：《浙江鄞县出土春秋时代铜器》，《考古》1984年第8期；张强禄：《“羽人竞渡纹”源流考》，《考古》2018年第9期。战国说的观点主要认为其年代为战国中期前后，参见郑小炉：《吴越和百越地区周代青铜器研究》，吉林大学2004年博士学位论文，第22页。

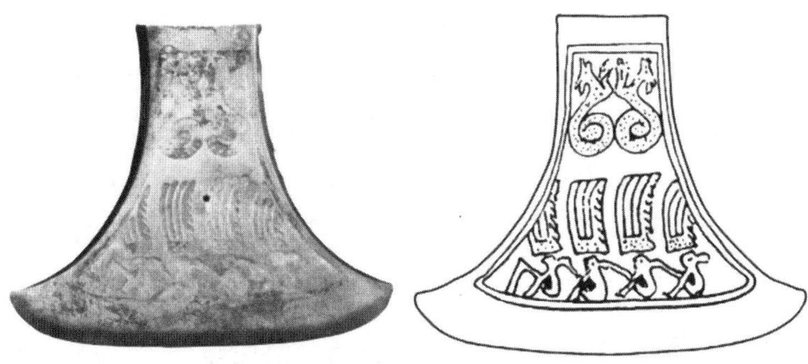

图1　宁波博物院藏竞渡羽人铜钺照片与线图

(一)器形

与之形制相似的有广西平乐银山岭铜钺(M82:1)[①],形制为凤字形,六边形銎口平直,一侧置半环形钮;銎部至刃弧弯,刃部较平,刃尖上翘,刃面饰几何纹样(图 2)。原报告将其年代定为战国中晚期,但根据共出的陶鼎、陶盒来看,其器形与广州汉墓西汉早期陶鼎、陶盒较为相似。[②] 但银山岭陶鼎、陶盒较广州汉墓相似器物形制简略,年代应偏早(图 3)。广州汉墓两座墓年代为西汉早期,加上平乐银山岭 M82 共出铁锄、铁斧等铁器,因此判断平乐银山岭 M82 年代为战国晚期至西汉早期是较为可靠的。此外,越南安和出土的相似铜钺[③],形制为凤字形,近似六边形銎口平直,銎部至刃弧弯,刃部略平,刃尖不上翘,刃面饰弦纹(图 4)。该铜钺属于越南东山文化,有学者根据相关地点的碳十四测年数据认为东山文化大致相当于中国的战国至东汉时期。[④] 此外,有学者通过相关研究认为东山文化受到了百越文化、滇文化等相关文化的影响。[⑤] 由此可见,该铜钺的年代大致等同于或晚于平乐银山岭铜钺,为战国晚期及以后。除广东、越南地区外,在湖南长沙发现了一批同样类型的铜钺,该批铜钺共 11 件,形制为凤字形,方形銎口平直,一侧置半环形钮;銎部至刃弧弯,刃部较平,刃尖微上翘,刃面饰几何、草木、人物等纹样(图 5)。[⑥] 原报告认为该批越族风格器物应该是从两广地区流入的,我们通过上文的铜钺形制演变来看,湖南长沙出土铜钺銎口平直,刃尖微翘,也应是稍晚于广东平乐的

---

① 广西壮族自治区文物工作队:《平乐银山岭战国墓》,《考古学报》1978 年第 2 期。

② 主要为 M1178、M1075 等西汉早期墓,详见广州市文物管理委员会、广州市博物馆:《广州汉墓》,文物出版社 1981 年版,第 123—124 页。

③ [越]黎文兰等:《越南青铜文化的第一批遗迹》,梁志明译,中国古代铜鼓研究会 1982 年编印,第 69 页,图Ⅱ-10。

④ 李昆声、陈果:《中国云南与越南的青铜文明》,社会科学文献出版社 2013 年版,第 438 页。

⑤ 李昆声:《越南东山铜鼓类型、年代与渊源述略》,《广西民族大学学报(哲学社会科学版)》2020 年第 5 期;韦伟燕:《东山文化与越文化的关系——以越南海防市越溪二号墓的研究为中心》,《学术探索》2015 年第 11 期。

⑥ 高至喜:《湖南发现的几件越族风格的文物》,《文物》1980 年第 12 期。

铜钺，因此我们认为原报告的观点是可信的。由此看来，湖南长沙铜钺年代应介于平乐银山岭与越南安和铜钺之间，大致为战国晚期至西汉早期前后。通过对以上铜钺发现的梳理，我们大致可以勾勒出风字形铜钺的一个基本形制演变，即銎孔六边形—方形—不规则形、刃边上翘—不上翘的变化，由此反观竞渡羽人铜钺的形制，基本符合该形制演变，因此从形制上看，竞渡羽人铜钺年代大致为战国晚期至西汉早期。

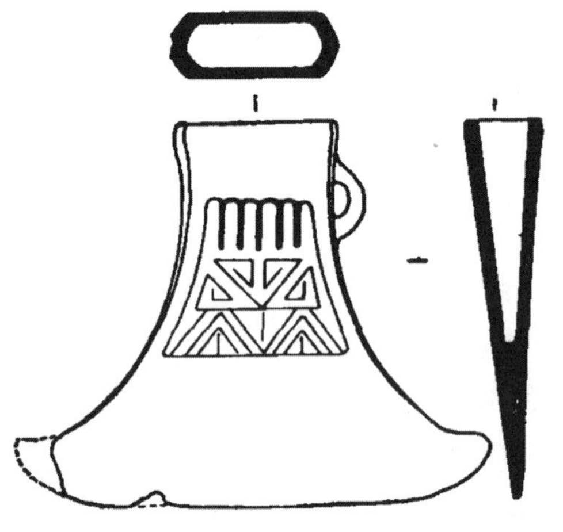

图 2　平乐银山岭出土铜钺

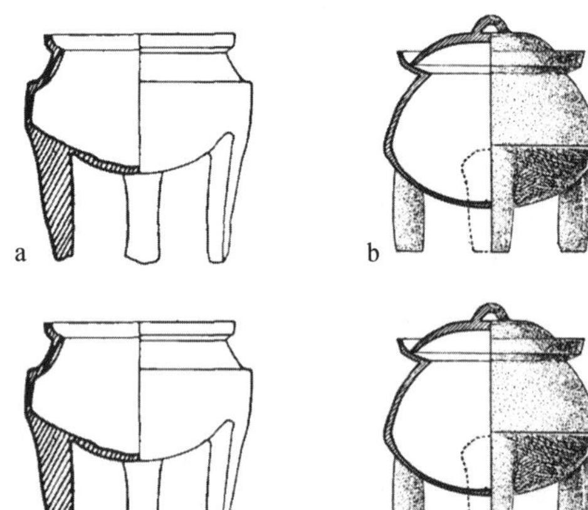

a、c. 平乐银山岭出土陶器；b、d. 广州汉墓出土陶器。

图 3　陶器年代对比

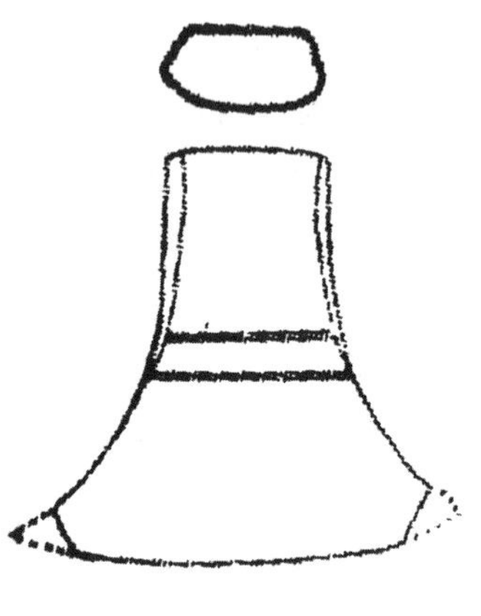

图 4　越南安和出土铜钺

图 5　湖南长沙出土铜钺

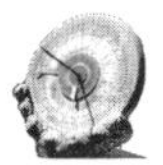

（二）纹饰

青铜器装饰上的龙纹目前最早见于商代二里岗期，至春秋中晚期，应用龙纹的中心区域开始转移到江淮区域。[①] 至西汉早中期，龙纹仅在中原地区有所使用，并开始消亡。[②] 与竞渡羽人铜钺龙纹相似的太原金胜村 M88 铜壶龙纹张口、昂首、身躯弯曲、四爪半跪抓地、尾部卷曲呈 S 形。造型生动活泼，较为写实，年代为战国早期（图 6a）。[③] 此外，曾侯乙墓内青铜器上大量发现此类龙纹，且形态更富于变化，更加具有动态感，年代为战国早期（图 6b）。[④] 铜钺上龙纹与此相比较为简略、粗糙，年代较此应偏晚，在战国早期至西汉早期。

a　　b

a. 金胜村 M88；b. 曾侯乙墓盖鼎。

图 6　龙纹

竞渡羽人纹属于人物画像纹，人物画像纹在春秋晚期开始出现，一直延续至战国中、晚期。[⑤] 两汉时期又有新的发展。[⑥] 竞渡羽人纹主要有两个特点，即竞渡和羽人。其中人物用力划船竞渡的场景在成都百花潭铜壶上有所表现，不过与铜钺的不同在于百花潭竞渡主要表现为人员水陆攻战的战争场景，年代为战国早期（图 7a）。但不可否认的是，二者的竞渡场景表现较为相近。直至战国晚期至西汉前期，岭南和云贵高原地区，铜提筒、铜鼓、铜靴形钺等典型的百越或百濮族群的礼乐器开始广泛表现竞渡羽人纹样。[⑦] 此外，我们还可以观察到邻近宁波地区的南京、镇江以及稍北的淮安出土的人物画像纹铜器题材与竞渡羽人纹完全不同，主要表现祭祀、宴饮、弋射、树木、鸟兽等场景，年代约为战国早、中期（图 7b、图 7c）。[⑧] 由此可见，竞渡羽人的纹样可能不是江浙地区的传统纹样。且出现的时间

---

① 段勇：《“潜龙勿用”——商周青铜器上的龙纹面貌》，《考古与文物》2000 年第 4 期。

② 吴小平：《汉代青铜容器的考古学研究》，岳麓书社 2005 年版，第 190 页。

③ 李建生、李夏廷：《辉县琉璃阁与太原赵卿墓相关问题》，《中国国家博物馆馆刊》2012 年第 2 期。

④ 刘彬徽：《楚系青铜器纹饰研究》，湖北教育出版社 1996 年版，第 255 页。

⑤ 张经：《东周人物画像纹铜器研究》，载北京大学出土文献研究所编《青铜器与金文（第五辑）》，上海古籍出版社 2020 年版，第 150—153 页。

⑥ 吴小平、蒋璐：《汉代刻纹铜器考古研究》，浙江大学出版社 2015 年版，第 121—122 页。

⑦ 张强禄：《“羽人竞渡纹”源流考》，《考古》2018 年第 9 期。

⑧ 江苏省文物管理委员会、南京博物院：《江苏六合程桥东周墓》，《考古》1965 年第 3 期；吴山菁：《江苏六合县和仁东周墓》，《考古》1977 年第 5 期；镇江博物馆：《江苏镇江谏壁王家山东周墓》，《文物》1987 年第 12 期；淮阴市博物馆：《淮阴高庄战国墓》，《考古学报》1988 年第 2 期。

应晚于南京、镇江等地的纹饰传统，大致应处于战国晚期至西汉早期。

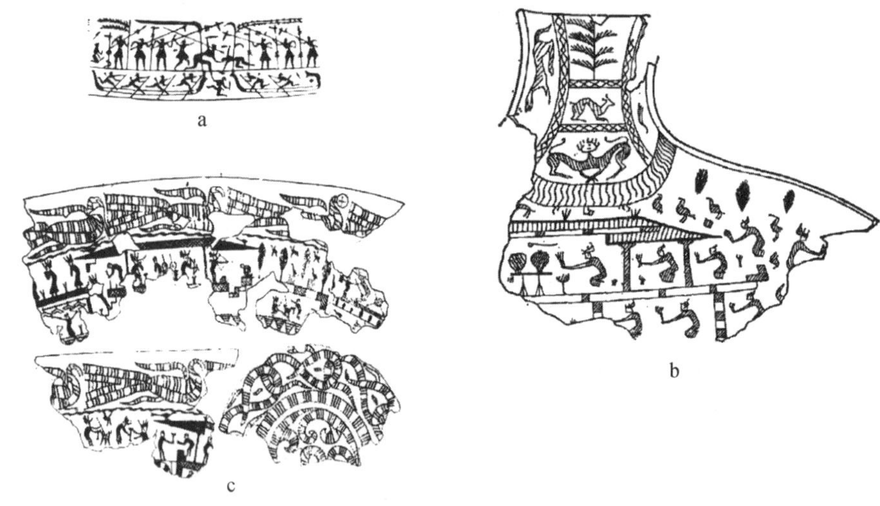

a. 成都百花潭；b. 南京六合和仁；c. 镇江谏壁王家山。

图 7　人物画像纹

（三）工艺

通过观察竞渡羽人铜钺纹饰，我们可以发现其工艺主要为铸纹。长江下游地区为青铜器刻纹工艺的主要发源地[①]，并且从战国早期吴越地区开始有一个集中向外传播的过程，在战国中期以后，该工艺又迅速消亡。[②] 由此可见，吴越地区的铸纹工艺年代应晚于战国中期。

此外，与竞渡羽人铜钺同出的有“王”字铜矛，有学者系统梳理相关发现后认为“王”字铜矛在战国早期的湖广地区最早出现。[③] 那么，鄞县“王”字铜矛年代应晚于战国早期。综合以上讨论，我们认为竞渡羽人铜钺的年代约为战国晚期至西汉早期是较为合理的。

二、相关问题

通过对竞渡羽人铜钺的器形与纹饰、工艺的分析，我们可以进一步来探讨此类形制与纹样的源流、传播路线与文化意象等诸多问题，试析如下。

---

① 朱凤瀚：《中国青铜器综论》，上海古籍出版社 2009 年版，第 610 页；杜廼松：《谈江苏地区商周青铜器的风格与特征》，《考古》1987 年第 2 期。

② 滕铭予：《东周时期刻纹铜器再检讨》，《考古》2020 年第 9 期。

③ 傅聚良：《湖广地区出土的“王”字铜器》，《文物》2003 年第 1 期。

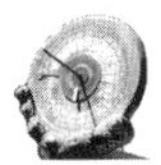

(一)源流与传播路线

通过以上的梳理我们可以看到,湖南长沙的铜钺已经出现人物等多样复杂的纹样,较竞渡羽人铜钺纹饰类型更加丰富,而湖南地区受到了两广地区的影响,故而,竞渡羽人铜钺受到湖南地区的影响是可能的。因此,我们可以看到竞渡羽人铜钺的来源应该是从两广地区发源,随后传入湖南地区,由湖南地区再影响到了浙江一带。有学者梳理两广地区的此类铜钺后认为其年代大致处于春秋时期—战国晚期,且此类铜钺在湖南、安徽等地的发现,是彼此间相互交流的结果。①

由此看来,此传播路线是较为可信的。

此外,竞渡羽人在越南东山文化的诸多器物上是较为常见的主题②,有学者认为东山文化的铜鼓等诸多器物应是受到了我国西南地区万家坝型铜鼓的影响。③前文已经述及,战国晚期,云贵、岭南地区已经开始广泛使用竞渡羽人纹样,如两广地区南越王墓铜提筒上有较为丰富的竞渡羽人纹样。④ 同时我们在湖南并未发现竞渡羽人纹样,这就表明竞渡羽人铜钺的纹样应是受到了西南地区的影响,具体传播路线可能为云贵地区—两广地区—浙东沿海的陆路传播路线。与此同时,越南东山文化竞渡羽人的纹样也受到了云贵地区的影响。此外,竞渡纹样的早期形态由前文可知,应是借鉴了东周时期人物画像纹或受到其影响,其或为竞渡纹样的最早形态。

(二)文化意象

经能量色散型X射线荧光光谱仪(ED-XRF)检测,这件铜钺的合金比例与一般铜兵器相比差异很大,铜含量高达93%,如此高的铜含量会导致器物质地柔软且不能打磨锋利,无法实现砍砸功能,因此这件铜钺从其诞生之日起,就不具备实用性,而完全为彰显文化属性而生。竞渡羽人铜钺出土于宁波鄞县,该县毗邻奉化江。该地区属于吴越文化区,而古越人一直善于水上活动。《越绝书·越绝外传》记载:“以船为车,以楫为马,往若飘风,去则难从,锐兵任死,越之常性也。”⑤可见古越人善驾船是传统。此外,古越人对龙也有特殊的情感。《汉书·地理志》记载:古越人“文身断发,以避蛟龙之害”。应劭注曰:“常在水中,故断其发,文其身,以象龙子,故不见伤害也。”⑥可见古越人对龙是存敬畏之心的。《说苑·奉使》曰:

---

① 覃彩銮:《两广青铜钺初论》,《文物》1992年第6期。

② 韦伟燕:《东山文化与越文化的关系——以越南海防市越溪二号墓的研究为中心》,《学术探索》2015年第11期。

③ 李昆声:《越南东山铜鼓类型、年代与渊源述略》,《广西民族大学学报(哲学社会科学版)》2020年第5期。

④ 广州市文物管理委员会、中国社会科学院考古研究所、广东省博物馆:《西汉南越王墓》,文物出版社1991年版,第50页。

⑤ [东汉]袁康撰,李步嘉校释:《越绝书校释》卷第八《越绝外传记地传》,中华书局2013年版,第222页。

⑥ [汉]班固撰,[唐]颜师古注:《汉书》卷二十八下《地理志》,中华书局1962年点校本,第1669—1670页。

"蛟龙又与我争焉，是以剪发文身，烂然成章，以像龙子者，将避水神也。"[①]古越人敬畏龙，龙同时也是古越人的保护神之一。此外，有学者认为商时期古越人以大铙祭祀山水，以祈求天降雨水，保证丰产。[②] 可见商周时期古越人就可能存在祭祀的习惯。由此看来，竞渡羽人铜钺刃面上绘两龙，下绘竞渡，实为一种"天地"的宇宙观象征，即飞龙在天、人在地的一种表现。同时，铜钺发现地临江，则也存在以此祭祀神龙以求平安的可能。

三、结　语

战国晚期至西汉早期的竞渡羽人铜钺，不仅表现出战国至西汉初年浙东地区与湖广、云贵地区的文化联系，更体现出了我国云贵、岭南地区与越南的诸多联系。该铜钺不仅仅是文化交流的见证，更是古越人以船为车、敬畏神龙观念的物质表达。

（原文刊于《中国美术研究》2022 年第 3 期）

① ［汉］刘向撰，向宗鲁校证：《说苑校证》卷第十二《奉使》，中华书局 1987 年版，第 302—303 页。

② 曹玮：《商代晚期洞庭湖及其周边地区的祭祀模式》，《湖南省博物馆馆刊》2016 年。

宁波地区露天梅园石质文物病害机理研究

金　涛

（宁波市文化遗产管理研究院）

摘　要：梅园石是宁波地区使用历史悠久的石材，属于凝灰质砂岩，由于其加工性能优良而被广泛用于建筑构件及石刻雕塑。本文选取庆安会馆、东钱湖石刻群等几个代表性文物点进行了分析研究。由于多处于露天展示状态，在多种因素的共同作用下，梅园石质文物病害状况较严重，主要病害类型有生物病害、风化、机械损伤、表面污染物沉积等，与石材性质、用途及保存环境条件密切相关。此次研究形成了初步的保护策略，为后续保护材料及保护方法的研究提供了依据。

关键词：宁波地区；露天；梅园石；病害；机理

梅园石分布于浙江省宁波市海曙区鄞江镇至梅园一带，是宁波地区开采历史悠久的石材，早在西晋时期就已被开发。梅园石色泽呈灰紫色，素雅大方，石质细腻，硬度适中，被广泛用于建筑构件及石刻雕塑。[①] 目前在宁波及其周边地区留存有大量梅园石质文物，如宁波东钱湖石刻群、庆安会馆、保国寺观音阁石雕大柱、奉化溪口蒋母墓道、绍兴嵊州溪山第一楼须弥座等。不仅如此，梅园石还远赴东瀛。研究证明，日本现存的国宝级文物——奈良东大寺石狮子及石塔等，是在800多年前作为“碇石”（压舱石）从宁波运到日本去，并由明州（今宁波）陈和卿、伊行末等7位工匠雕造的。

现存的梅园石质文物大多处于露天陈放的状态，受光照、风、雨水、盐分、大气污染物及微生物等各种破坏因素直接作用，保存状况堪忧，如东钱湖石刻群大量雕塑微生物滋生、庆安会馆石雕风化开裂并严重剥蚀，保护工作迫在眉睫。

---

① 浙江省鄞县地方志编委会：《鄞县志》（上），中华书局1996年版，第111页。

一、梅园石性质

（一）岩石特征

梅园石属火山沉质型凝灰质砂岩，碎屑成分以长石为主，其次是石英、岩屑（凝灰岩、安山岩）等，并经凝灰质、泥质胶结而成。矿物颗粒大小以 0.1—0.5mm 为主，颗粒多为次棱角状，少量为次圆状，分选性和磨圆度中等，薄膜式或孔隙式胶结。岩矿鉴定情况见表 1。

表 1　东钱湖石刻群某梅园石样品岩矿鉴定

鉴定编号		产地		图幅号	
送样编号	MYS	产状		地质点	
岩石构造	砂状结构，孔隙式胶结				
岩石构造	块状结构				
成分特征及其变化					
砂屑分选性较差，粒度大小不均，最小为 0.05—0.09mm，一般为 0.16—0.32mm，少量为 0.16mm，个别最大为 0.65mm。磨圆度差，大多为次棱角状，斜长石砂屑见聚片双晶，钾长石砂屑可见条纹构造 砂　屑：斜长石（主），钾长石（次），石英（少），泥晶灰岩（少） 胶结物：泥质，5%					
主要成分和次要成分					
副矿物					
次生矿物	方解石				
标本特征					
鉴定名称	中粒长石杂砂岩		野外名称		
鉴定人	张清华	检查人		送样单位	
鉴定日期	2007 年 4 月 17 日				
备注					

（二）岩石性能

梅园石的莫氏硬度 6.19，维氏硬度 771.8，肖氏硬度 87，耐酸度 99.06%，耐碱度 99.82%，抗压强度 23.3MPa。[①] 使用 Quanta Chrome 公司的 AutoScan-33 压汞仪测量岩石的孔隙率和孔径分布，结果见表 2。梅园石材全浸吸水率 2.6%左右。

① 严寅祥：《浙江鄞县“梅园石”简介》，《建材地质》1995 年第 5 期，第 48—49 页。

表2　梅园石压汞分析数据

样品编号	MYS1	MYS2
平均孔径/Å	121	256
表观密度/(g/ml)	2.3908	2.4091
真密度/(g/ml)	2.6019	2.6376
孔隙率/%	8.12	8.66

二、病害类型及病因初探

(一)病害类型

根据对东钱湖石刻、庆安会馆等地的现场调查,宁波地区梅园石质文物的病害分为如下几个类型。

1.生物病害

生物病害,是指生物体在石质文物表面生长繁衍,因其生命活动而导致的各类病害。通常认为,文物上若出现生物病害,往往预示着化学或物理风化作用已对文物本体造成一定程度的破坏。露天保存的石质文物,在雨水、风、光照及污染物等的作用下,表面孔隙、裂纹发育,或形成风化结壳,微生物才开始在上面滋生繁衍。

宁波地区气候潮湿,雨热同期且充足,为微生物的生长提供了非常适宜的条件。此类病害在宁波东钱湖石刻群较为普遍,多数石刻上都有微生物存在。微生物以片状、点状或斑状覆盖在石刻上,有白色、黑色、灰色、绿色等不同颜色(图1)。经分析检测,石刻上生长有地衣、霉菌及苔藓等。这些生物的存在造成的破坏作用有:一是影响石刻的外观;二是根系穿插生长造成物理破坏;三是生物活动释放出的有机酸等对岩石有腐蚀作用;四是改变了岩石表面的微环境,为其他破坏因素的作用提供了便利。

图1　生物病害

2. 机械损伤

机械损伤主要由撞击、倾倒、跌落等外力作用以及地基沉降、受力不均或石材自身构造等引起，包括断裂及局部缺失等(图 2)。这类病害对石材的完整性和稳定性造成损坏。

图 2　机械损伤

3. 风化

露天展示的梅园石质文物，由于环境不可控，在光照、温湿度波动、水分、可溶盐及空气污染物等直接作用下，表层风化状况严重(图 3)，或形成风化裂隙，或粉化剥落，或呈片状脱落，或形成空鼓。雕刻部分由于表层被剥离而漫漶不清，造成文物价值的巨大损失；同时，表面风化层质地疏松，孔隙裂缝发育，有利于水分及可溶盐进入石材内部，为进一步的风化破坏提供了可能。

图 3　风化

4. 表面污染物沉积

大气中粉尘、煤灰等颗粒污染物黏附或沉积在岩石表面，形成难以去除的黑色沉积物(图 4)，一方面改变了表面颜色，造成文物外观的破坏；另一方面沉积物对大气中的 SO_2 气体有一定的吸附作用，在粉尘中铁离子的催化作用下，发生酸性腐蚀。①

图 4　表面污染物沉积

(二)病因分析

宁波地区梅园石质文物呈现如上所述的病害类型，与其岩石成分、构造、用途及宁波地区的自然条件密切相关。

1. 石材性质

石材的性质，包括矿物组成与结构、物理性能等，是病害发生的内因。梅园石属火山沉质型凝灰质砂岩，碎屑成分以长石为主，石英为辅，多为泥质胶结。泥质胶结物易被溶淋，故梅园石相对硅质胶结砂岩或花岗岩等其他石材耐风化性稍差；梅园石的孔隙率和吸水率数值也较大，水分、可溶盐及有害气体等较易进入石材内部，造成破坏。

2. 气候条件

宁波属北亚热带湿润季风气候，四季分明，夏、冬季时间长(各平均历时 133 天、90 天)，春、秋季时间短(各平均历时 76 天、66 天)；温暖湿润，市区(指海曙、鄞州、江北三区)1991—2010 年年平均气温 17.6℃(常年最热月是 7 月或 8 月，常年最冷月是 1 月或 2 月)，年平均日照时数 1724.7 小时(最多为 7 月，为 220.2 小时；最少为 1 月，为 101.0 小时)，年平均降水量 1431.5 毫米(主要雨期有 3—7 月的春雨连梅雨以及 8—9 月的秋雨兼台风雨)，年平均相对湿度 76%。② 丰富的雨热会加快各种物理、化学风化的速度，同时也非常适宜微生物的生长；光照、温度波动使石材表层—内部由于胀缩不一致产生应力，从而扩大原有裂隙并产生新的裂隙，对石材的保存产生巨大的影响；风的吹蚀、磨蚀、掏蚀及雨的冲蚀、溅蚀直接作

---

① 李海、石云龙、黄克忠：《大气污染对云冈石窟的风化侵蚀及防护对策》，《环境保护》2003 年第 10 期，第 46 页。

② 宁波市地方志编纂委员会：《宁波市志(1991—2010)》(第一册)，商务印书馆 2021 年版，第 340—348 页。

用于露天保存的梅园石。此外，暴雨洪涝、冰雹、雷雨大风、霜冻、寒潮，特别是台风等灾害性天气也威胁到梅园石质文物的保存。

3. 盐类破坏

露天梅园石质文物在其保存过程中，会发生表面层的变化，主要是由于水和可溶盐的作用。可溶盐是仅次于水的威胁梅园石的第二破坏因素。它的破坏作用集中表现为：结晶风化、结晶压力、水合压力和吸潮膨胀、升温膨胀所形成的应力。其来源包括岩石成分中的可溶盐、地下水中的可溶盐、降雨等。可溶盐在水的作用下在石材内迁移运动，可能造成表面结构的破坏及外观的改变，也可能在内部富集结晶，产生很大的结晶压力，造成开裂及表层脱落。结晶压力取决于结晶温度和饱和度。温度越高，浓度越大，结晶压力也就越大，对岩石的破坏力也就越大。某些盐在一定条件下转化成重新结晶的水合物，进而占据更大的空间，产生额外的压力，即水合压力。随着温度的变化，这些水合结晶物处于结晶—水合的循环之中，压力相应变化。反复的应力变化，最终导致岩石局部呈粉末、碎屑、鳞片状。

4. 环境污染

大气环境污染对文物古迹的严重损害作用日益突出，已成为世界各国特别是发达国家普遍关心和忧虑的问题之一。对露天石质文物造成损害的污染源有酸雨、有害飘尘、游客参观和汽车燃油等带到空气中的二次污染。随着宁波地区城市的发展，工业活动及居民日常生活等对环境造成严重污染。如表 3 所示，大气中含有较多 SO_2、NO_x 等酸性气体，通过多种途径作用于石材，导致表层胶结物流失、酥松胀裂，形成片状剥落或粉末状剥落。

表 3　2017—2021 年宁波地区污染物排放基本情况①

指标	年度				
	2017	2018	2019	2020	2021
废水排放总量/万吨	75302.13	78458.1	80604.29	53991.83	61512.45
工业废气排放量/亿标立方米	6930.25	7090.16	7529.2	7781.99	8594.95
工业二氧化硫排放量/吨	25535.48	16099.8	13458.18	8311.72	496433.66
工业氮氧化物排放量/吨	38368.22	31988.71	28708.53	21478.16	22181.81
工业烟尘排放量/吨	19721.54	17864.56	18373.69	13475.66	12935.08

① 综合整理自 2018—2022 年宁波统计年鉴，http://tjj.ningbo.gov.cn/col/col1229042824/index.html，访问日期：2023 年 3 月 30 日。

三、保护对策

通过分析可知，宁波地区露天梅园石质文物由于石材性质及多种外部因素的影响，保存情况堪忧，亟须开展一系列保护工作。在诸多因素中最为明显、危害最为严重的是水质入侵带来的危害，也是最急需解决的问题。只有解决了这一诱因，才能从本质上解决石材风化问题。要对露天梅园石质文物的病害进行有效控制，延长文物的寿命，须制定相应的文物保护规划，从日常管理维护、环境控制及本体保护等方面出发进行综合保护。

（一）改善文物保存的环境

改善文物保存的环境指对文物所处的环境包括大环境和微环境进行治理，营造适宜文物保存的环境条件。具体措施包括污染治理、交通控制、地下水治理、游客管理、保护管理制度及突发事件应对方案制定、保护棚架建设等。[①]

（二）对石材进行必要的保护处理

除营造适宜的保存条件以延缓文物劣变外，还须根据文物的保存状况采取系列保护措施，增强石材自身的抗风化能力。

保护处理的第一步，是对梅园石质文物进行清洗、脱盐，去除表层污染物、风化产物及微生物等影响石刻保存的有害因子，为后续保护措施创造条件；第二步是根据文物保存条件及病害情况采取加固、修补及防水等措施，提高石材强度，增强抗风化能力；此外，宁波地区雨热较多，生物病害频发，第三步还应进行生物防治处理，避免微生物等对石材的侵蚀。相关操作流程见图 5。

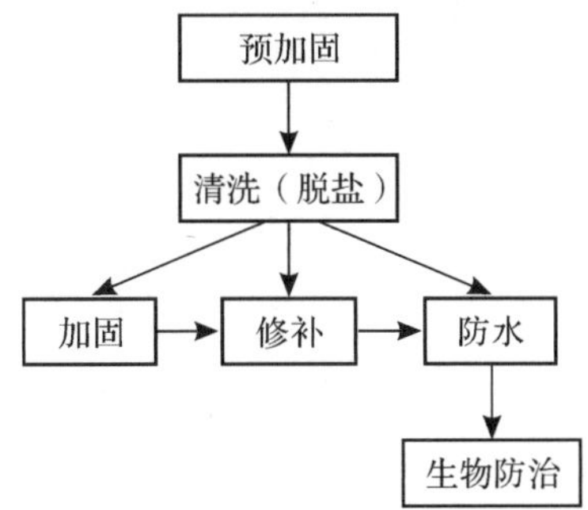

图 5　保护处理流程

① Price C A, *Stone Conservation: An Overview of Current Research*, (California: Getty Conservation Institute, 1996), p. 13.

此类措施直接作用于文物本体，由于各文物保存状况、病害类型及所处环境条件的差异，且保护材料及方法的适用性也不尽相同，故在实施前须进行详细的调查分析及试验，包括：对文物的历史、艺术、科学价值的充分认识；研究文物的历史沿革，受到的损害及存在的病害，周围环境对文物的影响及改善办法；充分理解、贯彻管理与保护原则、方针的办法；对文物保护的勘测方法、设计方案、施工方法、维修保护中新技术与新材料等的了解。在此基础上拟定维修保护方案。

梅园石是宁波地区广泛使用、极具特色的石材，由于其优良的加工性能，被广泛用于建筑构件及石刻雕塑。受石材特性、展示环境及外界破坏因素的影响，宁波地区梅园石质文物保存情况普遍不甚理想，病害类型多样。

通过对宁波地区庆安会馆、东钱湖石刻群等几个代表性梅园石质文物点的采样分析，本研究对梅园石的石材性质、病害类型及原因做了初步探索。梅园石属于凝灰质砂岩，主要病害类型有生物病害、风化、机械损伤、表面污染物沉积等。与石材性质、用途及保存环境条件密切相关，其中，水是最重要的影响因素。

要对露天梅园石质文物实施有效的保护，须制定相应的文物保护规划，从日常管理维护、环境控制及本体保护等方面出发进行综合保护。

目前国内针对梅园石这一具有宁波特色的石材的保护研究较少。本研究对其病害机理做了分析探讨，为后续保护材料及保护方法的研究提供了依据。

（原文刊于《文物保护与考古科学》2010 年第 2 期）

东南佛国地　虔诚众生心

——宁波本地寺庙纪年佛具探析

陈明良

（宁波博物馆）

摘　要：本文通过对宁波博物馆藏宁波地区部分寺院带铭文香炉、钵盂情况的介绍，提供历史上宁波一些寺院遗存实物的真实相关记录。从中发现一些新的线索，如曾经的人物经历、名胜遗迹，并作一些小的考证，厘清一些关系，弥补史料记载之不足。

关键词：寺庙；香炉；钵盂；文化

宁波地接东海，为三江汇流之地，比邻即为舟山群岛，地理上山海相连，河川壮美，多茂林修竹、憩隐禅修之地。历史上寺院众多，僧众芸芸。今天，这些历经岁月洗礼的寺院，多少都改变了旧时的模样：金身再塑、兴毁几度、场地变迁、规模损益。幸运的是它们都保留了下来，我们能见到，信众能参访。但也有一些知名、不知名的古寺，走过曾经的兴盛或落寞，已彻底地泯灭在了历史的风雨里，可供凭吊的，仅是片瓦只言的痕迹，2010 年考古发掘的月湖崇教寺就属于此种类型。这些意外发现的古代寺庙遗址，保存下来的东西也非常稀少。我们现在能看到的一些完整的遗留物品，大都是存续至今的那些寺院留下的。其中有着明确纪年、明确地址、明确人物信息的寺院标准器物，对我们进行精确的文物断代、科学的器物认识、详尽的人物考证，对研究宁波地区各时期寺院的建构状况、分析文物的时代艺术属性有着重要作用，就更显珍贵。

一、宁波著名寺院情况

历史上舟山与宁波的隶属关系几经变化，随着印度佛教东传，浙江寺院大约在东汉末期开始出现，到两晋南朝就迅速地进入了第一个兴盛期，长江南岸佛教兴盛。梁武帝三次“释御服，披法衣”，舍身寺院，最终由“公卿等以钱一亿万奉赎”的政治算计故事，以及杜牧盛誉满满的《江南春》（“千里莺啼绿映红，水村山郭酒旗风。南朝四百八十寺，多少楼台烟雨中。”）都形象地写出了佛教传播的重要载体——寺院的力量。其中，杜牧诗词的艺术张力，更让我们看到了一个物象与意境化的江南，数量惊人的寺院在历史的年轮里焕发出别样光彩。唐、宋是宁波地区修寺建院较多的另外两个时期，而寺院的最终完缮，一般都在清代和民国。宁波、舟山一带的寺院建筑无论在历史上，还是如今在现实中，都相当可观，著名的有：

1. 天童寺：位于宁波市东太白山麓，始建于西晋永康元年（300）。相传由僧人义兴开山结庐，至今已有1700余年。宋王安石任鄞县县令时，曾留下描绘天童的名句：“山山桑柘绿浮空，春日莺啼谷口风。二十里松行欲尽，青山捧出梵王宫。”其中，明崇祯四年（1631），由密云禅师主持的重建，为今日建筑之基础。

2. 阿育王寺：位于宁波市鄞州区五乡镇宝幢太白山麓华顶峰下，始建于西晋武帝太康三年（282），相传由慧达开基，是中国现存唯一以印度阿育王命名的千年古寺。寺中舍利殿供奉有舍利子。南宋嘉定年间，被定为“禅院五山十刹”之第五山。明洪武十五年（1382），朱元璋赐名“阿育王禅寺”，列天下禅宗五山之第五山。

3. 保国寺：位于宁波市江北区灵山之麓。原寺创建于东汉，现存大殿为北宋大中祥符六年（1013）重建，至今已逾千年。保国寺以建筑闻名，其大殿是中国现存最古老的木结构建筑之一，也是江南地区现存的最古老、最完整的木结构建筑。

4. 雪窦寺：位于宁波市奉化区溪口镇西北雪窦山中，始建于晋，唐会昌元年移建今址，两宋鼎盛。南宋被列为“五山十刹”之一，其所在的雪窦山民国时一度跻身“五大佛教名山”。

5. 七塔寺：位于宁波市鄞州区百丈路上，是市区内规模最大、保存最完好的寺院，也是著名浙东佛教四大丛林之一。始建于唐大中十二年（858），称东津禅院，后改称“栖心寺”“崇寿寺”“楼心寺”等。康熙年间，因在寺前建有代表七尊佛的七座石塔，而称七塔寺。

6. 观宗寺：位于宁波市海曙区解放南路延庆巷。为浙东佛教四大丛林之一。宋神宗元丰年间，僧人介然募资于延庆寺东北隅筑建，中间为宝殿，四周十六室称十六观堂，为延庆寺子院。清乾隆、嘉庆年间重修增建，独立门庭为一寺。民国初，谛闲法师任住持，定名为观宗讲寺，弘扬天台宗教义。

7. 延庆寺：位于宁波市海曙区灵桥路，始建于五代后周太祖广顺三年（953），始称报恩院，北宋大中祥符三年（1010）改今名，为天下讲宗五山之第二。以前寺院门前即为碧波荡漾的日湖，延庆寺是著名的“四明古刹”之一。

8. 慧济寺：位于普陀山佛顶山上，又称佛顶山寺，明僧人圆慧初创。全寺依山就势，横向排列，殿堂宽敞壮丽，大雄宝殿盖彩色琉璃瓦，阳光之下光芒四射，形成

“佛光普照”奇景。

9. 普济寺：俗称前寺，位于普陀山白华顶灵鹫峰南麓。前身是“不肯去观音院”，后梁贞明二年（916）扩建为寺。清康熙三十八年（1699），修建护国永寿普陀禅寺，赐额“普济群灵”，称“普济禅寺”。普济寺是浙江清代官式建筑的重要遗存。

10. 法雨寺：又名后寺，位于普陀山白华顶左侧光熙峰下。创建于明万历八年（1580）。原名“海潮庵”，万历二十二年（1594）改为“海潮寺”，万历三十四年（1606）又名“护国镇海禅寺”。清康熙三十八年（1699）获赐“天花法雨”匾额，遂有今名。

宁波寺院众多，这里不再列举。

二、宁波博物馆收藏的几件香炉、钵盂用具

宁波博物馆藏有带纪年、纪地、纪事文字的香炉、钵盂佛具共16件，其原始来源有本地信众的捐助，有外地信众的捐助，有寺院自身的定制，也有寺院住持间的馈赠，大概可分为下面四个类型。

（一）纪年、纪地、纪事齐全的寺院香炉标准器

1. 南宋绍兴十四年　倪氏廿一娘舍银香炉（图1）

图1　南宋绍兴十四年　倪氏廿一娘舍银香炉

高8.2厘米，口径8.6厘米，底径6.0厘米，壁厚0.05厘米。侈口，深腹，高圈足，杯式行炉。炉身绕刻：“绍兴十四年岁次甲子三月十八日女弟倪氏廿一娘行年癸

亥命六十二岁闰六月初二日亥时生法明净日舍香炉壹只入天封塔地宫永充供养者”,共59字,分12行。天封塔地宫中还有很多这类刻字的银制品,如“弟子郑十一娘子舍”“徐氏二十娘子法名净明舍入地宫”“薛氏十一娘法名洋明舍入地宫”等。

2.清顺治　青花双龙戏珠纹瓷香炉(图2)

图2　清顺治　青花双龙戏珠纹瓷香炉

高11.31厘米,口径21.48厘米,底径13.00厘米,腹径21.57厘米。侈口,束颈,鼓腹,圈足。颈部绘一周变体莲纹,炉身绘双龙戏珠图。图案笔墨豪放,线条流畅,云蒸雾绕中,双龙隐现。正面书“天童寺佛前供奉”,背面绘神龛形莲荷牌,下托莲花,上盖荷叶,中书“江西南昌府进贤县信士吴六阳室中陈氏、汪氏喜助　祈保宗枝茂盛　福有攸埽　顺治丙申秋月吉旦”。顺治丙申为顺治十三年,即1656年。

3.清康熙　青花八仙祝寿图瓷香炉(图3)

图3　清康熙　青花八仙祝寿图瓷香炉

高12.71厘米，口径22.94厘米，底径13.00厘米。侈口，束颈，鼓腹，圈足。口沿涂酱釉，颈部饰一周变体莲纹，炉身绘南极仙翁乘鹤、八仙祝寿图。香炉青花清丽纯正，人物线条洒脱生动。正面书“天童南山祖塔供奉”，背面书“江西饶州府浮梁邑景德镇里仁都黄家社奉佛信士黄仲春　陈文先　黄万寿仝喜助香炉花瓶连朱红座八副　永远供奉合保各家清吉平安　天童化僧成宵”“康熙四年正月吉日立”。康熙四年是乙巳年，即1665年。

(二)精练型书写的寺院标准器

1.清道光十七年　青花云龙纹筒形三足瓷炉(图4)

图4　清道光十七年　青花云龙纹筒形三足瓷炉

高17.73厘米，口径20.20厘米，足距12.05厘米。筒形，三足。炉身绘海水江崖、双云龙纹，中间绘神龛形莲荷牌，下托莲花，上盖荷叶，上书“吕祖殿　九皇延寿星君座前　道光十七年春王月穀旦　宁鄞邑弟子蔡鸿法敬助”。吕洞宾在民间信众广泛，道教尊称“吕祖”，宋代封“妙通真人”，元代封“纯阳演政警化孚佑帝君”，是全真道创立后的“北五祖”之一。九皇延寿星君，据《云笈七签·日月星辰部》载“北斗九星，七见二隐……右九皇君九夫人，内姓隐讳，知之延寿千年”，《河图帝览嬉》载“斗七星，富贵之官也；其旁二星，主爵禄；其中一星，主寿夭”，可知这是位对个体生命起决定性作用的神灵。宁鄞邑是现在宁波的鄞州区，道光十七年为1837年。

2.清道光十七年　青花云龙纹筒形三足瓷炉(图 5)

图 5　清道光十七年　青花云龙纹筒形三足瓷炉

高 17.80 厘米,口径 20.77 厘米,足距 11.17 厘米。筒形,三足。炉身绘海水江崖、双云龙纹,中间绘神龛形莲荷牌,下托莲花,上盖荷叶,上书“吕祖殿　观音大士天尊座前　道光十柒年春王月穀旦　宁鄞邑弟子蔡鸿法敬助”。这件香炉与上一件同一纹饰图案,由同一个人,在同一时间、同一地点捐赠。除了“七”“柒”两字一个大写一个小写,神灵一个是道教九皇延寿星君,一个是佛教观音大士天尊外,其余都相同,且都安放在吕祖殿。天尊是佛教徒对佛的尊称,同样也是道教徒对所奉神仙或觉行圆满得道者的尊称。这里的吕祖殿应该是佛道同敬的。观音崇拜在中国有着强大而普遍的信仰基础,观音在道教传说中还对应着慈航真人,游走于佛道两家的观音菩萨以大士天尊的身份被供奉在吕祖殿里,应该也是不奇怪的。

3.清道光二十五年　青花云龙纹筒形瓷炉(图 6)

高 18.00 厘米,口径 20.43 厘米,底径 16.50 厘米。筒形,圈足。炉身绘海水江崖、双云龙纹,中间绘神龛形莲荷牌,下托莲花,上盖荷叶,上书“福聚庵　观音大士座前　道光廿五年长至月吉立　弟子李逢喜率男学　秀敬助”。福聚庵位于宁波市鄞州区姜山。道光廿五年为 1845 年,长至月也就是包含白昼最长一天——夏至的仲夏之月,即农历五月。仲夏之月是麦子成熟尝新的季节,在古代一般也是忙着举行祭祖敬神等祭祀活动的时节。

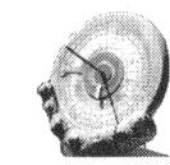

图 6 清道光二十五年 青花云龙纹筒形瓷炉

4.清光绪三十二年 青花云龙纹筒形瓷炉(图 7)

图 7 清光绪三十二年 青花云龙纹筒形瓷炉

高 17.44 厘米,口径 20.90 厘米,底径 16.30 厘米。筒形,圈足。炉身绘海水江崖、双云龙纹，中间绘神龛形莲荷牌，上书“庄穆庙　西方殿　光绪三十二年五月吉立　界下傅门林氏敬献”。据民国《鄞县通志》，庄穆庙位于宁波五乡镇东碶桥西，西方殿是供奉西方三圣的殿堂。光绪三十二年为1906年，五月也是敬神季节。界下应是身为凡人的林氏在三圣前的谦称。中国民间的庙宇，很多带有神社的性质，敬各路神灵。如图5香炉上写的是“吕祖殿”，那么安放之处本应为道观，但实际中它也可能被摆放在供奉各种神仙的庙宇里。

（三）记录绍兴祖孙三代与宁波寺院佛缘的香炉

1. 清　青花云龙纹瓷香炉（图8）

图8　清　青花云龙纹瓷香炉

高10.27厘米，内口径9.92厘米，腹径14.13厘米，底径8.16厘米。唇口，鼓腹，平底。炉身绘海水江崖、双云龙纹，中间绘神龛形莲荷牌，下托莲花，上盖荷叶，上书“宁波天童禅寺”。底书“信士王铎　室刘氏　仝　男世荣　昌敬赠”。“仝”同“同”。这件香炉是王铎和妻子刘氏以及儿子王世荣、王世昌一起供奉的。他们去的是有“东南佛国”之称的天童寺。

2. 清　青花云龙纹瓷香炉（图9）

图9　清　青花云龙纹瓷香炉

高8.67厘米，口径10.80厘米，腹径13.64厘米，底径8.11厘米。唇口，鼓腹，平底。炉身绘海水江崖、双云龙纹，中间绘神龛形莲荷牌，下托莲花，上盖荷叶，上书“宁波天童禅院”。底书“信士王铎　室刘氏　仝　男世荣　昌敬助”。这件香炉是王铎和妻子刘氏以及儿子王世荣、王世昌一起供奉的。与上面一件相比，这里的“宁波天童禅寺”改成了“宁波天童禅院”，“敬赠”改为了“敬助”。

3. 清　青花云龙纹瓷香炉（图 10）

图 10　清　青花云龙纹瓷香炉

高 7.97 厘米，内口径 10.58 厘米，腹径 13.20 厘米，底径 5.87 厘米。唇口，鼓腹，平底。炉身绘海水江崖、双云龙纹，中间绘神龛形莲荷牌，下托莲花，上盖荷叶，上书“南海佛顶山”。底书“山阴王铎　室刘氏　仝敬助”。这件是王铎和妻子刘氏两人在普陀慧济寺捐赠的。南海佛顶山即普陀山慧济禅寺，又称佛顶山寺。这里提到了王铎夫妻来自山阴（今绍兴）。

4. 清　青花云龙纹瓷香炉（图 11）

图 11　清　青花云龙纹瓷香炉

高 8.87 厘米，内口径 8.80 厘米，腹径 13.52 厘米，底径 8.10 厘米。唇口，鼓腹，平底。炉身绘海水江崖、双云龙纹，中间绘神龛形莲荷牌，下托莲花，上盖荷叶，上书“南海普陀山法雨禅寺”。底书“绍兴信士王世昌仝男代善　德　吉敬助”。法雨禅寺是普陀山三大寺之一。王世昌应该就是图 8 和图 9 中“信士王铎　室刘氏　仝　男世荣　昌敬赠”的“男世荣　昌”中的弟弟“昌”了，而这里的“男代善　德　吉”应该是“信士王铎”的孙辈了。这件香炉点明了这个家族来自绍兴，连带着说明了前面三个香炉捐赠者的来历。王铎一家三代人捐赠于三个寺庙的四件香炉，同时出现于博物馆库房，也是比较有意思的。

5.清　青花云龙纹瓷香炉(图 12)

图 12　清　青花云龙纹瓷香炉

高 9.78 厘米，内口径 9.66 厘米，腹径 13.06 厘米，底径 8.20 厘米。唇口，鼓腹，平底。炉身绘海水江崖、双云龙纹，中间绘神龛形莲荷牌，下托莲花，上盖荷叶，上书“敕赐　天童禅寺　戴门沙氏庆喜　率男敏达仝助”。该香炉是这式双龙纹香炉中唯一与王铎一家无关的。底部干净，无字。年代应与上面几个差不多，是沙氏庆喜捐天童寺的。

(四)与高僧有关的钵盂

1.民国　青花宁波观宗讲寺瓷钵盂(图 13)

图 13　民国　青花宁波观宗讲寺瓷钵盂

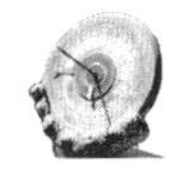

高 7.11 厘米，内口径 9.62 厘米，腹径 13.50 厘米，底径 5.22 厘米。敛口，鼓腹，平底。口沿绘一粗一细两道弦纹，钵身书“宁波观宗讲寺”“谛公老法师　八旬冥寿传戒纪念　民国丁丑秋　宝静法师弘戒”。宁波观宗讲寺位于宁波市区，为浙东佛教四大丛林之一，也是近代中国天台宗活动中心之一。谛公老法师即谛闲大和尚，是原观宗寺住持。他是天台宗中兴之祖，1932 年圆寂。民国丁丑年是 1937 年，为其八十冥寿。宝静法师是观宗讲寺谛闲大和尚的继任住持，是天台宗第四十四代法嗣。

2. 民国　青花宁波观宗讲寺瓷钵盂(图 14)

图 14　民国　青花宁波观宗讲寺瓷钵盂

高 7.62 厘米，内口径 9.36 厘米，腹径 13.44 厘米，底径 5.15 厘米。此件器物大小与前一件略有差异，其余同上。这两件钵盂应该是观宗寺本寺定制的。

3. 民国　墨书瓷钵盂(图 15)

高 8.10 厘米，内口径 11.19 厘米，腹径 15.40 厘米，底径 6.64 厘米。敛口，鼓腹，平底。正面书“传戒纪念”。背面书“民国丁丑　南昌定慧庵　金刚讲会特制　钵和罗谨赠宁波观宗讲寺至席宝静大法师阐弘毗尼　恭为观宗堂上　谛公老法师　八秩冥寿”。宝静法师继任观宗寺丈席后，屡次应邀到各城市讲经，这件钵盂应该就是南昌之行时，定慧庵为其金刚讲会特制，并作为纪念其师谛闲大和尚八十冥寿，赠予法师的。时间上与上面两件器物同时，均为民国丁丑，即 1937 年。另外在宁波市场上，有人居然淘到了定慧庵赠送宝静法师的粉彩钵盂，可见定慧庵对法师南昌之行足够重视，当时的赠品应该是一套瓷器。这件粉彩钵盂器底还书写了制瓷的单位是“南昌新中华公司”。

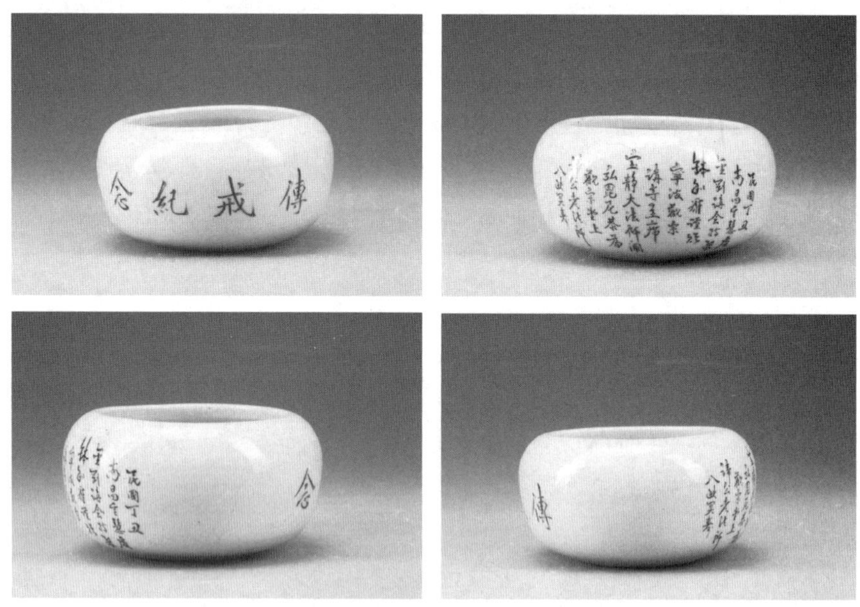

图 15　民国　墨书瓷钵盂

4. 民国三十六年　徐昇昶制“圆瑛法师七秩寿庆”紫砂钵(图 16)

图 16　民国三十六年　徐昇昶制“圆瑛法师七秩寿庆”紫砂钵

高 7.60 厘米，口径 10.79 厘米，腹径 14.53 厘米。敛口，鼓腹，平底。正面刻

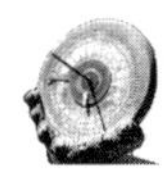

"宁波天童寺"。背面刻"圆瑛法师七秩寿庆纪念　乐慧斌赠　丁亥九月"。圆瑛法师是中国近代佛教代表性人物，与太虚于1929年共同发起成立了中国佛教协会，并连任数届主席，新中国成立后，1953年，他被推选为中国佛教协会第一任会长。丁亥是民国三十六年，即1947年，他虚岁70。这件紫砂钵，应该是乐慧斌襄助天童寺制作。慧斌是法名，其原名为乐斌章，此人慧施好行，皈依印光大师。圆瑛法师1952年曾为之作《乐慧斌居士生西记》。徐昇昶是民国宜兴陶人，曾在上海小木桥路开设紫砂店号。

三、变迁与启示

（一）器物定位

这批佛具，从器物的形制看，实用简约，具有民间大多数寺院文物相对朴素的特点，同时，长短不一的铭文又使它们与众不同，器物本身的时代特征非常鲜明，颇具代表性。

（二）简单的王铎一家世系表

通过图8至图11这四件香炉，我们可以简单地建立一个王铎一家的世系，如图17所示。

王铎、妻刘氏
- 王世荣（大儿子）
- 王世昌（小儿子）
  - 王代善（孙子1）
  - 王代德（孙子2）
  - 王代吉（孙子3）

图17　王铎一家世系

大约一百多年前，一个佛教信士——一位平凡的老人——定制了一批礼佛用具，怀着虔诚之心，从绍兴到宁波、普陀为自己的家庭祈福，在三家寺院因缘留下了四个香炉（实际上，也可能是王铎和小儿子王世昌分两次礼佛，自然也就有可能在更多的寺院留下了更多的佛具，而其中这四件保存了下来），最终还辗转留在了博物馆。炉上书写的文字清楚地告诉我们：他是绍兴人，去了宁波、普陀的天童、慧济、法雨三个寺院，也间接讲清了他们三代七个人的世系。不经意间，王铎父子为其一家列了个小传。

（三）宁波寺院历史上的几位名僧行迹和佛具来源情况

我们从这批佛具的行文中可以看到宁波历史上的一些名僧和他们的佛事活动，如图3香炉上的"南山祖塔"在时间上与天童中兴祖师密云的某种关联（这件香炉上书时间为密云大和尚身后十数年），如图13至图15香炉有关天台宗中兴之祖、观宗寺住持谛闲老法师冥寿传戒纪念,其弟子天台宗第四十四代法嗣、观宗寺住持宝静大法师弘戒讲会,中国近代佛教代表性人物、佛教协会主席及会长圆瑛法师寿庆纪念。这些围绕着高僧佛事的纪念性器物,构成了佛教文化活动的一个重要内容。上述的佛具来源大致可分为:信士的直接敬助行为,信士的襄助制作行为,寺院为纪念、馈赠而进行的定制行为。例如,谛闲大和尚有所在寺院为他制作的纪念钵盂,也有外寺所制并馈赠的纪念钵盂,佛事形式上,与他有关的为冥寿纪念,圆瑛法师的则为寿庆纪念。另外,图 3 中的“化僧成宵”落款,也能与寺院赞助关系中的“信士襄助制作”说法对应,“圆瑛法师七秩寿庆”紫砂钵也是这种形式。16 个佛具数量不多,但其中的点点滴滴就像是宁波佛教历史的一块块拼图,拼起了宁波佛教寺院发展过程中的一段历史。

(四)桑田之变

纵观古今兴衰,今天我们看到的这些寺院,与古代相比,它们的某些质的变化其实是很大的,僧人们的精神取向不变,但不同时代的生存条件、人文环境以及社会共同的精神追求等外部因素多多少少也在影响着方外世界的寂静心灵。在营造上,有些寺院很好地保留了历史上的建筑格局,有些则有了很大的变化:或隆兴一时,或局促一隅。以天童寺为例,其建筑保存算是较好的,但图 3 所书的“南山祖塔”(开山祖师义兴和中兴祖师密云都对此地情有独钟,将其作为各自身后塔园),目前已不存在,现为天童长寿文化主题风景区。市区内的唐代古寺国宁寺(民国改名天宁寺)则只剩下了重修的天宁寺塔(浙江省现存唯一唐塔),这是存废变化对比明显的例子。而七塔寺在二十世纪七八十年代破败狭小,现今环境优美,规划合理,拓地有方,最近还开放了有三万余册藏书的栖心图书馆(目标为十万册。栖心寺是七塔寺的古名,寺内书室以“栖心”命名,十分切题妥帖),内有《大藏经》《四库全书》《敦煌遗书》《宋画全集》《元画全集》等佛教类、社科类经典书籍。

2016 年,宁波市第一次可移动文物普查办公室对天童寺、阿育王寺等主要的佛教寺院进行了文物甄别,发现的这批纪年、纪地、纪事的寺院标准器,可以说是宁波地区现存寺院文物的一个缩影,它清晰记录了宁波历史上佛教文化传播的一个侧面。尽管由于种种原因,这些保存下来的寺院珍贵文物的数量差强人意,但透过这些有明确时间、地点、人物记录的寺院文物,特别是通过其清晰表述的文字信息,还是可以见微知著,见证这些寺院悠远的历史,畅想佛教在宁波这块土地上曾经的兴盛。

(原文刊于《收藏家》2017 年第 12 期)

甬东乌龙碶勒石告示碑浅释

章国庆

（宁波市天一阁博物院）

摘　要：甬东乌龙碶勒石告示碑上刻的是一份诉讼案件的官方判决文书。本文主要内容为释读甬东乌龙碶勒石告示碑，介绍甬东五碶分布情况，利用历代志书和相关文献记载，厘清此次甬东河道及乌龙碶整治过程中纠纷的前因后果、诉讼双方及相关人物的各自观点，试图说明一项成功的治水工程来之不易。

关键词：乌龙碶；争控；判决；丰收

据不完全统计，宁波现存历代水利碑记20多通，其中大都涉及城乡重大水利工程建设，如它山堰、保丰碶及以水则为标志的城乡水利系统建设等，或有关浚河除淤、开渠通航等治水事件，内容极为丰富，是值得借鉴的重要水利史料。清咸丰元年(1851)八月立的甬东乌龙碶勒石告示碑，姑依民国《鄞县通志·历代碑碣目录》，碑文全称为《宁绍台道饬王章周道遵互控侵占碶闸公地案遵断立石告示碑》，刻文是晚清时期甬东隅治水过程中的一个诉讼案件的官方判决文书，真实地记录了该案的调查经过和判决结果。

碑石高195厘米，阔100厘米，厚13厘米。碑文正书，共18行，满行44字。一式两碑，今皆收藏于天一阁东园碑廊，详见图1。碑文移录如下(」为换行符)：

奉宪勒石永遵

钦命浙江分巡宁绍台兼管水利海防兵备道加十级纪录十次瑞[①]为」示谕事：

据鄞县职监王章以与周道遵等争控碶闸一案，呈请出示、勒石晓谕等情到道。据此，查是案：前据职」监王秉勤、周道遵等及王章先后互控到道并控，奉」抚宪批饬，查勘讯详。当经前道饬府，札委镇海县会同鄞县诣勘讯断，取

① 即瑞璸，参见宁波市地方志编纂委员会编《宁波市志》，中华书局1995年版，第1785页。

图 1 乌龙碶勒石告示双碑

结详销。奉」抚宪批司,移道核详。本道当查,该处共有碶闸五所,考之志乘,第二碶名林家闸。现在王章与周道遵等争控」之乌龙碶,即在五碶中之第二碶,其为林家闸,即俗名乌龙碶无疑。又,志载,明汤信国公以林家闸直射郡城,」不利形势,废其故址,鬻为民居。因此碶遂淤塞。跨碶房屋不止一家,即王章住屋系属粮地,辗转售买亦不自」王章手起,并无侵占情事。况王章屋地旧有沟址,尽可挑挖宣疏。乃周道遵等因承办疏浚河道,误会乌龙碶」并非志载废鬻民居之林家闸,不候讯断,拆毁王章墙屋,殊有不合,惟事尚因公,应如该府、县所议,从宽免究。」王章屋地旧有沟址通泄水道,亦应如该府、县所议,断令宽、深各七尺,永归王章自行挑挖,其前后赤露之处,」即着周道遵等照断定尺寸疏浚,毋许再滋事端,余如县详完案。奉批司核详,请如道详完案。奉」抚宪批准如详移遵等因,由司移知在案。

据呈前情,除批示外,合行出示勒石晓谕。为此示仰该处居民人等」知悉:尔等须知乌龙碶其林家闸,即俗名乌龙碶无疑,久经废其故址,鬻为民居。业据鄞、镇二县会同勘讯明」确,王章并无侵占情事,具详完案。经本道暨藩司核明,详请」宪示饬遵,是王章屋地旧有沟址可通水道,应即照断宽、深各七尺永归业主自行挑挖,至前后赤露之处许」周道遵等照断定尺寸疏浚,均应永远遵照,不得再行混事。自示之后,如敢故违,复滋事端,定即从严究惩不」贷。其各凛遵,毋违!特示。

咸丰元年捌月　日给」

一般来讲,这类官府告示碑,往往是在案件查处结案后,于涉事之所或城隍庙竖立一通广告民众就已经足够了。唯独这块勒石告示碑一式二碑,且体形硕大,

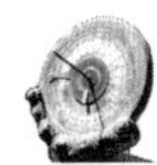

规制严整，分别竖立于江东的黑风巷和慈云庵门外[①]，该案件影响之大可见一斑。

宁波地处依山傍海的冲积平原，城厢河网密布，三江汇流入海。在东厢，三塘河之水通过濒江五碶得以入江。五碶碶名历代说法不一，根据光绪七年(1881)河工局刊《郡城浚河征信录》载，分别为乌丰碶、乌龙碶、江东碶、大石碶、泥堰头，详见图 2。[②] 涉讼的乌龙碶，即位于"县东三里甬东六七图交界处"，即老福建会馆附近，相当于今江厦桥东堍南侧。由于经济发展，人口增加，历史上临水居民侵占水面、碶闸现象屡见不鲜。明代以来，塘河水系淤塞严重，水利功能大为减弱，入江的五碶中，乌丰、乌龙、泥堰头等三碶基本淤塞，即使是尚能发挥蓄泄作用的江东、大石两碶，其水利功能也明显减弱。明代范钦在《宁波府重修江东大石碶碑》称："其后河渐淤塞，江东民并河而居，相率规为。奸利跨棚其上，侵啮故堤，鸡豚畜牧，厕牏棋布，冶户又错处治铁，砂坌横集大石。"[③]

从碑文可知，清道光年间，鄞县职监的王秉勤、周道遵等因公承办东厢河道碶闸整治工程，强行拆除了同样是鄞县职监的王章的位于已淤塞多年乌龙碶的跨碶屋墙。为此，双方曾互控到宁绍台兼管水利海防兵备道，但前任因故未能及时结案。咸丰元年(1851)八月间，王章再次向道台衙门提起诉讼。新上任道台不久的瑞璸根据积案中业经镇海县会同鄞县现场勘查结果，在报经巡抚批饬同意后，果断地做出了判决。其大意是，业主墙屋所在为江东五碶中的第二碶，即志乘所载的明初开国大将信国公汤和以其直射郡城、不利形势而废置并鬻为民居的林家碶，俗称乌龙碶，且王章住屋系属粮地，"辗转售买亦不自王章手起"，所以并无侵占情事。周道遵等因承办疏浚河道，误会乌龙碶并非志载废鬻民居之林家碶，不候讯断，拆毁王章墙屋，殊有不合，惟事尚因公，应从宽免究。王章屋地旧有沟址可通水道，应按原定宽、深各七尺，永归业主自行挑挖宣疏。至于前后赤露之处，允许周道遵等照断定尺寸疏浚。为此，双方均应永远遵照，不得再行混事。自示之后，如敢故违，复滋事端，定即从严究惩不贷。

从判决结果来看，诉讼双方似乎都承担了一定的责任。业主王章应负责其屋地原有沟址的疏通，宽、深各七尺，而周道遵不候讯断拆毁王章墙屋，虽从宽免究，但其名誉上受到了较大损害。

周道遵，字佩斯，又字介园，可谓是晚清时期宁波一位著名绅耆和水利专家。他除了修校《招宝山志》、纂修咸丰《鄞县志》外，《甬上水利志》一书也是他的力作。当时杭州知府(之前曾摄守宁波府)的徐敬欣然为此书作序，称赞周道遵是"里中

---

① 民国《鄞县通志·历代碑碣目录》，第 2219 页。

② 《郡城浚河征信录》，载宁波市人民政府地方志办公室整理《宁波历代专志选刊(四)》，宁波出版社 2017 年版，第 1941 页。

③ [明]范钦：《天一阁集》，袁慧整理，宁波出版社 2006 年版，第 328 页。

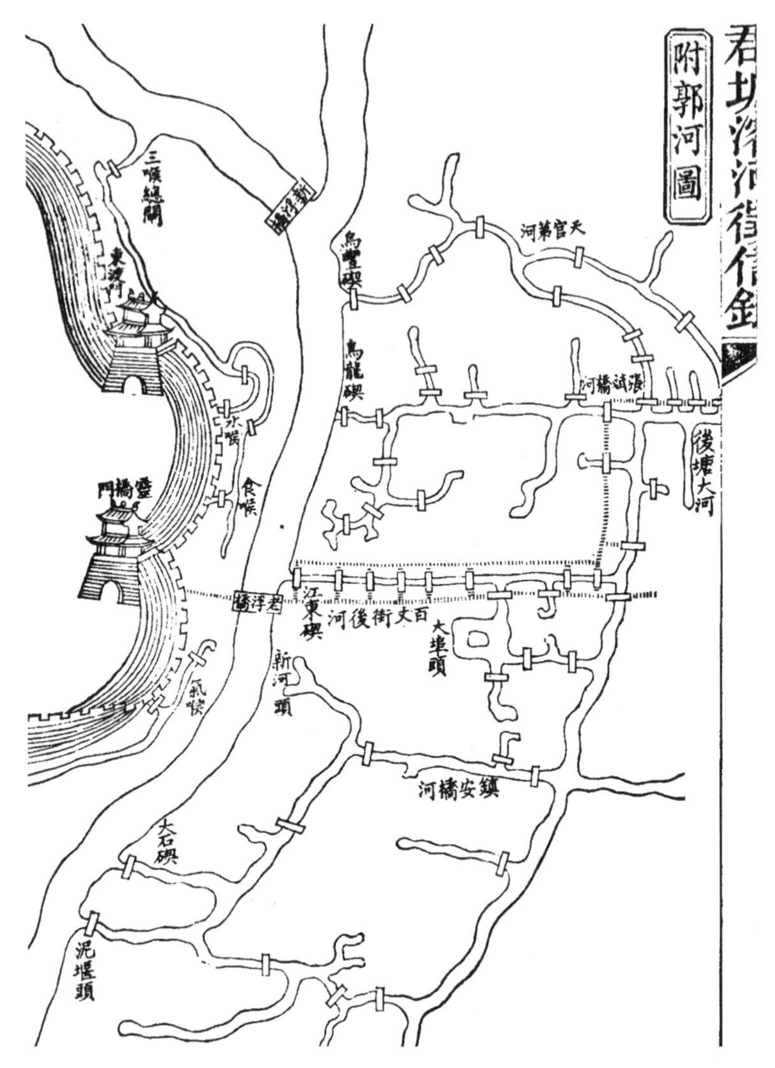

图 2 《郡城浚河征信录》附郭河图

贤士，留心掌故，于湖渠利弊尤能考证详明”。民国张寿镛先生在《四明丛书》辑录是书的序中也称：“自《延祐志》阙三卷，《河渠》适在其中，吾乡水利遂往往失考……先生独能采集诸书，尽录碑刻，桥梁详其地址，碶闸详其丈尺，又复分别城乡，辨其水道之通塞，而为后人修复之地。不独有功乡邦文献，而根本之计，审其形势所在，从而讲究而修明之，其裨益岂浅鲜哉？”从序中还可了解到，是书成于道光二十八年(1848)十月，其时适兴复乌龙碶之役。在此书中，周道遵认为林家道头闸(林家碶)有别于乌龙碶，它位于乌龙碶南侧，又称“杨柳道头”，位于今杨柳街附近。对于碑文中“林家闸即俗名乌龙碶”，周氏自然将两碶作为两个条目分别叙述，并在“乌龙碶”条目之后，作如是解释：明正德、嘉靖间，有傍闸而居之唐锡范者，潜掘其两旁石礅，占盖房屋。其子宗玉婿于兵部尚书张时徹之子邦岱，倚势作

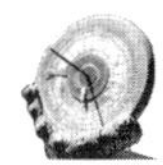

威，辟其居址，改造楼房，其楼曰“十鉴”。当时，郡守周希哲方修郡志，延请张尚书为总裁，遂请分修者张尚书从侄邦翰诡云官鬻说。此外，《甬上水利志》还对乌龙碶流域作了详尽考察，说明两碶均为里塘河下游水利的主要设施，林家道头河为主流，乌龙碶河为支河，均亟须修治，以防水潦，以资灌溉。[①]

其实，对于碑文中的官鬻说，明末高宇泰《敬止录》在“鄞江左碶闸中”并无“乌龙碶”条，但在“林家道头闸”条中，已有过诘问，如先转引嘉靖《宁波府志》：“其碶湮塞，故址犹存。皇明洪武初信国汤和以其水自宝幢来，绵亘四十余里，势如利矢，直射郡城，为堪舆家所深忌，于是并其故址而废之，官鬻其地于并碶之民为庐舍。”进而在按语中指出：“嘉靖《（宁波府）志》多有所私，或为得地者言之。果有信国之说，则城西之水自白鹤山下直射入西门内里许，亦绵亘四十里，势如利矢，且正系金方，信国何不一更改乎？”[②]很显然，《敬止录》是不认同官鬻说的。

光绪《鄞县志》写作时间距此碑以及周道遵《甬上水利志》只20多年，对于官鬻说，志中“乌龙碶”条之后的按语也持相同看法，“考《延祐》《至正》二志，林家道头有闸，今多湮塞，故明洪武二十七年(1394)重修……(汤)和之防海筑城以洪武十九年(1386)至浙，二十一年(1388)还朝，果其废闸，亦当在此四年中，岂故址已鬻才隔数年而犹有重修之事？高隐学云《嘉靖志》私为得地者言之，盖不诬矣”。但光绪《鄞县志》并没有对周氏指出的明正德、嘉靖间唐锡范倚势作威，在乌龙碶上改造十鉴楼一事予以确认。对于乌龙碶究竟是不是林家道头闸(碶)，亦未采纳周氏的两碶说，只是采取了回避的办法，称“此处水道不必论乌龙碶与林家道头闸名目，均不当听其湮塞也”[③]。

让人疑惑不解的是，周道遵主持的乌龙碶及其水道整治之后与业主引发诉讼而尚未结案时，周氏及乡民就上匾送伞，将治碶之功归于瑞瑸的前任咸龄道员。此人出身显贵，曾任宫廷四等侍卫，深得两广总督耆英赏识，参与过《虎门条约》和《南京条约》谈判，可谓是资深外交家。之后咸龄任苏松太道，在上海青浦教案中，敢于抗拒外来压力，坚持秉公执法处理案件，但最终仍以“致书夷酋，措词失当，以致夷船驶入大江，径抵江南省城”[④]为由，而于道光二十八年(1848)三月三日被撤职，当年四月二十日调任宁绍台道。面对周道遵的上匾送伞之举，咸龄或许感到有点烫手，因此写信求教于时任浙江巡抚吴文镕。而吴文镕的回信，既为咸龄指出了绝妙的处置办法和断案原则，同时又让我们看到问题的复杂。信中称：当下涉讼未结，宜将伞转送至神庙，将匾收而不悬可也。如以府县之意，收受匾伞，则

---

① 事见[清]周道遵：《四明丛书·甬上水利志》。

② [明]高宇泰：《敬止录》第十二册，第16页。

③ 光绪《鄞县志》卷七《水利下》。

④ 中国第一历史档案馆编《鸦片战争档案史料(Ⅶ)》，天津古籍出版社1992年版，第974页。

必为对方借口徇情偏袒，恐案难结；如以足下之意坚拒不收，则当下即拂众情，恐事有不妥。“而以仆衡之，则所见均似未甚谛当。宁郡近年风气不好，绅董往往藉公事弄钱，周造吴造之互讼未必不各挟私心。此时周造之必欲送匾伞于足下者，非真感戴足下也，不过欲藉此一举做实碶之当修，欲打赢官司耳。”可按当修与否断定诉讼，如果当修，则不送匾伞亦无害其打赢官司。至于业主一方，“当晓以修碶即获丰收，则碶必当修，无论其为乌龙碶为林家闸，无论久废不久废，均之当修则均之不准争阻”。[①] 我们不知道此次乌龙碶及相关河道整治工程规定的具体丈尺为多少，但至少从碑文中可知由王章承担的其屋基范围内沟址的宽、深各七尺，比照光绪七年(1881)重浚河道后各城河阔一丈、深一至五丈不等[②]来看，宽度略为缩减，似乎作了一些妥协。尽管如此，经过此次整治，农业获得了丰收，这是最关键的。可惜，由于咸龄不久调任江苏常镇道，此事成为积案。

瑞璸(1801—?)，字仲文，满族人。道光二十七年(1847)至二十九年(1849)曾在工部都水司任职，其后历官浙江道员、福建布政使，著有《一镜堂诗钞》《一镜堂续钞》。[③] 摆在瑞璸面前的诉讼，其断案难度是可想而知的，他既引用了嘉靖《宁波府志》“官鬻说”，就不会不注意到《敬止录》中的不同观点。想要梳理清楚300多年来跨碶建筑权属更是不可能办到的，如上文提到的潜掘乌龙碶两旁石磡、拓展地基建十鉴楼的明正德、嘉靖年间的唐锡范，不过30年身亡家败，十鉴楼旋冠他姓。至咸丰年间王章等，其屋基已不知几经辗转售买。或许正是瑞璸在工部都水司的任职经历，使他把握住了“碶当修”的关键，并以积案中所谓“官鬻说”作为顺水推舟之由，遂做出了上述判决。

至于周道遵，或许是迫于道台衙门的权威，似乎从此默不作声，但每每过黑风巷遇见此碑时，其心情想必是五味杂陈。

---

① [清]吴文镕：《吴文节公遗集》卷六十五《复咸菘圃观察》。

② 《郡城浚河征信录》，载宁波市人民政府地方志办公室整理《宁波历代专志选刊(四)》，宁波出版社2017年版，第1945页。

③ 马良春、李福田主编《中国文学大辞典》，天津人民出版社1991年版，第5910页。

江南石鼓鉴藏传统对吴昌硕的艺术影响

刘晓峰

（宁波市天一阁博物院）

摘　要：梳理江南石鼓鉴藏脉络可以发现，自明清以来，江南地区逐渐形成了石鼓鉴藏群体。从鉴藏史而言，此一群体在两方面有着开创性意义，即拓本鉴定与石鼓书法转化。前者以张廷济为代表，后者以吴昌硕为代表，而两者之间又有着密不可分的联系。故而，本文将从吴昌硕的石鼓拓本收藏、石鼓拓本鉴定与研究以及书法创造三个层面，揭示其对江南石鼓鉴藏传统的继承与发展。从而，尝试从鉴藏的新视角认识吴昌硕的书法艺术及其重要意义。

关键词：吴昌硕；书法；石鼓鉴藏；江南传统

自唐发现石鼓以来，学者们或考辨年代，或研磨辞章，或品鉴书法，或训诂文字……致使其蔚然有成独立学术门类之势。咸同之际的魏稼孙总结石鼓研究概况云：

> 古今石刻，惟石鼓文为人所最重者也。考论金石者，亦唯于石鼓文为最多。自唐宋人迄今，不下百数十家。①

尽管历代学者对石鼓均予以高度重视，但在张廷济看来，清代石鼓文的研究却并未因时代晚而逊于前代，甚至更有超越前代之势：

> 石鼓文考释解诂前人固详之，而近时钱竹汀詹事、翁覃溪学士、王述庵司寇、家文鱼徵士、吴侃叔明经考析更精，几无剩义……②

以上所列钱大昕、翁方纲、王昶、张燕昌、吴东发中，除翁方纲外均为江南地域

---

① ［清］沈梧：《石鼓文定本·叙》，光绪十六年沈氏古华山馆刻本，天一阁博物馆藏，第1页。

② 天一阁博物馆编《石鼓墨影——明清以来〈石鼓文〉善拓及名家临作捃存》，上海书画出版社2018年版，第82页。

学者。一定意义上，张廷济无意中道明了江南石鼓鉴藏、研究的重要成就。实际上，这些成就的取得与石鼓善拓本的收藏密不可分。从这个角度而言，张廷济正是这一鉴藏群体的核心人物，而“张廷济时代”也正是江南石鼓鉴群体形成的重要节点。他们对善拓本的鉴藏、对天一阁本的数次翻刻，特别是对元明拓本考据点的探索，在整个石鼓鉴藏史上有着其他群体无法企及的开创性。① 然而，这一群体所聚焦的仍是石鼓的文字考释、年代判定以及拓本鉴定，还没有发展到对石鼓书法的新实践。这便为吴昌硕的石鼓书法留下了空间，此群体所藏拓本、所积淀的品鉴传统，又为石鼓书法实践营造了良好环境。

一、吴昌硕的石鼓拓本收藏

李含波曾简要统计过吴昌硕所见所藏石鼓拓本 14 种，其中 11 种明确与江南石鼓鉴藏群体有关，该文章重在讨论吴昌硕所见所藏石鼓拓本，故而未将其置于江南石鼓鉴藏传统与吴昌硕石鼓鉴藏中加以考察。② 这 14 种拓本中，有 2 种拓本在吴昌硕的石鼓鉴藏中最具代表性，即吴昌硕临摹最多的阮元摹刻天一阁藏北宋本以及最善的王氏话雨楼旧藏明拓本。

从史料来看，吴昌硕所藏最早的拓本便是阮摹杭州府学本（图 1）。林树中曾将吴昌硕的一生分为三个时期：28 岁以前是他的少年时期。此一时期，他在学业上打下了比较扎实的基础；在生活上，则饱受太平天国战乱之苦，只身流亡，亲人亡故。29 岁至 56 岁是其中年时期。历经拜师学艺，入幕为僚，逐渐走向艺术创作之路。60 岁前后至 84 岁，吴昌硕虽入晚年，但诗书画印渐趋成熟，最终成为一代大师。林氏将 29 岁视为吴昌硕一生的分界点较为合理。正是自此年开始，吴昌硕至杭州、苏州、上海等地交游学习。此一阶段，也是吴昌硕开始了解、研习石鼓文的重要时期。

吴昌硕初次求学之地便是诂经精舍，它是清代最为著名的书院之一。阮元创立精舍，并重刻天一阁本石鼓文于书院明伦堂。道光年间，精舍曾有修葺，但受第二次鸦片战争及太平天国运动的影响停办。同治五年（1866），布政使蒋益澧捐资重建。两年后，经学大家俞樾主持精舍，再次使其复兴。吴昌硕前往杭州时，正是俞樾担任教席。俞樾的教学思想完全继承了阮元。当时阮元置于杭州府学的石鼓文摹本，已毁于咸丰战火，但俞樾对石鼓文仍然非常重视。同治十三年（1874），俞樾在上海观阅过徐允临藏张燕昌所摹天一阁本石鼓文并题跋其上，希望他能以

① 刘晓峰：《天一阁本石鼓文的翻刻与传播》，中国美术学院 2019 年博士学位论文，第 96—99 页。

② 李含波：《曾抱十石鼓——吴昌硕所藏所见〈石鼓拓〉本述论》，《书法》2017 年第 12 期，第 82 页。

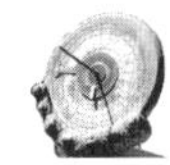

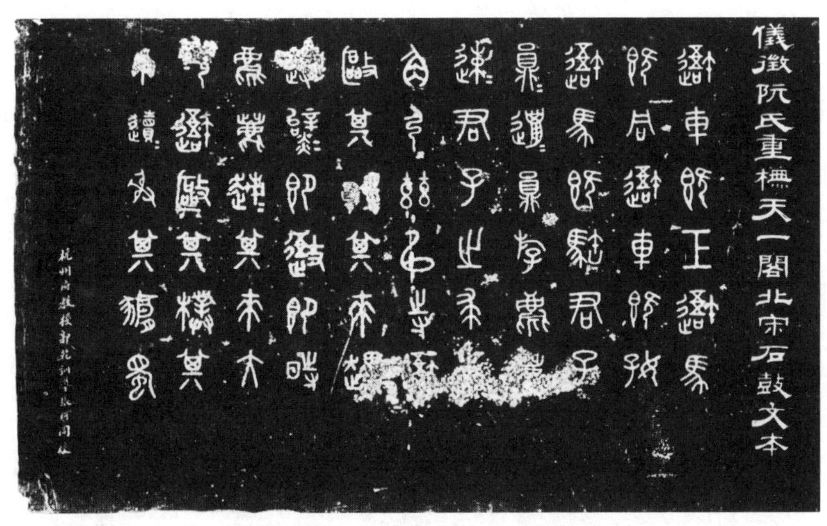

图 1 阮元重摹天一阁本石鼓文之吾车鼓(杭州府学本)拓片 清 天一阁博物院藏

此重刻。不仅如此,俞樾本人亦曾临写石鼓文,而且所临版本正是阮摹本(图 2)。尽管俞樾与吴昌硕讨论石鼓文的内容不见于记载,但可以想见吴昌硕在此时接触石鼓文是极为可能的,毕竟此刻本为重刻且在当时流传甚多。

图 2 俞樾节临石鼓文 清 私人收藏

吴昌硕所收藏的最重要拓本,为王氏话雨楼旧藏明拓本,现藏上海图书馆。此本前有杨岘、朱孝臧题签,顾麟士所作古欢图(图 3)。顾氏画跋云:

仓石先生新获吴江王氏话雨楼所藏邋碣,是四百年前拓。古色古香,得未曾有宝而临之。原作此图,用志古欢,即乞正。[①]

---

① 天一阁博物馆编《石鼓墨影——明清以来〈石鼓文〉善拓及名家临作掇存》,上海书画出版社 2018 年版,第 25 页。

图 3　古欢图　顾麟士绘　上海博物馆藏

其后有六舟、杨岘、潘钟瑞、王国维、程镕跋文，道光十七年(1837)程镕、1929年朱孝臧、1920年张熙三家观款以及吴东发手札两通。潘氏题跋对此本来历作了说明：

> 此旧拓猎碣，六舟上人定为初明本，较天一阁宋拓未远……王任堂先生，吴江盛泽镇人。当嘉道间，从张芑堂、张叔未诸先生游，精鉴别，收藏皆妙品。尝刊《话雨楼所藏金石录》一书，此猎碣亦双钩摹入。今双钩本罕见，而原本乃为仓公所得，洵稀有之珍也。天一阁本一摹入于阮相国，再摹于张徵士(即芑堂)。徵士本为上海徐氏移置露香园，不数年毁于火。平津馆本亦曾重刻于虎阜孙武子祠，咸丰时废于兵燹，概无存矣。郎亭汪君官司成时，监视精拓者，余得一通。仓公爱而索之，余索其手临一通以相易。余向藏旧拓宣猷一碣，楮墨纯古，虽未能上拟范氏本，较诸此则无多让也，惜其残阙，愿与仓公共宝之。承属缀言，因并记此猎碣掌故焉。光绪十有二年，丙戌夏五长洲潘钟瑞题于双凤双虎砖砚斋。[①]

据此可知，此本先是经王氏话雨楼收藏，后归吴昌硕。话雨楼收藏金石拓本极为丰富，正如潘氏题跋中所说，张燕昌、张廷济均是话雨楼常客，而且这种友好关系甚至延续到其后人。张燕昌之子张开福曾题话雨楼所藏钱币拓片云：

---

① 天一阁博物馆编《石鼓墨影——明清以来〈石鼓文〉善拓及名家临作捃存》，上海书画出版社2018年版，第35页。

大兴翁氏《两汉金石记》载，五铢范凡三：一周筤谷所藏；一宋芝山持来；一即芝山所借拓本。独此本未经寓目，岂拓本少流传也？道光壬午冬日，旭楼仗手拓此本，属开福题识，记与余家结再世墨缘也。①

潘氏所题正勾勒了当时江南石鼓鉴藏的宏观场景。先是张燕昌、张廷济与话雨楼的石鼓鉴藏，再是张燕昌、阮元、徐渭仁等重摹天一阁本石鼓文，以及孙星衍在苏州重摹等。虽然其中有些已毁于兵燹，但仍有善拓本传世。潘氏跋文在其日记中亦有记载：

廿二日甲寅(6月23日)，写《跋明拓石鼓文》一篇于仓石所藏册尾。铁翁来，不晤多日，谈移时，去。申刻，仓石偕廉夫来，谈次，同至东园茶叙。②

跋作于光绪十二年(1886)，此时吴昌硕42岁，还是靠租房生活。应该说，他能在此岁获得明拓本，很大程度上，正得益于对江南群体鉴藏传统的接续发展。实际上，这一点不仅仅体现在其能收藏拓本上，吴氏对石鼓拓本的鉴定、对石鼓文字的研究以及在书法实践上都深受江南石鼓鉴藏传统的影响。

二、吴昌硕的石鼓拓本鉴定及研究

虽然吴昌硕对石鼓主要是研习书法，但其对拓本、文字考据亦有较多关注。早在光绪八年(1882)，其在《题近拓石鼓》中云：

此本罗纹笺精拓，以明拓校之，其半字较为清朗者有十余处，而明拓胜于此者仅二三字。疑是汪郎亭侍郎官少司成时洗刷手拓者，未敢以今本薄之。③

此外，他对明清拓本考据点亦较为明了，《题旧拓乙鼓》云：

按，乙鼓乾、嘉时所拓已无"鲜""鲂""又"三字。是拓有之，而浑穆苍古之气扑人眉宇，审是真正明拓，旧本中亦未易见。④

其亦有诗云：

劫火已仇天一阁，宏文阮刻费搜罗。蛮夸明拓存"微"字，翠墨张皇赝鼎多。⑤

---

① [清]王鲲编《话雨楼碑帖目录》，《石刻史料新编》第三辑(第36册)，新文丰出版公司1986年版，第549—550页。

② 潘钟瑞：《潘钟瑞日记》，尧育飞整理，凤凰出版社2019年版，第357页。

③ 吴昌硕：《吴昌硕谈艺录》，吴东迈编，浙江人民美术出版社2017年版，第149页。

④ 吴昌硕：《吴昌硕谈艺录》，吴东迈编，浙江人民美术出版社2017年版，第149页。

⑤ 吴昌硕：《吴昌硕谈艺录》，吴东迈编，浙江人民美术出版社2017年版，第139页。

一定意义上来说，这些鉴藏知识正是源于对张廷济、张开福等人的继承与发展。在张廷济之前，石鼓拓本的鉴定主要依靠字数多少来区别，而且未曾论及明拓本的鉴定。正是张廷济及其好友开始了对明拓石鼓文的版本鉴定：

每见乙鼓后有“氐鲜”“鳑”“有”（又）字者，审其楮墨皆二三百年前物。或据褚氏《金石经眼录》以为雍正时，此四字尚未损。余谓褚此摹本亦据旧本缩入耳，若果经眼亲拓，则“吾水”二行岂有遗脱之理。昔年庚辰十二月五日，故友仁和赵晋斋魏来清仪阁语云：“石鼓有‘氐鲜’等字者，皆是明时拓。”其言不妄。道光十三年癸巳十一月七日。①

张廷济这一考证得到了当时学界的高度认可，甚至直到民国时期仍被沿用。故宫博物院藏孙克宏旧藏本中，有吴云题识：

张叔未世丈曾云，仁和赵晋斋论金石刻，谓石鼓文“氐鲜”“有”“鳑”字存者是明拓本，平斋。②

王国维在石鼓拓本鉴定上亦认可这一判断：

吾乡六舟上人跋此本，据竹里老人说，谓第二鼓四、五、六行末“鲜”“又”“之”字为俗工割去云云。余曾见明末休宁朱卧庵藏本有此三字，而第四鼓第四行“衔”字已全泐。此本“衔”字尚完，则断无缺第二鼓三字之理，六舟说是也。③

其所谓“蚤夸明拓存‘微’字，翠墨张皇赝鼎多”，则是指“马薦”鼓的存字。上海图书馆藏潘硕庭旧藏本石鼓文中，有潘氏题识云：

张叔未翁说，辛鼓在至元时仅有“微”字。日就磨灭，今只字靡存矣。④

故宫博物院藏孙克宏旧藏本中，吴云题识：

余家藏本第八鼓尚有“微”字，当是至元己卯以前所拓。癸亥秋日吴云识。⑤

---

① 天一阁博物馆编《石鼓墨影——明清以来〈石鼓文〉善拓及名家临作摺存》，上海书画出版社2018年版，第62页。

② 天一阁博物馆编《石鼓墨影——明清以来〈石鼓文〉善拓及名家临作摺存》，上海书画出版社2018年版，第17页。

③ 天一阁博物馆编《石鼓墨影——明清以来〈石鼓文〉善拓及名家临作摺存》，上海书画出版社2018年版，第35页。

④ 上海图书馆编《石鼓汇观》，上海书画出版社2019年版，第177页。

⑤ 天一阁博物馆编《石鼓墨影——明清以来〈石鼓文〉善拓及名家临作摺存》，上海书画出版社2018年版，第23页。

其实，除此诗外，吴昌硕亦曾在跋文中说明这一点：

> 雍乾毡腊古香可掬，“氐鲜”二字完善可证，已为稀世之珍矣，奚事斤斤于八鼓“微”字耶！①

可见，吴昌硕对石鼓元拓、明拓极为熟悉。如果说以上是其对江南石鼓鉴藏群体继承性的体现，那么光绪二十九年（1903），吴昌硕为刘世珩（1874—1926）图鼓形、临十鼓则更多地体现了其个人见解，亦可视为其对石鼓鉴藏之发展，下文辑录部分。

第二鼓云：

> “[illegible]”侃叔明经作“温”，见周伯温“甗”。

第三鼓云：

> 秦澹如观察藏有此鼓，裂痕细如毫发，曾于皕宋楼见之。

第四鼓云：

> 余见天津华氏旧藏本，“[illegible]”下犹存“道”字。

第五鼓云：

> 吴江王任堂藏本此处尚有“[illegible]”字，系“[illegible]”字之半文也。

第六鼓云：

> “[illegible]”旧需作，《集古印证》有张儒印作“[illegible]”。吾家侃叔翁《石鼓或问》载此。

第八鼓云：

> 天一阁北宋本如此，明初拓仅存一“[illegible]”字，见吴氏两罍轩藏本。

第九鼓云：

> “吾水”二字近时碑贾往往失拓。汪郎亭侍郎罗纹纸精拓者犹明显可辨。②

其中已提到秦澹如藏本、天津华氏旧藏本、王任堂话雨楼藏本、吴云两罍轩藏

---

① 天一阁博物馆编《石鼓墨影——明清以来〈石鼓文〉善拓及名家临作捃存》，上海书画出版社 2018 年版，第 69 页。

② 天一阁博物馆编《石鼓墨影——明清以来〈石鼓文〉善拓及名家临作捃存》，上海书画出版社 2018 年版，第 189—197 页。

本、汪鸣銮拓本、阮摹天一阁本以及吴东发关于石鼓文字的两处考证。可以说，吴昌硕除了拓本收藏得益于江南石鼓鉴藏群体，他的品鉴知识亦深受其影响。这些传统知识财富，奠定了吴昌硕以石鼓书法创新篆书的重要基础，迎来了江南石鼓鉴藏群体的“吴昌硕时代”。

三、从拓本到书法

从鉴藏角度而言，在以张廷济为代表的时代，江南石鼓鉴藏群体重点解决了石鼓拓本品鉴特别是元明拓本品鉴的问题。这一方面使后人品鉴有据，另一方面则使品鉴的目光发生转移，学人们开始更注重对书法的欣赏，特别是在邓石如篆书一统书坛的时代，石鼓书法更加引人注目。江南石鼓鉴藏传统在此呈现为两个重要层面：一是石鼓拓本的继续递藏与流传，二是鉴藏群体的延续及关于石鼓书法的探讨。前一点上文已有论述，后一点则可从上文提及的杨岘题跋中得见：

> 石鼓文曾获平津馆藏本，今归合肥李新吾郎中。后又见钱塘陈遇安太学藏本，与此而三皆明拓之佳者。古香满纸，迎人欲笑。近时，苏州汪柳门宫詹以罗纹纸精拓亦颇可玩但乏旧气耳。余尝论三代以上篆势皆圆，至汉而方，至唐而长。怀宁邓完白山人号为本朝篆书第一，其实学唐逞姿态，非篆之正也，越也。或曰“时尚也”，则应之曰“时尚真书，何必篆学”。篆而不师古，犹学制举艺但作墨裁而不读先正名义，虽工奚贵。昌公篆法探源星海，必不以余言为谬。乙酉腊月，杨岘题。[①]

杨氏跋文重在讨论石鼓与篆书的关系，这为了解吴昌硕坚持以石鼓为宗，最终突破邓石如而自成一家之缘由提供重要线索。跋文虽简短，但却直陈篆书要害。在杨岘看来，篆书发展有三个阶段特征，“三代以上篆势皆圆，至汉而方，至唐而长”，而名重一时的邓石如正是学唐篆出身。杨岘认为，这并非篆书正宗，学篆应取高古，故要学石鼓文。杨岘是当时苏州富有声望的书法家，其对于吴昌硕更是亦师亦友。[②] 杨岘将此跋系于吴氏所藏拓本之后，我们不难想见其对吴昌硕之影响。除杨岘外，吴昌硕在石鼓鉴藏上的另一位重要好友便是上文提及的潘钟瑞。

---

① 天一阁博物馆编《石鼓墨影——明清以来〈石鼓文〉善拓及名家临作掇存》，上海书画出版社 2018 年版，第 35 页。

② 杨见山，名岘，自号庸斋，归安(今浙江湖州)人。咸丰乙卯(1855)举人。为学博综汉唐，不读宋以下书。诗、古文皆峻洁廉悍，一洗凡近，潜心经学。先后成书数十卷，兵乱尽佚。官吴门，以文学为仕流引重。顾不谐于俗，为当道论劾罢职。人咸咎其藐上官，因自号“藐翁”。吴昌硕：《吴昌硕谈艺录・石交录》，吴东迈编，浙江人民美术出版社 2017 年版，第 232 页。

光绪十年(1884)至十二年(1886)期间,潘、吴二人几乎每天都有往来,或品古砖,或赏碑帖,或晤友朋……他们都是当时苏州金石文化圈的重要成员。[①] 吴昌硕所获汪鸣銮(1839—1907)精拓本,便来源于潘氏。除了上文的题跋外,吴昌硕曾有长诗纪事,其中有云:

后学入手难置辞,但觉元气培脏腑。
从此刻画年复年,心摹心追力愈努。
葑溪新居南园邻,种竹移花满庭户。
清光日日照临池,汲干古井磨黄武。[②]

"从此刻画年复年,心摹心追力愈努""清光日日照临池,汲干古井磨黄武",从中不难想见吴昌硕在得到石鼓善拓本后的兴奋之情与临摹之勤。对于各种拓本的鉴藏、比对、校勘,主要目的还是用于书法实践。据李含波统计,吴昌硕一生临写最多的就是阮元重摹天一阁本。[③] 那么,吴昌硕为何临摹阮摹本最多?阮摹本是不是最好的呢?其又是如何利用拓本的呢?在此,不妨就其临摹最多的阮摹本进行一番考察,以此窥见吴昌硕的临摹特点。

道光十二年(1832)春,何凌汉(1772—1840)按试宁波,其子何绍基(1799—1873)随侍。30年后,何绍基回忆当年登天一阁阅碑之情境,云:

登范氏天一阁见此碑(北宋石鼓文拓本)及《刘熊碑》,单纸宋拓,俱有破损。阁上置长案,不设坐具,书帖不得下楼,无缘假归审定。奇迹经眼,时入睡梦,忽忽三十年矣![④]

显而易见,何绍基回忆当年"奇迹经眼"之事,恍如在昨。只可惜范氏书规森严,书帖不得下楼,故无缘借归。其实,令何氏感到遗憾的还不止于此,他在给好友吴云跋明拓石鼓文时,云:

昔年过天一阁,观北宋拓本未及细记著之耳。阮刻颇经瘦铜诸君臆沾,未可据也。平斋先生可得暇访之乎?[⑤]

何绍基为一代书法大家,且是少数曾见过范氏原拓者,其对阮摹本的评价应颇为可信。在他看来,阮摹本已与原拓相去甚远。相比于何绍基的评价,翁同龢(1830—1904)与陈延韡(1879—1957)的观点更为明确。光绪二十一年(1895)冬,

---

① 潘钟瑞:《潘钟瑞日记》,尧育飞整理,凤凰出版社2019年版,第161—405页。

② 吴昌硕:《吴昌硕谈艺录》,吴东迈编,浙江人民美术出版社2017年版,第139页。

③ 李含波:《曾抱十石鼓——吴昌硕所藏所见〈石鼓拓〉本述论》,《书法》2017年第12期,第82页。

④ [清]何绍基:《东洲草堂金石跋》,卷三,湖南丛书处刊本,第17页。

⑤ [清]何绍基:《东洲草堂金石跋》,卷三,湖南丛书处刊本,第1页。

翁同龢曾通临石鼓十章且长跋于后(图 4)。其中,评阮摹天一阁本云:

> 天一阁所藏北宋本,经阮中丞摹刻于浙省府学,再刻于扬州府学,但钩刻平庸,殊失原石规模。近日篆学考论日精,所拓石鼓神采完密,以今本较重刻北宋本,字数虽少而笔致遒劲,尚能略窥籀文之妙,非若阮刻之全无精采也。余初得扬州本,见其笔力疏索,心焉疑之。及获杭州本以校扬本,笔意绝不相符,益信摹勒未善。于是,广求精拓原文,得王蓉州先生拓本并汪柳门太史拓本互相校勘,始知阮本仅存形模,殊失原文之妙。特字数多一百余,亦可得宋拓之仿佛耳。辛丑冬十月,瓶庵翁同龢临并记。[1]

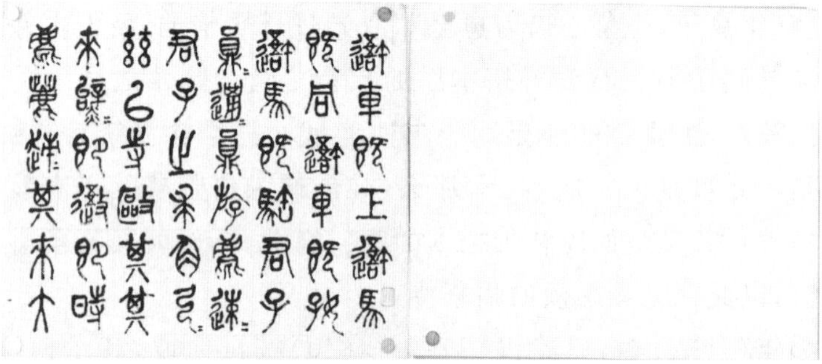

图 4　翁同龢通临石鼓文之吾车鼓　1901　天一阁博物院藏

从落款年份来看,翁同龢当时 71 岁,吴昌硕 57 岁。这是对阮摹本少有的批评,但其角度新颖而具说服力。翁同龢之所以提出如此观点,在于其所看重的不再是阮本字数的多少,而是书法的神韵,笔致的遒劲,笔力的有无。毫无疑问,与原刻相比,阮摹本的确在这些方面存在问题。显而易见,翁同龢正是用书法艺术的眼光加以审视,才提出了自己的观点。在这一点上,陈延韡亦有亲身感悟:

> 石鼓书不难于古朴而难于秀莹,康氏评以"花钿委地,芝草围云",可云妙得其状。国学本虽浸剥泐,然笔法、刀法宛然,最可放教。其他刻本,唯阮氏摹天一阁者为可信,然神意非矣。顾存字稍多,舍此更无可师法也。(韡)幼年已习石鼓,所摹即阮本,至今不能精也。训畲先生尚有以教之。延韡。[2]

与翁同龢的观念相似,他也看到了原拓本在笔法、刀法上的优点,而摹本则缺乏神意。然而,阮本存字较多,不以此本更无其他摹本可师法。不过,从摹本学习自有其弊端,所以有"至今不能精"之说。

那么,吴昌硕又是如何解决这些问题的呢?这便需要回归到吴昌硕的书法实

---

① [清]翁同龢:《石鼓文通临本》,天一阁博物院藏。

② 天一阁博物馆编《石鼓墨影——明清以来〈石鼓文〉善拓及名家临作捃存》,上海书画出版社 2018 年版,第 252 页。

践。相比于翁同龢遵循石鼓文本身原有字形，用笔上渴求还原石鼓本身的斑驳感，吴昌硕的处理方式有所不同，他是通过拉长字形，在用笔较为浑厚的基础上，让线条上下、两边呈现不均匀、略微粗糙的方式，体现石鼓斑驳苍劲的意味。这不是说不需要原拓本作参考，只是相比之下，特别是在自身风格稳定之后，他对底本的依赖性便有所降低。对于吴昌硕所临底本与书法的关系，刘恒先生曾云：

> 吴昌硕临习《石鼓文》所使用的范本并不是什么精拓善本，很可能还是阮元等人的重摹本，这一点，从其得到一册汪鸣銮所赠的新近拓本，便喜出望外，兴奋异常，又刻印又作诗来记述便可断定。也许正因为如此，才使他能够在长年累月、日复一日的重复书写中，将更多的注意力集中在摸索和提炼自己的技法习惯、发挥和强化个人领悟心得这一点上，从而跳出范本的约束，将枯燥单调的临写练习转化为抒情表意的创作活动。①

文中推测吴氏能够跳出范本约束的原因为所临底本不善，应该说，这正是注意到了其作品中较多临摹天一阁本的现象，有一定道理。然而，吴昌硕不仅收藏有重刻本，亦有原拓本，甚至是明拓本，而且在其 40 岁左右时就已经获得。还需要说明的是，汪鸣銮拓本虽然拓印时间较晚，但它是在汪鸣銮冲洗石鼓后精心传拓之作，在当时多被视为善本。

既然吴昌硕很早就藏有明拓本、汪拓本等善本，为何作品中要突出标明临天一阁本呢？从其传世之作来看，其中有两个重要原因：一是索字者的明确要求；二是天一阁本的权威性与篆书书法的特殊性。前文提及潘钟瑞曾以汪拓本与吴昌硕临本交换。此册现仍存于世，吴氏跋云：

> 石鼓近以汪郎亭侍讲罗纹笺拓为最。瘦羊博士藏此数年，索余临天一阁本全文以相易。②

此外，朵云轩亦藏有吴昌硕 64 岁时，通临阮摹天一阁本石鼓文一册。其后，钱经铭跋云：

> 吾人学篆，以周宣《石鼓文》为正宗。惟是阅世既久，拓本漫患残缺，不免浸失古意，余滋戚焉。盱衡近世研精石鼓篆文，无过吴君仓硕。乃请临北宋天一阁本存字，足成十鼓，附以释文并属名手刻石。自戊申至庚午，三年始成。③

---

① 刘恒：《中国书法史：清代卷》，江苏教育出版社 1999 年版，第 265 页。

② 邹涛、陈大中主编《吴昌硕全集·书法卷(一)》，上海书画出版社 2017 年版，第 48 页。

③ 天一阁博物馆编《石鼓墨影——明清以来〈石鼓文〉善拓及名家临作捃存》，上海书画出版社 2018 年版，第 210 页。

钱氏索求此本，看重的是吴昌硕的书法艺术，甚至觉得后世可以不用再受拓本漫漶不清的限制，直接以吴本为研习对象便可，故而请吴昌硕用三年时间将其刻石。潘钟瑞、钱经铭明确要求以阮摹天一阁本通临，吴昌硕断然不会拒绝。这类情况并非个别现象，甚至可以说极为普遍。

如果说别人请求仅是外因，那么篆书书法的特殊性便是重要内因。篆书的书写，离不开对篆体文字的深入研究。由于篆书书体的复杂性，书写时要求每个字乃至每个笔画都要有来处，否则便有“不识字”之嫌。对于石鼓文，这一点更为明显，由于其多残字或缺字，所以选择公认权威版本临摹便极为重要。

实际上，吴昌硕所谓的临天一阁本也并非忠实于每一个字，甚至很多正是从其他版本移来。前文提及钱经铭请其所临阮摹天一阁本石鼓全文，其中第一鼓就加“鹿”字而遗漏“吾”“射”等字。[①] 吴昌硕 81 岁时，写赠“声甫仁兄”的作品中亦是如此。[②] 也就是说，吴昌硕在临写时不仅在点画的表现上可以脱离范本，而且在缺字之处亦可凭借其对不同版本的参校自行增删。

至此可以说，吴昌硕临写最多的石鼓文是阮氏重摹天一阁本，但这并不意味着此本在篆书点画、结构乃至金石气上堪与原拓并驾齐驱。甚至可以推断，吴昌硕那种恣肆沉穆、圆劲严峻的书风更多的是来自对石鼓原拓的感受与体悟，而天一阁本提供的则主要是清晰的文字与通临的便捷性。特别是在吴昌硕晚年时期，其对石鼓文已达到自由书写之境，对范本的需求更为降低，但是出于他人请求或版本可靠性的考虑，其仍临阮摹本或标明临此本。实际上，如果仅以阮摹本为参考，而不去体会原拓的艺术气息，则往往难得石鼓书法真谛，陈延韡便是一例。

四、结　论

吴昌硕的篆书成就得益于其自身的探索与创造，但将其置于江南石鼓鉴藏传统的脉络中时，则传统的影响也显而易见。或者说，吴昌硕继承了江南石鼓鉴藏的传统并延伸与开创了这一传统的新局面。在这一过程中，研究、鉴藏、临摹、书法研习……相互交织、共同促进着石鼓文化的不断发展。总体而言，江南石鼓鉴藏传统对吴昌硕的艺术影响可以概括为三个方面：

一是江南石鼓鉴藏群体的丰厚文化遗产。以张廷济为核心的江南金石文化群体，对石鼓的研究有着开创性成就。其主要贡献便是对石鼓拓本的收藏与鉴

① 天一阁博物馆编《石鼓墨影——明清以来〈石鼓文〉善拓及名家临作捃存》，上海书画出版社 2018 年版，第 200 页。

② 天一阁博物馆编《石鼓墨影——明清以来〈石鼓文〉善拓及名家临作捃存》，上海书画出版社 2018 年版，第 233 页。

定。其收藏的石鼓拓本，在后续时代递藏，为吴昌硕等人的书法实践提供了重要研习资源。他们对拓本的鉴定，特别是对元明拓本的鉴定在石鼓鉴藏史上有着开创之功，从而形成了一代江南石鼓鉴藏家的时代课题与使命。

二是吴昌硕对江南石鼓鉴藏传统的发展。由于身处江南石鼓鉴藏群体地域环境之中，吴昌硕对前代石鼓文化遗产的继承顺理成章。这主要体现在两个方面：一方面在于其对石鼓拓本的收藏，如其对话雨楼本的收藏，正得益前代群体的递藏；另一方面在于其对拓本鉴藏知识的获得。前代鉴藏家的总结与探索使吴昌硕等人在拓本鉴定上有了重要基础。然而，也正是因为鉴藏家已经解决了拓本鉴定的问题，促使吴昌硕等人将目光转向石鼓书法的审美与实践。这是江南石鼓鉴藏群体的新延展，而吴昌硕正是其中的佼佼者。

三是吴昌硕篆书艺术与江南拓本之关联。吴昌硕石鼓书法的成就，离不开他对石鼓拓本的反复研究与不断临摹。其中，最引人注目的是他对阮元重摹天一阁本的多次提及。然而，这也是最令人费解之处，他是真的以此本为临摹底本还是另有原因？通过何绍基、翁同龢等人的视角，可以确定此本确实为当时最权威的研究底本，但从研习书法角度而言则远不及石鼓原拓本。吴昌硕以此本为临写对象，既因求字者自身的要求，又因篆书书写与石鼓自身的特殊性。当然，也不排除他从中仍有感悟，但其苍劲、浑穆的书风必是建立在对多种原拓本的体悟之上。其实，不管是阮摹本还是原拓本，都是江南石鼓鉴藏群体的宝贵文化遗产，而吴昌硕的贡献便是使这些遗产在艺术领域中更加璀璨夺目。

考古研究

宁波地区史前聚落考古概述

雷　少

（南京大学历史学院考古文物系；宁波市文化遗产管理研究院）

摘　要：宁波地区史前聚落考古已走过了50年的发展历程，初步确立了井头山遗存、河姆渡文化、良渚文化、钱山漾文化和广富林文化发展序列。本文通过对各个文化时期典型聚落的分布空间、地貌环境和代表性遗迹类型特征进行概述，初步总结了宁波地区史前聚落分布空间、平面布局和内部结构特征及其历时性演变过程，认为山丘坡麓地带长期以来都是史前聚落的分布中心，史前聚落数量和规模虽然呈不断扩大的趋势，但是聚落之间及其内部群体之间长期以来都是一种相对平等的关系。

关键词：宁波地区；史前聚落；地貌环境；聚落形态；聚落结构

聚落考古以聚落为对象，研究其具体形态及其所反映的社会形态，进而研究聚落形态的演变所反映的社会形态的发展轨迹。[①] 它一般包含以下三个方面的研究：第一，单个聚落形态和内部结构；第二，聚落分布和聚落之间关系；第三，聚落形态历史演变。[②] 我国的聚落考古或对聚落形态的考古学研究萌芽于20世纪30年代对安阳殷墟的发掘，正式开始于20世纪50年代对西安半坡遗址的发掘和研究。[③] 20世纪80年代以来，聚落考古发展步伐持续加快，已成为指导我国田野考古和学术研究，以及实现考古学科复原古代社会形态这一目标的基本方法论之一。

宁波地区的聚落考古工作肇始于20世纪70年代，以1973年至1974年、1977年至1978年河姆渡遗址两期发掘为标志。据不完全统计，自1973年至2022年间，浙江省和宁波市各级考古机构前后对宁波地区43处先秦时期聚落遗址开展

---

① 严文明：《关于聚落考古的方法问题》，《中原文物》2010年第2期。

② 严文明：《聚落考古与史前社会研究》，《文物》1997年第6期。

③ 严文明：《近年聚落考古的进展》，《考古与文物》1997年第2期。

过考古(试)发掘工作，它们分别位于姚江平原、宁波平原、三北平原、象山半岛、穿山半岛和大榭岛等不同的地貌单元内(表 1)。

表 1　宁波地区考古(试)发掘先秦聚落遗址统计(1973—2022 年)

序号	工作时间	项目名称	遗存时代	主持单位	行政区域	地貌单元	聚落类型
1	1973—1974	河姆渡遗址发掘	新石器	省博物馆	余姚	姚江平原	山丘坡麓型
	1977—1978						
2	1976	童家岙遗址试掘	新石器	省文管会	慈溪	姚江平原	山丘坡麓型
	2009—2010			市考古所			
3	1978	钱岙遗址试掘	青铜	市文管会	鄞州	宁波平原	山丘坡麓型
4	1978	妙山遗址试掘	新石器	市文管会	江北	姚江平原	山丘坡麓型
5	1980	鲻山遗址(试)发掘	新石器	省考古所	余姚	姚江平原	山丘坡麓型
	1996						
6	1985	东澄遗址试掘	青铜	省考古所	余姚	姚江平原	山丘坡麓型
7	1986	慈湖遗址(试)发掘	新石器	省考古所	江北	姚江平原	山丘坡麓型
	1988						
8	1987	沙溪遗址(试)发掘	新石器—青铜	市考古所	北仑	穿山半岛	平原土台型
	1994			省考古所			
	1997						
9	1989	塔山遗址(试)发掘	新石器—唐宋	市考古所	象山	象山半岛	山丘坡麓型
	1990			省考古所			
	1993						
	2007—2008						
10	1989	名山后遗址发掘	新石器—青铜	省考古所	奉化	宁波平原	平原台地/土台型
	1991						
11	1991	灵山遗址发掘	青铜	市考古所	江北	宁波平原	山丘坡麓型
12	1992	小东门遗址发掘	新石器—青铜	省考古所	江北	姚江平原	山丘坡麓型
13	1994	鲞架山遗址发掘	新石器—青铜	省考古所	余姚	姚江平原	山丘坡麓型
14	1995	庶来遗址试掘	青铜	市考古所	镇海	宁波平原	山丘坡麓型
15	2004	傅家山遗址发掘	新石器	市考古所	江北	姚江平原	山丘坡麓型
16	2004	田螺山遗址发掘	新石器	省考古所	余姚	姚江平原	山丘坡麓型
	2006—2008						
	2011—2014						
17	2004—2005	卢家山遗址发掘	青铜	市考古所	江北	姚江平原	山丘坡麓型
18	2012	姚家山遗址发掘	新石器—青铜	省考古所	象山	象山半岛	山丘坡麓型
19	2013—2014	鱼山遗址Ⅰ期发掘	新石器—唐宋	市考古所	镇海	宁波平原	山丘坡麓型
	2014—2015	鱼山遗址Ⅱ期发掘					

续表

序号	工作时间	项目名称	遗存时代	主持单位	行政区域	地貌单元	聚落类型
20	2015—2017	乌龟山遗址试掘	新石器	市考古所	镇海	宁波平原	山丘坡麓型
	2018	乌龟山遗址发掘					
21	2016	大榭遗址Ⅰ期发掘	新石器—宋元	市考古所	北仑	大榭岛	平原土台型
	2017	大榭遗址Ⅱ期发掘					
22	2016	庙山头遗址试掘	新石器	市考古所	象山	象山半岛	山丘坡麓型
23	2017	下王渡遗址Ⅰ区发掘	新石器—宋元	市考古所	奉化	宁波平原	平原台地型
	2017—2018	下王渡遗址Ⅲ—Ⅴ区发掘					
	2018—2019	下王渡遗址Ⅱ区发掘					
24	2017	何家遗址Ⅰ—Ⅳ区发掘	新石器—宋元	市考古所	奉化	宁波平原	平原台地型
	2019	何家遗址Ⅴ区发掘					
25	2017—2018	张家山头遗址试掘	新石器—唐宋	市文研院	镇海	宁波平原	山丘坡麓型
26	2018	上王遗址发掘	新石器—宋元	市考古所	奉化	宁波平原	平原台地型
27	2019	下庙山遗址试掘	新石器	市考古所	奉化	宁波平原	平原台地型
28	2019—2020	应家遗址发掘	新石器—明清	市考古所	镇海	宁波平原	山丘坡麓型
29	2019—2020	双马遗址发掘	新石器	市考古所	奉化	宁波平原	平原台地型
30	2019—2020	井头山遗址一期发掘	新石器	省考古所	余姚	姚江平原	山前海岸型
	2022—	井头山遗址二期发掘					
31	2020	东门村遗址Ⅰ期发掘	新石器—明清	市文研院	江北	姚江平原	山丘坡麓型
	2022	东门村遗址Ⅱ期发掘					
32	2020	四顾山遗址发掘	青铜—明清	市文研院	北仑	宁波平原	山丘坡麓型
33	2020	黄山遗址发掘	新石器—唐宋	市文研院	镇海	宁波平原	山丘坡麓型
34	2020—2021	施岙遗址古稻田发掘	新石器—东周	省考古所	余姚	姚江平原	水稻田
35	2020—2021	朱家山遗址发掘	新石器—唐宋	市文研院	江北	姚江平原	山丘坡麓型
36	2020—2021	吕岙遗址Ⅰ期发掘	新石器—明清	市文研院	镇海	宁波平原	山丘坡麓型
	2021—2022	吕岙遗址Ⅱ期发掘					
37	2021	胡坑基遗址发掘	新石器	市文研院	江北	姚江平原	平原台地型
38	2021	竺家遗址发掘	新石器—宋元	市文研院	奉化	宁波平原	平原台地型
39	2021	茂山遗址试掘	新石器	省考古所	慈溪	三北平原	山丘坡麓型
40	2022	顾家庄遗址发掘	新石器—宋元	市文研院	奉化	宁波平原	平原台地型
41	2022—	汶溪遗址Ⅰ期发掘	新石器—明清	市文研院	镇海	宁波平原	山丘坡麓型
42	2022—	竹山湾遗址发掘	新石器—唐宋	市文研院	江北	姚江平原	山丘坡麓型
43	2022—	江桥头遗址发掘	新石器—宋元	省考古所	余姚	姚江平原	山丘坡麓型

注：1. 同一对象不同时期考古按同一项目计；

2. 本表中的行政区域为 2016 年 10 月宁波行政区划调整后之行政区域；

3. 省博物馆是浙江省博物馆的简称，省文管会是浙江省文物管理委员会的简称，市文管会是宁波市文物管理委员会的简称，省考古所是浙江省文物考古研究所的简称，市考古所是宁波市文物考古研究所的简称，市文研院是宁波市文化遗产管理研究院的简称。

回顾历史，可将宁波地区聚落考古发展历程大体划分为如下三个阶段。

第一阶段是20世纪70年代至80年代初。以河姆渡遗址发掘为开端，提出并确立了河姆渡文化，初步探明了该文化单个聚落的形态和结构。之后，又相继试掘了童家岙、妙山、鲻山等遗址，并在余姚市境内的姚江两岸丘陵和平原地带开展了专题调查，初步摸清了河姆渡文化聚落的空间分布状况。① 青铜时代聚落考古工作此时处于起步阶段，仅对钱岙遗址作过试掘。②

第二阶段是20世纪80年代中期至90年代末。陆续（试）发掘了慈湖、沙溪、塔山、名山后、小东门、鲞架山、鲻山等遗址，不仅将河姆渡文化聚落分布空间扩展至宁波平原腹地的奉化江流域及象山半岛，还新发现了良渚文化和广富林文化时期遗存，细化了新石器时代晚期、末期考古学文化的发展序列和谱系，拓宽了聚落考古的研究视野。③ 此外，在上述沙溪、塔山、名山后、小东门、鲞架山等遗址中还发现了青铜时代遗存，并分别对东澄、灵山、庶来等青铜时代遗址作了小面积试掘，积累了一些聚落考古资料。④

---

① 浙江省文管会、浙江省博物馆：《河姆渡发现原始社会重要遗址》，《文物》1976年第8期；浙江省文物管理委员会、浙江省博物馆：《河姆渡遗址第一期发掘报告》，《考古学报》1978年第1期；河姆渡遗址考古队：《浙江河姆渡遗址第二期发掘的主要收获》，《文物》1980年第5期；刘军：《河姆渡文化遗址调查概况》，《浙江省文物考古所专辑》1980年第1期，转引自叶树望主编《姚江田野考古》，浙江古籍出版社2008年版；浙江省文物考古研究所：《河姆渡：新石器时代遗址考古发掘报告》，文物出版社2003年版；宁波市文物考古研究所、南京大学历史学院考古文物系：《浙江宁波慈城五星、妙山遗址调查与试掘简报》，《南方文物》2019年第1期。

② 宁波市文物考古研究所、鄞县文物管理委员会办公室：《宁波钱岙商周遗址试掘简报》，《东南文化》2003年第3期。

③ 关于宁波地区发现的年代相当于环太湖地区良渚文化时期遗存的性质和命名问题，学术界意见尚不统一。有人认为其属于河姆渡第五期文化，如牟永抗：《浙江新石器时代文化的初步认识》，载中国考古学会编《中国考古学会第三次年会论文集1981》，文物出版社1984年版；有人认为应命名为良渚文化名山后类型，如刘军、王海明：《宁绍平原良渚文化初探》，《东南文化》1993年第1期；有人认为可直接纳入良渚文化，如栾丰实：《良渚文化的分期与分区》，载徐湖平编《东方文明之光——良渚文化发现60周年纪念文集》，海南国际新闻出版中心1996年版；有人认为应命名为名山后文化，如丁品：《钱塘江两岸新石器时代晚期文化关系初论》，载浙江省文物考古研究所编《纪念浙江省文物考古研究所建所二十周年论文集（1979—1999）》，西泠印社1999年版。笔者赞同“良渚文化名山后类型”的观点，文中以“良渚文化”简称来展开论述。

参见浙江省文物考古研究所、宁波市文物考古研究所：《宁波慈湖遗址发掘简报》，载浙江省文物考古研究所编《浙江省文物考古研究所学刊——建所十周年纪念（1980—1990）》，科学出版社1993年版；浙江省文物考古研究所、宁波市北仑区博物馆：《北仑沙溪新石器时代遗址发掘简报》，《南方文物》2005年第1期；浙江省文物考古研究所、象山县文物管理委员会：《象山县塔山遗址第一、二期发掘》，载浙江省文物考古研究所编《浙江省文物考古研究所学刊》，长征出版社1997年版；名山后遗址考古队：《奉化名山后遗址第一期发掘的主要收获》，载浙江省文物考古研究所编《浙江省文物考古研究所学刊——建所十周年纪念（1980—1990）》，科学出版社1993年版；浙江省文物考古研究所：《宁波慈城小东门遗址发掘简报》，《东南文化》2002年第9期；孙国平、黄渭金：《余姚市鲞架山遗址发掘报告》，载西安半坡博物馆编《史前研究（2000）》，三秦出版社2000年版；浙江省文物考古研究所、厦门大学历史系：《浙江余姚市鲻山遗址发掘简报》，《考古》2001年第10期。

④ 宁波市文物考古研究所、浙江省宁波市镇海区文物保护管理所：《浙江省宁波镇海九龙湖庶来遗址试掘简报》，《南方文物》2015年第4期；宁波市文物考古研究所、南京大学历史学院：《浙江宁波灵山遗址试掘报告》，《南方文物》2017年第3期；东澄遗址试掘资料尚未发表。

第三阶段是21世纪开始至今。主要相继(试)发掘了田螺山、傅家山、塔山、童家岙、鱼山、乌龟山、大榭、下王渡、何家、上王、应家、井头山、东门村、施岙古稻田、胡坑基、茂山、顾家庄等遗址,不仅发现了年代早于河姆渡文化的新石器时代中期遗存,还在各支考古学文化单个聚落平面布局、内部结构以及聚落群分布空间等问题的认识上取得了一些突破。更为重要的是,发现了目前所知我国年代最早的史前海盐业遗存,拓展了关于聚落功能多样性的认识。[①] 此外,在上述塔山、姚家山、鱼山、大榭、下王渡、何家、上王、应家、东门村等遗址中也发现了青铜时代遗存,还发掘了卢家山、四顾山等仅包含该时期遗存的遗址,深化了对青铜时代聚落形态和结构的认识。[②]

本文以上述37处史前聚落遗址的考古发现为基础,主要根据已发表简报或报告的典型遗址资料,按照年代早晚顺序,分别概述各个文化时期聚落的布局、结构和功能特征,以期对宁波地区的史前聚落有一个初步的宏观认识(表2)。[③] 需要

---

① 浙江省文物考古研究所、余姚市文物保护管理所、河姆渡遗址博物馆:《浙江余姚田螺山新石器时代遗址2004年发掘简报》,《文物》2007年第11期;浙江省文物考古研究所:《田螺山遗址第一阶段(2004～2008年)考古工作概述》,载北京大学中国考古学研究中心、浙江省文物考古研究所编《田螺山遗址自然遗存综合研究》,文物出版社2011年版;孙国平、郑云飞、黄渭金等:《浙江余姚田螺山遗址2012年发掘成果丰硕》,《中国文物报》2013年3月29日;宁波市文物考古研究所:《傅家山——新石器时代遗址发掘报告》,科学出版社2013年版;浙江省文物考古研究所、象山县文物管理委员会:《象山塔山——新石器至唐宋遗址发掘报告》,文物出版社2014年版;宁波市文物考古研究所、慈溪市博物馆:《浙江省慈溪市童家岙遗址2009年试掘简报》,《东南文化》2012年第3期;宁波市文物考古研究所、镇海区文物保护管理所、吉林大学文化遗产保护研究中心:《浙江宁波镇海鱼山遗址Ⅰ期发掘简报》,《东南文化》2016年第4期;雷少:《揭开宁绍地区考古学文化序列的新图卷——宁波镇海九龙湖鱼山遗址Ⅱ期发掘与乌龟山遗址试掘的主要收获》,《中国文物报》2015年3月13日;雷少、梅术文:《宁波首次发现海岛史前文化遗址——大榭遗址Ⅰ期考古发掘的主要收获》,《中国文物报》2016年12月30日;雷少、梅术文:《我国古代海盐业的最早实证——宁波大榭遗址考古发掘取得重要收获》,《中国文物报》2017年12月29日;宁波市文物考古研究所、中国人民大学考古文博系、宁波市奉化区文物保护管理所:《浙江宁波市下王渡遗址方桥发掘区2017年发掘简报》,《考古》2019年第9期;宁波市文化遗产管理研究院、吉林大学文化遗产保护研究中心:《宁波市奉化区下王渡遗址第Ⅲ发掘区发掘简报》,《江汉考古》2021年第1期;宁波市文物考古研究所、宁波市奉化区文物保护管理所、南京大学历史学院考古文物系:《浙江宁波奉化方桥何家遗址2017年发掘简报》,《南方文物》2019年第1期;南京大学历史学院考古文物系、宁波市文化遗产管理研究院、宁波市奉化区文物保护管理所:《浙江宁波市何家遗址2019年的发掘》,《考古》2022年第9期;宁波市文物考古研究所、中国人民大学考古文博系、宁波市奉化区文物保护管理所:《浙江宁波奉化方桥上王遗址2018年发掘简报》,《南方文物》2020年第1期;浙江省文物考古研究所、宁波市文化遗产管理研究院、余姚市河姆渡遗址博物馆:《浙江余姚市井头山新石器时代遗址》,《考古》2021年第7期;王永磊、郑云飞、宋姝等:《浙江余姚施岙遗址古稻田2020年发掘收获》,载国家文物局编《2020中国重要考古发现》,文物出版社2021年版;姚家山、庙山头、应家、东门村、胡坑基、茂山、顾家庄等遗址资料均未发表,部分可参考宁波市文化遗产管理研究院、浙江省文物考古研究所:《新成果·新进展·新突破——2020年度宁波地区重要考古发现》,《中国文物报》2021年4月2日;宁波市文化遗产管理研究院:《2022年度宁波地区考古撷萃》,《中国文物报》2022年12月23日。

② 宁波市文物考古研究所:《浙江宁波洪塘卢家山商周遗存发掘报告》,《南方文物》2011年第1期;四顾山遗址资料尚未发表。

③ 表1统计的43处聚落遗址中,因钱岙、东澄、灵山、庶来、卢家山和四顾山等6处遗址以青铜时代遗存为主,未发现史前遗存,故不列入本文的讨论范围。此外,下文有关各处聚落遗址的分析内容,所引资料均来自相关简报或报告资料,不再一一注明。

指出的是，由于地处宁波平原西南侧腹地的奉化江流域史前聚落已有学者做过详细介绍和分析[①]，本文不再赘述。

表 2　宁波地区典型史前聚落遗址基本信息统计(1973—2022 年)

时代	文化分期	文化遗存	主要遗迹
新石器时代中期	井头山遗存(暂定名)	贝丘堆积层	灰坑
新石器时代晚期前段	河姆渡文化早期	河姆渡遗址第一、二期	干栏式建筑、灰坑、墓葬、栅栏圈
		鲻山遗址第⑩—⑧层	干栏式建筑、灰坑
		傅家山遗址第一、二期	干栏式建筑、柱坑、灰坑
		田螺山遗址第一、二期	干栏式建筑、墓葬、灰坑、“寨墙”、独木桥、稻田
		童家岙遗址第一、二期	柱坑
		鱼山遗址第⑨层	水沟
		施岙遗址第⑪层	稻田
	河姆渡文化晚期	河姆渡遗址第三、四期	水井、墓葬、灰坑、柱础
		慈湖遗址下层	道路
		名山后遗址第⑫—⑧层	墓葬、灰坑
		塔山遗址下层和中层	地面式房址、墓地、柱洞、灰坑
		小东门遗址第一期	地面式房址、墓葬
		鲞架山遗址第一至三期	墓葬、道路、成排木桩、灰坑
		鲻山遗址第⑦—③层	灰坑
		傅家山遗址第四期	无
		田螺山遗址第三、四期	建筑、墓葬、道路、灰坑、柱坑、稻田
		童家岙遗址第三、四期	道路、柱坑
		鱼山遗址第⑦—⑥层	柱坑、灰坑
		乌龟山遗址早期	道路、木柱、柱坑
		应家遗址早期	房址、灰坑
		施岙遗址第⑧层	稻田
		胡坑基遗址第⑥—③层	房址、柱坑、灰坑
新石器时代晚期后段	良渚文化早期	慈湖遗址上层	木桩
		名山后遗址第⑦—⑤层	土台、墓葬、灰坑
		田螺山遗址农耕区	稻田
		鲻山遗址	墓葬

① 丁风雅、李永宁、梅术文:《奉化江流域史前考古新发现》,《中国文物报》2020 年 1 月 17 日;宁波市文化遗产管理研究院:《2022 年度宁波地区考古撷萃》,《中国文物报》2022 年 12 月 23 日;丁风雅:《奉化江流域史前聚落变迁初探》,见本论集。

续表

时代	文化分期	文化遗存	主要遗迹
新石器时代晚期后段	良渚文化晚期	名山后遗址第④—②层	灰坑
		塔山遗址上层	墓葬、灰坑、灰沟
		小东门遗址第二期	无
		沙溪遗址第③层	土台、灰坑
		鱼山遗址第⑤层	道路
		乌龟山遗址晚期	道路
		大榭遗址第⑤层	土台、墓葬、灰坑、木桩、烧结面
		施岙遗址第⑥层	稻田
		吕岙遗址早期	稻田
新石器时代末期	钱山漾文化	大榭遗址第④层	土台、盐址、灰坑
	广富林文化	小东门遗址第三期	水井、柱洞
		东门村遗址第④层	房址、灰坑、柱坑、木构护岸

注：1. 名山后、鲻山、田螺山、鱼山、乌龟山、大榭、应家、井头山、东门村、施岙、吕岙、胡坑基遗址资料尚未系统公布，故统计不全；

2. 已发表的各遗址资料多以简报为主，对于文化遗存分期、定名和地层编号格式等均不统一，本文在统计和论述“文化遗存”时依照已发表资料内容，不作统一；

3. 除了名山后遗址以外，位于宁波平原西南腹地的奉化江流域其他史前聚落遗址因已有专文分析，故本表并未统计在内。

一、史前文化序列

宁波地区新石器时代考古学文化的分期编年，迄今仍缺乏一个较为完整和翔实的框架。目前仅河姆渡文化的分期与年代较为清楚，学界主流意见是将其分为四期，年代距今约 7000—5300 年，处于新石器时代晚期前段。[①] 河姆渡文化之前的新石器时代早期文化面貌尚属空白，中期则以新发现的井头山遗址史前遗存为代表，年代距今约 8300—7800 年，其文化面貌虽与跨湖桥文化有一定相似性，但也有鲜明的本地特征，文化性质尚不明确[②]，本文暂将其命名为井头山遗存。河姆渡文化之后为良渚文化名山后类型（简称良渚文化），年代距今约 5300—4300 年，处

① 孙国平：《河姆渡文化》，载浙江省文物考古研究所编《浙江考古（1979—2019）》，文物出版社 2019 年版。

② 浙江省文物考古研究所、宁波市文化遗产管理研究院、余姚市河姆渡遗址博物馆：《浙江余姚市井头山新石器时代遗址》，《考古》2021 年第 7 期。

于新石器时代晚期后段。[①] 良渚文化之后的新石器时代末期文化面貌尚不清晰，参照环太湖地区的文化序列，可暂分为钱山漾文化和广富林文化，年代分别距今约 4300—4100 年和 4100—3900 年。[②]

二、井头山遗存聚落

井头山遗址文化堆积深埋在距现地表 5—10 米处，聚落分布位置较为特殊，位于古海岸边上，西北侧距海拔仅 72 米的井头山坡脚直线距离约 200 米。文化层总体顺着地下小山岗的坡势由西向东倾斜，可称为山前海岸型聚落。一期发掘区位于遗址的边缘，发现的遗迹数量较少，包括两种类型：一种为灰坑和食物储藏处理坑等分布范围和边界明确的遗迹，其中多数灰坑原始功能也应与麻栎果或橡子等植物种实的储藏、处理有关；另一种为密集贝壳堆积层上面的烧土堆，以及加工各种质地器物和处理各类食物的场所，如以较密集的木条为主要遗物的木器加工场所、食物处理场所，以及由细小木桩围成的栅栏圈等，这些遗迹的范围和边界均不明确。根据各类遗迹的分布位置，可初步将井头山遗存聚落分为西部岗地上的核心居住区、中部作坊区和东部海边滩涂上的养殖渔猎区（图 1）。不过，上述遗迹之间并非完全的共时关系，说明井头山遗存聚落的平面布局应有一个发展演变的过程。

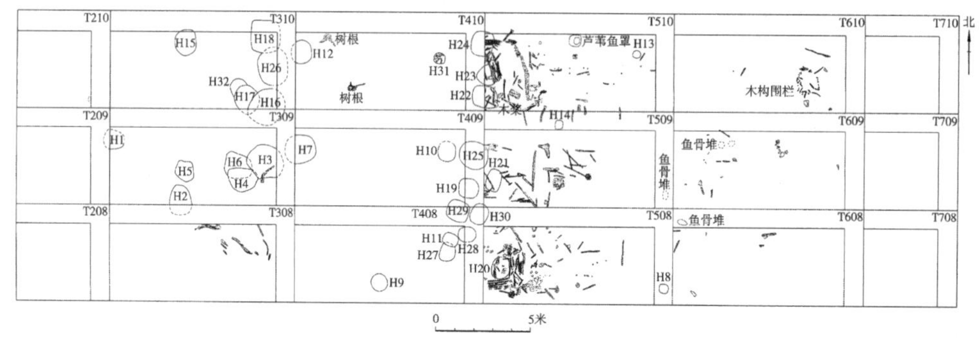

图 1　井头山遗址遗迹平面分布

① 刘军、王海明：《宁绍平原良渚文化初探》，《东南文化》1993 年第 1 期。该文虽然提出了良渚文化名山后类型的命名，但是囿于资料不足，对于其绝对年代并未给出明确意见。有鉴于此，本文参考有关环太湖地区良渚文化年代的主流观点，将名山后类型年代暂定为距今约 5300—4300 年。

② 张忠培：《解惑与求真——在“环太湖地区新石器时代末期文化暨广富林遗存学术研讨会”的讲话》，《南方文物》2006 年第 4 期；宋建：《环太湖地区新石器时代末期考古学研究的新进展》，《南方文物》2006 年第 4 期；李政：《环太湖地区新石器时代晚期文化暨钱山漾遗址学术研讨会在湖州召开——“钱山漾文化”正式命名》，《中国文物报》2014 年 11 月 18 日；宋建：《“钱山漾文化”的提出与思考》，《中国文物报》2015 年 2 月 13 日。

三、河姆渡文化聚落

河姆渡文化聚落可分为早、晚两期,主要分布在姚江平原和宁波平原。早期聚落基本位于海拔不超过100米的小山丘坡脚处,可称为山丘坡麓型聚落。晚期聚落除了部分延续早期聚落的选址以外,在距离山丘相对较远的平原腹地中心还新出现了不少,它们一般分布在两岸河堤或附近自然隆起的小台地上,可称为平原台地型聚落。

(一)早期聚落

早期聚落可分为早、晚两个阶段,年代分别相当于河姆渡文化第一、二期,基本分布于姚江平原,其中河姆渡、傅家山、田螺山遗址保存条件较好,发掘规模较大,最具代表性。不过,由于并未对各遗址做整体揭露,所以聚落的完整形态和结构并不清楚。从现有资料推测,当时聚落整体上呈条带状分布,即大致是以干栏式长排房屋为中心,沿着山坡同一高度横向伸展。[①] 从同时期田螺山聚落平面布局来看,当时居住区和农耕区已出现了明确的空间分野,而居住区内部的功能分区则不明显,其他聚落情况也大体如此。从发现的遗迹类型来看,主要包括房屋、墓葬、灰坑、栅栏圈、"寨墙"、独木桥和稻田等,保存较好,形态和功能相对比较清楚。

房屋是代表性遗迹之一,平面多呈长条形,仅存基础部分的木桩、横木和散乱的木构件,建筑单元数量和具体面积均不清楚。该时期早段房屋是以夯打密集的排桩为基础,桩上固定横梁,上铺木板作为居住面的干栏式建筑。河姆渡、傅家山遗址第一期聚落的建筑遗迹保存较好,颇为典型(图2)。晚段房屋是以挖坑埋柱方式布置的柱网作为骨架的干栏式建筑,较晚时期的立柱底部常垫一层或多层木板(图3)。[②] 同时,还在田螺山遗址第二期聚落的不同位置,分别揭露出由众多巨大的单体方柱大致构成的一个规模壮观、东西向坐落的建筑,整体面积近300平方米,推测为该时期聚落的中心大房子。在它的旁边还有一处南北长20多米、东西进深约8—10米的长排房单元,推测为日常居住所用,从而反映出当时聚落内部的房屋已出现功能分化。

墓葬发现较少,早、晚阶段的埋葬形式有所不同。在河姆渡遗址第一期出土的陶釜和陶罐内各发现了一些婴儿骨骼,很可能是瓮棺葬。在第二期发现了13座墓葬,分布较集中,多不见墓坑,其中绝大部分人骨保存良好,多侧身屈肢葬,头

---

① 孙国平:《宁绍地区史前文化遗址地理环境特征及相关问题探索》,《东南文化》2002年第3期。

② 关于河姆渡文化早期晚段房屋的建筑形式,河姆渡遗址发掘者认为该遗址第二期的房屋应为木结构地面建筑,参见浙江省文物考古研究所:《河姆渡:新石器时代遗址考古发掘报告》(上册),文物出版社2003年版,第224页。笔者对此持不同意见,认为其也应与田螺山、鲻山等遗址同时期房屋结构相同,均属于干栏式建筑。

图 2　河姆渡遗址第一期文化(4B 层)干栏式建筑遗迹平面分布(第二次发掘区)

图 3　田螺山遗址底部铺设垫板柱坑平面、剖面

东脚西,面向北,不见葬具,几乎无随葬品。此外,在田螺山遗址第二期也发现了少量屈肢葬墓。

灰坑数量最多,主要围绕干栏式房屋分布或位于居住面下,坑口形状多为圆形和椭圆形,少量为长方形。它们原始用途不一,其中较为明确的为植物种实储藏处理坑,底部常出土橡子、菱角、芡实等,如河姆渡遗址 H27 和田螺山遗址的橡子坑(图 4)。此外,田螺山遗址 DK3H1 中还出土较多鱼骨,H9 内则有一堆萤石原料、半成品和燧石钻,它们的功能较为特殊。

在河姆渡遗址发现 4 处栅栏圈,均由直径仅 2—6 厘米、外表残存树皮、下部削尖的小木桩组成,呈圆形,推测与饲养牲畜有关。

图 4　田螺山遗址橡子坑

“寨墙”、独木桥和稻田遗迹发现于田螺山遗址第一期，在发掘区中间位置发现围护居住区的双排桩式木构“寨墙”，西边发现了以三根横卧且首尾相连的粗大木材，以及左右两侧起支撑、加护作用的一系列小木桩构成的跨河独木桥(图 5)。稻田则位于聚落居住区西侧，在深 2.7 米的堆积中揭示出一个清楚的早期田块的转角，边缘有略微隆起似田埂的迹象。① 此外，在施岙遗址也发现了河姆渡文化早期稻田，还有一段宽约 2.2—2.3 米的凸起田埂。

图 5　田螺山遗址“寨墙”和独木桥

① 孙国平、郑云飞、黄渭金等:《浙江余姚田螺山遗址 2012 年发掘成果丰硕》,《中国文物报》2013 年 3 月 29 日。

(二)晚期聚落

晚期聚落也可分为早、晚两个阶段,年代分别相当于河姆渡文化第三、四期。该时期遗址在姚江平原、宁波平原和象山半岛均有发现,虽然聚落数量和分布范围广度均远远超过早期,但是保存状况普遍较差,出土遗存也不丰富,主要发现有房屋建筑、墓葬、灰坑、道路、水井和稻田等遗迹。

房屋建筑单元数量、形态和结构等大多模糊不清,出土数量明显减少。该时期的干栏式建筑遗迹仅存基础部分,常见大量柱坑和柱洞,柱坑有深坑和浅坑,底部先垫石块、木条或木板后再立柱,有的还在坑底或木柱周围填塞红烧土。宁波平原西南侧腹地的何家遗址Ⅴ区 F6,是唯一一处被做过完整揭露的早段单体干栏式建筑,可作为该时段的典型代表(图 6)。此外,在晚段还出现了地面式建筑,如象山半岛的塔山遗址 F1,建筑残体由红烧土墙、碎陶片铺成的室内残面和室外南面的石砌护坡等组成,护坡南侧(下侧)还有四堆围成圈的块石,被认为属于祭祀性质的建筑,反映出当时聚落内部的房屋建筑功能已明确有了礼仪性与生活性的区分(图 7)。①

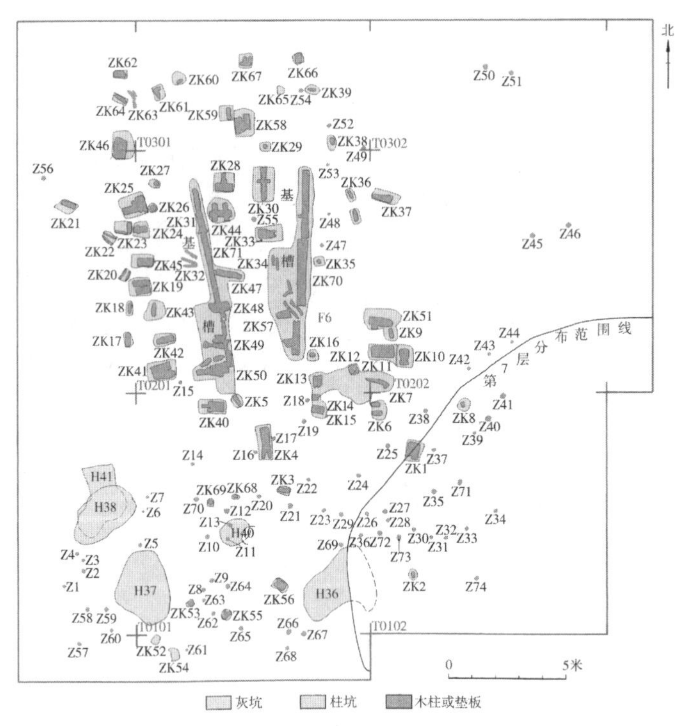

图 6 何家遗址Ⅴ区第一期遗迹平面分布

① 蒋乐平:《塔山中层一号房址性质探析》,《东南文化》2003 年第 11 期。

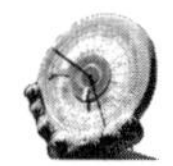

图 7　塔山遗址 F1 平面、剖面

墓葬数量较早期增多，分区集中埋葬现象明显，并出现了单独的墓区或墓地，以塔山遗址聚落最为典型。在该遗址下层（晚期早段）的一个墓区内发现了 40 座墓葬，中层（晚期晚段）的两个墓区内共发现 21 座墓葬，它们基本为长方形竖穴土坑，多有明确的墓穴，未见葬具痕迹，葬式一般为单人仰身直肢葬，大多有随葬品，以陶器为主，还有少量玉、石器（图 8）。同时，在河姆渡遗址第四期（晚期晚段）也发现了 11 座墓葬，分布不太集中，出土有独木棺葬具，较为独特。这种葬具在同时期的宁波平原也有发现，尤其以顾家庄遗址的保存较为完整、结构清晰，是该时段葬具的典型代表。此外，在田螺山遗址第四期和鲞架山遗址第三期还发现了一些主要以陶釜为葬具的瓮棺葬。

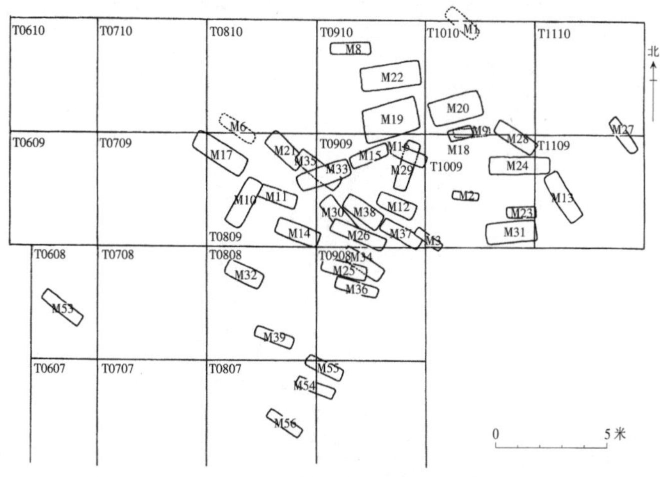

图 8　塔山遗址新石器下层墓葬平面分布

灰坑数量最多，坑口根据形状可分为圆形、椭圆形、长方形、方形和不规则形等，多数属于废弃物填埋坑。不过，也有一些灰坑用途比较特殊，有的可能为灶址，如田螺山遗址 H1（晚期晚段）底部有较多红烧土块、草木灰和陶釜碎片；有的最初可能为植物种实储藏处理坑，如鲞架山遗址 H13（晚期晚段）坑底有 200 颗橡子；有的可能为河埠头，如鲞架山遗址 H11（晚期晚段），出土一根被小木桩固定的完整条木；有的则可能为红烧土台，如鲞架山遗址 H23（晚期晚段）。

共发现 4 条道路，其中童家岙遗址第四期的 L1 建造较为考究，该道路两旁还有排桩、横木、芦苇秆和苇席等组合构成的防护设施。

水井以河姆渡遗址第三期（晚期早段）的 J1 最为典型。它由 200 余根桩木、长圆木构成，分为内外两部分。外围是近圆形的栅栏桩，内部用平卧的长圆木构件，架成一个近方形的平面。其下有四排垂直入土的桩木，桩木与长圆木套合在一起，组成一个近方形的竖井，边长约 2 米，面积约 4 平方米（图 9）。

图 9　河姆渡遗址第三期文化水井 J1 平面

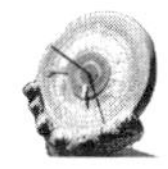

稻田在田螺山、施岙遗址均有发现,年代处于晚段,未见早段稻田。在田螺山遗址农耕区仅揭露出一段类似田埂的田间小路遗迹。[①] 施岙遗址稻田遗迹较为清楚,可分为东、西两区,发现了由田埂、河道、灌排水口等组成的稻田系统,表明该时段稻田已经颇具规模,耕作技术发展较快(图 10)。

图 10 施岙遗址第二期部分稻田平面

四、良渚文化聚落

良渚文化聚落可初步分为早、晚两期,它们的分布位置、地理环境和选址方式等与河姆渡文化晚期聚落相似,同时也出现了一些新特点,包括分布空间范围进一步扩大至穿山半岛和大榭岛,并出现了平原土台型聚落。这种聚落所处位置与低丘坡脚一般有不超过 100 米的距离,且多在平地生土之上营建土台作为基础,以大榭遗址最为典型。从考古发现来看,该时期聚落数量相对较少,且保存状况

---

① Zheng Y F, Sun G P, Qin L, et al, "Rice Fields and Modes of Rice Cultivation Between 5000 and 2500 BC in East China," *Journal of Archaeological Science*, No. 36(2009):2609—2616;郑云飞、孙国平、陈旭高:《全新世中期海平面波动对稻作生产的影响》,《科学通报》2011 年第 56 卷第 34 期。

普遍不佳,布局和结构皆不清晰,已发现的遗迹主要有土台、墓葬、灰坑、灰沟、道路和稻田等。①

土台数量不多,其中名山后遗址的土台是在河姆渡文化聚落基础之上营建的,平面呈方形,覆斗状,四周有深沟围绕。大榭遗址的土台则是在平地海相沉积层之上起建的,平面形状不规则,最初为一个小土台,后来不断向外扩展,逐渐形成较大的土台。由于表面遭受严重破坏,仅在其上发现少量灰坑和墓葬。②

墓葬数量较少,尚未发现成规模的墓区或墓地。在塔山遗址发现的 4 座墓葬均为长方形竖穴土坑,基本未见葬具,葬式为单人仰身直肢葬,多无随葬品。大榭遗址墓葬情形与塔山遗址类似,不过有零星陶、石器随葬。同时,在名山后遗址也发现了几座墓葬。③ 此外,在下王渡、何家遗址也发现了一些墓葬,虽然平面布局呈现出一定的排列规律,但是数量多不超过 5 座,可能是小家族或大家庭的墓地。

灰坑数量最多,在多数遗址都有发现,基本为废弃物填埋坑,个别较为特殊,如沙溪遗址 H4 是一个三面有遮护、一面供出入的半地穴式橡子储藏处理坑(图 11)。灰沟数量较少,规模较小,用途不明。

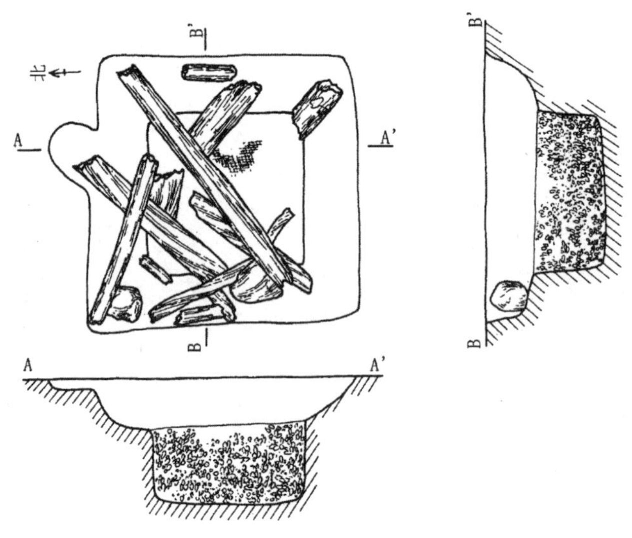

图 11　沙溪遗址 H4 平面、剖面

① 由于宁波地区良渚文化分期框架尚未完全建立,早、晚期聚落考古资料相对较为贫乏,故此处将早、晚两期聚落合并起来进行概述。

② 对于沙溪遗址的"多层灰面遗迹",发掘者推测其"可能反映某种仪式的演示,功能是宗教性的"。但从简报的文字描述中可知,灰面之上还有一层纯净的覆盖土,两者分层相互叠压,覆盖土的土色、结构与遗址底部的生土十分相似,当为就地取用。根据大榭遗址大面积揭露的同时期土台的堆积特点,笔者认为所谓的"多层灰面遗迹"实际应属于土台的一部分,其分层叠压反映了土台堆积的扩展过程。结合"多层灰面遗迹"中出土了较多不同种类的遗物看,土台的主要功能应是供先民日常居住,与宗教活动没有明显联系。

③ 刘军、王海明:《宁绍平原良渚文化初探》,《东南文化》1993 年第 1 期。

在鱼山和乌龟山遗址发现道路。鱼山遗址的道路环山脚分布，表面用砂石与陶片铺垫而成。在乌龟山遗址仅揭露出疑似道路局部，系由圆木、树枝、芦苇秆、残损或半成品状态的木构件、木器等集中堆砌而成(图 12)。

图 12　乌龟山遗址木构件疑似道路平面

在田螺山、吕岙和施岙遗址均有发现稻田，施岙遗址最具代表性，发现了田块、田埂，以及由河道、水渠和田埂中的灌排水口等组成的灌溉系统，其中田块至少有 7 块，各田块一般面积约为 700 平方米；田埂则呈凸起状，纵横交错，平面呈井字形，显示当时稻作生产规模扩大，耕作技术较为成熟(图 13)。

图 13　施岙遗址东区北部良渚文化稻田道路系统

五、钱山漾文化聚落

钱山漾文化时期遗址数量很少，目前仅对大榭聚落做了较大面积揭露。[①] 该聚落分布在两处人工营建的土台上，其中，台Ⅰ是在良渚文化时期聚落土台的基础上继续加高而形成的，台Ⅱ则是后来新堆筑的。在台Ⅰ之上主要发现了27座盐灶和少量灰坑，并在两处土台边坡发现大量制盐废弃物堆积层（图14）。根据土台周边的地层分布情况可知，随着制盐生产规模的扩大，两处土台堆积范围也在不断扩展并最终连接起来，从而合拢成为一处面积更大的土台。此外，多学科分析揭示出大榭聚落的海盐制作是一项季节性的生产活动。由此可知，大榭聚落是依托人工营建的土台、主要从事制盐活动的季节性生产聚落，这与以往发现的以居住功能为主的聚落均有所不同。

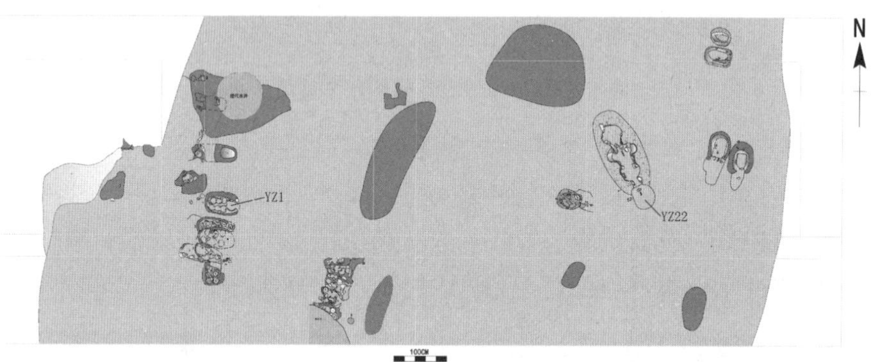

图14　大榭遗址二期台Ⅰ制盐生产区遗迹平面分布

六、结　语

综上所述，可将宁波地区史前聚落特征初步总结如下：

第一，从聚落分布的地貌环境来看，可分为山前海岸型、山丘坡麓型、平原台地型和平原土台型等四种聚落类型，其中山丘坡麓地带的聚落数量最多，山丘坡麓长期以来都是史前聚落的分布中心。山前海岸带的聚落虽然起源最早，但是没能延续下来，这与距今约7600—7200年间的大规模海侵有很大关系。[②] 平原腹地

① 大榭遗址史前文化遗存可分为两期，年代分别与环太湖地区良渚文化中、晚期和钱山漾文化时期大致相当，文化面貌则与两者既有相似性，又有鲜明差异，文化性质待定。

② Lyu Y, Xu H, Meadows M E, et al, " Early to Mid-Holocene Sedimentary Environmental Evolution in the Palaeo-Ningbo Bay, East China and Its Implications for Neolithic Coastal Settlement," *Frontiers in Marine Science*, No. 9(2022): 1059746.

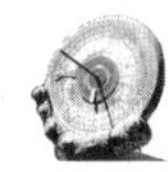

自河姆渡文化晚期早段才开始出现聚落，这与该文化早、晚期之间，即距今约6400—6300年时曾发生过百年尺度的相对海平面上升有关，它所引发的海侵影响遍及姚江平原和宁波平原，海退之后，当地的地貌和水文环境被重塑，从而为先民们在平原腹地营建聚落创造了有利条件。[①]

第二，从聚落的平面布局来看，至少从河姆渡文化早期开始，便已形成了居住区和农耕区的空间分野，并长期延续下来。居住区中房屋建筑、墓葬和植物种实储藏处理坑，以及大量的废弃物填埋坑等集中分布在一起，没有明显的功能分区，这也是绝大多数聚落的布局特点。自河姆渡文化晚期开始，在部分聚落居住区以外出现了独立的墓葬区，聚落布局有了重要变化，这既是聚落规模扩大和人口增多的反映，又是聚落内部凝聚力得到加强的表现。到了良渚文化时期，尚未发现单独的墓葬区，居住区内分布的少量墓葬，至多只是一个小家族或大家族的规模。不过，由于这个时期考古资料明显不足，还不能据此对聚落布局得出准确的结论。

第三，从聚落的内部结构来看，以房屋建筑的演变较为清楚，最具代表性。从河姆渡文化早期开始，干栏式建筑便长期成为主要的建筑形式，随着立柱技术的不断发展和改进，房屋形状由内部空间狭长的长排房逐渐向空间方正的方形房演进，并出现了规模较为宏大的单体建筑单元，这除了与自然环境变化、建筑技术发展等因素有关外，也是人群组织结构变化的反映。同时，良渚文化时期聚落中还出现了较多地面式建筑，只是保存状态不佳，公布资料不足，暂无法清楚了解其内部结构。此外，墓葬的葬主头向、葬式、葬具、随葬品组合从早到晚虽然有所变化，且一个墓区或墓地内不同墓葬的随葬器物数量也有差异，但这只是贫富分化现象的反映，而不代表聚落内部人群之间有明显的等级分层，说明宁波地区史前聚落之间及其内部群体之间长期以来都是一种相对平等的关系，社会组织结构没有发生剧烈变革的迹象。

需要指出的是，与邻近的环太湖地区聚落考古发掘和研究成果相比，宁波地区的聚落考古还存在着很大差距。笔者以为，今后应重点加强以下四个方面的工作：

第一，继续做好史前考古学文化序列、年代和谱系的研究，完善和细化各支考古学文化的分期编年框架，以夯实聚落考古研究的年代学基础。

第二，继续贯彻聚落考古的理念和方法，选择一批不同时期的典型遗址，尽量予以大面积或全部揭露。同时，借助多学科分析手段，全面、系统收集相关信息，以深化不同时期聚落形态和结构的微观研究。

---

① 唐亮、吕晔、年小美等:《姚江—宁波平原中全新世海侵事件及古人类活动的快速响应》,《第四纪研究》2019年第39卷第5期。

第三，继续加强区域系统考古调查和勘探，从宏观上全面把握不同时期聚落的时空分布规律和发展演变过程，为深入探究史前聚落分布和聚落之间关系，以及聚落形态历史演变积累资料。

第四，继续关注本地史前时期独特的自然环境和生业方式，重点推进手工业聚落和海洋性聚落考古发掘和研究，深入探索史前聚落功能分化的背景、原因、过程和意义。

宁波地区史前时期植物考古研究回顾

安　婷　陈嘉鑫　田　洁　吕心玥

（浙江大学艺术与考古学院；伦敦大学学院考古系）

摘　要：宁波地区的植物考古工作可追溯至20世纪70年代，近年来随着浮选法和植硅体分析法的普及，已经取得了一系列突破性成果。目前研究表明，宁波地区史前先民的生计形态具有多样性，在栽培水稻的同时，也会采集大量野生植物，采集渔猎经济的比重不断变化；到了良渚文化时期，稻作农业经济社会最终建立，但野生植物采集仍为重要的辅助经济。除此之外，在大榭遗址良渚文化层中发现的炭化粟遗存，说明当时沿海地区可能已经开始发展稻旱混作农业。

关键词：宁波地区；植物考古；生业经济；稻作农业

宁波地区属亚热带季风气候区，地势整体呈西南高、东北低，地貌环境多样。先民依靠着优越的自然地理环境和良好的气候条件，创造了灿烂的史前文明。据不完全统计，宁波地区已经进行过（试）发掘的史前考古遗址共有37处，主要分布于姚江平原和宁波平原，少数遗址位于半岛和岛屿。其中，位于平原腹地的遗址包括井头山、河姆渡、胡坑基、鲞架山、小东门、慈湖、傅家山、田螺山、鲻山、施岙、何家、上王、下王渡、竺家、名山后等；位于平原濒海区域的遗址包括鱼山、乌龟山、茂山等；位于半岛和岛屿的遗址包括塔山、大榭等。宁波地区史前遗址的聚落类型以山丘坡麓型为主，此外还有平原台地/土台型以及少量山前海岸型。

宁波地区考古遗址的植物考古工作可以20世纪70年代游修龄先生对河姆渡遗址出土稻谷进行的研究（1976年）为起点。[①] 2002年，浙江省文物考古研究所设立科技考古室，开始将浮选法和植硅体分析法应用于考古工作中，田螺山遗址植

---

① 游修龄：《对河姆渡遗址第四文化层出土稻谷和骨耜的几点看法》，《文物》1976年第8期，第20—23页；郑云飞、游修龄、徐建民等：《河姆渡遗址稻的硅酸体分析》，《浙江农业大学学报》1994年第1期，第81—85页；赵志军：《栽培稻与稻作农业起源研究的新资料和新进展》，《南方文物》2009年第3期，第59—63页；樊龙江、桂毅杰、郑云飞等：《河姆渡古稻DNA提取及其序列分析》，《科学通报》2011年第Z2期，第2398—2403页；郑云飞、孙国平、陈旭高：《7000年前考古遗址出土稻谷的小穗轴特征》，《科学通报》2007年第9期，第1037—1041页。

物浮选、木材鉴定、植硅体分析等工作的开展，真正意义上拉开了宁波地区系统植物考古工作的帷幕。①

本文尝试汇总宁波地区已开展的植物考古工作，探讨该地区史前时期植物的生产和利用状况，以期能够对宁波地区史前先民的生计形态形成综合性认识。

一、距今8300—7800年的遗址

井头山遗址是目前已知宁波地区年代最早的新石器时代遗址，该遗址出土了数量可观的植物遗存，包括水稻、木条、芦苇、橡子、桃等。其中，水稻遗存主要包括炭化稻米、小穗轴以及陶器中羼杂的稻谷，植硅体研究结果表明，水稻扇形植硅体已经具有一定的驯化特征。② 灰坑的发掘情况表明大量麻栎果、橡子等被作为食物进行储藏(图1)；除淀粉类作物外，还发现花椒、柿、猕猴桃、桃、粗榧、灰菜、灵芝块等植物遗存；出土的木材及芦苇秆、芒草秆等编织材料也显示了井头山先民对于植物的性质具有一定认识，能够根据植物材料性质的不同制作不同类型的器物。③

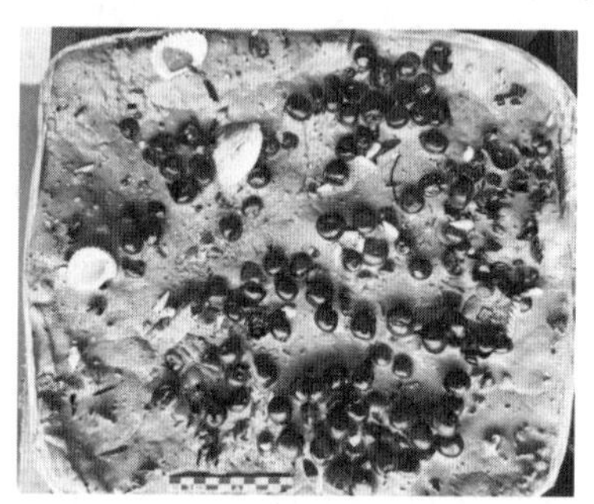

图1　井头山遗址发现的储藏坑H13④

二、距今7000—5300年的遗址

距今7000—5300年属于河姆渡文化时期，目前宁波地区发现的河姆渡文化时期遗址共有30余处。其中，已发表浮选报告的有田螺山遗址⑤和鱼山遗址⑥；已进

① 浙江省文物考古研究所：《浙江考古(1979～2019)》，文物出版社2019年版。

② 邓岚婕：《杭州湾南翼宁绍平原全新世环境变化与人类活动的微体古生物学记录》，华东师范大学2021年硕士学位论文。

③ 孙国平、梅术文、陆雪姣等：《浙江余姚市井头山新石器时代遗址》，《考古》2021年第7期，第3页、第26页、第2页。

④ 孙国平、梅术文、陆雪姣等：《浙江余姚市井头山新石器时代遗址》，《考古》2021年第7期，第3页、第26页、第2页。

⑤ 北京大学中国考古学研究中心、浙江省文物考古研究所：《田螺山遗址自然遗存综合研究》，文物出版社2011年版。

⑥ 郑晓蕖、雷少、王结华等：《宁波鱼山遗址浮选结果及分析》，《农业考古》2019年第6期，第21—27页。

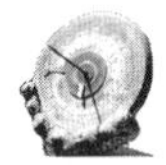

行木材鉴定的有河姆渡遗址[①]、田螺山遗址[②]、塔山遗址[③]；已开展植硅体研究的有河姆渡遗址[④]、田螺山遗址[⑤]、童家岙遗址[⑥]、施岙遗址（未发表）。此外，已开展孢粉研究的包括河姆渡遗址[⑦]、田螺山遗址[⑧]、傅家山遗址[⑨]、鲻山遗址[⑩]、下王渡遗址[⑪]、何家遗址[⑫]、塔山遗址[⑬]、童家岙遗址[⑭]、鱼山遗址[⑮]等，田螺山遗址[⑯]、下王渡遗址[⑰]和何家遗址[⑱]已进行了硅藻研究。小东门遗址、胡坑基遗址、名山后遗址、上王遗址、竺家遗址、慈湖遗址、沙溪遗址和双马遗址尚未发表植物考古相关的研究成果。

关于宁波地区河姆渡文化遗址的植物考古工作，2006 年由北京大学中国考古学研究中心和浙江省文物考古研究所合作开展的"田螺山河姆渡文化遗址自然遗存综合研究"课题具有重要的参考价值，该课题对 2004 年田螺山遗址发掘出土的动植物遗存进行观察、分类和记录，对植物种子、果实、木头及木炭等大植物遗存和植硅体、孢粉、硅藻等微植物遗存，以及出土木材等均进行了系统的鉴定与分析。[⑲]

---

① 浙江省文物考古研究所：《河姆渡：新石器时代遗址考古发掘报告》，文物出版社 2003 年版。

② 北京大学中国考古学研究中心、浙江省文物考古研究所：《田螺山遗址自然遗存综合研究》，文物出版社 2011 年版。

③ 浙江省文物考古研究所、象山县文物管理委员会：《象山塔山：新石器至唐宋遗址发掘报告》，文物出版社 2014 年版。

④ 郑云飞、游修龄、徐建民等：《河姆渡遗址稻的硅酸体分析》，《浙江农业大学学报》1994 年第 1 期，第 81—85 页。

⑤ Zheng Y F, Sun G P, Qin L et al, "Rice Fields and Modes of Rice Cultivation Between 5000 and 2500 BC in East China," *Journal of Archaeological Science*, No. 12(2009): 2609-2616.

⑥ 邓岚婕：《杭州湾南翼宁绍平原全新世环境变化与人类活动的微体古生物学记录》，华东师范大学 2021 年硕士学位论文。

⑦ 浙江省博物馆自然组：《河姆渡遗址动植物遗存的鉴定研究》，《考古学报》1978 年第 1 期，第 95—107 页、第 156—159 页。

⑧ Zheng Y F, Sun G P, Qin L et al, "Rice Fields and Modes of Rice Cultivation Between 5000 and 2500 BC in East China," *Journal of Archaeological Science*, No. 12(2009): 2609-2616.

⑨ 宁波市文物考古研究所：《傅家山：新石器时代遗址发掘报告》，科学出版社 2013 年版 。

⑩ 王洪根、张卫东、王海明：《浙江鲻山遗址孢粉组合与先人活动的关系》，《上海地质》2001 年第 2 期，第 20—24 页。

⑪ 孙珏：《宁奉平原中晚全新世环境演变与人类活动关系研究》，南京大学 2019 年硕士学位论文。

⑫ 孙珏：《宁奉平原中晚全新世环境演变与人类活动关系研究》，南京大学 2019 年硕士学位论文。

⑬ 浙江省文物考古研究所、象山县文物管理委员会：《象山塔山：新石器至唐宋遗址发掘报告》，文物出版社 2014 年版。

⑭ 邓岚婕：《杭州湾南翼宁绍平原全新世环境变化与人类活动的微体古生物学记录》，华东师范大学 2021 年硕士学位论文。

⑮ 唐亮：《姚江—宁波平原中全新世海水入侵及古人类活动的快速响应》，华东师范大学 2019 年博士学位论文。

⑯ 北京大学中国考古学研究中心、浙江省文物考古研究所：《田螺山遗址自然遗存综合研究》，文物出版社 2011 年版。

⑰ 孙珏：《宁奉平原中晚全新世环境演变与人类活动关系研究》，南京大学 2019 年硕士学位论文。

⑱ 孙珏：《宁奉平原中晚全新世环境演变与人类活动关系研究》，南京大学 2019 年硕士学位论文。

⑲ 北京大学中国考古学研究中心、浙江省文物考古研究所：《田螺山遗址自然遗存综合研究》，文物出版社 2011 年版。

稻作农业研究是长江下游地区植物考古研究的重要议题，以河姆渡、田螺山为代表的河姆渡文化遗址的发现，深化了我们对于长江下游地区从采集模式向稻作农业转型的认识，在一定程度上确立了我国作为世界稻作起源地之一的地位。20 世纪 70 年代，河姆渡遗址出土大量稻谷遗存及相关生产工具，稻作农业起源问题一时之间成为国内外学术界的研究热点，引发了持久的学术讨论。① 目前学者们对于河姆渡水稻具有栽培属性达成共识，但在具体驯化程度的认识上仍存在一定差异，郑云飞等认为河姆渡文化时期已基本完成水稻驯化过程②，Fuller 等则认为此时还处于驯化进程中的中间阶段，更应关注从采集向稻作农业过渡的进程。③

在田螺山遗址和施岙遗址还发现有河姆渡文化时期的水稻田，其中在田螺山晚期水稻田发现有由树枝条铺设的田间道路（图 2），说明当时已产生了一定的田间管理行为。④ 此外，河姆渡文化遗址出土了数量较多的骨耜和镰形器等农业生产工具。⑤ 水稻田的发现与精细农具的出土，均表明河姆渡文化稻作农业已发展到了一定水平。

图 2　田螺山遗址河姆渡文化晚期稻田田埂⑥

① 游修龄：《对河姆渡遗址第四文化层出土稻谷和骨耜的几点看法》，《文物》1976 年第 8 期，第 20—23 页；郑云飞、游修龄、徐建民等：《河姆渡遗址稻的硅酸体分析》，《浙江农业大学学报》1994 年第 1 期，第 81—85 页；赵志军：《栽培稻与稻作农业起源研究的新资料和新进展》，《南方文物》2009 年第 3 期，第 59—63 页；樊龙江、桂毅杰、郑云飞等：《河姆渡古稻 DNA 提取及其序列分析》，《科学通报》2011 年第 Z2 期，第 2398—2403 页；郑云飞、孙国平、陈旭高：《7000 年前考古遗址出土稻谷的小穗轴特征》，《科学通报》2007 年第 9 期，第 1037—1041 页。

② 郑云飞、蒋乐平、Crawford G W：《稻谷遗存落粒性变化与长江下游水稻起源和驯化》，《南方文物》2016 年第 3 期，第 122—130 页。

③ 北京大学中国考古学研究中心、浙江省文物考古研究所：《田螺山遗址自然遗存综合研究》，文物出版社 2011 年版。

④ Zheng Y F, Sun G P, Qin L et al, "Rice Fields and Modes of Rice Cultivation Between 5000 and 2500 BC in East China," *Journal of Archaeological Science*, No. 12(2009): 2609-2016；王永磊、宋姝、张依欣等：《浙江余姚市施岙遗址古稻田遗存发掘简报》，《考古》2023 年第 5 期，第 3—21 页。

⑤ 孙国平、黄渭金、郑云飞等：《浙江余姚田螺山新石器时代遗址 2004 年发掘简报》，《文物》2007 年第 11 期：第 1 页、第 4—24 页、第 73 页；游修龄：《对河姆渡遗址第四文化层出土稻谷和骨耜的几点看法》，《文物》1976 年第 8 期，第 20—23 页。

⑥ 郑云飞：《稻作文明探源》，浙江人民出版社 2022 年版。

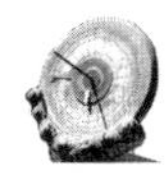

另外，宁波地区河姆渡文化遗址也出土了数量众多且种类丰富的野生坚果或果实，其中值得关注的是河姆渡遗址、田螺山遗址、傅家山遗址、鲞架山遗址储藏坑中发现的大量的淀粉含量较高的橡子、菱角、莲藕、酸枣、芡实等(图 3)，此外何家遗址水井中出土有橡子、楝树种子和炭化稻米，可能水井也起到储藏的作用。② 橡子是在河姆渡文化遗址中普遍发现的植物遗存，以青冈属为主，目前难以鉴定到种；橡子的采集一般集中于 8 月到 10 月，且在食用前需要进行脱涩处理，河姆渡先民可能采用相对原始的浸泡方式去涩。③ 关于河姆渡文化遗址中出土数量较多的菱角，目前研究发现田螺山遗址菱角具有形态基本不变而体积随时间增大的变化规律，田螺山遗址第⑧层出土的菱角已经呈现出较高的驯化程度(图 4)，说明当时先民已经对菱角进行了一定的管理和干预④；而田螺山遗址出土菱角的数量从河姆渡文化一期到二期有所下降，则可能与水稻利用的加强有关。⑤

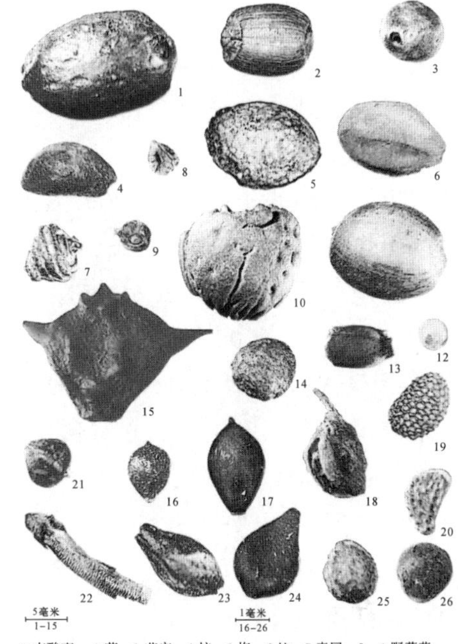

1.南酸枣； 2.莲；3.芡实；4.柿；5.梅；6.楝；7.青冈；8、9.野葡萄；10.桃；12.葎草；13.葫芦 ；14.栎属壳斗；15.菱角；16、21.水毛花；17.藨草；18.眼子菜；19.猕猴桃；20.悬钩子；22.颖壳；23.萹蓄；24.扁秆藨草；25.小构树；26.紫苏。

图 3　田螺山遗址发现的大植物遗存照片①

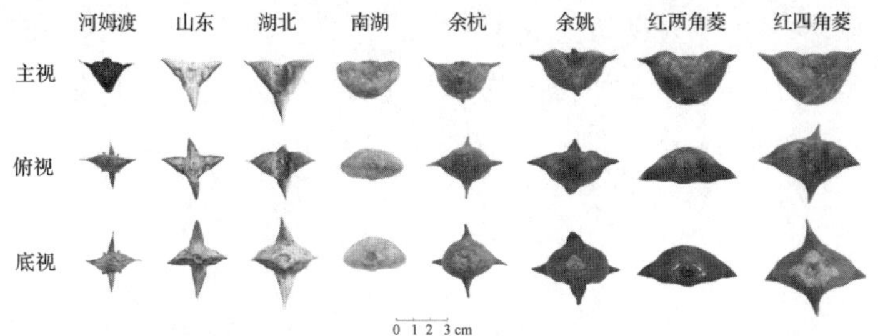

图 4　田螺山遗址菱角驯化研究中进行比较的现代野生及驯化菱角照片⑥

---

① 北京大学中国考古学研究中心、浙江省文物考古研究所:《田螺山遗址自然遗存综合研究》，文物出版社 2011 年版。

② 罗鹏、赵东升:《浙江宁波奉化方桥何家遗址 2017 年发掘简报》,《南方文物》2019 年第 1 期，第 56—72 页。

③ 秦岭、傅稻镰、张海:《早期农业聚落的野生食物资源域研究——以长江下游和中原地区为例》,《第四纪研究》2010 年第 2 期，第 245—261 页。

④ Guo Y, Wu R, Sun G, et al, " Neolithic Cultivation of Water Chestnuts(*Trapa* L.) at Tianluoshan (7000-6300 cal BP), Zhejiang Province, China," *Scientific Reports*, No. 7(2017):16206.

⑤ 郑晓蕖、孙国平、赵志军:《田螺山遗址出土菱角及相关问题》,《江汉考古》2017 年第 5 期，第 103—107 页。

⑥ Guo Y, Wu R, Sun G, et al, " Neolithic Cultivation of Water Chestnuts(*Trapa* L.) at Tianluoshan (7000—6300 cal BP), Zhejiang Province, China" *Scientific Reports*, No. 7(2017):16206.

此外，遗址中也有其他可利用的野生果实和种子出土，如松果、桃、梅、樱桃、柿子、猕猴桃属、葡萄属、悬钩子属、葫芦、甜瓜、茶树等[①]，已有研究表明桃和葫芦在此时期已具有一定的驯化特征。[②] 此外，当时先民对于木材性质的了解也有了一定的进步。[③]

值得一提的是，这一阶段我国东部海域海平面波动较为频繁，影响了宁波地区的稻作遗址，对该地区先民的生活和生产活动产生了深刻的影响。田螺山遗址农耕遗迹剖面研究结果显示，在距今约7500—7000年，宁波地区海水退去，开始成陆，距今6400—6300年间发生较大规模的海水侵入，海水向陆地推进，淹没大片农田。[④] 其他间歇性的强度较弱的海平面波动发生时，海水倒灌，土壤盐分升高，水稻产量下降。海平面上升对稻作生产的影响引起了先民食物结构中稻米比重下降，采集和狩猎食物比重增加。

综上所述，一般认为河姆渡文化时期稻作农业逐渐形成，这一时期宁波地区的先民从事着稻作农业生产，稻米是当时人们重要的食物资源。除了水稻之外，葫芦、桃、菱角等其他作物也显示出人工驯化的痕迹。然而，以稻作为主的农业生产并没有完全取代采集狩猎活动而成为社会经济主体，通过采集获得的野生植物，如菱角、芡实，特别是栎果、橡子，仍在先民生业经济中占据重要的地位。

三、距今5300—4300年的遗址

距今5300—4300年为良渚文化时期，目前共发现20余处这一时期宁波地区的遗址。其中，鱼山遗址[⑤]已发表植物浮选报告；施岙遗址（未发表）和吕岙遗址（未发表）已开展植硅体分析，下王渡遗址[⑥]、何家遗址[⑦]、塔山遗址[⑧]、傅家山遗

---

① 北京大学中国考古学研究中心、浙江省文物考古研究所：《田螺山遗址自然遗存综合研究》，文物出版社2011年版。

② Zheng Y F, Crawford G W, Chen X G, "Archaeological Evidence for Peach (*Prunus Persica*) Cultivation and Domestication in China," *PloS One*, No. 9 (2014): e106595; Fuller D, Hosoya L, Zheng Y F, et al., "A Contribution to the Prehistory of Domesticated Bottle Gourds in Asia: Rind Measurements from Jomon Japan and Neolithic Zhejiang, China," *Economic Botany*, 2010 (64): 260-265.

③ 北京大学中国考古学研究中心、浙江省文物考古研究所：《田螺山遗址自然遗存综合研究》，文物出版社2011年版。

④ 郑云飞、孙国平、陈旭高：《全新世中期海平面波动对稻作生产的影响》，《科学通报》2011年第56卷第34期。

⑤ 郑晓蕖、雷少、王结华等：《宁波鱼山遗址浮选结果及分析》，《农业考古》2019年第6期，第21—27页。

⑥ 孙珏：《宁奉平原中晚全新世环境演变与人类活动关系研究》，南京大学2019年硕士学位论文。

⑦ 孙珏：《宁奉平原中晚全新世环境演变与人类活动关系研究》，南京大学2019年硕士学位论文。

⑧ 浙江省文物考古研究所、象山县文物管理委员会：《象山塔山：新石器至唐宋遗址发掘报告》，文物出版社2014年版。

址[①]、鱼山遗址[②]开展了孢粉分析工作，下王渡遗址[③]、何家遗址[④]进行了硅藻研究；沙溪遗址、双马遗址、小东门遗址、慈湖遗址、名山后遗址、上王遗址尚未发表植物考古研究成果。

良渚文化时期，稻作农业生产进一步发展。施岙遗址、鱼山遗址、吕岙遗址均出土稻作遗存，最引人注目的当属良渚文化时期的水稻田。施岙遗址良渚文化时期稻田结构清晰，凸起的田埂组成井字形结构的路网，并发现了由河道、水渠和灌排水口组成的灌溉系统（图 5），确定了面积分别为 900 平方米、1700 平方米、1900 平方米左右的三块田块。[⑤] 施岙古稻田遗址是目前世界上发现的面积最大、年代最早、证据最充分的古稻田，吕岙遗址水稻田是目前发现的少有的滨海水田。

图 5　施岙遗址良渚文化时期南部古稻田[⑥]

在稻作农业进一步发展的同时，在宁波地区良渚文化时期遗址中也发现了橡子、南酸枣等野生植物的储藏坑，如沙溪遗址的方形橡子储藏坑[⑦]，以及大榭遗址一期的出土竹箩筐、甜瓜籽、橡子、南酸枣的储藏坑[⑧]，这说明良渚文化时期一定程度上沿袭了河姆渡文化时期的采集经济。值得注意的是大榭遗址良渚文化层也发现有少量炭化粟种子，表明北方旱作农业可能已对当时宁波沿海地区先民的生

---

① 唐亮：《姚江—宁波平原中全新世海水入侵及古人类活动的快速响应》，华东师范大学 2019 年博士学位论文。

② 唐亮：《姚江—宁波平原中全新世海水入侵及古人类活动的快速响应》，华东师范大学 2019 年博士学位论文。

③ 孙珏：《宁奉平原中晚全新世环境演变与人类活动关系研究》，南京大学 2019 年硕士学位论文。

④ 孙珏：《宁奉平原中晚全新世环境演变与人类活动关系研究》，南京大学 2019 年硕士学位论文。

⑤ 王永磊、宋姝、张依欣等：《浙江余姚市施岙遗址古稻田遗存发掘简报》，《考古》2023 年第 5 期，第 3—21 页。

⑥ 《浙江余姚发现大规模史前水稻田》，中国社会科学网，http://kaogu.cssn.cn/zwb/xccz/202012/t20201218_5234525.shtml，访问日期：2023 年 4 月 14 日。

⑦ 蒋乐平、徐军：《北仑沙溪新石器时代遗址发掘简报》，《南方文物》2005 年第 1 期，第 1—13 页。

⑧ 雷少、梅术文、王结华：《海岛之光：浙江宁波大榭遗址的考古发现》，《大众考古》2019 年第 6 期，第 38—49 页。

业经济产生了一定的影响。①

总而言之，良渚文化时期的宁波地区，稻作农业生产水平高速发展，水田已达到一定规模，稻田经过规划和修整，拥有整齐的田埂、道路和灌溉系统，以稻作农业为主的社会经济基本建立。尽管稻作农业十分发达，宁波地区的良渚先民还是延续了河姆渡文化时期采集橡子、南酸枣等野生植物的传统，将野生植物放置于储藏坑中，作为日常食物的补充。

四、距今 4400—4200 年的遗址

距今 4400—4200 年为钱山漾文化时期，目前发现宁波地区 3 处遗址有钱山漾文化层，分别为大榭遗址、茂山遗址和顾家庄遗址，其中，大榭遗址相关研究文章中提及该时期的植物遗存状况。②

根据目前的研究成果，钱山漾文化基本延续了良渚文化时期以稻作农业为主、以果实类采集经济为补充的生业经济。受气候、环境变化等因素的影响，钱山漾文化稻作农业的规模较良渚文化时期而言有所缩减，采集经济的比重上升。③随着未来宁波地区钱山漾文化遗址的新发现和植物考古工作的进一步开展，我们将对宁波地区良渚文化至钱山漾文化生业经济的发展形成更加深入的认识。

以上为宁波地区已开展植物考古工作的史前时期考古遗址的大体情况。不难发现，宁波地区史前先民的生计形态具有多样性，先民在栽培水稻的同时，也会大量采集野生的橡子、麻栎果、南酸枣、菱角、芡实等植物资源，采集渔猎在经济生活中的比重会随着气候、环境等因素的变化而不断变化。总的来说，距今 8000 年前后，宁波地区先民生业形态为以采集狩猎（渔猎）为主，以农耕生产为辅，先民对各种植物的性质有了初步的认识；距今 7000 年左右，宁波地区处于采集狩猎（渔猎）向稻作农业转变的阶段，稻作农业快速发展，先民对于各类植物的性质有了清晰认识，并尝试对水稻等粮食作物以外的植物进行栽培驯化；到了距今 5000 年前后的良渚文化时期，稻作农业经济社会最终建立，此时宁波地区的先民更加依赖于稻作农业生产，但野生植物采集仍为重要的辅助经济。除此之外，在大榭遗址良渚文化层中发现的炭化粟遗存，说明宁波的沿海地区在良渚文化时期可能已经开始发展稻旱混作农业，而粟是否经海陆南传至长江下游地区，以及旱作农业在宁波地区史前生业经济中所占比重的多少，还有待后续研究。

---

① 雷少、梅术文、王结华：《海岛之光：浙江宁波大榭遗址的考古发现》，《大众考古》2019 年第 6 期，第 38—49 页。

② 雷少、梅术文、王结华：《海岛之光：浙江宁波大榭遗址的考古发现》，《大众考古》2019 年第 6 期，第 38—49 页。

③ 郭晓蓉：《上海广富林遗址史前植物遗存分析》，山东大学 2014 年硕士学位论文；生膨菲、周宜静：《太湖以东地区的史前稻作农业与人类适应》，《农业考古》2021 年第 6 期，第 47—56 页。

宁波地区新石器时代动物考古研究的回顾与思考

董宁宁　朱旭初

（复旦大学文物与博物馆学系）

摘　要：本文梳理了宁波地区新石器时代动物考古的资料。目前，宁波进行过动物考古研究的遗址共有7处，已有的研究结果显示，宁波地区的先民因地制宜，主要利用湿地和近海的野生动物资源，也小规模地饲养猪、狗等家畜作为肉食资源的补充，一些具有本地特色的水禽和鱼类也可能被驯化。动物资源的利用和宁波的环境特点、长江下游地区稻作农业传统的发展密不可分。在更广泛的生态、农业、社会背景下审视宁波的动物考古，并借助更多新的研究手段，将为未来的动物考古研究打开更广阔的思路。

关键词：宁波；新石器时代；动物考古

宁波位于我国东部沿海地区，其考古工作的开端可以追溯到20世纪50年代。[①] 60多年以来，宁波的考古工作持续推进，新石器时代遗址的发现不仅将宁波的人文历史追溯到8000年前，同时也为研究沿海地区人群的适应、资源的开发提供了理想的材料。随着考古工作的日渐专业化、细致化，遗址出土的动物遗存也逐步受到重视，对它们的研究将有助于展现过去的人地关系、生业发展和社会变迁。本文爬梳了宁波地区新石器时代的动物考古研究工作，旨在总结宁波地区史前动物资源利用的特点，探讨生业经济与社会进程的关系；同时，观察动物考古的研究动向，为今后宁波地区动物考古的研究工作提供借鉴。

一、宁波地区新石器时代考古学文化的时空框架

宁波位于浙江省东北部，地处宁绍平原，北临杭州湾，南接台州，西连绍兴，东

---

① 宁波市文物考古研究所、国家水下文化遗产保护宁波基地：《宁波考古六十年》，故宫出版社2017年版。

临东海。由于市域的西南部为丘陵，东部靠海，因此整体地势西南较高、东北较低，大部分新石器时代遗址集中在中北部的姚江平原。地理地貌上，宁波西、南部都有低矮的山丘环绕，低洼地区又水网密布，形成了典型的海积平原。[①] 再加上宁波位于季风活动区，降水充足，东部海岸线较长，这就使得洪涝、风暴潮等灾害时常发生。[②]

这样气候环境下的宁波，在距今 8000 年的新石器时代就出现了人类活动，其中，河姆渡文化（公元前 5000—前 3300）和良渚文化（公元前 3300—前 2300）分布较广。河姆渡文化得名自宁波余姚的河姆渡遗址，是长江下游地区新石器时代一支重要的文化，姚江流域的数个遗址，如余姚的田螺山、鲻山、鲞架山等遗址都有河姆渡文化时期的堆积。良渚文化的分布区主要在杭州余杭区，宁波江北区的慈湖和傅家山遗址、北仑区的大榭遗址均发现有良渚文化的堆积。

二、动物考古研究

遗址出土的动物遗存是我们了解宁波先民生业经济形态及其演变过程的一手资料。据不完全统计，宁波经过发掘的新石器时代遗址有 30 余处，从已公布的材料来看，有 8 处遗址经过了较为系统的动物考古研究，另有部分遗址的动物考古研究可能正在进行中，研究结果尚待公布，故暂不论。以下按照 8 处遗址的年代早晚顺序分别介绍它们的动物遗存情况。

（一）井头山遗址

井头山遗址位于余姚市三七市镇三七市村井头自然村，邻近河姆渡、田螺山遗址，是浙江省迄今发现的唯一一处史前贝丘遗址，年代距今约 8300—7800 年。[③] 遗址自 2013 年发掘至今，动物遗存的整理工作尚在进行中，未见系统的研究报告公布。从零星公布的资料来看[④]，文化堆积中出土的动物遗存以海洋软体动物居多，有多个种类的蚶、螺、牡蛎、蛏、蛤、蚝等。哺乳动物以鹿类动物居多，也有一定数量的野猪和家犬，出土过两个较完整的圣水牛头骨（图 1）。发现的鱼类遗存有

① 张培新：《宁波东南沿海平原晚第四纪孢粉组合与沉积环境分析》，成都理工大学 2018 年硕士学位论文；王开发、张玉兰：《宁波平原晚第四纪沉积的孢粉、藻类组合及其古地理》，《地理科学》1985 年第 2 期，第 145—152 页、第 195 页；刘锐：《宁绍平原 MIS3 以来的古环境与古文化记录》，同济大学 2007 年硕士学位论文。

② 黄晶：《新石器时代宁波平原地貌和水文环境变化及古人类活动的响应》，华东师范大学 2020 年硕士学位论文，第 24 页。

③ 孙国平、王永磊：《从井头山遗址看宁波地理环境与海洋文化的关系》，《宁波通讯》2020 年第 18 期，第 62—67 页。

④ 浙江省文物考古研究所、宁波市文化遗产管理研究院、余姚市河姆渡遗址博物馆：《浙江余姚市井头山新石器时代遗址》，《考古》2021 年第 7 期，第 2—26 页。

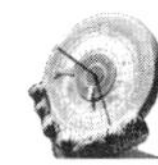

海洋鱼类的牙齿和耳石等。尽管缺少定量统计的结果，但出土的动物种类组合大致反映了宁波沿海先民适应沿海环境、利用陆地和海洋资源的生存方式。

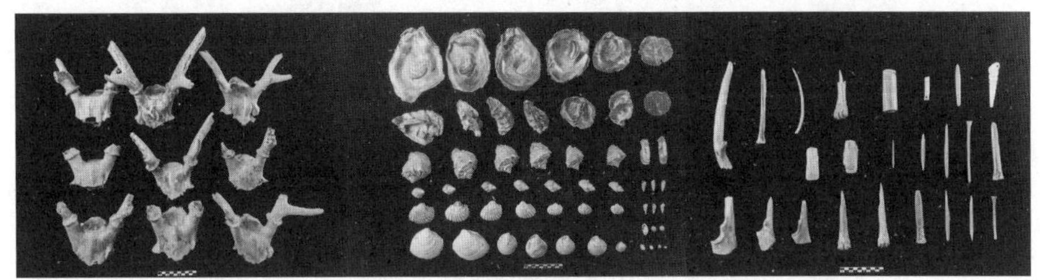

图1　井头山遗址出土的动物骨骼(鹿)、贝类遗存和骨器[①]

(二)河姆渡遗址

河姆渡遗址位于余姚市河姆渡镇河姆渡村，年代距今约 7000—5300 年。[②] 遗址发掘于 20 世纪 70 年代，动物遗存多出土于河姆渡文化第一期。经鉴定，动物中腹足纲有方形环棱螺 1 种；瓣鳃纲有无齿蚌 1 种；节肢纲有锯缘青蟹 1 种；软骨鱼纲有真鲨 1 种；硬骨鱼纲有鲟、鲤、鲫鱼、鳙、鲶、黄颡鱼、鲻鱼、乌鳢和灰裸顶鲷等 9 种；爬行纲有中华鳄相似种、海龟、黄缘闭壳龟、乌龟、陆龟和中华鳖等 6 种；鸟纲有鹈鹕、鸬鹚、鹭、雁、鸭、鹰科、鹤和鸦科等 8 种；哺乳纲有猕猴、红面猴、黑鼠、穿山甲、豪猪、狗、貉、豺、黑熊、青鼬、黄鼬、猪獾、普通水獭、江獭、大灵猫、小灵猫、花面狸、食蟹獴、豹猫、虎、鲸、亚洲象、苏门犀、爪哇犀、野猪、家猪、獐、小麂相似种、大角麂、水鹿、梅花鹿、麋鹿、圣水牛和苏门羚等 34 种。[③] 根据骨骼形态的特征，可以判断狗和猪为家养动物。动物组合显示了河姆渡先民以野生动物利用为主的生计方式。

(三)田螺山遗址

田螺山遗址位于余姚市三七市镇相岙村，与河姆渡遗址的直线距离仅 7 公里，年代距今约 7000—4500 年，而大部分动植物遗存来自距今 7000—6000 年的文化层。[④] 自 2004 年起，对遗址进行了大规模的发掘，出土的动植物遗存数量巨大(图 2)，至今尚未完成全部出土材料的鉴定与统计工作，这里我们仅使用已公布的数据对先民生业经济进行初步的论述。

动物遗存的种类包括鱼类、两栖类、爬行类、鸟类、哺乳动物五大类。鱼类包

---

① 孙国平、王永磊：《从井头山遗址看宁波地理环境与海洋文化的关系》，《宁波通讯》2020 年第 18 期，第 62—67 页。

② 浙江省文物考古研究所：《河姆渡：新石器时代遗址考古发掘报告》，文物出版社 2003 年版。

③ 魏丰、吴维棠、张明华等：《浙江余姚河姆渡新石器时代遗址动物群》，海洋出版社 1989 年版。

④ 北京大学中国考古学研究中心、浙江省文物考古研究所：《田螺山遗址自然遗存综合研究》，文物出版社 2011 年版。

图 2　田螺山遗址展示的动物遗存(聂然拍摄)

括软骨鱼 1 种,硬骨鱼 8 种,具体种类以乌鳢科、鲤鱼科、鲶鱼科为主,还有鲹科、鲤鱼、鲈鱼、鲻鱼科,淡水鱼类和海洋鱼类皆有。爬行动物中可鉴定出的有草龟。鸟类有 10 目 11 科,分别是雉科、鸭科(包括雁亚科、鸭亚科、真鸭属、铃鸭属)、鹡鹏科、潜鸟科、鹳鸟科、鹈科、鹈鹕科、鹭鸶科、秧鸡科、海鸥科、鹰科。在可鉴定标本中,鸭科和秧鸡科合计占 90%,其他类别数量较少。哺乳纲有猕猴、豪猪、狗、貉、黑熊、水獭、青鼬、獾、花面狸、豹、猫、野猪、家猪、麋鹿、水鹿、梅花鹿、黄麂、大角麂、獐和水牛等 20 种。①

田螺山的动物遗存组合显示,新石器时代先民通过狩猎野生动物来获取肉食资源。从野生动物的年龄结构变化看,先民的狩猎活动还对当地野生动物群体构成了一定的压力。② 鱼类的捕捞也是田螺山生业的特色,尤其是偏向利用淡水鱼,很可能和遗址周边丰富的湿地环境有关。③ 除了狩猎野生动物,也可能存在小规模的家猪饲养,线性牙釉质发育不齐(Linear Enamel Hypoplasia)一般被当作指示

① 松井章、真贝理香、丸山真史等:《田螺山遗址出土鱼类遗存的研究(初报)》,载松井章、菊地大树编《中国新石器时代家畜、家禽的起源和东亚地区扩散的动物考古学研究》,奈良文化财研究所 2016 年版,第 7—14 页;平山廉、松井章、孙国平:《田螺山遗址出土的淡水龟类研究》,载松井章、菊地大树编《中国新石器时代家畜、家禽的起源和东亚地区扩散的动物考古学研究》,奈良文化财研究所 2016 年版,第 15—21 页;江田真毅、松井章、孙国平:《田螺山遗址鸟类动物利用的研究》,载松井章、菊地大树编《中国新石器时代家畜、家禽的起源和东亚地区扩散的动物考古学研究》,奈良文化财研究所 2016 年版,第 23—42 页;张颖、袁靖、黄蕴平等:《田螺山遗址 2004 年出土哺乳动物遗存的初步分析》,载北京大学中国考古学研究中心、浙江省文物考古研究所编《田螺山遗址自然遗存综合研究》,文物出版社 2011 年版,第 172—205 页。

② 张颖、袁靖、黄蕴平等:《田螺山遗址 2004 年出土哺乳动物遗存的初步分析》,载北京大学中国考古学研究中心、浙江省文物考古研究所编《田螺山遗址自然遗存综合研究》,文物出版社 2011 年版,第 172—205 页。

③ Zhang Y, "Animal Procurement in the Late Neolithic of the Yangtze River Basin: Integrating the Fish Remains into a Case-study from Tianluoshan," Doctoral thesis, UCL (University College London), pp. 132, accessed March 27, 2003, https://discovery.ucl.ac.uk/id/eprint/1473389/1/Zhang_Ying_thesis_2015.pdf.

家猪驯化的病理现象之一，在田螺山出土的猪牙上也有发现。[①] 稳定同位素的分析结果也支持这一假说，说明田螺山先民已经驯化了一部分的猪。[②] 除了家猪，水牛[③]、鲤鱼[④]、水禽[⑤]是否被驯化，也是动物考古集中讨论的主题。

（四）鲻山遗址

鲻山遗址位于余姚市鲻山的南坡和东坡，年代与河姆渡遗址第②、③、④层相当，约距今7000—6000年。[⑥] 发掘该遗址时并未系统采集和分析动物遗存，报告中只提及猪、梅花鹿、赤麂、麋鹿、鼋、中华鳖、鲨鱼和貉等动物遗存的发现。[⑦]

（五）傅家山遗址

傅家山遗址位于江北区慈城镇八字村，发现有河姆渡文化时期和良渚文化时期的文化堆积，年代距今7000—5300年。[⑧] 为配合杭州湾跨海大桥的建设，于2004年对遗址进行了抢救性发掘。经鉴定，动物遗存有鱼类、鸟类和哺乳类。硬骨鱼纲共2种，包括乌鳢和鲈形目未定种各1种；鸟纲有鹱和琵鹭2种；爬行纲有鳖1种；哺乳纲有猕猴、獾、水獭、猫科、犀、家猪、麂、梅花鹿、水鹿、麋鹿和水牛等11种。[⑨] 从出土数量的比例来看，家猪仅占哺乳动物总数的15%，野生动物占85%，可见傅家山的先民的生计也以渔猎为主。

（六）鱼山遗址

鱼山和乌龟山遗址位于镇海区九龙湖镇乌龟山和鱼山山脚下，两处遗址相距不

---

① 张颖、袁靖、黄蕴平等：《田螺山遗址2004年出土哺乳动物遗存的初步分析》，载北京大学中国考古学研究中心、浙江省文物考古研究所编《田螺山遗址自然遗存综合研究》，文物出版社2011年版，第172—205页。

② 南川雅男、松井章、中村慎一等：《由田螺山遗址出土的人类与动物骨骼胶质炭氮同位素组成推测河姆渡文化的食物资源与家畜利用》，载北京大学中国考古学研究中心、浙江省文物考古研究所编《田螺山遗址自然遗存综合研究》，文物出版社2011年版，第262—269页。

③ 周杉杉：《浙江省余姚田螺山遗址水牛驯化可能性的初步研究——基于C、N稳定同位素食谱分析》，浙江大学2017年硕士学位论文。

④ Nakajima T, Nakajima M, Mizuno T, et al., " On the Pharyngeal Tooth Remains of Crucian and Common Carp from the Neolithic Tianluoshan Site," *International Journal of Osteoarchaeology*, No. 22(2022): 294-304.

⑤ Eda M, Itahashi Y, Kikuchi H, et al., "Multiple Lines of Evidence of Early Goose Domestication in a 7,000-y-old Rice Cultivation Village in the Lower Yangtze River, China," *Proceedings of the National Academy of Sciences of the United States of America*, No. 119(2022): e2117064119.

⑥ 浙江省文物考古研究所、厦门大学历史系：《浙江余姚市鲻山遗址发掘简报》，《考古》2001年第10期，第14页、第26页、第97—98页、第100—101页。

⑦ 浙江省文物考古研究所、厦门大学历史系：《浙江余姚市鲻山遗址发掘简报》，《考古》2001年第10期，第14页、第26页、第97—98页、第100—101页。

⑧ 宁波市文物考古研究所：《傅家山：新石器时代遗址发掘报告》，科学出版社2013年版。

⑨ 宁波市文物考古研究所：《傅家山：新石器时代遗址发掘报告》，科学出版社2013年版。

到 300 米，均发现有河姆渡文化时期至良渚文化时期的地层。[①] 在鱼山遗址共收集到骨骼遗存 314 件，其中可鉴定标本 217 件，硬骨鱼纲有硬头海鲇、花鲈属、鲷科、石首鱼科、鲻和鲤科 6 种，爬行纲有种属不明的龟鳖目 1 种，鸟纲有白枕鹤、白尾海雕、东方白鹳 3 种，哺乳纲有家犬、赤狐、黄鼬、野猪、家猪、梅花鹿、麋鹿、水牛属 8 种。[②]

（七）乌龟山遗址

乌龟山遗址在 2018 年进行发掘，共采集到了 3082 件骨骼遗存，其中可鉴定标本数 2636 件，出土动物种类较为丰富（图 3）。由于采集过程中进行了浮选，出土了较多鱼类骨骼，硬骨鱼纲有鲶属、乌鳢、花鲈、棘鲷属、鲻、鲤 6 种，软骨鱼纲有种属不明的鲨形总目和鲼亚目 2 种。爬行纲有种属不明的龟鳖目 1 种。两栖纲有种属不明的蛙科 1 种。鸟纲有环颈雉、豆雁、针尾鸭、白枕鹤、苍鹭、海雕属、鸫亚科、东方白鹳 8 种。哺乳纲有猕猴、家犬、黄鼬、猪獾、水獭、海豚科、野猪、家猪、梅花鹿、麋鹿、水牛属、啮齿目和兔形目 13 种。另外还发现有腹足纲和软体纲的十足目动物。[③]

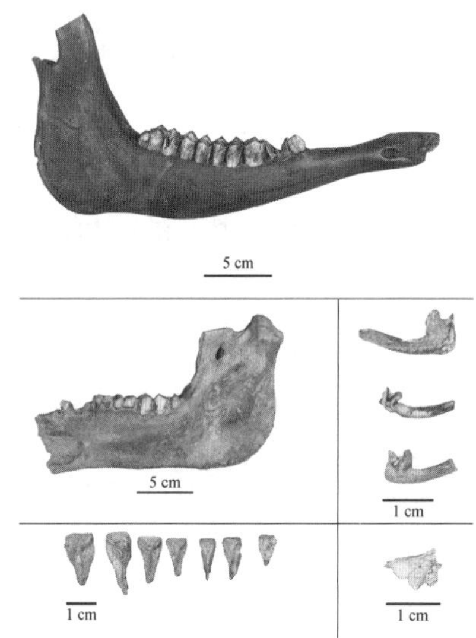

上：鹿下颌；左中：猪下颌；左下：乌鳢基枕骨；右中：石首鱼前颌骨；右下：鲤鱼咽齿骨。

图 3　乌龟山遗址出土的部分动物骨骼[④]

① 雷少、王结华：《镇海鱼山・乌龟山遗址考古发掘：来自浙东滨海的远古回声》，《大众考古》2016 年第 2 期，第 32—41 页、第 98 页。

② 董宁宁、朱旭初、雷少：《浙江宁波镇海鱼山、乌龟山遗址动物遗存研究》，《南方文物》2022 年第 6 期，第 161—170 页。

③ 董宁宁、朱旭初、雷少：《浙江宁波镇海鱼山、乌龟山遗址动物遗存研究》，《南方文物》2022 年第 6 期，第 161—170 页。

④ 董宁宁、朱旭初、雷少：《浙江宁波镇海鱼山、乌龟山遗址动物遗存研究》，《南方文物》2022 年第 6 期，第 161—170 页。

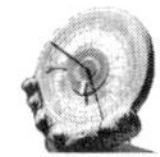

鱼山和乌龟山这两处遗址先民皆以野生动物资源利用为主，以家养动物作为肉食资源的补充。人们既捕捞栖息在沼泽湿地的淡水鱼类，也在河口和海边捕捉近岸海鱼。对淡水、湿地和海洋资源的综合利用是鱼山、乌龟山先民的生计策略。

（八）大榭遗址

大榭遗址位于北仑区大榭岛涂毛洞山脚下，岛屿最南端距大陆最近处不足500米，史前遗存可分为早晚两期，分别相当于良渚文化晚期和钱山漾文化时期。[①]遗址中的大部分动物骨骼出土于良渚文化层，且保存情况欠佳，2016—2017年发掘期间采集到的1586件骨骼中仅有364件可以鉴定，包括软体类、爬行类、鱼类、鸟类和哺乳类，可以确认的有瓣鳃纲泥蚶属1种，软骨鱼纲鲼亚目1种，硬骨鱼纲硬头海鲇、棘鲷属、鲻属、石首鱼科4种，鸟纲种属不明1种，哺乳纲猕猴、犬属、猪属、麂属、梅花鹿、麋鹿6种。[②]

从动物遗存组合来看，鹿类数量最多，兼有猕猴、野猪等动物，说明大榭先民以野生动物资源的利用为主。从齿列形态和臼齿尺寸判断，数量在次的猪既有野生个体也有家养个体，其中1例猪下颌上明显的齿槽脓肿也进一步指示有人工饲养的可能（图4）。可见，狩猎为主、饲养为辅是大榭先民主要的生计策略。同时，遗址鱼类遗存以活动于近岸沿海、具有洄游特性的广盐性鱼类居多，充分反映了海岛的水生资源优势。[③]

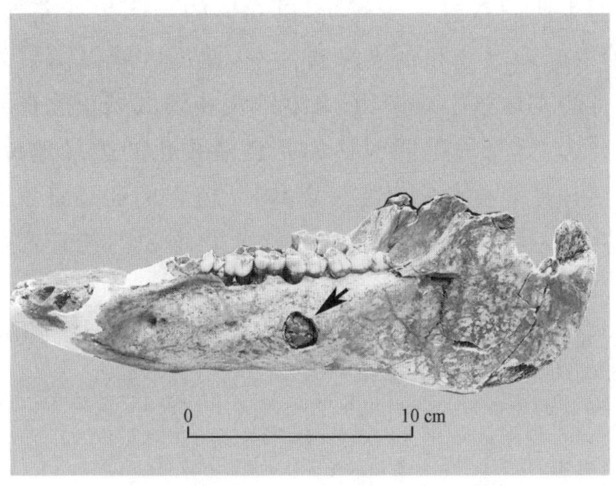

图4　大榭遗址出土猪下颌（箭头指示齿槽脓肿）[④]

---

① 雷少、梅术文、王结华：《海岛之光：浙江宁波大榭遗址的考古发现》，《大众考古》2019年第6期，第38—49页。

② 董宁宁、朱旭初、雷少：《宁波北仑大榭遗址的动物遗存研究》，《南方文物》2020年第6期，第246—252页。

③ 董宁宁、朱旭初、雷少：《宁波北仑大榭遗址的动物遗存研究》，《南方文物》2020年第6期，第246—252页。

④ 董宁宁、朱旭初、雷少：《宁波北仑大榭遗址的动物遗存研究》，《南方文物》2020年第6期，第246—252页。

三、讨　论

宁波地区开展过的动物考古研究虽然不多，但对于了解史前不同区域的动物资源利用模式、探讨家养动物的驯化起源、摸索动物考古研究的新范式都有重要的贡献。

（一）史前宁波先民的生计

新石器时代以来，不同地理区域形成了各具特色的区系文化类型，而各区域内的生业模式也逐渐显示出和文化类型相呼应的区系特征[①]，这在中原地区[②]、黄河上游地区[③]、长江下游地区[④]等地均得到了佐证。一般认为，长江下游地区在新石器时代经历了从"渔猎为主、饲养为辅"到"饲养为主、渔猎为辅"的生业模式转变。[⑤] 河姆渡文化和良渚文化作为这一变迁的两个重要节点，恰好在宁波均有发现。河姆渡文化常常与长江下游地区家畜驯化的讨论联系在一起。宁波地区河姆渡文化时期先民的肉食来源以野生哺乳动物为主，辅以大量水禽和鱼类，同时也存在较低水平的家猪和家犬的饲养，基本符合我们对长江下游地区新石器时代生业模式的认识。

长江下游地区生业经济的转变过程与良渚文化的发展轴线基本一致。而当我们将这一整体的生业图景进一步解析，更具体的局部生计差异便会显现出来，主要表现为"政治中心以农业和饲养家畜为主，偏远区域以渔猎为主"[⑥]。在以良渚古城为中心的良渚文化核心地带，农业集约化和区域城市化的两大支撑为水稻栽培和家猪饲养。[⑦] 与之形成鲜明对比的是良渚文化的边缘地带，那里的遗址虽然在物质文化方面与良渚核心区存在一定共性，但它们的经济发展并不与中心同步。[⑧] 宁波便处在这一边缘区域，多个有良渚文化堆积的遗址都显示出利用野生

① 袁靖：《论动物考古学研究与区系类型的关系——以新石器时代居民获取肉食资源的方式为例》，《湖南考古辑刊（第8集）》，岳麓书社2009年版，第250—256页。

② Yuan J, Roderick C, Lorenzo C, et al., "Subsistence and Persistence: Agriculture in the Central Plains of China Through the Neolithic to Bronze Age Transition," *Antiquity*, No. 94(2020): 900-915.

③ 吕鹏、袁靖：《交流与转化——黄河上游地区先秦时期生业方式初探（上）》，《南方文物》2018年第2期，第170—179页；吕鹏、袁靖：《交流与转化——黄河上游地区先秦时期生业方式初探（下）》，《南方文物》2019年第1期，第113—121页。

④ 袁靖、潘艳、董宁宁等：《良渚文化的生业经济与社会兴衰》，《考古》2020年第2期，第83—92页。

⑤ 袁靖：《论中国新石器时代居民获取肉食资源的方式》，《考古学报》1999年第1期，第1—22页。

⑥ 潘艳、袁靖：《新石器时代至先秦时期长江下游的生业形态研究（二）》，《南方文物》2019年第1期，第122—135页。

⑦ Dong N, Yuan J, "Rethinking Pig Domestication in China: Regional Trajectories in Central China and the Lower Yangtze Valley," *Antiquity*, No. 94(2020): 864-879.

⑧ 袁靖、潘艳、董宁宁等：《良渚文化的生业经济与社会兴衰》，《考古》2020年第2期，第83—92页。

动物的程度远高于饲养家养动物的特点，沿海的三个遗址（鱼山、乌龟山、大榭）尤为突出。但总体来看，宁波良渚文化时期和钱山漾文化时期的遗址的资料仍相对较少[①]，未来更多遗址的发现将有助于我们深化对宁波生业的认识。

整体来看，宁波的动物资源利用在整个新石器时代都以“渔猎为主、饲养为辅”，这可能和当地野生环境中动物资源丰富、人口压力较小有关。一方面，以湿地为中心的动物资源利用在田螺山、河姆渡等遗址中有清晰的体现，这在该区域植物考古的研究结果中也得到了支持。[②] 另一方面，海洋资源的尝试性开发从井头山开始就一以贯之，在沿海遗址中也有体现。也就是说，上述宁波地区的遗址在新石器时代可能都是自给自足的小型村落，先民因地制宜地开发和利用周边的自然资源。

（二）动物驯化的区域和路径

中国家养动物的驯化研究多集中在六畜（狗、猪、羊、牛、马、鸡），区域上也更关注黄河中上游地区，因为那里或是家犬、家猪的独立起源地，或是牛、羊等家畜在西亚被最先驯化后传入东亚的重要通道。长江下游地区则提供了驯化研究的另一个侧面。

长江下游地区是六畜之外几种家养动物驯化的关键地区。田螺山遗址为研究水牛[③]、鹅[④]、鲤鱼[⑤]的驯化提供了重要线索。这些动物虽然不及六畜在考古遗址中出现频繁，在古人生产生活中占比也较低，但江南地区自有其地方传统，它们具有本地重要性。最近的研究表明，在距今 7000 年的田螺山就已出现了从本地野生禽类驯化而成的家鹅（图 5）。[⑥] 它们的野生祖先可能是豆雁、灰雁、天鹅等栖息在湿地的水禽，可见长江下游地区湿地利用的生业传统拉开了驯化的序幕。它们的驯化也表明了本地动物经济的特色。研究者认为在田螺山，鲤鱼已经开始被养

---

① 潘艳、袁靖：《新石器时代至先秦时期长江下游的生业形态研究（上）》，《南方文物》2018 年第 4 期，第 111—125 页；潘艳、袁靖：《新石器时代至先秦时期长江下游的生业形态研究（二）》，《南方文物》2019 年第 1 期，第 122—135 页。

② 潘艳、袁靖：《新石器时代至先秦时期长江下游的生业形态研究（上）》，《南方文物》2018 年第 4 期，第 111—125 页。

③ 周杉杉：《浙江省余姚田螺山遗址水牛驯化可能性的初步研究》，浙江大学 2017 年硕士学位论文。

④ Eda M, Itahashi Y, Kikuchi H, et al., “Multiple Lines of Evidence of Early Goose Domestication in a 7,000-y-old Rice Cultivation Village in the Lower Yangtze River, China,” *Proceedings of the National Academy of Sciences of the United States of America*, No. 119(2022): e2117064119.

⑤ Nakajima T, Hudson M, Uchiyama J, et al., “Common Carp Aquaculture in Neolithic China Dates Back 8,000 Years,” *Nature Ecology and Evolution*, No. 3(2019): 1415-1418.

⑥ Eda M, Itahashi Y, Kikuchi H, et al., “Multiple Lines of Evidence of Early Goose Domestication in a 7,000-y-old Rice Cultivation Village in the Lower Yangtze River, China,” *Proceedings of the National Academy of Sciences of the United States of America*, No. 119(2022): e2117064119.

殖在水稻田里[①]，而驯化的家鹅也可能以人们提供的稻谷为食。[②] 鹅和鱼的驯化都暗示了长江下游地区独有的水田稻作农业或许和这些具有本地特色的动物驯化有关。今天，浙江青田的稻鱼共生系统已经被列入了全球重要农业文化遗产，足见这些特色动物资源在本地生态、经济系统中的重要性。

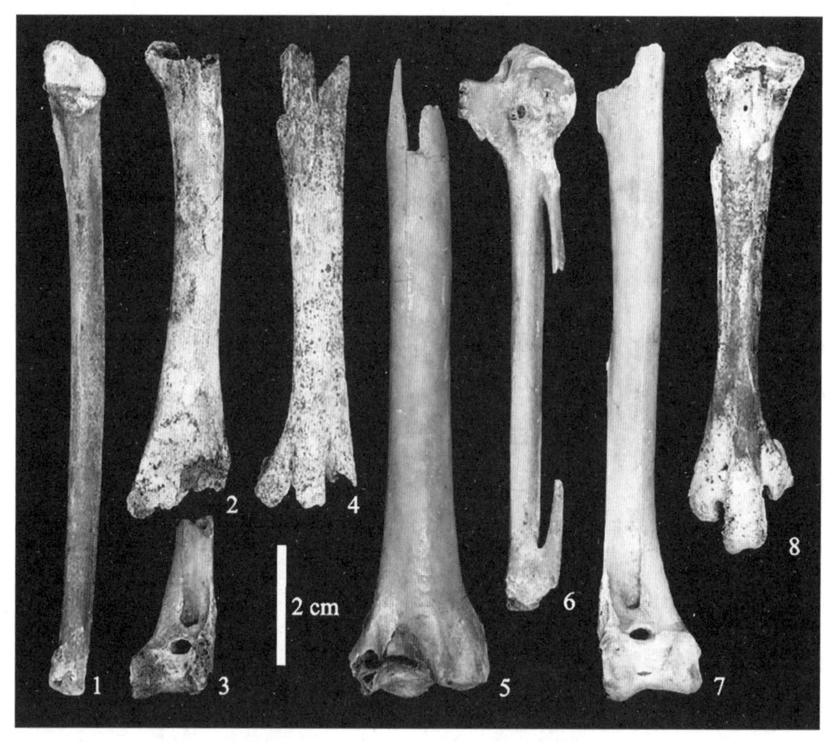

1. 桡骨；2. 股骨；3. 胫跗骨；4. 跗跖骨；5. 肱骨；6. 腕掌骨；7. 胫跗骨；8. 跗跖骨。

图5 田螺山遗址出土的本地驯化的家鹅骨骼[③]

这一地区的动物考古研究同时也拓宽了驯化研究的传统焦点。当研究者在中原地区和北方地区搜索有关驯化"最早"的证据时，长江下游地区的讨论开始将重点转向驯化的不同路径及因其而形成的多样农业传统和畜牧策略。[④] 不同学者

---

① Nakajima T, Hudson M, Uchiyama J, et al., "Common Carp Aquaculture in Neolithic China Dates Back 8,000 Years," *Nature Ecology and Evolution*, No. 3(2019):1415-1418.

② Eda M, Itahashi Y, Kikuchi H, et al., "Multiple Lines of Evidence of Early Goose Domestication in a 7,000-y-old Rice Cultivation Village in the Lower Yangtze River, China,"*Proceedings of the National Academy of Sciences of the United States of America*, No. 119(2022): e2117064119.

③ Eda M, Itahashi Y, Kikuchi H, et al., "Multiple Lines of Evidence of Early Goose Domestication in a 7,000-y-old Rice Cultivation Village in the Lower Yangtze River, China,"*Proceedings of the National Academy of Sciences of the United States of America*, No. 119(2022): e2117064119.

④ Dong N, Yuan J, "Rethinking Pig Domestication in China: Regional Trajectories in Central China and the Lower Yangtze Valley," *Antiquity*, No. 94(2020): 864-879.

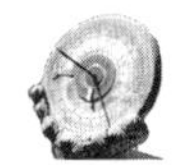

对该地区的驯化路径有不同的命名，或称其为“太湖模式”[①]，或称其为“低水平食物生产”[②]，但它们都不约而同地指向野生资源利用和家畜饲养并行的生计方式，河姆渡、田螺山，甚至是晚到良渚文化时期的大榭遗址都显示了这样的生业模式，尤其是对家猪的饲养可能采取了更为松散的管理方式，使得野猪和家猪之间有了更复杂的基因交换过程，并非家养动物甫一出现就完全替代了野生动物在食谱中的地位。这无疑可以让我们重新审视驯化，将其视为一个动态的过程，并更加关注不同的环境、社会和文化因素对驯化过程的塑造。

（三）传统与尝试

虽然宁波地区开展过动物考古研究的遗址数量不多，但自 20 世纪 70 年代河姆渡遗址的发掘以来，动物考古的应用已经在宁波推广。1989 年出版的《浙江余姚河姆渡新石器遗址动物群》[③]是自《安阳殷墟之哺乳动物群》之后，我国第二部阐释一个遗址的动物考古研究成果的专著。自此之后，宁波考古遗址出土的动物遗存备受重视，进入 21 世纪后，田螺山遗址的发掘更是一个典范，筛选、浮选等手段在发掘现场被广泛应用，成千上万的动物遗存被一一采集，其中包括大量细小、脆弱的鱼骨和鸟骨，为全面复原古人的生活生计提供了基础材料。资源域[④]、生态位[⑤]等新的理念被用来重新解读史前的人地关系，对线性牙釉质发育不全的观察[⑥]、稳定同位素分析[⑦]等都是辅助认识古代动物资源利用的新方法，田螺山遗址为这些新的动物考古尝试提供了理想的试验田。

与此同时，田螺山遗址数以万计鱼类骨骼的发现，也使研究者进一步认识到除哺乳动物外，其他类别的动物资源也在先民生计中占有一席之地。为了获取这些细碎的遗存，浮选法被进一步推广，在诸如鱼山、乌龟山、大榭遗址等的抢救性发掘中也被广泛应用，最大限度上实现了抢救性发掘与学科研究的双赢。针对这些小型聚落的研究也恰好能细化我们对长江下游地区宏观生业图景的认识，让具有代表性的中小型遗址个案研究汇总到对考古学文化的总体认识之中。

因此，从动物考古学科发展的角度来看，宁波的个案研究为定制动物考古区

---

① 罗运兵：《中国古代猪类驯化、饲养与仪式性使用》，科学出版社 2012 年版，第 217—218 页。

② Smith B D, “Low-Level Food Production, ”*Journal of Archaeological Research*, No. 9(2001):1-43；焦天龙：《河姆渡与中国东南史前的低水平食物生产经济》，载北京大学考古文博学院、北京大学中国考古学研究中心编《考古学研究（十）》，科学出版社 2012 年版，第 316—324 页。

③ 魏丰、吴维棠、张明华等：《浙江余姚河姆渡新石器遗址动物群》，海洋出版社 1989 年版。

④ 秦岭、傅稻镰、张海：《早期农业聚落的野生食物资源域研究——以长江下游和中原地区为例》，《第四纪研究》2010 年第 2 期，第 245—261 页。

⑤ 潘艳：《人类生态视野中的长江下游农业起源》，上海辞书出版社 2017 年版。

⑥ 张颖：《田螺山、江家山和下家山遗址的动物遗存和相关问题探讨》，北京大学 2009 年硕士学位论文。

⑦ 周杉杉：《浙江省余姚田螺山遗址水牛驯化可能性的初步研究》，浙江大学 2017 年硕士学位论文。

域研究的特色方案、平衡大型聚落的重点性研究和中小型遗址的选择性研究提供了参考。

四、结　论

宁波的动物考古自河姆渡遗址的发掘起持续推进，目前已在抢救性发掘的遗址中被广泛应用。已有的动物考古结果显示，宁波新石器时代的生业主要以野生动物资源的利用为主，也有小规模的家畜饲养作为肉食资源的补充。先民充分利用当地的湿地和海洋环境资源优势，形成了因地制宜的生计策略。家畜饲养方面，除了家犬和家猪，还有一些本地特色的家禽和鱼类也有可能被驯化。可见，动物资源的利用和宁波的环境特点、长江下游地区稻作农业传统的发展密不可分。因此，可以将宁波的动物考古置于更广泛的生态、农业、社会背景下进行审视，并结合稳定同位素分析、古基因组研究等全新的研究手段，或将为未来的动物考古研究打开更广阔的思路。

宁波新石器时代人地关系

——海洋适应性文化的环境背景

王张华　雷　少

（华东师范大学河口海岸科学研究院；宁波市文化遗产管理研究院）

摘　要：姚江河谷—宁波平原在新石器时代普遍形成海洋适应性文化，和杭州湾北岸存在较明显差别。本文通过对近几年沉积地貌和水文环境重建以及人类活动响应研究工作的总结，提出研究区海平面波动与史前人类活动密切相关：井头山贝丘遗址利用大约8000年前海平面较稳定阶段古宁波湾的潮间带资源；河姆渡文化时期海水入侵频繁，史前人群充分利用山麓盐沼环境；大榭遗址的史前古人则利用海平面上升产生的有利环境发展了海盐手工业。

关键词：沉积地貌；海平面波动；海水入侵；潮间带资源；山麓盐沼；海盐手工业

一、宁波新石器时代海洋适应性文化特征

位于杭州湾东南岸的宁波，其新石器时代文化特征及演替轨迹和杭州湾北岸的太湖平原相比，既有相似性，也有明显差别——宁波的新石器时代文化具有更多海洋适应性特征。例如，距今约8000年的井头山贝丘遗址，是典型的以海洋资源为主要食物来源的海洋适应性文化。[①] 在濒海的镇海乌龟山遗址，研究者通过分析动物骨骼和碱土金属元素，推测该遗址在河姆渡文化时期较多地利用海洋资源。[②] 大榭遗址二期文化遗存中大量的制盐遗迹和遗物，反映了新石器时代晚期

---

① 孙国平、梅术文、陆雪姣等：《浙江余姚市井头山新石器时代遗址》，《考古》2021年第7期，第3—26页。

② 朱旭初、董宁宁、雷少：《宁波镇海乌龟山遗址出土鱼类遗存研究》，《南方文物》2020年第2期，第97—111页；Huang J, Lei S, Wang A, et al., "Mid-Holocene Environmental Change and Human Response at the Neolithic Wuguishan Site in the Ningbo Coastal Lowland of East China," *The Holocene*, Vol. 30(2020): 1591-1605.

海盐手工业的发展，与良渚文化核心区大量废弃遗址形成鲜明对比。[①] 宁波新石器时代的海洋适应性文化特征，必然和该区域的地理环境有关。本文拟结合自然环境视角，总结过去数年在宁绍平原东部地区多个钻孔和遗址的工作成果，对宁波史前海洋适应性文化和环境之间的关系做一粗浅的探讨。

二、自然环境特征

宁波位于宁绍平原东部，北距长江口 100 余公里。其中，有较多新石器时代遗址分布的余姚市、江北区、镇海区、海曙区、奉化区、鄞州区和北仑区的地形特征为山地包围低地平原的半封闭环境。宁波北侧为东西向延伸的翠屏山丘陵，将三北平原和姚江河谷平原分开；西南侧、东南侧分别为四明山和天台山，连同翠屏山，将宁波平原包围成一个深 U 形盆地。平原区地势低洼，地面高程大多仅为 2—3m（1985 年国家高程），低洼处不足 2m，沿海地带地势稍高，大多为 3—4m。新石器时代遗址大多分布在姚江河谷平原、宁奉平原，以及镇海区、江北区的翠屏山南麓（图 1a）。

研究区内有姚江、奉化江和甬江三条主要河流。姚江自西向东，奉化江自南向北，在宁波三江口汇合成甬江后，向东北注入杭州湾。镇海验潮站的观测数据显示，此处潮差较小，仅 1.85m，平均大潮高潮位 1.61m，最高高潮位 3.28m。平原上的河流都是感潮河流，潮水可上溯至鄞江它山堰。宁波地区属于东亚季风气候，年降水量 1400—1500 mm，梅雨和台风对降水贡献最大。宁波地区河流都发源于周边山地，地形落差大，为山溪性河流，而平原区地势低洼，且受潮水顶托，排水困难，因此遇到强降雨，尤其是台风期间叠加风暴潮作用时，极易形成大面积的水涝灾害。例如，2013 年台风“菲特”造成了大范围、长时间积水（图 1b）。

---

① 雷少：《我国古代海盐业的最早实证——宁波大榭遗址考古发掘取得重要收获》，《中国港口》2017 年第 S2 期，第 83—90 页；Zheng T, Lei S, Wang Z, et al., “Prehistoric Sea-salt Manufacture as an Adaptation Strategy to Coastal Flooding in East China,” *Quaternary Science Reviews*, Vol. 302(2023): 107966.

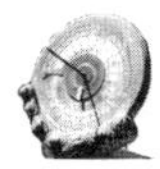

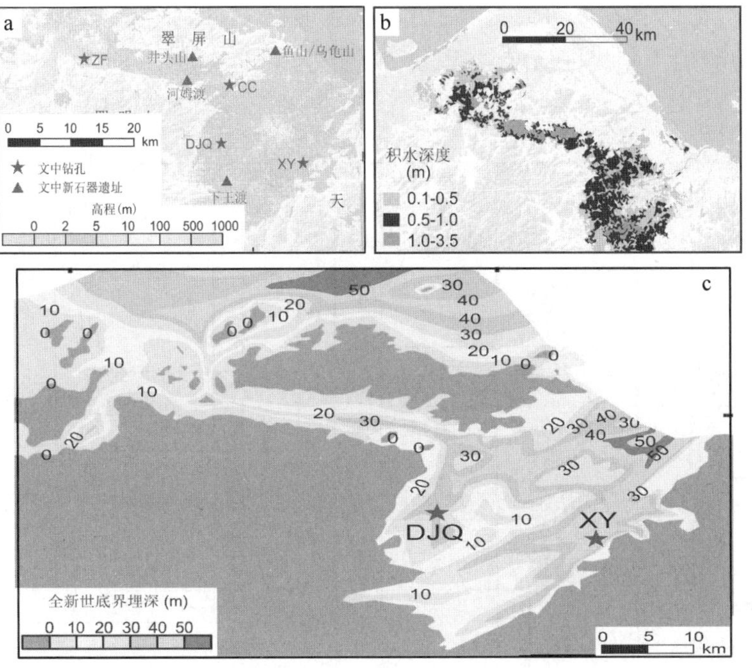

a. 研究区地形以及本文涉及的新石器时代遗址；b. 2013 年台风“菲特”造成的积水；c. 研究区全新世沉积物厚度分布。

图 1 宁波地区新石器时代遗址与自然环境特征

三、早—中全新世海平面波动控制下的沉积地貌演变过程及对新石器时代文化的影响

众多钻孔资料显示，姚江河谷—宁波平原全新世地层厚度 0—50 m（图 1c）。姚江河谷平原有一条下切深度较大（约 40 m）的古河谷；宁波平原在东、西两侧各有一条下切谷，深度约 40—50 m。全新世全球海平面上升，海水首先沿下切谷入侵姚江河谷—宁波平原，最终形成古海湾。同时，潮流输入的泥沙在古海湾内堆积，在中全新世，即大约 7000 年前，海平面不再大幅度上升，泥沙淤积的速度因此超过海平面上升速度，使得古海湾快速成陆。早—中全新世海平面呈现阶梯式上升模式，即一段时间内快速上升，随后一段时间内较为平稳。① 这样的海平面上升模式，必然导致陆海相互作用模式的变化，尤其在大河口附近，河流入海泥沙丰富，其沉积作用与海平面上升之间的博弈也会发生阶段性变化。根据位于宁波平原末次冰盛期两个下切古河谷的钻孔地层记录（XY 和 DJQ 孔），有学者揭示了上

① Bird M I, Austin W E N, Wurster C M, et al., “Punctuated Eustatic Sea-level Rise in the Early Mid-Holocene,” *Geology*, Vol. 38(2010): 803-806.

述变化过程，他们还收集研究区钻孔资料，恢复了姚江河谷—宁波平原早—中全新世沉积地貌的千年尺度演变过程(图 2、图 3)。①

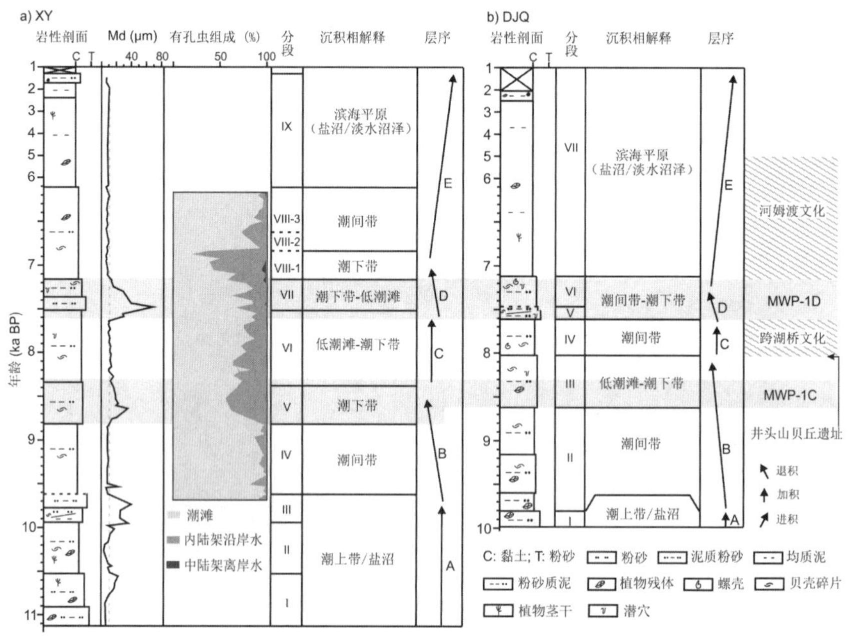

图 2　XY 和 DJQ 孔记录的全新世岩性、粒度、有孔虫组成以及沉积相演变过程

从 XY 和 DJQ 两个钻孔共分析得 19 个高质量 AMS 碳-14 年龄，Lyu 等用这些年龄建立钻孔的年龄—深度模型，再加上岩性地层、沉积物粒度分析和微体古生物有孔虫化石鉴定、统计，以此建立钻孔所在地沉积环境演变历史。研究发现，海水在大约 11—10 ka BP(距今千年)沿下切古河谷进入研究区，并且将下切古河谷转变为滨海盐沼和淤泥质滩涂环境(图 3a)。随着海平面的持续上升，被海水淹没的范围沿下切古河谷逐渐扩大(图 3b)。大约 8.8—8.3 ka BP，XY 孔地层中来自陆架的有孔虫相对丰度显著增大(图 2a)，指示海水入侵作用增强，这与此时的全球海平面加速上升以及冰融水(MWP-1C)事件同步。由于海平面的快速上升，姚江河谷—宁波平原此时被大范围淹没，成为古海湾(图 3c)。8.3—7.6 ka BP，XY 孔中指示潮滩环境的有孔虫属种逐渐恢复(图 2a)，说明古海湾内泥沙的堆积作用逐渐胜过海平面上升速率，从而有利于淤泥质潮滩的形成(图 3d)。

① Lyu Y, Xu H, Meadows M E, et al., "Early to Mid-Holocene Sedimentary Environmental Evolution in the Palaeo-Ningbo Bay, East China and Its Implications for Neolithic Coastal Settlement," *Frontiers in Marine Science*, Vol. 9(2022): 1059746.

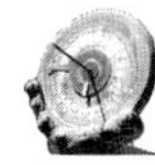

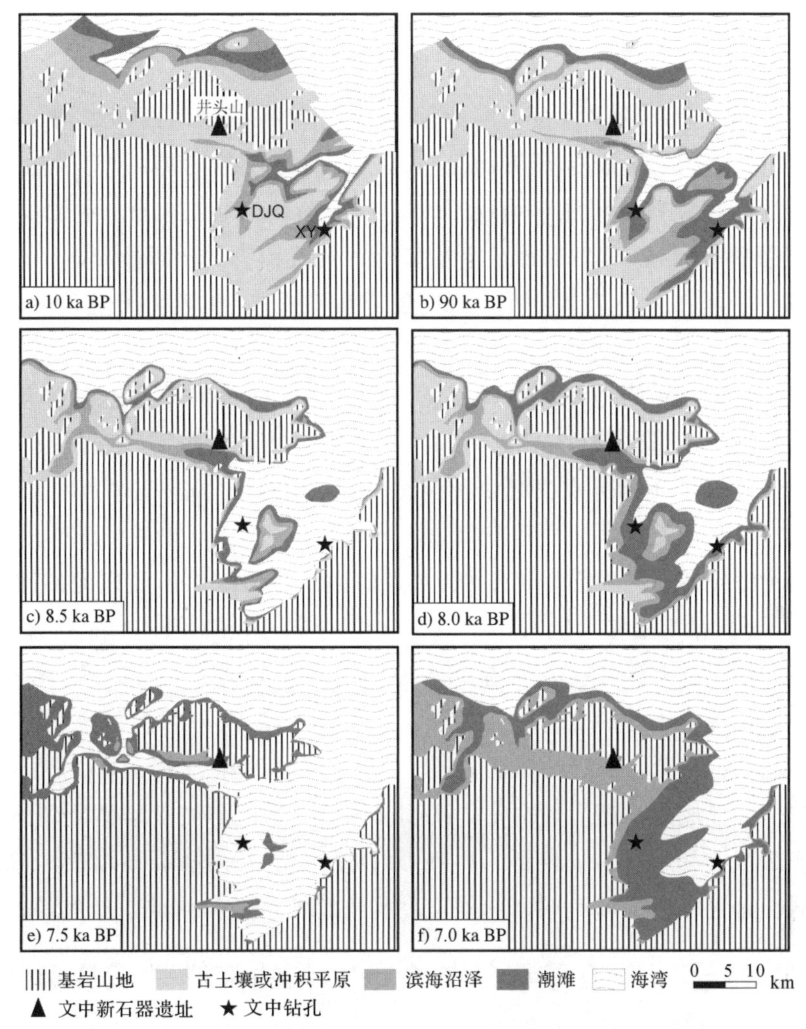

图 3　姚江河谷—宁波平原早—中全新世沉积地貌环境演变过程[①]

从 7.6 ka BP 开始，XY 孔中陆架来源的有孔虫相对丰度再次增加，尤其是指示风暴作用的同现卷转虫（*Ammonia annectens*）和压扁卷转虫（*Ammonia compressiuscula*）明显增多，此时还伴随两个钻孔沉积物的显著粗化（图 2）。与此同时，位于姚江河谷平原东侧的 CC 孔在该阶段也出现沉积物明显粗化[②]，反映古海湾内水流运动的增强。有孔虫属种组成变化指示古宁波湾内海水入侵作用又一次增强，这与全球海平面加速上升以及 MWP-1D 事件相符。位于姚江河谷平

① Lyu Y，Xu H，Meadows M E，et al.，“Early to Mid-Holocene Sedimentary Environmental Evolution in the Palaeo-Ningbo Bay，East China and Its Implications for Neolithic Coastal Settlement，” *Frontiers in Marine Science*，Vol. 9(2022)：1059746.

② Lyu Y，Tong C，Saito Y，et al.，“Early to Mid-Holocene Sedimentary Evolution on the Southeastern Coast of Hangzhou Bay，East China，in Response to Sea-level Change，” *Marine Geology*，Vol. 442(2021)：106655.

原西侧的ZF孔，显示当地在大约7.5 ka BP结束风化成土作用主导的高地环境，开始接受泥沙堆积。[①] ZF孔的沉积环境变化，指示随着海平面的上升，姚江河谷平原西侧不再是阻挡海水入侵的高地，此时姚江河谷平原东西两侧均与杭州湾连通，半封闭的古宁波湾消失，翠屏山丘陵成了杭州湾中的岛屿，只有少量古地形较高的山麓地带还维持着沼泽环境（图3e）。这种地形地貌的变化，导致古宁波湾内的潮流作用显著加强，从而解释了上述多个钻孔沉积物的明显粗化。

全球海平面在大约7.2 ka BP接近现今海平面高度，其上升速度明显减缓。[②] 姚江河谷平原在此时率先充填成陆，形成滨海沼泽湿地环境（图3f）。宁波平原西侧的DJQ孔，也显示当地在大约7.1 ka BP演变为滩涂和滨海盐沼环境，而东侧的XY孔显示当地成陆较晚，直到大约6.8 ka BP，才从古海湾转变为淤泥质潮滩，到大约6.1 ka BP开始形成滨海沼泽湿地环境（图2）。

对比宁波平原上述早—中全新世地貌环境演变过程，可知井头山贝丘遗址形成于早全新世海侵期间海平面较为平稳、古海湾内淤泥质滩涂广泛发育的间歇（图2、图3d）。早全新世海侵极大地减小了古宁波湾的陆域面积，但同时也带来了更多的基岩海岸和淤泥质滩涂（图3a至图3d），为井头山人提供了丰富的潮间带资源。而且此时姚江河谷平原的西侧尚未被海水淹没，半封闭的古海湾内，风平浪静，海洋灾害（如台风）对古海湾内的影响微弱，加上丰富的海洋和陆地资源，无疑可以吸引先民在此定居并形成海洋适应性文化。7.6 ka BP海侵加强，古宁波湾环境恶化，导致先民对该区域的利用减少。直到7.2 ka BP大范围滨海沼泽湿地形成，才再次吸引古人定居。这也解释了7.6—7.2 ka BP期间古宁波湾人类活动明显减弱的现象。

四、中全新世海侵事件与史前文化的海洋性适应策略

（一）鱼山和乌龟山遗址的海侵地层记录以及古代人类活动响应

7.2 ka BP之后海平面趋于稳定，古宁波湾形成大范围的滨海湿地环境，为河姆渡文化的形成创造了有利的资源和环境条件。不过，由于古宁波湾的半封闭环境，由外海传来的潮汐作用进入古海湾后很快能量耗散、潮差减小、高潮位下降，其平均大潮高潮位和风暴潮高潮位均显著低于开敞的杭州湾北岸。[③] 加上该区沉

① Lyu Y, Tong C, Saito Y, et al., "Early to Mid-Holocene Sedimentary Evolution on the Southeastern Coast of Hangzhou Bay, East China, in Response to Sea-level Change," *Marine Geology*, Vol. 442(2021): 106655.

② Lambeck K, Rouby H, Purcell A, et al., "Sea Level and Global Ice Volumes from the Last Glacial Maximum to the Holocene," *PNAS*, Vol. 111(2014): 15296-15303.

③ Wang S, Ge J, Kilbourne K H, et al., "Numerical Simulation of Mid-Holocene Tidal Regime and Storm-tide Inundation in the South Yangtze Coastal Plain, East China," *Marine Geology*, Vol. 423(2020): 106134.

积的泥沙主要依靠涨潮流从陆架输入，本地泥沙来源很少，属于潮成平原。因此，姚江河谷—宁波平原的地面海拔高度取决于涨潮时所能达到的最高水位，从而使该区域形成了地势低洼的地形地貌特征。由于地面海拔高度较低，相比杭州湾北岸的太湖平原，姚江河谷—宁波平原对 7.2 ka BP 之后小幅度的海平面波动更为敏感，盐水入侵事件也更加频繁。[①] 这种环境特征，会影响该区域新石器时代先民的生存策略，他们必然需要去适应这种海洋性环境。

姚江河谷—宁波平原众多新石器时代遗址的地层中，文化层堆积不连续的现象非常突出，海相的自然淤积层往往叠压于河姆渡文化各期和良渚文化层之上。对多个遗址地层剖面的孢粉、硅藻、碱土金属元素等细化研究发现，大约在 6.3 ka BP 和 4.5 ka BP，研究区普遍存在海水入侵形成的自然淤积层，5.3 ka BP 前后也有一次区域性的盐水入侵事件。[②] 这里以鱼山遗址为例，展示上述三次事件在遗址地层的记录（图 4）。鱼山遗址的 T0410、T0415、T0513 和 T0213 探方做过 AMS 碳-14 测年和多指标分析测试，属于环境考古研究比较充分的一个遗址。

鱼山遗址第⑨层为河姆渡二期文化层，在三个探方都有堆积。T0513 探方 AMS 碳-14 测年结果为 6440 cal. yr BP（修正后距今年数），T0213 探方测得三个 AMS 碳-14 年龄，自下而上分别为 6690、6440 和 6295 cal. yr BP。T0410 探方的该层含丰富的总有机碳（TOC）和较偏负的 $\delta^{13}C$（有机碳稳定同位素）值；未见海相沟鞭藻。T0415 探方 TOC 含量高，TOC/TN 比值超过 10，$\delta^{13}C$ 较偏负，显示陆地环境的有机质来源；硅藻为淡水和微咸水属种。T0213 探方以淡水和半咸水硅藻为主；TOC 含量丰富，TOC/TN 大于 10，$\delta^{13}C$ 明显偏负；指示海水环境的 Sr 元素含量表现为显著低值。上述各探方的多指标分析结果指示第⑨层形成于滨海沼泽环境。

---

① 唐亮、吕晔、年小美等：《姚江—宁波平原中全新世海侵事件及古人类活动的快速响应》，《第四纪研究》2019 年第 5 期，第 1116—1132 页。

② Zheng Y, Sun G, Chen X, "Response of Rice Cultivation to Fluctuating Sea Level During the Mid-Holocene," *Chinese Science Bulletin*, No. 57(2012): 370-378; He K Y, Lu H Y, Zheng Y F, et al., "Middle-Holocene Sea-level Fluctuations Interrupted the Developing Hemudu Culture in the Lower Yangtze River, China," *Quaternary Science Reviews*, No. 188(2018): 90-103; Wang Z, Ryves D B, Lei S, et al., "Middle Holocene Marine Flooding and Human Response in the South Yangtze Coastal Plain, East China," *Quaternary Science Reviews*, No. 187(2018): 80-93; Huang J, Lei S, Wang A, et al., "Mid-Holocene Environmental Change and Human Response at the Neolithic Wuguishan Site in the Ningbo Coastal Lowland of East China," *The Holocene*, No. 30(2020): 1591-1605; Huang J, Li Y, Ding F, et al., "Sedimentary Records of Mid-Holocene Coastal Flooding at a Neolithic Site on the Southeast Plain of Hangzhou Bay, East China," *Marine Geology*, No. 431(2021): 106380; 潘昱、孙国平、雷少等：《宁绍平原东部新石器时期遗址地层碱土金属元素地球化学特征以及对海水入侵事件的指示》，《海洋地质与第四纪地质》，2023 年第 6 期，第 1—12 页。

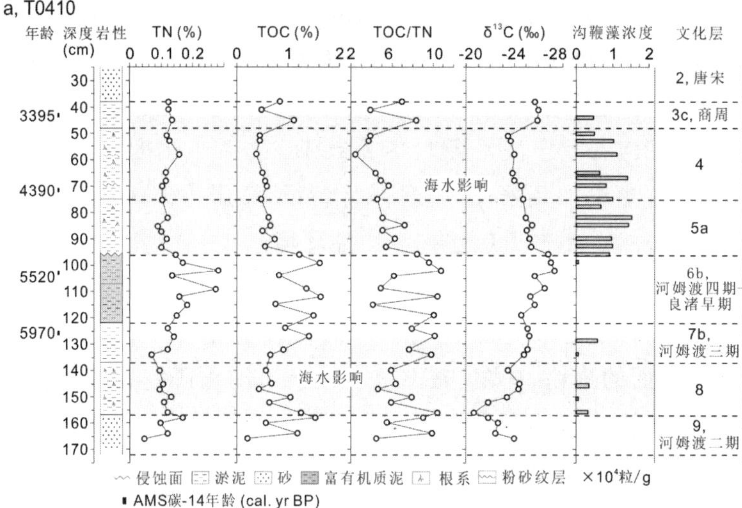

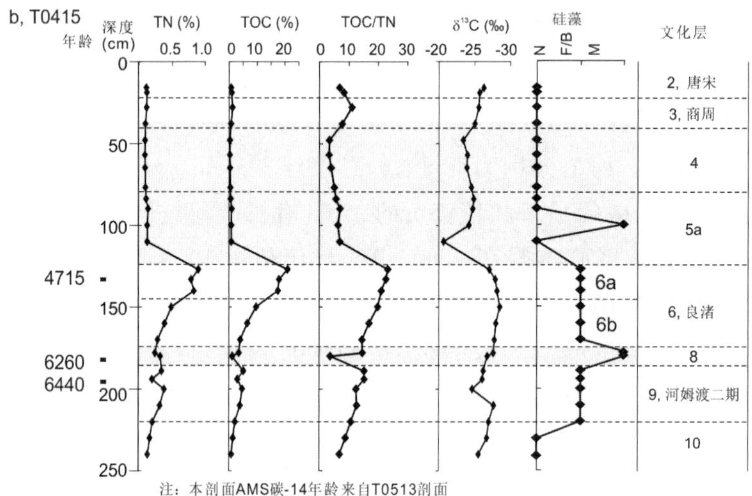

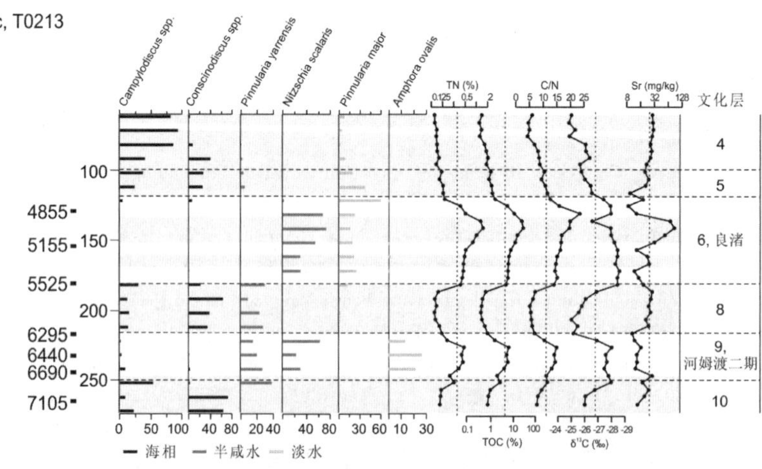

图4　鱼山遗址三处探方剖面多指标分析结果

第⑧层为自然淤积层，在三个探方都有堆积。T0513 探方在该层底部测得一个 AMS 碳-14 年龄 6260 cal. yr BP，T0213 探方在该层顶部测得一个 AMS 碳-14 年龄 5525 cal. yr BP。T0410 探方 TOC 含量明显下降；含少量海相沟鞭藻。T0415 探方 TOC 含量显著下降，TOC/TN 比值急剧降低；出现较多的海洋硅藻。T0213 探方硅藻以海洋属种为绝对优势，含少量半咸水属种和零星淡水属种；TOC 含量和 TOC/TN 比值同样急剧下降，$\delta^{13}C$ 偏正；同时伴随 Sr 含量的明显升高。这些指标分析结果显示鱼山遗址在 6.3 ka BP 被海水淹没，且在离山麓略远的 T0213 探方所在地，海水淹没一直持续到 5.5 ka BP。

第⑦b 层仅见于 T0410 探方，为河姆渡三期文化层，在其上部测得一个 AMS 碳-14 年龄 5970 cal. yr BP。该层 TOC 含量重新增多，$\delta^{13}C$ 偏负；下部有少量海相沟鞭藻，反映了在地势较高的山麓，首先形成了滨海盐沼环境，从而再次吸引先民的利用，尽管此时不远处的 T0213 探方所在地还是被海水淹没的环境。

第⑥层为河姆渡四期—良渚文化层，在三个探方均有堆积，表现为下部为泥炭质泥（第⑥b 层），上部为泥炭层（第⑥a 层），各探方泥炭层顶部都有一个显著的侵蚀面，T0410 探方的泥炭层被完全侵蚀。T0410 探方在第⑥b 层顶部测得一个 AMS 碳-14 年龄 5520 cal. yr BP，T0513 探方在第⑥a 层顶部测得一个 AMS 碳-14 年龄 4715 cal. yr BP，T0213 探方在第⑥b 层顶部和第⑥a 层上部分别测得一个 AMS 碳-14 年龄 5155 和 4855 cal. yr BP。T0410 探方 TOC 含量高，$\delta^{13}C$ 明显偏负；不含海相沟鞭藻。T0415 探方 TOC 含量自下而上显著增大，TOC/TN 比值均大于 10，第⑥a 层顶部甚至超过 20，$\delta^{13}C$ 明显偏负，显示强烈的陆生 C3 植物信号；出现淡水和微咸水硅藻。T0213 探方硅藻为半咸水和淡水属种，在第⑥a 层下部出现较高半咸水硅藻含量；TOC 含量以及 TOC/TN 比值同样显著升高；Sr 含量在第⑥b 层底部较低，中部小幅度上升，顶部再次降低，在第⑥a 层下部显著增加并在中部达到极高值，在顶部重新降为低值。过去根据硅藻、沟鞭藻和有机碳的分析结果，粗糙地把该层沉积环境判断为滨海沼泽。潘昱等分析 T0213 探方的碱土金属元素后取得新看法，因为碱土金属元素对水体盐度变化十分敏感，所以根据 Sr 含量变化发现该沼泽在大约 5.4—5.3 ka BP 和 5.1—4.9 ka BP 期间存在盐水入侵事件。①

第⑤层和第④层均为自然淤积层，在各探方均有分布。T0410 探方在第④层底部测得一个 AMS 碳-14 年龄 4390 cal. yr BP，TOC 含量急剧下降，$\delta^{13}C$ 偏正，指示海洋藻类对地层中有机碳的贡献；海相沟鞭藻大量出现，反映被海水淹没的环

---

① 潘昱、孙国平、雷少等：《宁绍平原东部新石器时期遗址地层碱土金属元素地球化学特征以及对海水入侵事件的指示》，《海洋地质与第四纪地质》，2023 年第 6 期，第 1—12 页。

境。T0415探方的第⑤层也发现海洋硅藻，同时伴随TOC含量、TON/TN比值的大幅度下降以及$\delta^{13}C$的偏正。T0513探方第⑤层底部出现一条砂脊，为风暴沉积，对风暴砂脊石英单颗粒OSL(光释光)测年，测得一个年龄4590±240 a. BP(4525±240 cal. yr BP)。T0213探方也转变为以海洋硅藻为优势，TOC含量和TOC/TN比值同样急剧下降，$\delta^{13}C$显著偏正，同时Sr含量明显上升。因此鱼山遗址在大约4.5 ka BP后被海水淹没，而且其良渚文化末期的地层，在一次极端风暴事件中被强烈侵蚀。风暴事件形成地层的不连续，导致早期研究认为极端风暴事件先于海平面加速上升事件发生[①]，然而，对良渚文化末期古海岸线位置的细致调查以及对T0513探方风暴沉积形成机制的数值模拟却显示，只有在海平面已经上升一定幅度的条件下，才可以在鱼山遗址形成该风暴沉积。[②] 研究者后续根据良渚古城连续的地层记录再次验证了该观点。[③]

第③层和第②层分别为商周及唐宋文化层，在三个探方也均有分布。T0410探方在第③层底部测得一个AMS碳-14年龄3395 cal. yr BP，TOC含量小幅度增加，$\delta^{13}C$偏负，显示滨海湿地植被的恢复，海相沟鞭藻仅在第③层底部出现。T0415探方这两个地层中未见硅藻，有机碳指标同样指示湿地植被的恢复。在T0213探方未进行指标分析。

在上述测年和多指标分析的基础上，利用T0410和T0513探方全新世硬质基底上覆的海平面标志物，定量重建相对海平面曲线(图5)。重建结果显示，在大约6.4—6.3 ka BP，相对海平面快速上升约1.04 m，6.3—4.7 ka BP期间，相对海平面呈缓慢下降趋势，自4.6 ka BP，海平面再次上升，并且在4.5—4.4 ka BP期间加速上升，上升幅度大约为0.95 m。上述两次海平面快速上升事件，导致遗址在6.3 ka BP和4.5 ka BP被海水淹没；6.3 ka BP之后海平面缓慢下降，使得山麓古地势较高的地方，如T0410探方所在地，在大约6.0 ka BP淤积成为盐沼湿地；而在4.5 ka BP被海水淹没之后，直到大约3.4 ka BP，鱼山遗址才重新成为滨海沼泽。5.4—4.9 ka BP的盐水入侵事件，发生于海平面稳定、滨海湿地植被持续恢复的过程中，因此推测为干旱气候或台风风暴潮所致。田螺山古水稻田的地层记录了

① Wang Z, Ryves D B, Lei S, et al., "Middle Holocene Marine Flooding and Human Response in the South Yangtze Coastal Plain, East China," *Quaternary Science Reviews*, Vol. 187(2018):80-93.

② Wang S, Ge J, Meadows M E, et al., "Reconstructing a Late Neolithic Extreme Storm Event on the Southern Yangtze Coast, East China, Based on Sedimentary Records and Numerical Modeling," *Marine Geology*, Vol. 443(2022):106687.

③ Zhang W, Zheng T, Wang Z, et al., "Reconstruction of Coastal Flooding Processes and Human Response at the End of the Liangzhu Culture, East China," *Quaternary Science Reviews*, Vol. 293(2022):107705.

5.4—5.3 ka BP 的盐水入侵事件①;在宁奉平原的下王渡遗址,地层中记录了 5.3 ka BP 以及 5.2—5.1 ka BP 的盐水入侵及台风事件②;在杭州湾北岸柘林贝壳堤遗址,地层中存在 5.2—4.9 ka BP 的风暴沉积③,进一步证实前述猜想。

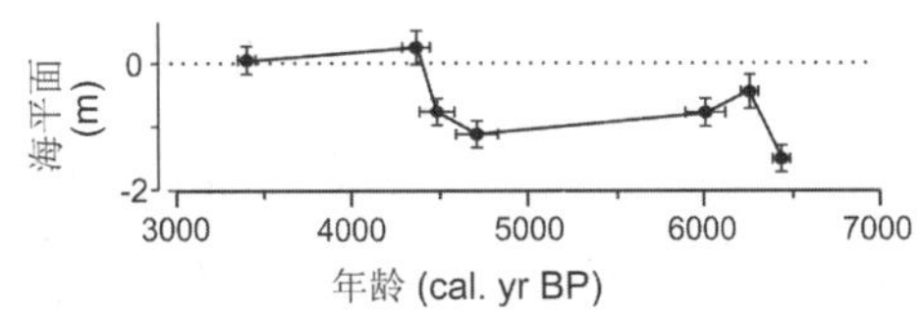

图 5　利用鱼山遗址地层重建的相对海平面曲线

上述两次海侵和一次盐水入侵事件,在杭州湾北岸,仅见于海岸线附近区域的地层,在太湖平原内部很少有相应的地层记录。数值模拟也显示,姚江河谷—宁波平原极易被风暴潮淹没,而在太湖平原,风暴潮只能作用于海岸线附近,其范围广大的腹地不会受到海水影响。④

鱼山遗址的新石器文化层均有 TOC 含量高的特征,反映人类对该遗址的利用都发生于滨海沼泽形成的阶段,尤其是 6.0 ka BP 时,只有山麓较高的位置(如 T0410 探方所在地)形成了盐沼,便立刻吸引了古人的到来。可见该区域的史前人群十分适应海洋环境。和鱼山遗址相邻的乌龟山遗址也有同样特征,在 6.3—5.5 ka BP 期间,尽管海水影响显著,但是,只要生成了盐沼植被,就同步形成文化层,反映了海岸带人群对滨海盐沼的快速利用;碱土金属元素的分析还显示此阶段文化层具有 Sr 含量异常高的特征(图 6),可能是古代人类对海洋资源利用的证据,但文化层有机质含量丰富,以碳酸钙为主要组成部分的贝壳、鱼骨等易被有机酸溶解,难以在地层中保存,因此较难发现利用海洋资源的遗物证据,仅在部分陶片上发现附着少量牡蛎和蛤蜊壳痕迹。⑤

---

① Zheng Y, Sun G, Chen X, "Response of Rice Cultivation to Fluctuating Sea Level During the Mid-Holocene," *Chinese Science Bulletin*, Vol. 57(2012): 370-378.

② Huang J, Li Y, Ding F, et al., "Sedimentary Records of Mid—Holocene Coastal Flooding at a Neolithic Site on the Southeast Plain of Hangzhou Bay, East China," *Marine Geology*, Vol. 431(2021): 106380.

③ Wu Y, Huang X, Zheng X, et al., "Sedimentary Records of Mid—Holocene Extreme Storm Events on the North Bank of Hangzhou Bay, East China," *Marine Geology*, Vol. 451(2022):106891.

④ Wang S, Ge J, Kilbourne K H, et al., "Numerical Simulation of Mid-Holocene Tidal Regime and Storm-tide Inundation in the South Yangtze Coastal Plain, East China," *Marine Geology*, Vol. 423(2020):106134; Wang S, Ge J, Meadows M E, et al., "Reconstructing a Late Neolithic Extreme Storm Event on the Southern Yangtze Coast, East China, Based on Sedimentary Records and Numerical Modeling," *Marine Geology*, Vol. 443(2022): 106687.

⑤ Huang J, Lei S, Wang A, et al., "Mid-Holocene Environmental Change and Human Response at the Neolithic Wuguishan Site in the Ningbo Coastal Lowland of East China," *The Holocene*, Vol. 30(2020): 1591-1605.

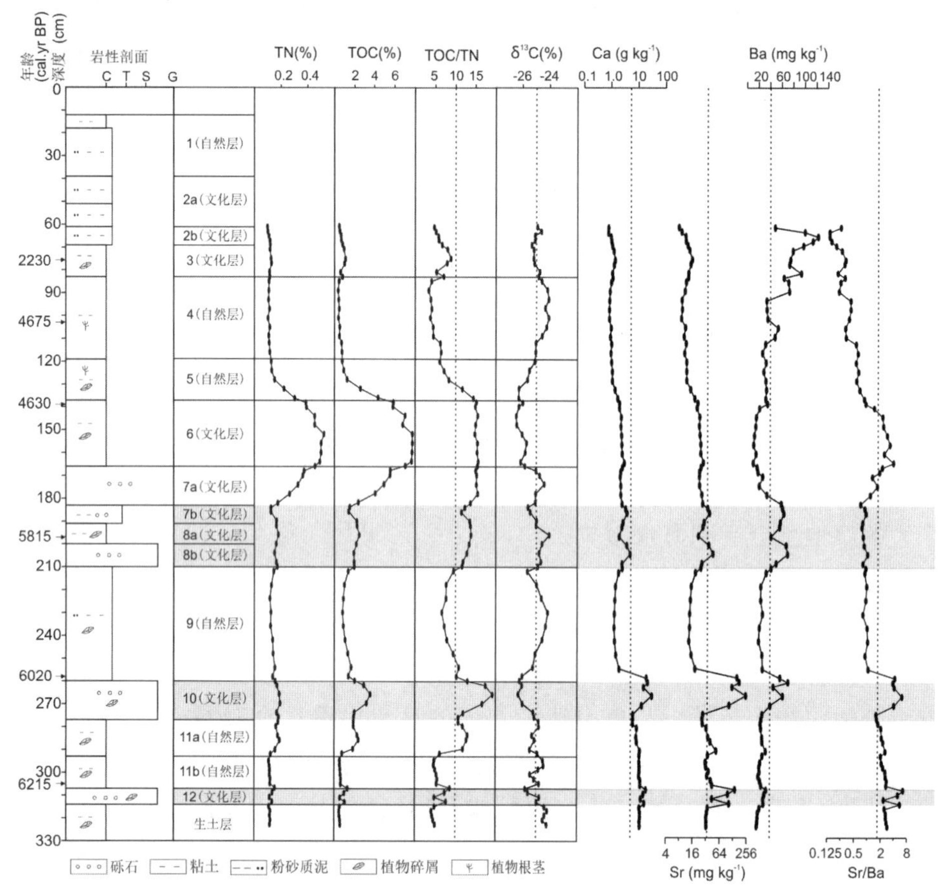

图 6　乌龟山遗址地层分布及多指标分析结果(深色底显示 Sr 含量异常高的文化层)

(二)大榭史前制盐手工业:海岸带社群面对海平面上升的经济转型

4.5 ka BP 之后,由于海平面快速上升、极端风暴事件频发,杭州湾沿岸广泛发生持久的海水入侵和水涝灾害,良渚古城所在的 C 型盆地也遭受盐水入侵及河流洪水泛滥①,良渚古城因此被废弃,杭州湾沿岸很多居住点和古水稻田也终止了利用。② 但是宁波的大榭遗址(图 7),却在这个时候形成完全不同的发展轨迹。

---

① Zhang W, Zheng T, Wang Z, et al., "Reconstruction of Coastal Flooding Processes and Human Response at the End of the Liangzhu Culture, East China," *Quaternary Science Reviews*, Vol. 293(2022): 107705.

② 浙江省文物考古研究所:《良渚古城综合研究报告》,文物出版社 2019 年版;Jin Y, Mo D, Li Y, et al., "Ecology and Hydrology of Early Rice Farming: Geoarchaeological and Palaeo-ecological Evidence from the Late Holocene Paddy Field Site at Maoshan, the Lower Yangtze," *Archaeological and Anthropological Sciences*, Vol. 11(2019): 1851-1863.

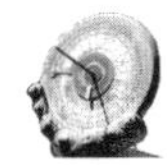

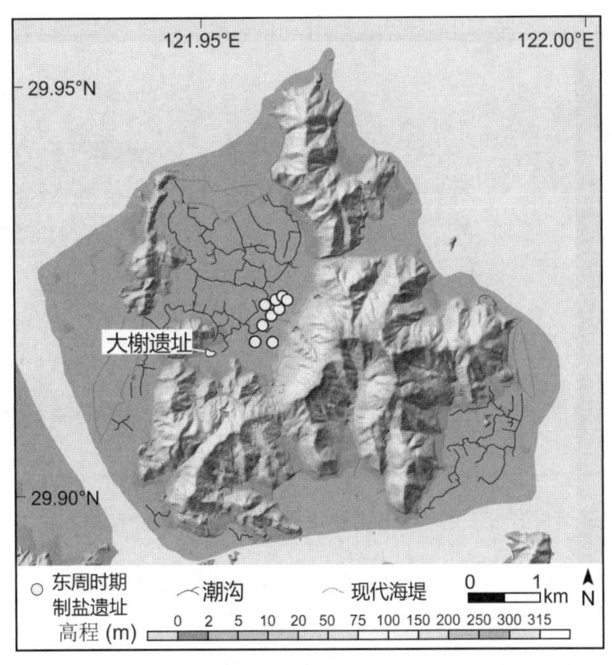

图 7　大榭岛地形和大榭遗址地理位置

考古发掘显示，大榭遗址有两期史前文化，分别为大榭一期和大榭二期。大榭一期形成于 4.9—4.3 ka BP，对应良渚文化中、晚期；大榭二期形成于 4.3—4.0 ka BP，大致对应钱山漾文化。大榭一期文化层中，含有丰富的、类型多样的野生动植物遗存，反映了当时的渔猎采集经济。大榭二期文化层叠压于一期之上，而且范围大于一期，其堆积过程呈现为以两个土台为核心，不断扩张后合并。二期遗存主要为 27 座呈三组排列的盐灶坑和大量制盐废弃陶器堆积，仅有少量日常生活用陶器，反映该处属于制盐手工业遗存。①

Zheng 等基于遗址的两个探方剖面（T0705S 和 T0914W）和遗址外围靠近 T0705S 的一个自然沉积剖面开展多指标分析（DX-7 孔；图 8）。② T0705S 剖面在制盐活动核心区的边缘，其地层自下而上依次为生土层、大榭一期文化层（第⑥层）和大榭二期文化层（第⑤层和第④层），其中第④层为人工堆土；T0914W 剖面位于制盐废弃物堆积区边缘，大榭二期文化层（第④层）直接叠压于生土层之上。

研究显示，大榭遗址所在位置在大约 4910 cal. yr BP 脱离海水影响，成为淡水环境，其证据来自 T0705S 剖面中有孔虫和碱土金属元素的分布（图 9a、图

① 雷少：《我国古代海盐业的最早实证——宁波大榭遗址考古发掘取得重要收获》，《中国港口》2017 年第 S2 期，第 83—90 页。

② Zheng T, Lei S, Wang Z, et al., “Prehistoric Sea-salt Manufacture as an Adaptation Strategy to Coastal Flooding in East China,” *Quaternary Science Reviews*, Vol. 302(2023): 107966.

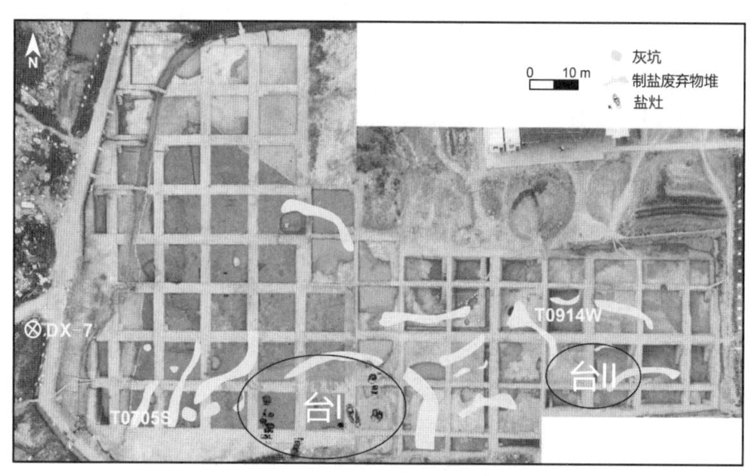

图 8　大榭遗址探方分布和 DX-7 钻孔位置(灰坑和制盐废弃物堆仅为粗略示意)

10a)。T0705S 剖面的生土层富含有孔虫壳体,由广盐种和半咸水种组成,反映潮滩环境;有孔虫丰度自下而上明显减小,到 4910 cal. yr BP 已完全消失,说明随着潮滩淤高或岸线向海推进,遗址所在位置转变为潮上带甚至淡水环境;指示海水环境的 Sr 含量也自下而上降低,与有孔虫丰度同步变化,且在 4910—4340 cal. yr BP 期间维持低值。稳定的淡水环境吸引了古人定居,形成大榭一期文化层。

4340 cal. yr BP 之后,T0705S 剖面的人工堆土(第④层)中含极少量有孔虫(图 9a),Sr 含量总体较低,出现有孔虫的深度略有增高,同时指示淡水环境的 Ba 元素呈现为高值(图 10a),因此,该堆土应是潮上带沉积物和山麓坡积物的混合。相邻的 DX-7 孔在 4100±400 cal. yr BP 也出现 Sr 元素的显著增高,同时伴随 Ba 元素的高值(图 10b),反映海水影响和陆源物质输入同步增多,体现台风风暴潮和强降水的共同作用。上述现象和良渚文化末期海平面上升事件和极端风暴灾害频发的研究结论一致,反映了海平面上升背景下,大榭遗址所在位置环境条件的改变,同时也解释了大榭二期人群加高土台的行为。也就是说,良渚文化末期海平面上升并未导致大榭遗址的废弃,史前人群加高土台并将其用于海盐生产。

T0914W 剖面的生土层和大榭二期文化层含丰富的有孔虫(图 9b),均由广盐和半咸水属种组成,文化层和生土层之间的有孔虫属种组合没有差别,都反映潮滩环境。因此在大榭二期制盐期间,遗址就位于潮滩边缘,制盐废弃物直接倾倒于滩涂上;同时,用于制盐的原料也来自潮滩环境,应是历史文献中记载的刮取于滩涂的盐泥。① 文化层的有孔虫虽然属种上和生土层一致,但是有孔虫壳体的房室内部大多充填不定型的碳酸钙,反映蒸发作用强烈,有孔虫房室内碳酸钙因过饱和而快

① ［宋］李心传:《建炎以来系年要录》卷六十,上海古籍出版社 1992 年版,第 789 页。

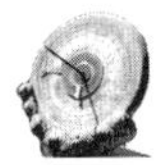

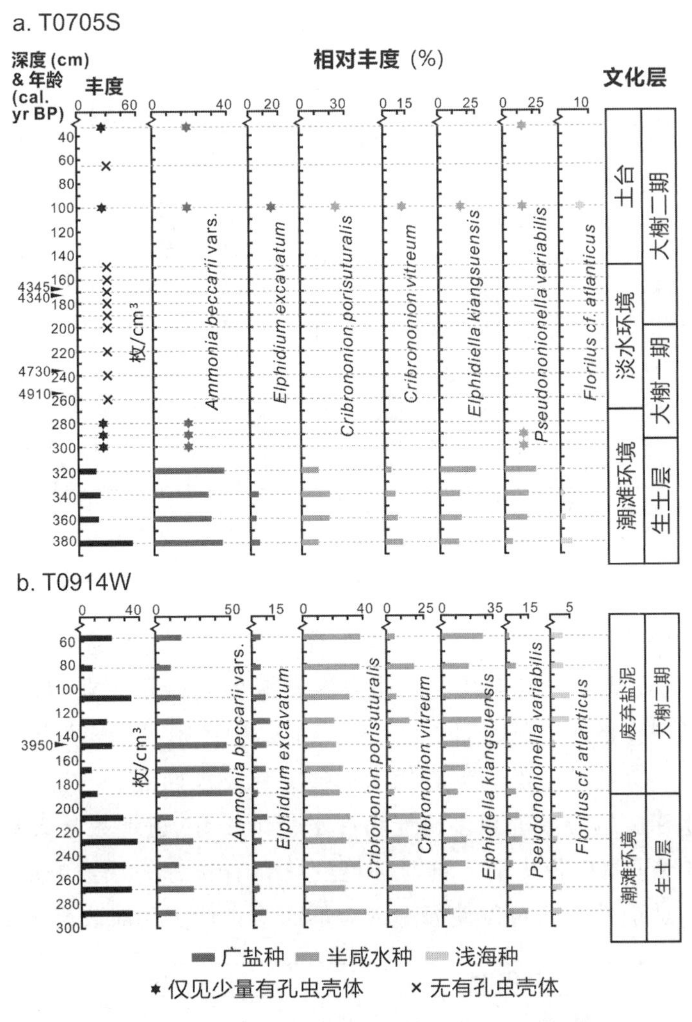

图 9　T0705S 和 T0914W 剖面的有孔虫垂向图谱

速析出①，这样的差别说明文化层的盐泥经过太阳曝晒，可以使盐分更为富集。

大榭遗址之所以可以在良渚文化末期海平面上升环境下形成海盐生产手工业，与其有利的资源和环境条件密切相关。第一，该遗址所在位置在地形上属于一个"岙"(阴山岙)，即三面被基岩山地包围。而且阴山岙又位于更大的、三面环山的榭北盆地西南部(图 7)，因此虽然处在海岛环境，但大榭遗址在大榭一期文化结束后较少受到海洋灾害影响，只有 DX-7 孔记录了一次极端风暴事件的沉积(图 10b)。第二，良渚文化末期海平面的上升，使大榭遗址紧邻滩涂，从而有利于古人更方便地收集盐泥和获得淋卤所需的海水资源，可极大地减轻劳动量。第三，周边滩涂和山地

① Ogino T, Suzuki T, Sawada K, "The Formation and Transformation Mechanism of Calcium Carbonate in Water," *Geochimica et Cosmochimica*. *Acta*. Vol. 51(1987):2757-2767.

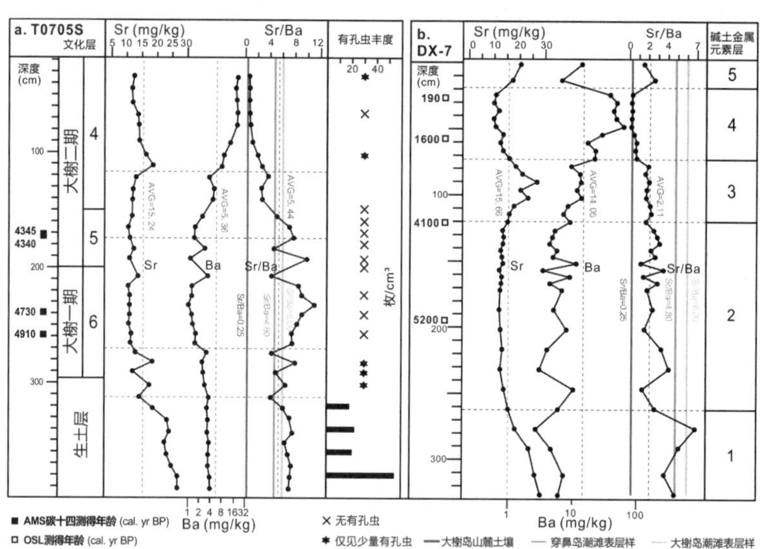

图 10　T0705S 剖面和 DX-7 孔碱土金属元素垂向分布

植被可以提供煎盐所需燃料。正是具备上述优势，使得大榭遗址在良渚文化末期成功实现"经济转型"，发展出开发利用海洋资源的制盐手工业，从在大榭岛上还发现众多春秋时期的制盐遗址（图 7）[①]来看，海盐生产很可能成为该岛后良渚时代的"支柱产业"。大榭遗址新石器时代末期的文化发展轨迹，与杭州湾南北两岸因盐水入侵和水涝灾害导致的很多遗址和古水稻田废弃、遗址数量大减形成强烈对比（图 11），体现了海岸带史前人群对环境变化具有很好的快速响应与适应能力，也反映了海洋适应性文化可以使海岸带人群面对自然灾害时表现出更强的韧性。

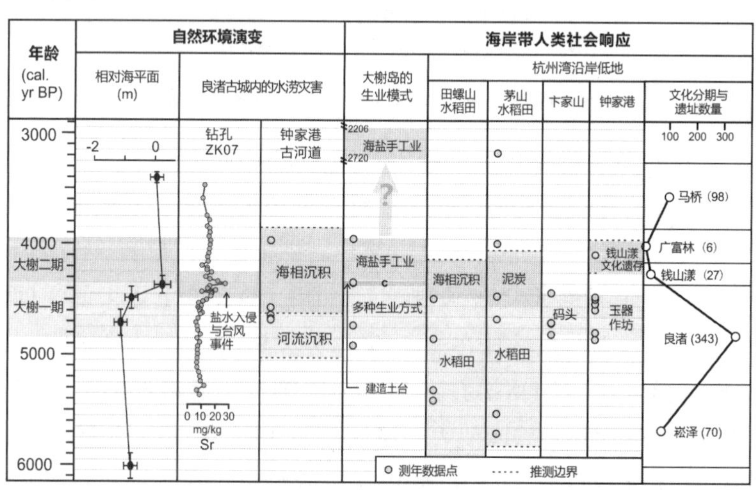

图 11　良渚文化末期海平面变化和海岸带人类活动响应对比

① 雷少：《浙江宁波大榭岛方墩东周制盐遗址的试掘与初步研究》，《东南文化》2022 年第 1 期，第 128—138 页。

五、总　结

本文通过对近年来姚江河谷—宁波平原多个遗址环境考古和多个钻孔地层记录研究结果的总结，探讨研究区海洋适应性文化形成的环境和资源条件，取得以下主要认识：

第一，在早全新世，随着全球海平面的上升，姚江河谷—宁波平原被海水淹没成为古海湾。8.0 ka BP 前后，因海平面的相对稳定，古海湾内滩涂广泛发育，为井头山贝丘遗址的形成提供了有利的潮间带资源。

第二，7.6 ka BP，海平面再次加速上升，直到大约 7.2 ka BP 才趋于稳定，姚江河谷平原率先形成滨海沼泽环境，促进了河姆渡文化的产生。

第三，姚江河谷—宁波平原为潮成平原，地形条件使古海湾内的高潮水位明显低于杭州湾北岸，因此地势低洼，对海平面波动极其敏感，易被风暴潮淹没。自河姆渡文化形成以来，6.3 ka BP 和 4.5 ka BP 发生两次范围广大的海水入侵，对应百年尺度的海平面加速上升事件，5.3—4.9 ka BP 期间还有显著的盐水入侵，发生于海平面下降或处于稳定状态的背景，推测是台风或气候干旱所致。

第四，在大约 6.3—5.5 ka BP 海侵大背景下，研究区山麓地带因地势略高而间歇性形成盐沼，宁波史前人群对这些盐沼的利用极其快速；良渚文化末期海平面上升，大榭史前古人却充分利用海平面上升带来的有利条件，发展出海盐生产手工业。这些都反映了宁波史前人群对海洋环境的适应能力和对海洋资源的利用能力，正是这种海洋适应性文化，使他们面对海平面上升时表现出更强的韧性。

奉化江流域史前聚落变迁初探

丁风雅

（宁波市文化遗产管理研究院）

摘　要：本文通过梳理奉化江流域已发掘史前遗址出土遗存，概括河姆渡文化第三期、河姆渡文化第四期、良渚文化、钱山漾文化四个阶段的聚落在形态、文化面貌、建筑形式、葬俗等方面的内容，初步分析奉化江流域史前聚落变迁。河姆渡文化晚期，聚落在数量增多的同时，呈现出分散化、小型化的态势。良渚文化时期，居住形式从河姆渡文化时期的干栏式长屋建筑转变为面积较小的单间或多间地面式建筑，意味着该区域社会发展模式产生了由氏族群居向单体家庭的转变，但奉化江流域的社会分层和文明发展程度与良渚文化核心区仍存在较大差异。

关键词：奉化江流域；史前；聚落变迁

奉化江发源于四明山东麓的秀尖山，主流为剡江，重要支流包括东江、县江和鄞江。流域内地势西高东低，西部为四明山和天台山，东部为宁奉平原，地形上属于低山丘陵和平原交会区域。奉化江流域涉及的行政区划主要包括宁波市奉化区、海曙区和鄞州区。

1989 年和 1991 年，由浙江省文物考古研究所主持对奉化名山后遗址进行过小规模抢救性发掘①，揭开了奉化江流域史前考古的帷幕。此后，在鄞江、东江下游地区考古调查中发现了康家园、芦家桥、董家跳等史前遗址。2016 年至 2021 年，为配合基础建设，奉化江流域开展了多次考古调查、勘探和抢救性发掘，先后发现了下王渡、何家、上王、双马、下庙山、竺家等遗址。在此基础上，宁波市文化遗产管理研究院申报、开展了主动性考古调查项目“2022 年度奉化江流域先秦遗址考古调查与勘探”项目，在该区域新发现了 12 处存在史前遗存的遗址，并对其中的顾家庄遗

---

① 名山后遗址考古队：《奉化名山后遗址第一期发掘的主要收获》，载浙江省文物考古研究所编《浙江省文物考古研究所学刊：建所十周年纪念（1980—1990）》，科学出版社 1993 年版。

址开展了抢救性考古发掘。

以往，学界对宁波地区史前遗存的研究主要聚焦在姚江流域河姆渡、鲻山、鲞架山、慈湖、傅家山、田螺山、井头山，以及东部沿海地区塔山、鱼山、乌龟山、沙溪、大榭等遗址出土遗存，为认识宁波地区史前文化面貌和构建史前文化序列奠定了基础。在奉化江流域，受制于史前考古工作相对薄弱，对这一区域史前遗存的研究和认识成果较少。本文拟梳理奉化江流域已发掘遗址出土史前遗存材料，对该区域史前文化变迁、建筑形式演变等方面内容做初步探讨。

一、遗址材料简介

目前，奉化江流域经过正式发掘的遗址中，名山后①、下王渡②、何家③、上王④四处遗址均已发表部分考古材料简报，根据这些材料的分期结果，结合近几年双马、竺家、顾家庄遗址⑤新的出土材料，对比姚江河谷地带和环太湖地区考古学文化序列，本文对奉化江流域史前遗存做简单梳理，形成表1。

表1　奉化江流域已发掘遗址出土史前遗存信息统计

遗址名称	出土史前遗存文化性质与时代					分布面积/平方米	遗址位置	发掘时间
	河姆渡文化		良渚文化		钱山漾文化			
	第三期	第四期	早期	晚期				
名山后	•	•		•		20000	宁波市奉化区名山后村南	1989、1991
下王渡	•	•	•	•	•	26000	宁波市奉化区下王渡村东、西	2017、2018—2019
何家	•	•	•	•		12000	宁波市奉化区何家村东、南	2017、2019
上王		•	•			2300	宁波市奉化区上王村西南	2018
双马		•		•	•	4500	宁波市奉化区双马村南	2019
竺家		•		•		5900	宁波市奉化区竺家村北	2021
顾家庄		•		•	•	5000	宁波市奉化区原顾家庄村西	2022

① 名山后遗址考古队：《奉化名山后遗址第一期发掘的主要收获》，载浙江省文物考古研究所编《浙江省文物考古研究所学刊：建所十周年纪念（1980—1990）》，科学出版社1993年版。

② 刘翀、李永宁、王爱梅：《浙江宁波市下王渡遗址方桥发掘区2017年发掘简报》，《考古》2019年第9期；李永宁、吴敬、丁风雅等：《宁波市奉化区下王渡遗址第Ⅲ发掘区发掘简报》，《江汉考古》2021年第1期。

③ 罗鹏、赵东升：《浙江宁波奉化方桥何家遗址2017年发掘简报》，《南方文物》2019年第1期；赵东升、李永宁：《浙江宁波市何家遗址2019年的发掘》，《考古》2022年第10期。

④ 丁风雅、李永宁、于百川：《浙江宁波奉化方桥上王遗址2018年发掘简报》，《南方文物》2020年第1期。

⑤ 文中涉及双马、竺家、顾家庄遗址的出土材料均为宁波市文化遗产管理研究院发掘资料。

二、奉化江流域史前聚落变迁

根据表1信息可知，奉化江流域经过正式发掘的7处遗址出土史前遗存可划分为四个阶段：河姆渡文化第三期和第四期、良渚文化、钱山漾文化。本文根据聚落形态、文化面貌、建筑形式、葬俗等方面内容，对奉化江流域史前聚落变迁做简单梳理分析。

（一）河姆渡文化第三期

聚落选址一方面延续了河姆渡文化早期先民选择在山前坡地、孤丘、台墩等区域居住的习惯，如名山后遗址；另一方面开始在离山地几公里远的平原地区，选择地势相对较高的区域作为固定居住地，如下王渡、何家遗址。由于平原区域易受自然环境波动影响，该时期平原地带聚落体现出分布面积小、数量少的特征，一般只有2000平方米左右，生产生活类遗存仅分布在遗址的局部区域。

陶器以夹砂红陶、灰陶居多，泥质红陶、灰陶次之，夹炭陶较少。器形明显分为两类，一类是延续河姆渡文化特色的绳纹敞口圜底釜、多角沿釜、猪嘴形支脚、灶等；另一类为具有马家浜文化风格的半圆锥足釜形鼎、外红里黑泥质红陶大喇叭圈足豆、牛鼻耳罐、侧把平底盉、外红内黑高柄豆、红陶圈足罐等。

该时期建筑为干栏式建筑，柱坑和基槽分布在原本生土面较高的区域，灰坑、水井等生活遗迹分布在建筑周边。何家遗址F6（图1）是该时期保存最好、结构最完整的一处干栏式建筑，F6共由71个柱坑和2条基槽组成。长条形基槽位于建筑中部，槽内铺地梁。西、北、东侧可见连成封闭区间的其他柱坑和立柱。南侧与呈东北—西南走向的廊桥式通道相连，入口可能在南侧。

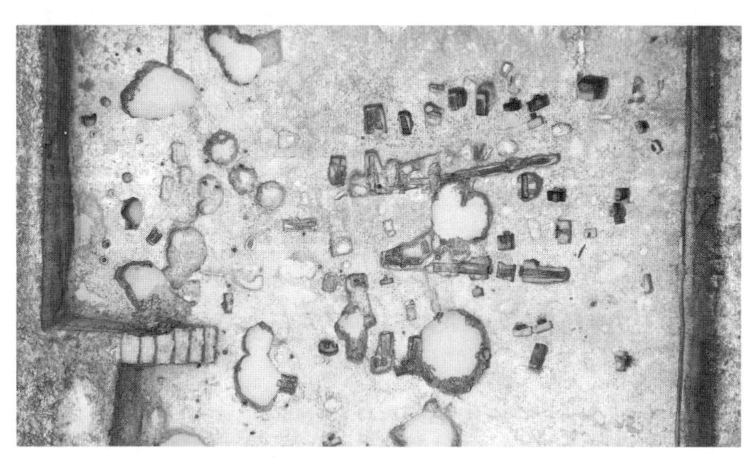

图1　何家遗址F6平面

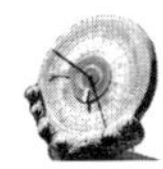

在名山后遗址发现 4 座河姆渡文化第三期的墓葬，但保存较差，没有墓坑、葬具，未发现随葬品。人骨保存较差，为仰身直肢葬，头朝东北。

（二）河姆渡文化第四期

这一阶段，聚落选址虽然仍是高地与平原两种类型并存，但平原地区聚落数量大大增加，同时，平原地区聚落呈现小型化、散点式分布特征，如下王渡、何家、双马、竺家等遗址是由多个相距不远的片区组成，除下王渡遗址 I、II 区外，其他遗址各片区面积均小于 3500 平方米。

陶器以夹砂红陶、灰陶为主，泥质灰陶和磨光黑皮陶次之，有少量夹炭、夹蚌陶。器形常见束颈垂腹釜或盘口釜、釜形鼎、高圈足豆、细把豆、圈足罐、高领罐、异形鬶、鸟首形支脚等。该期陶器器形或纹饰中有大量崧泽文化的因素，如豆、罐折沿、折腹或圈足的造型特征，鼎足以鱼鳍形、凿形等为主，泥质陶器有弧线三角纹、圆形镂空、凸棱等装饰内容。

该时期建筑仍分布在遗址分布范围内相对位置较高的区域，或直接坐落在生土面上，或在地势高的区域垫黄土筑土台加高后，在土台上及土台附近埋柱栽桩建造房屋。建筑形式仍为干栏式木构建筑，由成排分布的铺有垫板的柱坑、木桩、木柱等构成建筑基础，未发现梁、柱一类建筑构件，无法推断建筑结构，不过从排列大致呈西北—东南向的柱坑、木桩来看，可能仍是长屋式建筑（图 2）。除下王渡遗址 I 区存在多处建筑，其他遗址各区至多存在一处建筑，可见这一时期奉化江流域聚落多由一处单体建筑及附属遗迹构成，与早期相比，逐渐分散化、小型化。

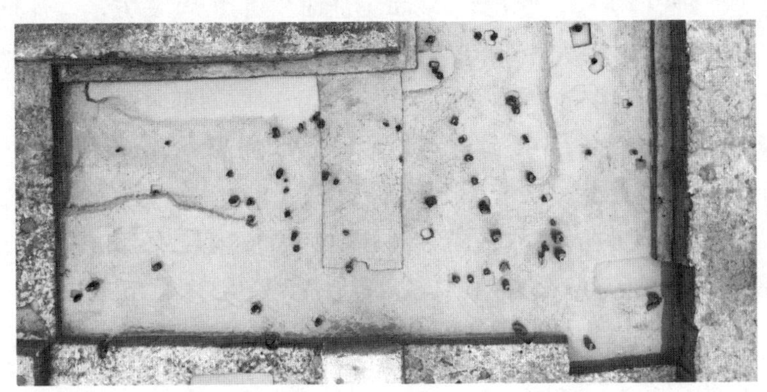

图 2　顾家庄遗址河姆渡文化第四期干栏式建筑平面

目前，奉化江流域发现的河姆渡文化第四期墓葬共计 15 座，其中有 12 座集中发现于顾家庄遗址一处土台及周边区域，部分墓葬保存状况较好，揭示了这一时期的葬俗特征。这 12 座墓葬为长方形竖穴浅坑墓，东西向或东北—西南向，棺具为截面呈凹弧形的独木棺（图 3），个别有盖板，其他只有底板。葬式均为仰身直肢葬，人骨架保存较差，头向均为朝东。随葬品一般置于脚端或下肢处，有陶罐、釜、豆、圈足盆、石钺和石锛，釜的个体很小，应不是实用器，可能为明器。

图3　顾家庄遗址 M12 平面

（三）良渚文化

名山后遗址发掘后，学界对该遗址出土良渚文化同时期遗存的文化属性和命名问题存在分歧，有观点认为是良渚文化的地方类型[①]，也有学者提出该类遗存是一种独立的考古学文化——“名山后类型文化”[②]、名山后文化[③]。近年来，更多这一时期考古材料的发现为讨论该问题提供了新的空间。以下对奉化江流域良渚文化同时期遗存建筑形式、陶器群、丧葬习俗等内容做简单归纳。

该期聚落核心区通常位于带状分布的土台上，土台下层土质地较硬且纯净，上层夹杂较多陶片、炭屑、烧土等生活类遗物。房址为地面式建筑，由柱洞和基槽组成，单间房址面积 20—40 平方米，多间房址面积可达 80 平方米。灶址分室内和室外两种，室外灶形制较大。部分房址居住面经过处理，如下王渡遗址 F28（图4），面积约 20 平方米，门道向西，平面呈长方形。室内中部可见近似长方形的灰褐色夹杂浅黄色土块的垫土层，质地较硬，厚约 2—3 厘米，垫土下铺有一层草木灰，应当是起到防潮的作用。

陶器以夹砂红陶为主，泥质灰陶、红陶次之，黑皮陶较少，仍存在少量夹炭陶。器形常见鱼鳍形足鼎、双鼻壶、锥刺纹罐、三足盘、圈足钵、竹节把豆等。纹饰一般见于豆把、罐口沿和器足，施纹方法有刻划、镂空、锥刺等，内容包括鸟纹、弦纹、网格纹、长方形或圆形孔等。

① 刘军、王海明：《宁绍平原良渚文化初探》，《东南文化》1993 年第 1 期。

② 浙江省文物考古研究所、象山县文物管理委员会：《象山县塔山遗址第一、二期发掘》，载浙江省文物考古研究所编《浙江省文物考古研究所学刊》，长征出版社 1997 年版，第 22—73 页。

③ 丁品：《钱塘江两岸新石器时代晚期文化关系初论》，载浙江省文物考古研究所编《纪念浙江省文物考古研究所建所二十周年论文集（1979～1999）》，西泠印社 1999 年版，第 49—58 页；丁品：《良渚古国范围及其与周邻文化交往的主要特征》，《史前研究》2000 年，第 577—588 页；方向明：《聚落变迁和统一信仰的形成：从崧泽到良渚》，《东南文化》2015 年第 1 期。

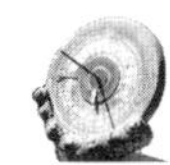

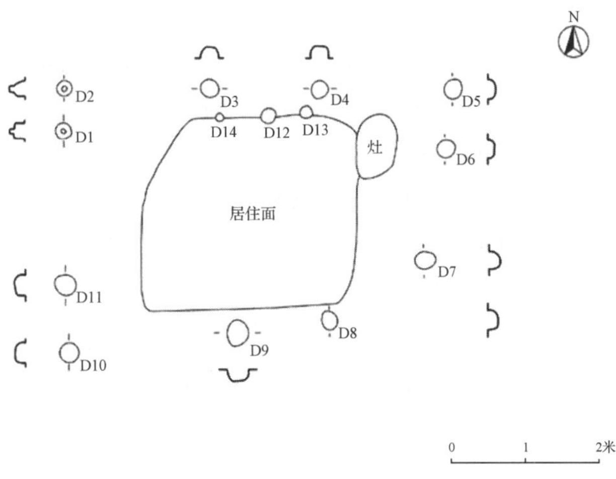

图 4　下王渡遗址 F28 平面、剖面

墓葬大多分布在房址或土台周边，未发现独立的墓地。墓葬形制均为长方形竖穴土坑墓，墓向为东西向，部分墓葬存在棺具，与河姆渡文化第四期葬具类似，为截面呈凹弧形的独木棺（图 5）。据个别墓葬残留的头骨推测头向应朝东或北，葬式不明。随葬品一般置于脚端，陶器有罐、釜、豆、盘，石器有石钺、石锛、纺轮，玉器有玉珠或玉坠等饰品。

图 5　竺家遗址良渚文化墓葬 M2

综上可知，奉化江流域良渚文化同时期遗存在建筑形式方面与河姆渡文化第四期存在较大差异，从干栏式建筑转变为地面式建筑，与良渚文化核心区的居住方式相近。陶器组合相对简单，除了陶釜，其他器类基本都是良渚文化的典型器。之前有学者注意到宁绍地区良渚文化同期遗存缺少尊、贯耳壶（鱼篓形罐）、带鼻篮、宽把杯、阔把翘流壶、弦纹盆、实足盉、袋足鬶等器类[①]，奉化江流域近年几处新发掘的遗址中也未曾出现这几种器形，可见这是一个普遍现象，推测可能是宁绍地区的地域特征。墓底铺薄木棺，随葬小陶釜的习俗明显是地域文化风格的延续，但其他随葬品均见于良渚文化的小型墓葬。至于未见玉礼器等随葬品的原因，可能是因为奉化江流域乃至整个宁绍地区在良渚文化时期属于文化边缘区，社会阶层分化及文明发展程度与良渚文化核心区存在一定差异，无高等级阶层。总之，奉化江流域良渚文化同时期遗存与良渚文化核心区存在的差异，应是文化发展的边际效应形成的地域特征，文化的主要构成内容与良渚文化存在较多共性，本文赞同将该类遗存归为良渚文化名山后类型的观点。

（四）钱山漾文化

与河姆渡文化和良渚文化时期相比，奉化江流域在钱山漾文化阶段聚落数量减少，且文化层埋藏不深，易受后期人类活动扰动，由于居址类遗迹发现较少，聚落分布范围不明朗。

陶器陶系方面，以顾家庄遗址第④层为例，夹砂红陶最多，约占三分之一；夹砂黑陶和泥质灰陶次之，分别约占18%—20%；夹砂灰陶约占10%；泥质红陶占比均在10%以下；泥质黑陶不足3%。陶器以素面为主，少量饰刻划纹、凸棱或圆形镂空。器形包括鼎、豆、圈足盘、高领罐、甗等。鼎足可分为大鱼鳍形足、鸭嘴形凿形足、T形足、侧扁足几类。与环太湖地区钱山漾文化相比，奉化江流域出土陶器中缺少细颈袋足鬶、大口缸、瓮、凹圜底盆、弦断篮纹或绳纹罐、簋形器、乳钉足壶等器类。

三、小　结

奉化江流域目前发现的史前遗址已超过20处，只有个别遗址调查发现有河姆渡文化早期遗存，约四分之一存在河姆渡文化第三期遗存，基本均发现有河姆渡文化第四期遗存。可见，至河姆渡文化晚期，文化核心区已不止姚江河谷一处，奉化江流域也逐渐成为河姆渡文化古人的重要栖息地。随着环境波动减弱，聚落选址范围扩大到平原地区，使得这一时期聚落数量剧增。同时，聚落分布呈现小型化、散点式分布特征。到了良渚文化阶段，居住形式从河姆渡文化时期的干栏式长屋建筑转变为面积较小的单间或多间地面式建筑，意味着社会发展模式产生了由氏族群居向单体家庭的转变。不过，从墓葬材料来看，奉化江流域在良渚文化时期并没有出现明显的社会分层。钱山漾文化发现材料较少，聚落发展特征有待考古材料丰富之后再做讨论。

---

① 丁品：《良渚古国范围及其与周邻文化交往的主要特征》，《史前研究》2000年，第577—588页。

新石器时代的骨粉—橡子面混合物

——河姆渡遗址陶钵残留物分析

葛 威 刘 莉 黄渭金

陶舒琴 侯学良 尹希杰 吴元菲

（厦门大学科技考古实验室、厦门大学历史与文化遗产学院；
斯坦福大学东亚语言与文化系；河姆渡遗址博物馆；
自然资源部第三海洋研究所；厦门大学生命科学学院；
自然资源部第三海洋研究所；厦门大学化学化工学院）

摘 要：本文报道河姆渡遗址早期（约 7000—6000 BP）出土若干陶钵中硬壳残留物的多学科分析结果。我们通过 EPMA、FTIR、SEM-EDS、GC 以及显微观察等方法考察了残留物的物理形貌和化学组成。结果显示，这些残留物的化学组成非常一致，均主要包括 C、O、P 和 Ca 等元素。残留物的红外光谱也都相似，均与羟磷灰石的谱图相一致。SEM-EDS 测试提供了骨颗粒的清晰形貌特征以及原位的元素组成信息。脂肪酸分析进一步提示残留物含有陆生脊椎动物成分。同时，我们还从残留物中提取到了青冈属（*Cyclobalanopsis* sp.）橡子的淀粉粒。以上分析表明，河姆渡陶钵中的硬壳残留物属于一种特殊的骨粉和橡子淀粉的混合物。这是一种中国新石器时代考古中首次发现的利用骨骼资源的方式。我们推测这种骨粉—橡子面混合物可能被用作药物、食物的补充或者专门的儿童食物。我们的发现丰富了对史前骨资源利用以及新石器时代中期河姆渡先民生计策略的理解，这些长江下游地区的先民彼时正越来越多地卷入稻作农业生产之中。

关键词：橡子；骨粉；中国新石器时代；食物硬壳；食物短缺

一、引 言

黏附在史前陶容器上的残留物可以提供有关古人类食谱和生计形态的直接

证据。[①] 在对特定类型的残留物进行研究时，研究人员采取的分析手段不尽相同。对于淀粉粒、花粉和植硅体这类微小颗粒，通过显微观察就可以研究。[②] 而对于像脂肪酸、蜂蜡、可卡因、酒石酸、草酸盐等有机分子，则需要应用气/液相色谱和质谱方法才能识别。[③] 一般通过红外光谱、X 射线荧光分析以及电子探针 X 射线微区分析对无机残留物的组成进行测试。[④]

在我国长江下游地区的考古研究中，已经有多种分析方法被应用于陶容器的残留物研究。在小黄山遗址新石器时代早期（*c.* 9000—8500 cal. BP）陶片上，Yao 等提取到了来自稻属（*Oryza* spp.）、小麦族、薏苡（*Coix lacryma-jobi*）、山药、豇豆属以及栎属橡子的淀粉粒。[⑤] 杨晓燕和蒋乐平对跨湖桥遗址（*c.* 8000—7000 cal. BP）陶釜中的残留物进行了淀粉粒分析，发现了类似的淀粉粒组合类型。[⑥] 除了对微体遗存的观察外，诸如元素分析—同位素比值质谱（EA-IRMS）以及气相色谱—质谱（GC-MS）之类的化学方法也被用于田螺山遗址的脂肪酸分析。[⑦]

本研究综合运用多种方法对河姆渡新石器时代遗址陶器上一类独特的食物

---

① Charters S, Evershed R P, Goad L J, et al., "Quantification and Distribution of Lipid in Archaeological Ceramics: Implications for Sampling Potsherds for Organic Residue Analysis and the Classification of Vessel Use," *Archaeometry*, No. 2(1993): 211-223; Regert M, Bland H A, Dudd S N, et al., "Free and Bound Fatty Acid Oxidation Products in Archaeological Ceramic Vessels," *Proceedings of the Royal Society B — Biological Sciences*, No. 1409(1998): 2027-2032.

② Charters S, Evershed R P, Goad L J, et al., "Quantification and Distribution of Lipid in Archaeological Ceramics: Implications for Sampling Potsherds for Organic Residue Analysis and the Classification of Vessel Use," *Archaeometry*, No. 2(1993): 211-223; Crowther A, "Starch Residues on Undecorated Lapita Pottery from Anir, New Ireland," *Archaeology in Oceania*, No. 2(2005): 62-66; Henry A G (Ed.), *Handbook for the Analysis of Micro-particles in Archaeological Samples*, (Switzerland: Springer Nature, 2020).

③ Crown P L, Hurst W J, "Evidence of Cacao Use in the Prehispanic American Southwest," *Proceedings of the National Academy of Sciences*, No. 7(2009): 2110-2113; Dudd S N, Regert M, Evershed R P, "Assessing Microbial Lipid Contributions During Laboratory Degradations of Fats and Oils and Pure Triacylglycerols Absorbed in Ceramic Potsherds," *Organic Geochemistry*, No. 29(1998): 1345-1354; Manzano E, Cantarero S, García A, et al., "A Multi-analytical Approach Applied to the Archaeological Residues in Iberian Glasses. Earliest Evidences on the Consumption of Fermented Beverages in Votive Rituals," *Microchemical Journal*, No. 129(2016): 286-292; Regert M, Colinart S, Degrand L, et al., "Chemical Alteration and Use of Beeswax Through Time: Accelerated Ageing Tests and Analysis of Archaeological Samples from Various Environmental Contexts," *Archaeometry*, No. 4(2001): 549-569; Wang J, Liu L, Ball T, et al., "Revealing A 5,000-y-old Beer Recipe in China," *Proceedings of the National Academy of Sciences*, No. 23(2016): 6444-6448.

④ Adriaens A, Veny P, Adams F, et al., "Analytical Investigation of Archaeological Powders from Göltepe(Turkey)," *Archaeometry*, No. 41(1999): 81-89.

⑤ Yao L, Yang Y, Sun Y, et al., "Early Neolithic Human Exploitation and Processing of Plant Foods in the Lower Yangtze River, China," *Quaternary International*, No. 426(2016): 56-64.

⑥ 杨晓燕、蒋乐平：《淀粉粒分析揭示浙江跨湖桥遗址人类的食物构成》，《科学通报》2010 年第 7 期，第 596—602 页。

⑦ Shoda S, Lucquin A, Sou C I, et al., "Molecular and IsotopicEvidence for the Processing of Starchy Plants in Early Neolithic Pottery from China," *Scientific Reports*, No. 1(2018): 1-9.

硬壳进行分析。分析技术包括显微观察、电子探针微区分析(EPMA)、傅里叶变换红外光谱(FTIR)、扫描电镜—能量色散X射线光谱(SEM-EDS)、气相色谱以及淀粉粒分析。我们希望通过本研究能够重新认识从事早期稻作农业并且定居在村落中的河姆渡先民特殊的饮食传统。

二、考古学背景

河姆渡遗址(*c.* 7000—5300 BP)位于长江下游宁绍平原东部,是河姆渡文化的典型遗址。自20世纪70年代开始发掘以来,河姆渡遗址一直受到学界广泛关注和持续研究。[①] 基于饱水环境下保存良好的木建筑和丰富的水稻遗存,长期以来,大家对河姆渡的普遍印象就是一个先民定居生活的村落遗址。[②] 对于理解稻作农业的起源与发展问题来说,河姆渡是最重要的遗址之一。同时,鉴于其与年代较晚的台湾前南岛语族文化的相似性,河姆渡也被认为是南岛语族可能的一个发源地[③],这使得其文化上的重要性具有超出大陆范围的更广泛意义。

河姆渡遗址出土了大量陶容器,种类多样,提供了关于古代饮食文化的宝贵资料。在一些陶钵的内表面,发掘人员注意到一种灰色、褐色或者淡黄色的独特的残留物。这样的残留物不见于陶钵的外表面,提示其并非来自埋藏环境的污染,而是源于埋藏前的使用过程。不同于一般的土壤沉积物,这些残留物紧紧地黏附在陶钵上,常规的水洗难以去除。残留物均发现于单耳钵内,这些钵口沿处直径约13—18厘米,钵体略有弯曲(图1a、图1d、图1f)。[④] 这些陶钵一般被认为用于盛放汤汁一类的流动性食物,其表面残留物看上去像是长期使用留下的食物硬壳。带有这种硬壳残留物的陶钵主要被发现于河姆渡遗址的第一期(7000—6500

① Chang K C, "The Affluent Foragers in the Coastal Areas of China: Extrapolation from Evidence on the Transition to Agriculture,"*SenriEthnological Studies*, No. 9(1979):177-186; He K, Lu H, Zheng Y, et al., "Middle-Holocene Sea-level Fluctuations Interrupted the Developing HemuduCulture in the Lower Yangtze River, China,"*Quaternary Science Reviews*, No. 188(2018):90-103; Tsang C H, "Maritime Adaptations in Prehistoric Southeast China: Implications for the Problem of Austronesian Expansion," *Journal of East Asian Archaeology*, No. 1(2001):15-46; Xie L, Kuhn S L, Sun G, et al.,"Labor Costs for Prehistoric Earthwork Construction: Experimental and Archaeological Insights from the Lower Yangzi Basin, China,"*American Antiquity*, No. 80(2015):67-88.

② Chang K C, "The Affluent Foragers in the Coastal Areas of China: Extrapolation from Evidence on the Transition to Agriculture," *Senri Ethnological Studies*, No. 9(1979):177-186; Underhill A P,"Current Issues in Chinese Neolithic Archaeology," *Journal of World Prehistory*, No. 2(1997):103-160.

③ Bellwood P, "The Austronesian Dispersal and the Origin of Languages," *Scientific American*, No. 1(1991):88-93; Blust R, "Beyond the Austronesian Homeland: The Austric Hypothesis and Its Implications for Archaeology," *Transactions of the American Philosophical Society*, No. 5(1996):117-158.

④ 浙江省文物考古研究所:《河姆渡:新石器时代遗址考古发掘报告》,文物出版社2003年版,第55—56页、第242页。

BP)和第二期(6300—6000 BP),而不见于其他较晚时期。[①]

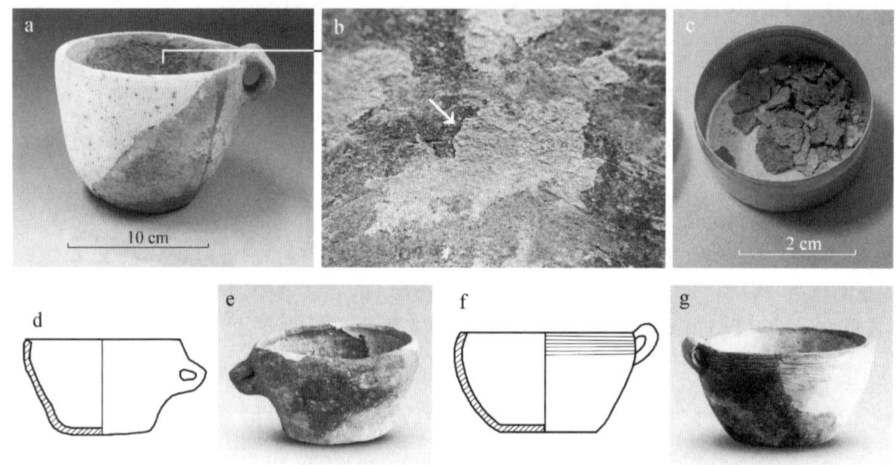

a、b. 残留物在钵中沉积形态;c. 取样后形态;

d、e. T213(4A):92,口径 14 厘米;f、g. T30(4):78,口径 16 厘米。

图 1　河姆渡取样陶钵示例(HMD01)

河姆渡遗址发现的墓葬屈指可数,出土的随葬品也非常有限。其中,第一期的两个墓中没有发现任何随葬品,第二期的 13 个墓中也仅有 3 个发现有随葬品。M15 相对保存较好,墓主人为一个 6—7 岁的儿童,随葬一件陶钵和两个陶钵形状的小陶器。[②] 但是,其他两个成人墓中都没有出土陶钵形器。这或许暗示陶钵和儿童的特殊联系。同时,第二期地层中出土了 42 件小陶器,包括釜、罐、盆、钵和豆等器形。这些陶容器都只有 2—5 厘米大小,不太可能具有实用功能,其中也没有发现残留物,所以可能是儿童的玩具。在这些小陶器中,29 件是陶钵,占总量的 69%。这些发现加强了陶钵与儿童的联系,尽管也可能所有年龄段的人都使用这种陶钵。

我们假设这种在跨越 1000 年的漫长时间里仅发现于单种器形中的残留物可能反映了一种独特的饮食传统,或许与河姆渡文化的儿童食物有关。为了更好地理解这些陶钵的功能,我们在 2011—2012 年间从这些陶钵中提取了残留物样本进行分析。所取样的陶钵均为 1977 年出土,之后保存在河姆渡遗址博物馆门窗关闭的文物库房里。

三、取　样

我们总共从 16 件陶钵中提取了 18 个残留物样品。陶钵中有 15 件来自河姆

① 浙江省文物考古研究所:《河姆渡:新石器时代遗址考古发掘报告》,文物出版社 2003 年版,第 55 页、第 242 页。

② 浙江省文物考古研究所:《河姆渡:新石器时代遗址考古发掘报告》,文物出版社 2003 年版,第 227 页。

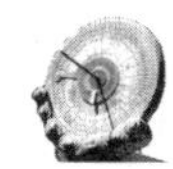

渡第一期，1件来自第二期(表1)。所有这些陶钵内壁都有约0.3—2毫米厚的残留物(图1b,表1)。大部分陶钵都存在不同程度的破损，因此在出土后用石膏进行了修复。为了避免石膏造成的污染，我们仅对完整器及那些能够明确分开残留物和石膏区的陶钵取样。取样时，优先选取距离修复位置较远的区域。首先用干净的软毛刷去除表面的灰尘，然后用洁净的不锈钢刀片剥离小块硬壳，转移至一个洁净的锡盒中(图1c)。上述取样过程中，实验人员佩戴一次性的无粉塑料手套。

表1　河姆渡遗址取样陶钵有关信息及残留物样品物理属性

实验室编号	陶钵原编号	所属分期	有无耳	取样位置	残留物颜色
HMD01	77YMT235(4B):151	一	有	壁	灰色
HMD02	77YMT222(4A):119	一	有	底	褐色
HMD03					深褐色
HMD04	77YMT243(3B):84	二	有	底	灰色
HMD05	77YMT226(4B):143	一	有	壁和底	灰色
HMD06	77YMT211(4A):190	一	无	底	灰色
HMD07					褐色
HMD08	77YMT234(4B):275	一	有	壁和底	灰色
HMD09	77YMT235(4B):139	一	有	壁	灰色
HMD10	77YMT214(4B):127	一	有	底	灰色
HMD11	77YMT223(4B):131	一	有	底	灰色
HMD12	77YMT213(4B):139	一	有	壁	灰色
HMD13	77YMT223(4B):169	一	无	壁	灰色
HMD14	77YMT243(4A):258	一	有	壁	灰色
HMD15	77YMT213(4A):155	一	有	底	灰色
HMD16	77YMT223(4A):79	一	有	底	灰色
HMD17	77YMT244(4B):141	一	无	壁	灰色
HMD18	77YMT211(4B):318	一	有	壁和底	褐色

四、最初的显微观察

根据以前的研究经验，对陶器中的淀粉残留物可以直接进行显微观察，而不必采用化学方法。[①] 于是，我们一开始只是将河姆渡陶钵中的残留物在蒸馏水中分散，然后制成玻片在蔡司 Scope A1 型显微镜下进行观察。结果显示残留物主要由一些形状不规则的小颗粒组成（<20μm），其形貌区别于任何淀粉粒或植硅体（图 2）。在此情况下，我们应用更复杂的方法进行分析，以便确定这些硬壳残留物的性质。

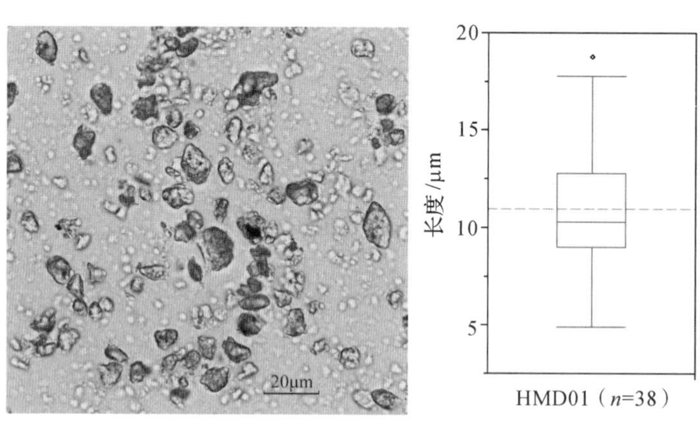

图 2　河姆渡残留物显微形态（HMD01）及所观察到的颗粒大小分布

五、元素组成测试

首先，我们通过 EPMA 方法测试了残留物样品的元素组成。在 100℃烘箱中烘干样品 6 小时以去除水分，在玛瑙研钵中研磨成细小的粉末，之后使用液压机在 10MPa 下压成薄片。薄片采用 JXA-8100 型 EPMA（JEOL，Japan）进行扫描，工作电压 20kV。对部分样品直接进行了测试，因为量太少达不到压片要求。每个样品测试三次，计算平均值作为最终数据。

EPMA 结果显示 18 个样品的化学组成高度一致，均主要由 C、O、P、Ca 四种元素组成（原子占比为 83.43%—97.1%，表 2）。这表明残留物可能是某种包含了碳酸根离子和磷酸根离子的钙盐。一些样品中还显示有一定量的 S、Si 及其他元素。其中的硫应该来自修复所用石膏（$CaSO_4 \cdot 1/2H_2O$）的污染，而 Si 和 Al 则主要来自埋藏的土壤环境。Si 和 Al 含量的高度相关也印证了它们是同源的（r=0.808）。

① 葛威、刘莉、赵丛苍等：《西山遗址出土器物淀粉残留物分析》，《考古与文物》2020 年第 4 期，第 111—119 页。

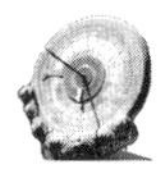

表 2　通过电子探针测试所得河姆渡陶钵残留物和其他对比样品的元素组成

单位：atomic/%

样品	C	O	P	Ca	Na	Al	S	K	Mn	Fe	Mg	Si	Ti	合计[1]
HMD01	19.07	55.25	9.13	11.61	0.36	0.71	0.90	0.17	0.13	0.81	0.26	1.62	—	95.06
HMD02	15.95	53.20	10.08	16.57	0.35	0.37	0.63	0.18	0.39	0.88	0.23	1.40	—	95.80
HMD03	22.44	53.01	9.04	11.47	0.32	0.50	0.79	0.18	0.18	0.57	0.20	1.37	—	95.96
HMD04	15.70	56.24	3.05	8.44	0.30	2.02	5.56	0.44	—	1.50	0.26	6.48	0.19	83.43
HMD05	12.45	54.67	11.17	18.81	—	0.53	0.21	0.20	0.22	1.19	—	0.91	—	97.10
HMD06	18.88	54.49	3.70	11.22	—	0.99	7.13	0.29	0.34	0.81	0.24	2.15	—	88.29
HMD07	17.78	53.69	7.82	13.44	—	0.73	3.10	0.46	0.39	1.05	—	1.90	—	92.73
HMD08	16.41	53.52	10.07	14.98	0.23	0.79	1.50	—	0.39	0.90	0.20	1.02	—	94.98
HMD09	27.19	49.02	7.30	9.00	0.26	1.60	0.29	0.21	0.23	0.69	0.19	3.96	0.07	92.51
HMD10	28.56	52.78	5.81	6.45	0.31	1.14	1.45	0.88	0.15	0.30	0.26	2.12	—	93.60
HMD11	21.78	50.25	9.05	13.89	0.32	0.59	1.90	0.14	0.33	0.81	0.20	1.02	—	94.97
HMD12	24.79	53.73	7.58	8.97	0.26	0.89	0.89	0.15	0.14	0.60	0.22	2.00	—	95.07
HMD13	15.62	55.12	8.48	10.55	0.36	2.31	1.42	1.51	0.27	1.07	0.32	3.26	—	89.77
HMD14	20.18	53.97	5.64	10.85	0.21	0.97	4.19	0.21	0.30	0.75	0.50	2.24	—	90.64
HMD15	27.37	50.14	3.63	8.92	—	1.30	3.87	0.32	0.16	0.69	0.29	3.55	—	90.06
HMD16	19.89	51.00	9.60	13.23	—	0.94	1.23	0.29	0.39	0.57	0.53	2.40	—	93.72
HMD17	16.52	53.85	9.77	14.97	—	0.87	1.63	—	0.44	0.66	0.37	1.17	—	95.11
HMD18	17.62	51.43	7.94	14.56	0.38	0.69	2.51	0.25	0.50	1.32	0.26	2.54	—	91.55
HB01[2]	37.01	52.37	5.22	5.37	—	—	—	—	—	0.15	—	—	—	99.97
ZPYh01[3]	14.60	62.91	9.45	12.05	0.37	0.14	—	—	—	—	0.34	0.15	—	99.01
MDP01[4]	39.60	45.31	6.12	7.20	0.39	0.86	—	0.71	—	—	0.33	0.25	—	98.23

注：1. 仅统计 C、O、P 和 Ca 的含量；2. 河姆渡兽骨；3. 甑皮岩人骨；4. 现代猪骨。

六、结构分析

为了明确残留物中的功能团，我们通过 FTIR 分析进一步考察其中的结构信息。测试前在 100℃烘箱中烘干样品 6 小时，以约 1∶100 的比例与溴化钾混合，在玛瑙研钵中研磨成精细粉末，10MPa 压片。使用 Avatar330 红外光谱仪(Thermo Nicolet，USA)进行测试，波数范围 400—4000cm^{-1}。

所有河姆渡残留物样品的 FTIR 吸收峰显示出高度的相似性(图 3)。为简洁起见，图 3 中仅给出 HMD01、HMD04 和 HMD06 的光谱图，其他 15 个样品的光谱图见图 4。波数 1040cm^{-1}位置强吸收峰为 PO_4^{3-} 伸缩振动峰，604 和 565cm^{-1}位置的分裂峰为 PO_4^{3-} 变形振动峰。① 1450、1415 和 874cm^{-1}处的吸收峰与 CO_3^{2-} 的

① Zhang S, Gonsalves K E, "Preparation and Characterization of Thermally Stable Nanohydroxyapatite," *Journal of Materials Science: Materials in Medicine*, No. 1(1997): 25-28.

振动有关。[①] 这些吸收峰都与动物骨骼的矿物相特征吻合，动物骨骼的主要无机成分为碳酸化的羟基磷酸钙[CHAp，$Ca_{10}(PO_4)_{6-x}(CO_3)_x(OH)_{2+x}$]。[②]

羟基(-OH)的伸缩振动峰一般出现在3567—3572cm^{-1}波数[③]，在本研究中可能由于附近存在水的强吸收峰而被掩盖了。[④] 部分样品在1040cm^{-1}处伴有1090cm^{-1}和/或1150cm^{-1}肩峰(图3e、图3f)。1090cm^{-1}波数处的弱峰提示碳羟磷灰石向碳氟磷灰石的转变[⑤]，其中的氟元素或由于含量低于检测限(约50μg/g)而没有在EPMA测试中检出。HMD06样品在1150cm^{-1}波数处的吸收峰显示硫酸盐的存在[⑥]，与其在EPMA测试中的高硫元素含量是一致的(见图3f和表2)。

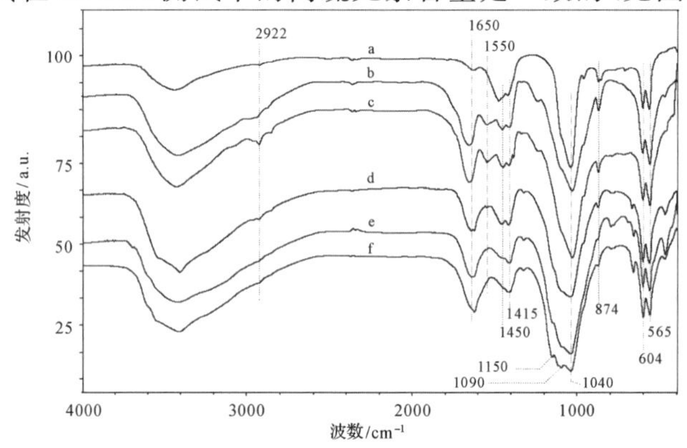

a. 甑皮岩人骨；b. 河姆渡兽骨；c. 现代猪骨；d. HMD01；e. HMD04；f. HMD06。

图3 河姆渡陶钵残留物及相关样品的红外光谱

① Murugan R, Rao K P, Kumar T S, "Heat-deproteinated Xenogeneic Bone from Slaughterhouse Waste: Physico-chemical Properties," *Bulletin of Materials Science*, No. 5(2003): 523-528; Purevsuren B, Avid B, Narangerel J, et al., "Investigation on the Pyrolysis Products from Animal Bone," *Journal of Materials Science*, No. 2(2004): 737-740; Sponheimer M, Lee-Thorp J A, "Alteration of Enamel Carbonate Environments During Fossilization," *Journal of Archaeological Science*, No. 2(1999): 143-150.

② Reiche I, Favre-Quattropani L, Calligaro T, et al., "Trace Element Composition of Archaeological Bones and Post-mortem Alteration in the Burial Environment," *Nuclear Instruments and Methods in Physics Research Section B: Beam Interactions with Materials and Atoms*, No. 150(1999): 656-662.

③ Antonakos A, Liarokapis E, Leventouri T, "Micro-Raman and FTIR Studies of Synthetic and Natural Apatites," *Biomaterials*, No. 19(2007): 3043-3054; Fleet M E, "Infrared Spectra of Carbonate Apatites: N2-region Bands," *Biomaterials*, No. 8(2009): 1473-1481; Zuo G, Wan Y, Meng X, et al., "Synthesis and Characterization of a Lamellar Hydroxyapatite/DNA Nanohybrid," *Materials Chemistry and Physics*, No. 3(2011): 470-475.

④ Rehman I, Bonfield W, "Characterization of Hydroxyapatite and Carbonated Apatite by Photo Acoustic FTIR Spectroscopy," *Journal of Materials Science: Materials in Medicine*, No. 1(1997): 1-4.

⑤ Nagy G, Lorand T, Patonai Z, et al., "Analysis of Pathological and Non-pathological Human Skeletal Remains by FT-IR Spectroscopy," *Forensic Science International*, No. 1(2008): 55-60.

⑥ Genestar C, Pons C, "Ancient Covering Plaster Mortars from Several Convents and Islamic and Gothic Palaces in Palma de Mallorca (Spain). Analytical characterisation," *Journal of Cultural Heritage*, No. 4(2003): 291-298; Hug S J, "In Situ Fourier Transform Infrared Measurements of Sulfate Adsorption on Hematite in Aqueous Solutions," *Journal of Colloid and Interface Science*, No. 2(1997): 415-422.

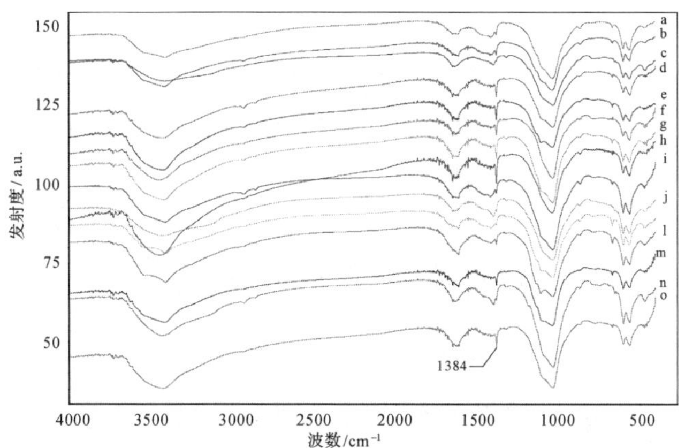

a. HMD02;b. HMD03;c. HMD05;d-o. HMD07-HMD18,其中 1384cm^{-1}处的锐峰为 KBr 中的杂质峰。

图 4 其他 15 个河姆渡残留物样品的红外光谱[①]

作为对比,我们也对明确的骨骼样本进行了元素组成和 FTIR 分析。这些样品包括河姆渡遗址第 4 层出土的一件未知种属动物骨[②],一件甑皮岩遗址宋墓中出土的人股骨,以及一件在沸水中煮了两小时的现代猪股骨。结果表明,这些骨骼样本,不管是古代的还是现代的,都具有和河姆渡陶钵残留物样品一样的主量元素组成,也就是 C、O、P 和 Ca 四种元素(表 2)。同时,这些骨骼样品的红外光谱也与陶钵残留物的高度相似(图 3a 至图 3c)。

除了碳酸化的羟磷灰石无机相以外,动物骨中还包括蛋白质、脂类和 DNA 等有机成分。[③] 1650cm^{-1}附近的酰胺Ⅰ带(amide Ⅰ)吸收峰与胶原蛋白的存在有关。[④] 2800—3000 cm^{-1}区间存在弱的脂类吸收峰,与 C-H 键的伸缩振动有关。[⑤] 受到保存条件和年代的影响,古代残留物样品中有机分子产生的吸收峰相

---

① Grube M, Lin J G, Lee P H, et al., "Evaluation of Sewage Sludge-based Compost by FT-IR Spectroscopy," *Geoderma*, No. 130(2006): 324-333.

② 该样品从形态上看应该是陆上哺乳动物的长骨骨片,其表面光滑,有光泽。

③ Collins M J, Nielsen-Marsh C M, Hiller J, et al., "The Survival of Organic Matter in Bone: A Review," *Archaeometry*, No. 3(2002):383-394.

④ Boskey A, Camacho N P, "Ft-Ir Imaging of Native and Tissueengineered Bone and Cartilage," *Biomaterials*, No. 15(2007):2465-2478; Ignjatovic N, Savic V, Najman S, et al., "A Study of Hap/Plla Composite as a Substitute for Bone Powder, Using Ft-Ir Spectroscopy," *Biomaterials*, No. 6(1990): 571-575; Mantsch H H, McElhaney R N, "Applications of Infrared Spectroscopy to Biology and Medicine," *Journal of Molecular Structure*, No. 217(1990):347-362.

⑤ Liden K, Takahashi C, Nelson D E, "The Effects of Lipids in Stable Carbon Isotope Analysis and the Effects of Naoh Treatment on the Composition of Extracted Bone Collagen," *Journal of Archaeological Science*, No. 2(1995):321-326; Mantsch H, Jackson M, "Molecular Spectroscopy in Biodiagnostics (From Hippocrates to Herschel and Beyond)," *Journal of Molecular Structure*, No. 347(1995):187-206; Saraswathy G, Pal S, Rose C, et al., "A Novel Bioinorganic Bone Implant Containing Deglued Bone, Chitosan and Gelatin," *Bulletin of Materials Science*, No. 4(2001):415-420.

对较弱，特别是甑皮岩人骨(骨质因风化而泛白、疏松)。相对来说，河姆渡动物骨和现代猪骨的吸收峰则显著很多。比如，酰胺Ⅱ带在 1550cm^{-1}处的吸收峰[①]不见于甑皮岩人骨(图 3a)和陶钵残留物样品(图 3e、图 3f)，而在河姆渡动物骨和现代猪骨谱图中则非常明显(图 3b、图 3c)。

七、P 和 C 的同源性分析

考虑到环境中的磷酸盐和碳酸盐可能混入，有必要考察样品中 P 元素和 C 元素是否同源。研究表明，在胚胎发育的早期，动物骨骼中只有磷酸盐，之后随着年龄增长，越来越多的碳酸根离子才取代了磷酸根离子。[②] 从 CHAp 的分子结构式来看，磷酸盐和碳酸盐的含量存在负相关。18 个样品中 P 和 C 的皮尔逊相关系数为－0.41，显示弱的负相关。但是，如果我们去除 5 个硫含量超过 3%的样本(HMD04、06、07、14、15)，R 值则变为－0.84(r^2＝0.7026)，显示强的负相关性和拟合度(图 5)。这一结果提示残留物的无机相具有统一的来源，而非不同沉积物的混合。这从一个侧面排除了 P 和 C 来自环境中磷酸盐和碳酸盐的可能性。

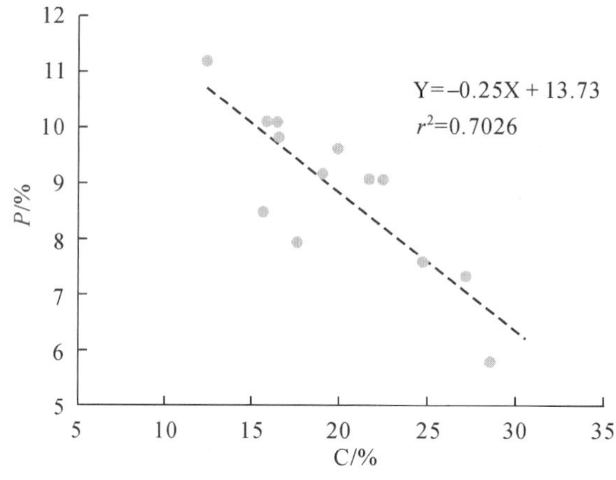

图 5　在河姆渡 13 个样品中 P 和 C 含量的负相关

① Epaschalis E P, Betts E, DiCarlo E, et al., "FTIR Microspectroscopic Analysis of Normal Human Cortical and Trabecular Bone," *Calcified Tissue Intetnational*, No. 61(1997):480-486; Fattibene P, Carosi A, De Coste V, et al., "A Comparative Epr, Infrared and Raman Study of Natural and Deproteinated Tooth Enamel and Dentin," *Physics in Medicine & Biology*, No. 6(2005):1095-1108.

② Rey C, Renugopalakrishman V, Collins B, et al., "Fourier Transform Infrared Spectroscopic Study of the Carbonate Ions in Bone Mineral During Aging," *Calcified Tissue International*, No. 4(1991):251-258.

八、SEM 观察和 EDS 测试

为了进一步确认残留物中的骨颗粒，我们接着开展了 SEM-EDS 测试。选取 HMD06 和 HMD14 两个样品进行测试。样品通过以下步骤进行前处理：(1)将大约 1mm×1mm 尺寸残留物硬壳转移到 1.5ml 塑料离心管中，加入 100μl 去离子水。(2)放入 KQ-50E 型超声波清洗仪中振荡 30 秒，以使颗粒从基质中释放。使用去离子水清洗两次(HMD06 清洗三次)。(3)从试管底部吸取约 50μl 水和沉淀的混合液，转移到一个洁净的玻片上(约 1cm×1cm)，在 50℃恒温烘箱中干燥 1 小时。(4)玻片镀铂(HMD06 为 12nm，HMD14 为 5nm)，以增强导电性。采用 Zeiss Sigma VP SEM(Carl Zeiss, Germany)观察、记录形貌特征(工作电压 15kV)，连接了一个 Oxford X-Max 检测器用于 EDS 测试。

扫描电镜下看到很多不规则形状的颗粒，其尺寸在样品 HMD14 中大约 100μm 或更小(图 6a)，在样品 HMD06 中大约 200μm 或更小(图 7a、图 7b)。这次观察到的较大的颗粒远大于最初用光学显微镜观察到的颗粒。这种差别或许是不同的制样方法造成的。光学显微镜样品的制备过程中，需要按压盖玻片，可能会导致大颗粒的碎片化。考虑到超声振动的影响，颗粒的最初尺寸应该更大。在 500—1000 倍的放大倍数下，可以看到很多颗粒表面存在海绵状结构区。1 万倍放大倍数下可见更多细节(图 6b、图 6c、图 7c、图 7d)。在海绵状结构中包含很多近圆形的小坑，其尺寸约在 1μm 或更小(图 6c、图 7d)。这些亚微米小坑是骨骼表面受到噬骨细菌侵蚀而形成的。①

我们在样品 HMD14 和 HMD06 中分别选取一个颗粒进行 EDS 测试。其中在 HMD14 样品颗粒上测试了一个微区和两个点，在 HMD06 样品颗粒上则测试了两个微区和一个点(图 6c:1—3;图 7d:1—3)。结果显示，两个颗粒的主要元素组成是一致的，均包括 C、O、P 和 Ca 四种元素，以及少量的 Al 和 Si(图 6d、图 6e、图 7e、图 7f)。这种原位测试提供了能够确认残留物中骨颗粒的直接证据。新的测试中不见 S 元素，进一步说明了它的异源性。由于准备样品时经过了多次清洗，检测到的 Al 和 Si 的量少了很多，表明它们确实来自环境中土的污染。

九、脂类提取和 GC 分析

源特异性脂质生物标志物是有力的有机残留物来源示踪剂，由于化学稳定性

---

① Jackes M, Sherburne R, Lubell D, et al., "Destruction of Microstructure in Archaeological Bone: A Case Study from Portugal," *International Journal of Osteoarchaeology*, No. 6(2001):415-432; Turner-Walker G, Nielsen-Marsh C, Syversen U, "Sub-Micron Spongiform Porosity is the Major Ultra-Structural Alteration Occurring in Archaeological Bone," *International Journal of Osteoarchaeology*, No. 12(2002):407-414.

和来源特异性，它们继承了有机前体的生物地球化学特征。虽然古代样本中脂质信号非常微弱，但我们成功地从HMD03样本中分离出了一些，并使用气相色谱—火焰离子化检测器（GC-FID，Thermal 1300系列）测试了它们的浓度。我们使用了之前的一篇文章中描述的类似程序进行分离。[①]

在残留物样品HMD03中，提取并确定了一系列可溶性的源特异性脂质分子，可资详细了解各种生物来源信息。提取到的脂质物质主要由碳氢化合物、脂肪酸和脂肪醇组成，还有少量酮和其他分子标记物。总碳水化合物浓度为35.59 μg/g。测定了C_{17}到C_{33}的正构烷烃，其典型的分布总是由长链$C_{25}-C_{33}$同系物主导，这些同系物表现出奇数碳数的优势且最大值集中在n-C_{31}（图8a）。长链同系物相对低的碳优势指数（CPI）值（$CPI_{\Sigma 25-33}=2.1$）表明长链n-烷烃的热成熟度相对较高，意味着该陶钵残留物已经严重降解和老化（说明肯定不是现代污染物）。由于短链奇数同系物，如n-C_{15}、C_{17}和C_{19}烷烃通常反映水生生物质有机碳的贡献[②]，而长链奇数同系物，如n-C_{27}、C_{29}和C_{31}烷烃通常反映陆地生物源有机碳的贡献，n-C_{31}和n-C_{17}烷烃的高比值（$C_{31}/C_{17}=8.4$）表明残留物和附近环境没有经历过水的浸泡，比如当地的洪水。

总n-脂肪酸浓度为2212.52 μg/g。我们测定了n-C_{14}—C_{32}（n-FAs）的n-脂肪酸分布，其表现出偶数碳数的优势且最大值集中在n-C_{16}（图8b）。由于在长时间的埋藏过程中保存较差，未检测到不饱和的n-脂肪酸。在陆地上，短链n-脂肪酸特别是C_{16}和C_{18}同系物，是无处不在的脂质成分，可以来自原位自养和异养土壤微生物活动以及动物油和植物组织，而长链n-脂肪酸（$\geq C_{24}$）通常被认为主要来自维管植物蜡质，也被认为是陆地维管植物有机物的示踪剂。[③] 总脂肪醇浓度为634.17 μg/g。脂肪醇主要由C_{18}到C_{28}的正构烷醇和甾醇组成（图8c）。胆固醇作为动物源生物标志物，其高丰度支持了残留物硬壳中动物骨成分的鉴定。Zhang等在田螺山遗址第⑦层（7000—6500 BP）的环境土壤中检测到比河姆渡陶钵残留

① Tao S, Yin X, Jiao L, et al., "Temporal Variability of Source-Specific Solvent-Extractable Organic Compounds in Coastal Aerosols over Xiamen, China," *Atmosphere*, No. 2(2017): 33.

② Schouten S, Breteler W C K, Blokker P, et al., "Biosynthetic Effects on the Stable Carbon Isotopic Compositions of Algal Lipids: Implications for Deciphering the Carbon Isotopic Biomarker Record," *Geochimica et Cosmochimica Acta*, No. 8(1998): 1397-1406; Volkman J K, Revill A T, Holdsworth D G, et al., "Organic Matter Sources in an Enclosed Coastal Inlet Assessed Using Lipid Biomarkers and Stable Isotopes," *Organic Geochemistry*, No. 6(2008): 689-710.

③ Collister J W, Rieley G, Stern B, et al., "Compound-specific Δ13c Analyses of Leaf Lipids from Plants with Differing Carbon Dioxide Metabolisms," *Organic Geochemistry*, No. 21(1994): 619-627; Freeman K H, Colarusso L A, "Molecular and Isotopic Records of C4 Grassland Expansion in the Late Miocene," *Geochimica et Cosmochimica Acta*, No. 9(2001): 1439-1454; Rommerskirchen F, Eglinton G, Dupont L, et al., "Glacial/Interglacial Changes in Southern Africa: Compound-Specific Δ13c Land Plant Biomarker and Pollen Records from Southeast Atlantic Continental Margin Sediments," *Geochemistry, Geophysics, Geosystems*, No. 7(2006).

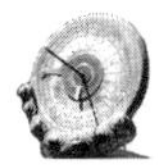

物中更多的长链($>C_{24}$)n-烷醇和 n-脂肪酸。[①] 田螺山的这些土壤样品与河姆渡文化第一期同时代,提供了附近地区重要的背景脂质组成。它们之间的差异表明,陶钵残留物中的脂质不太可能受到土壤的污染。

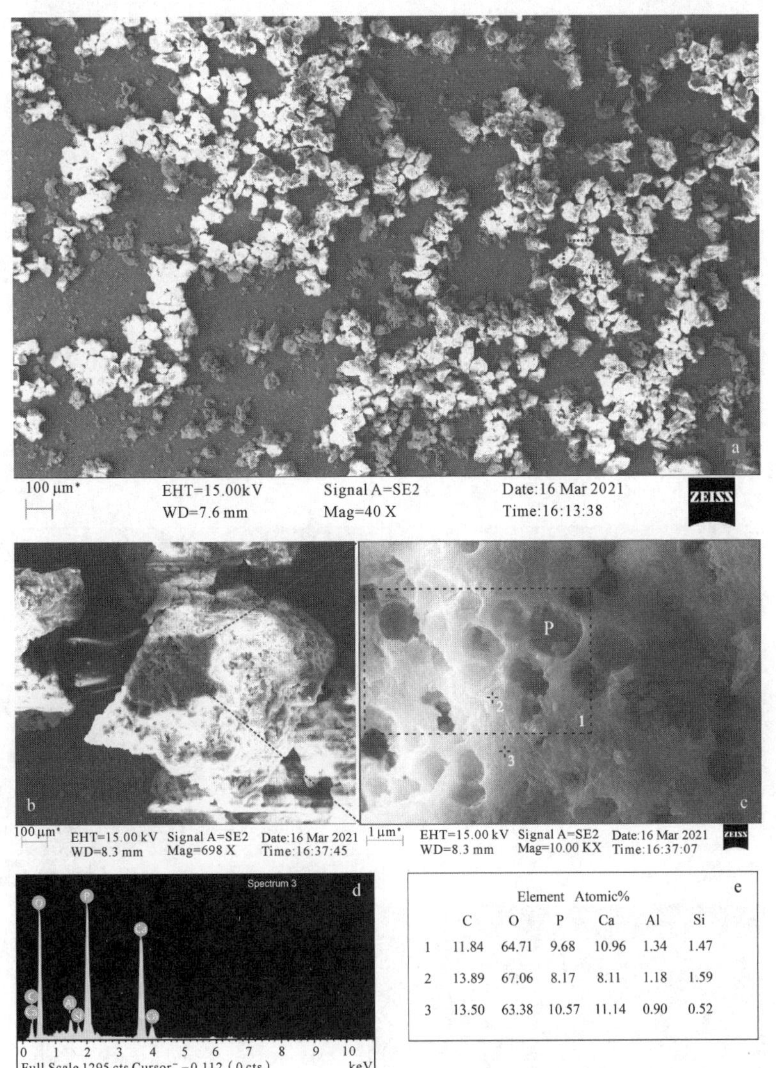

Element Atomic%

	C	O	P	Ca	Al	Si
1	11.84	64.71	9.68	10.96	1.34	1.47
2	13.89	67.06	8.17	8.11	1.18	1.59
3	13.50	63.38	10.57	11.14	0.90	0.52

a. 放大 40 倍影像;b. 用于 EDS 测试的一个颗粒的放大图;c. 颗粒表面的海绵状结构,字母 P 标识一个由细菌侵蚀造成的亚微米小坑;d. 位点 3 的 EDS 图谱;e. 测试点/区的元素组成信息。

图 6 河姆渡残留物样品 HMD14 在 SEM 下的形态及其中一个骨颗粒的原位 EDS 测试

---

① Zhang Y, Sun G, Yang Y, et al. ,"Reconstruction of the Use of Space at Tianluoshan, China, Based on Palynological and Lipid Evidence," *Environmental archaeology*, No. 5(2022): 1-13.

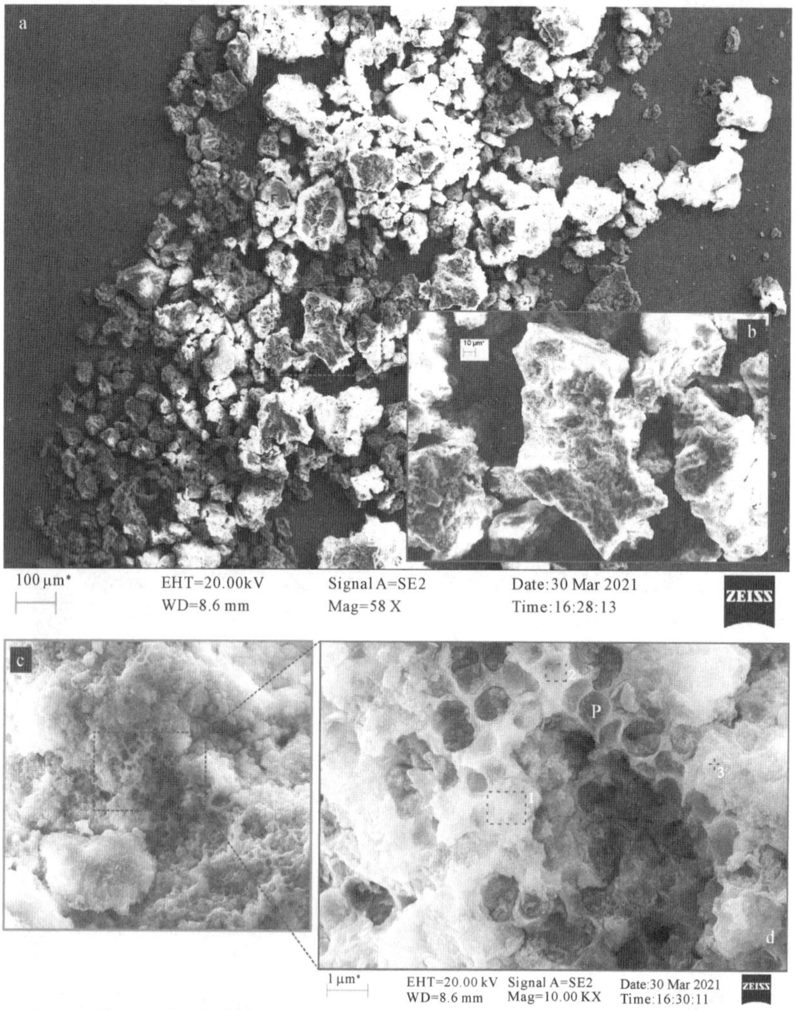

a

b

10 μm*

100 μm*　EHT=20.00kV　WD=8.6 mm　Signal A=SE2　Mag=58 X　Date:30 Mar 2021　Time:16:28:13　ZEISS

c

P

3

d

1 μm*　EHT=20.00 kV　WD=8.6 mm　Signal A=SE2　Mag=10.00 KX　Date:30 Mar 2021　Time:16:30:11　ZEISS

Spectrum 3　e

0 1 2 3 4 5 6 7 8 9 10 1

Full Scale 3668 cts Cursor: 0.000　keV

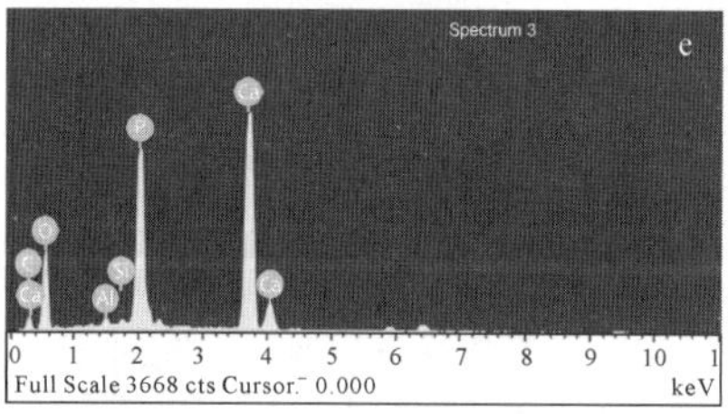

f

Element Atomic%

	C	O	P	Ca	Al	Si
1	17.59	62.48	8.98	10.51	0.24	0.20
2	16.98	62.10	9.39	11.05	0.22	0.25
3	16.82	58.38	9.93	14.20	0.37	0.31

a. 放大 58 倍影像；b. 用于 EDS 测试的一个颗粒的放大图；c、d. 颗粒表面的海绵状结构，字母 P 标识一个由细菌侵蚀造成的亚微米小坑；e. 位点 3 的 EDS 图谱；f. 测试点/区的元素组成信息。

图 7　河姆渡残留物样品 HMD06 在 SEM 下的形态及其中一个骨颗粒的原位 EDS 测试

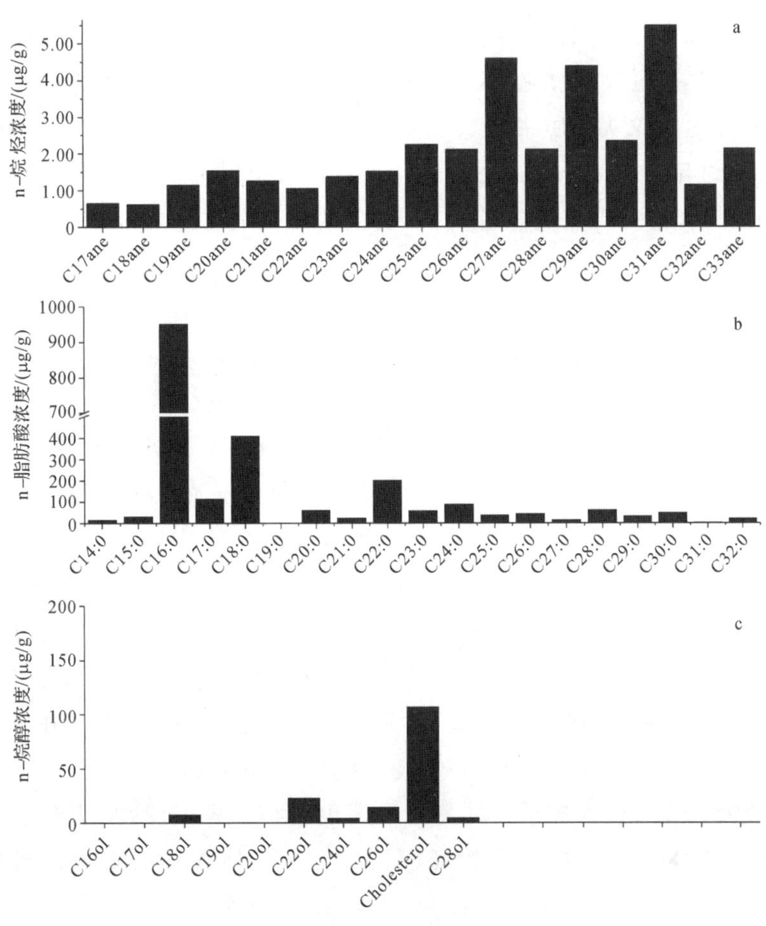

图 8　陶钵残留物中各种脂类化合物的浓度

十、淀粉粒分析

在经历了最初不成功的淀粉粒检测及化学分析，确定陶钵残留物成分中含有骨质后，我们采用了更加谨慎的步骤来寻找淀粉粒。考虑到现有残留物样品的稀缺性，我们仅选择 HMD05 和 HMD14 进行测试，以备未来可以应用更先进的技术来揭示更多信息。我们首先使用密度 2.0 的多钨酸钠重液提取微体遗存。① 很不幸，这次还是没有找到淀粉粒。重液提取过程涉及反复的浮选、离心和洗脱，这些环节都可能会造成淀粉粒的损失。为此，我们对提取方法进行调整，不再

① Liu L, Field J, Fullagar R, et al., "A Functional Analysis of Grinding Stones from an Early Holocene Site at Donghulin, North China," *Journal of Archaeological Science*, No. 10(2010): 2630-2639.

使用重液。我们采用如下步骤处理两个样品:(1)将一小块残留物样品转移至一个洁净的1.5ml离心管中,用去离子水清洗3次,收集洗脱液作为控制样。(2)用取液器吸头压碎残留物小块至粉末状,之后在漩涡振荡器上振动30秒,以使可能有的淀粉粒从基质中释放出来。(3)溶液经5000rpm离心5分钟,弃上清,留下底部约50μl溶液。(4)用50%甘油制样,指甲油封片。为了防止可能的污染,我们的操作遵守严格的实验室协议,包括戴一次性的无粉PE手套和设置空白对照。①

玻片的镜检采用蔡司Scope A1显微镜,配有偏光和DIC(differential interference contrast,微分干涉相差)模块。使用蔡司Axiocam MRc数码相机拍照,并通过蔡司Axiovision软件对淀粉粒进行测量。控制样中没有发现淀粉粒。总共从HMD14样品中提取到71粒淀粉粒,而在HMD05样品中只找到1粒。这些淀粉粒的形状呈现高度多样性,有圆形的、椭圆形的、钟形的和不规则形的(图9)。这种变异性主要与个体从复合体中的分离有关。它们的层纹不可见,而偏光下的消光十字非常明显。淀粉粒的类型有单粒(60个)、双粒(10个)(图9②a、图9③a)和三粒(2个)(图9⑤a)。它们的尺寸为6.42—17.89μm,平均值10.32μm。这些颗粒具有高度多样的形貌特征,看上去最符合橡子淀粉粒的特征,特别是我们收集的现代标本中的青冈属(*Cyclobalanopsis* sp.)。事实上,它们与青冈栎(*Cyclobalanopsis glauca*)的淀粉颗粒特征最为一致。这种橡子的淀粉粒形态也非常多样,包括了所有在河姆渡残留物样品中发现的淀粉粒的形态特征(图10)。我们所收集的现代青冈栎淀粉粒的尺寸在4.77—24.74μm,平均粒径为13.34μm。河姆渡残留物中的淀粉粒在这一尺寸范围内。目前,我们可以比较确切地把这些淀粉粒鉴定到属一级,也就是青冈属。

① Crowther A, Haslam M, Oakden N, et al., "Documenting Contamination in Ancient Starch Laboratories," *Journal of Archaeological Science*, No. 49(2014):90-104.

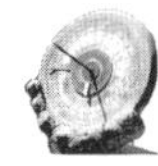

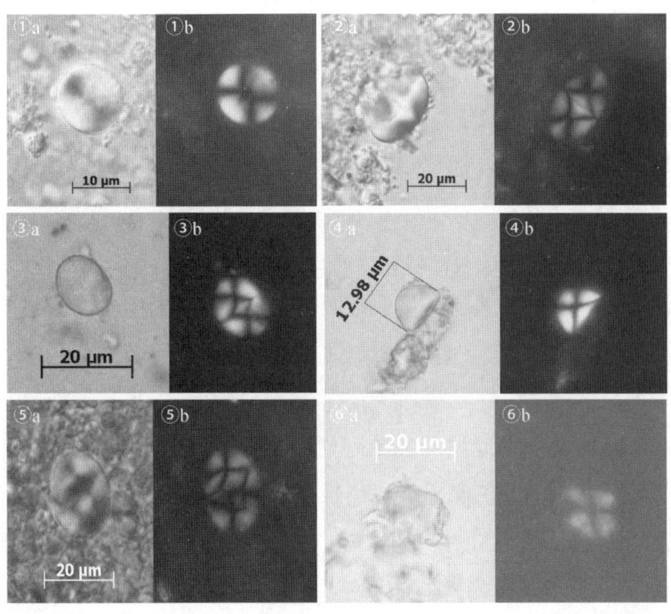

①a、①b. 圆形淀粉粒；②a 至③b. 双粒淀粉粒；④a、④b. 钟形淀粉粒；⑤a、⑤b. 三粒淀粉粒；
⑥a、⑥b. 不规则形状淀粉粒；a 为亮视野；b 为偏光视野。

图 9　陶钵残留物中发现的淀粉粒示例

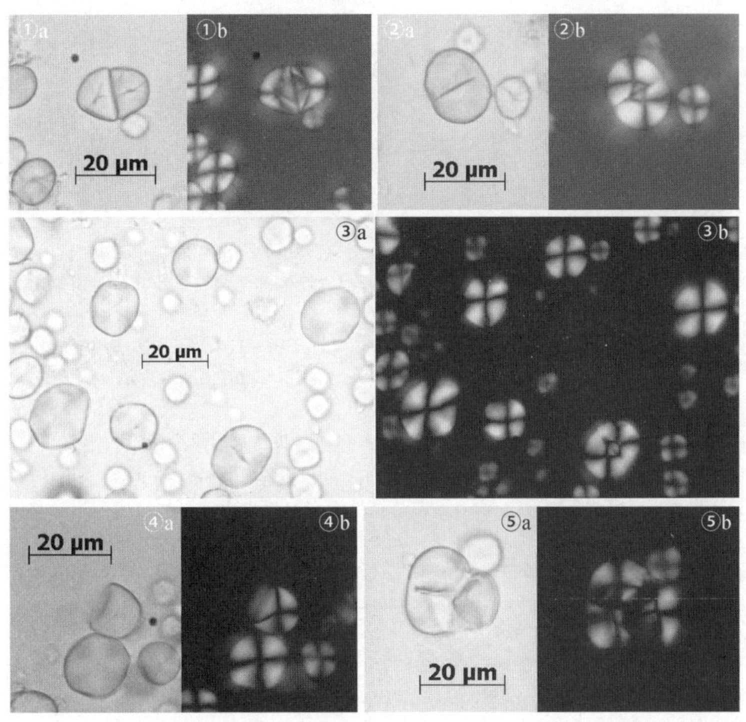

①a 至②b. 双粒淀粉粒；③a、③b. 淀粉粒集合形态，可见多种变体；④a、④b. 钟形淀粉粒；⑤a、⑤b. 三粒淀粉粒。

图 10　现代青冈栎(*Cyclobalanopsis glauca*)的淀粉粒

橡子遗存，特别是栎属、青冈属和锥属等，在河姆渡及周边遗址相比在更早或差不多同时期的地层中，更加地屡有发现，比如在跨湖桥（c. 8000—7000 BP）[①]和田螺山遗址（c. 7500—6000 BP）[②]。在跨湖桥出土的木材遗存中，青冈属占到6%。其他占比较高的木材来源包括松属（47%）、栎属（26%）和樟属（10%）。[③] 在距离河姆渡遗址大约只有7公里的田螺山遗址，柯属和青冈属的橡子主导了植物遗存组合，可能是先民日常食物的来源。[④] 河姆渡遗址第一期沉积物中发现有青冈属的花粉，出土的一些坚果也很像是青冈属的。[⑤] 第一期出土了一些树叶，其中一片显示出青冈的鉴定特征。[⑥] 以上大量青冈属大植物遗存支持了我们对所发现淀粉粒的鉴定。

正如Haslam所评述的，淀粉粒在土壤中保存较差，特别是在有水的情况下。[⑦] 虽然河姆渡遗址出土了很多橡子，但其实只剩空壳，而富含淀粉的果仁部分已经完全腐朽不见，很可能跟泡在水中有关。相对于不利的周围环境而言，固结的硬壳基质可能提供了淀粉粒得以保存的小环境。我们在钵内硬壳中发现的淀粉粒可能是保存在微小的裂纹或缝隙中，并且受到钙质层的保护，就像那些陷入牙结石中的淀粉粒一样。[⑧] 这就解释了为什么在最初的观察中找不到淀粉粒，而在用漩涡振荡器摇晃后，淀粉粒却出现了。

十一、讨　论

我们对从河姆渡遗址出土的16件陶钵中提取的18个残留物样品进行的化学

---

① 浙江省文物考古研究所、萧山博物馆：《跨湖桥》，文物出版社2004年版。

② 浙江省文物考古研究所、余姚市文物保护管理所、河姆渡遗址博物馆：《浙江余姚田螺山新石器时代遗址2004年发掘简报》，《文物》2007年第11期，第4—24页。

③ Shu J, Wang W, Jiang L, et al., "Early Neolithic Vegetation History, Fire Regime and Human Activity at Kuahuqiao, Lower Yangtze River, East China: New and Improved Insight," *Quaternary International*, No. 1 (2010): 10-21.

④ 傅稻镰、秦岭、赵志军等：《田螺山遗址的植物考古分析》，载北京大学中国考古学研究中心、浙江省文物考古研究所编《田螺山遗址自然遗存综合研究》，文物出版社2011年版，第47—96页。

⑤ 浙江省文物考古研究所：《河姆渡：新石器时代遗址考古发掘报告》（下册），文物出版社2003年版，图版114。

⑥ 浙江省文物考古研究所：《河姆渡：新石器时代遗址考古发掘报告》（下册），文物出版社2003年版，图版120：1。

⑦ Haslam M, "The Decomposition of Starch Grains in Soils: Implications for Archaeological Residue Analyses," *Journal of Archaeological Science*, No. 12(2004): 1715-1734.

⑧ Hardy K, Blakeney T, Copeland L, et al., "Starch Granules, Dental Calculus and New Perspectives on Ancient Diet," *Journal of Archaeological Science*, No. 2(2009): 248-255; Power R C, Salazar-García D C, Wittig R M, et al., "Assessing Use and Suitability of Scanning Electron Microscopy in the Analysis of Micro Remains in Dental Calculus," *Journal of Archaeological Science*, No. 49(2014): 160-169.

成分测试结果显示了令人惊讶的一致性，即它们都主要包含 C、O、P 和 Ca 四种元素。FTIR 分析表明它们主要由碳酸化的羟基磷灰石组成。FTIR 结果还提示酰胺和脂类的存在。这些结果与追加的对两个样品的原位 SEM-EDS 测试结果相一致，表明那些在光学显微镜下观察到的大量微小颗粒主要是骨粉颗粒。脂类分析进一步确认骨粉颗粒可能来自陆生动物。对两个样品的重新检查发现了青冈属的淀粉粒。所有这些结果表明残留物硬壳是由骨粉和橡子淀粉组成，提供了有关陶钵功能的至关重要的信息。表 3 总结了每个样品涉及的多种分析方法。当然，我们非常明白，最初的混合物可能含有已经降解或者目前还无法检出的其他成分。

表 3　对河姆渡陶钵残留物施用的分析方法小结

样品	EPMA	FTIR	SEM-EDS	GC-FID	Starch Analyses
HMD01	●	●			
HMD02	●	●			
HMD03	●	●		●	
HMD04	●	●			
HMD05	●	●			●
HMD06	●	●	●		
HMD07	●	●			
HMD08	●	●			
HMD09	●	●			
HMD10	●	●			
HMD11	●	●			
HMD12	●	●			
HMD13	●	●			
HMD14	●	●	●		●
HMD15	●	●			
HMD16	●	●			
HMD17	●	●			
HMD18	●	●			

河姆渡文化先民同时经营稻作农业和采集经济。比如，在同样属于河姆渡文化的田螺山遗址，除了水稻，还鉴定出丰富的野生植物遗存，包括橡子、菱角和芡实等。田螺山的橡子遗存看上去很像青冈属，其数量十分可观。单是一个编号为 T205H5 的坑中，就统计出土了接近 1 万颗橡子，研究者推测该坑用于贮存橡子或

去除味苦且有毒的单宁。[①] 尽管大多数情况下，人类在食用橡子前会进行澄滤；不过，例如青冈的果仁，虽然略苦，其实是可以直接吃的。[②] 虽然很难估计河姆渡先民的饮食中稻米和野生植物的比例，但是可食用的橡子肯定对他们的食物资源做出了重要贡献。稳定同位素研究也表明，河姆渡和田螺山遗址的人类饮食主要由 C_3 植物组成，包括稻米、块茎类和橡子等。[③]

河姆渡遗址出土的动物骨骼遗存揭示了广泛的动物种类，包括大型哺乳动物如象、虎和鹿等。脊椎动物骨骼和类骨组织是河姆渡人不可或缺的资源。很多出土工具由骨、角和牙制作而成，包括精美的骨雕、箭头和用鸟的胫骨制成的哨笛等。据发掘报告，河姆渡遗址总共出土 2984 件骨器，占所有人工制品的 48.2%。[④] 骨器加工无疑是河姆渡手工业的一个重要方面。制作工具的过程，如锯和钻孔，会产生细小的骨颗粒或骨粉作为副产品。这可能是我们在陶钵中检测到的骨粉的潜在来源。另一种可能是，河姆渡先民有意将骨质材料粉碎或磨成粉末。骨颗粒的细腻质地（粒径约 200μm 或更小）可能与后一种情况有很好的关联。

在中国历史上，动物骨粉被用于多种目的。《周礼》是一本记载西周（前1046—前 771）礼仪的书，其中记录了将骨头汤与农作物种子混合以改良土壤的做法。[⑤] 农业书籍《氾胜之书》（约公元前 100）也记录了类似的方法，即将动物骨头磨成粉末，用水煮沸后撒在板结的土地上，以改善农田质量。[⑥] 基于欧洲和非洲的研究，肉和骨头粉富含 N、P、Ca，具有与矿物肥料相当的效果。[⑦] 然而，骨粉作为肥料的用途并不能解释河姆渡陶钵的功能，这些曾经装有骨粉和橡子粉混合物的碗应

---

① 傅稻镰、秦岭、赵志军等：《田螺山遗址的植物考古分析》，载北京大学中国考古学研究中心、浙江省文物考古研究所编《田螺山遗址自然遗存综合研究》，文物出版社 2011 年版，第 47—96 页。

② 参见本页注①及郑云飞、陈旭高、孙国平：《田螺山遗址出土植物种子反映的食物生产活动》，载北京大学中国考古学研究中心、浙江省文物考古研究所编《田螺山遗址自然遗存综合研究》，文物出版社 2011 年版，第 97—107 页。

③ 南川雅男、松井章、中村慎一等：《由田螺山遗址出土的人类与动物骨骼胶质碳氮同位素组成推测河姆渡文化的食物资源与家畜利用》，载北京大学中国考古学研究中心、浙江省文物考古研究所编《田螺山遗址自然遗存综合研究》，文物出版社 2011 年版，第 262—269 页；Shoda S, Lucquin A, Sou C I, et al.，"Molecular and Isotopic Evidence for the Processing of Starchy Plants in Early Neolithic Pottery from China，" *Scientific Reports*, No. 1 (2018)：1-9.

④ 浙江省文物考古研究所：《河姆渡：新石器时代遗址考古发掘报告》，文物出版社 2003 年版，第 399—410 页。

⑤ Hsu C Y, Han Agriculture：*The Formation of Early Chinese Agrarian Economy*，206 BC-AD 220 (Seattle and London：University of Washington Press，1980).

⑥ Shi S, *On "fan sheng－chihshu"：An Agriculturist Book of China* (Peking：Science press，1959).

⑦ Jeng A，Haraldsen T，Vagstad N，"Meat and Bone Meal as Nitrogen Fertilizer to Cereals in Norway，" *Agricultural and Food Science*，No. 3 (2004)：268-275；Jeng A S，Haraldsen T K，Grønlund A，et al.，"Meat and Bone Meal as Nitrogen and Phosphorus Fertilizer to Cereals and Rye Grass，" In Bationo A，Waswa B，Kihara J，et al. (Eds.)，*Advances in Integrated Soil Fertility Management in Sub-Saharan Africa：Challenges and Opportunities* (Dordrecht：Springer，2007)，pp. 245-253.

该是小型的盛食器。

河姆渡遗址陶钵残留物可能是一种混合食物，包括橡子淀粉和骨粉，但很难确定每种成分的比例。考虑到橡子是河姆渡人的一种日常食物，骨粉或许是作为橡子饭的辅料。接下来的问题是，这两种成分如何混合、为何混合，以及给谁食用呢？首先，虽然青冈属的橡子可以食用，但是其相对高的单宁含量仍然是一种不合需要的品质。[①] 去除单宁的方法很多，包括澄滤和用草木灰处理等，都非常耗费时间。[②] 碳酸盐也可以用来去除单宁，通过加热能够加快去除。[③] 骨粉中含有碳酸盐，有助于降低橡子淀粉的苦味。不过，这一假说不能解释为什么只使用陶钵这样的小型容器。

其次，骨粉的保健价值可能与这种用途有关。在现代医学实践中，动物骨粉因其高钙含量而被用作天然的补钙剂。[④] 河姆渡人可能并不具备有关骨质组成或钙缺乏与人体健康之间关系的知识。然而，中国传统文化普遍认为，人体某些成分的缺乏可以通过从动物中摄取相应的成分来改善，因为它们相似的外观和形态可以提供所需的特性。[⑤] 这种信念可能在史前就已经根深蒂固。河姆渡先民可能是希望获得这些动物的力量，以及改善他们的身体健康，所以才食用动物的骨粉。

先前的考古学研究和民族志记录已经揭示了把动物骨研磨成粉用作人类食物的行为。[⑥] 例如，Vieugué 等把保加利亚西南部七个新石器时代早期遗址

---

① Li Y, Wang J, Chen H, et al., "Antioxidant and Antimicrobial Activities of Tannin Extracts from Castanea Mollissima, Cyclobalanopsis Glauca and Quercus Aliena based on Hydrochloric Acid Hydrolysis Extraction Method," *Medicinal Plant*, No. 3(2015):21-24.

② Bainbridge D A, "Use of acorns for food in California: Past, present, future," In *Proceedings of the Symposium on Multiple-use Management of California's Hardwoods* (California: United States Department of Agriculture, Forest Service, Pacific Southwest Forest and Range Experiment Station, 1986), pp. 453-458.

③ Fadil E L, Babikir E, Tinay A H E, "Effect of Soaking in Water or in Sodium Carbonate on Tannin Content and in Vitro Protein Digestibility of Sorghum Cultivars," *International Journal of Food Science & Technology*, No. 4 (1993):389-395.

④ Straub D A, "Calcium Supplementation in Clinical Practice: A Review of Forms, Doses, and Indications," *Nutrition in Clinical Practice*, No. 3(2007):286-296.

⑤ Geer A, Dermitzakis M, "Fossil Medicines from 'Snake Eggs' to 'Saint's Bones': An Overview," *Calicut Medical Journal*, No. 1(2008):e8.

⑥ Binford L R, *Nunamiut: Ethnoarchaeology* (New York: Academic Press, 1978); Del Pilar Babot M, Apella M C, "Maize and Bone: Residues of Grinding in Northwestern Argentina," *Archaeometry*, No. 1(2003): 121-132; Holden T G, "Evidence of Prehistoric Diet from Northern Chile: Coprolites, Gut Contents and Flotation Samples from the Tulán Quebrada," *World Archaeology*, No. 3(1991):320-331; Vieugué J, Salanova L, Regert M, et al., "The Consumption of Bone Powder in the Early Neolithic Societies of Southeastern Europe: Evidence of a Diet Stress?" *Cambridge Archaeological Journal*, No. 2(2015):495-511.

(6100—5600 cal. BP)出土陶容器中的一种特殊的浅褐色残留物鉴定为骨粉。[①]东南欧其他一些考古学遗址出土的陶容器中也发现了类似的残留物。[②] 据报道，研究者在南美洲阿根廷出土的一件磨盘上提取到了和玉米淀粉混在一起的烧过的骨头粉，尽管研究者并不认为其与烹饪有关。[③] 在巴尔干地区发现的有残留骨粉的陶器与河姆渡的陶钵有明显相似之处，体现在它们略微弯曲的轮廓、残留物的视觉特征等方面，这些残留物也是紧紧地贴附在陶器的内壁上。研究者只报道了巴尔干残留物样品的无机组分，如果开展更多检测，很有可能在这些残留物中发现其他的食物成分。根据 Vieugué 等的解释，巴尔干地区新石器时代早期人类对骨粉的消费可能有文化和营养的因素，或许与那些因食物短缺而健康状况欠佳的新石器时代人群有关，包括处在早期断奶阶段的儿童。[④] 这种基于营养压力的解释有助于理解河姆渡的情况，此地快速增加的人口和不稳定的环境也会造成食物的短缺。

根据 Binford 的民族志观察，阿拉斯加的努那缪特人把敲碎吸髓后的动物骨(主要是鹿的)捣成粉状，与皮、肉和肌腱等混合后，加水在锅中一起烹煮食用，以便在困难时期最大化利用食物资源。[⑤] 将骨头加工成食物的过程是一个耗费体力的活动，需要投入大量柴火、耐心和劳动。采用这种取食模式是根据整个群体的食品安全情况进行的适应行为——如果食物资源有限，人们可能会花费更多的精力来处理那些通常被丢弃的食物部分以供食用。河姆渡文化先民从早期到中期阶段持续从山麓迁移到姚江流域中心地带，提示该文化经历了快速的人口扩张，虽然其确切的人口数量还没有被系统研究过。[⑥] 尽管长期以来人们认为河姆渡文

① Vieugué J, Salanova L, Regert M, et al., "The Consumption of Bone Powder in the Early Neolithic Societies of Southeastern Europe: Evidence of a Diet Stress?" *Cambridge Archaeological Journal*, No. 2(2015): 495-511.

② Vieugué J, Salanova L, Regert M, et al., "The Consumption of Bone Powder in the Early Neolithic Societies of Southeastern Europe: Evidence of a Diet Stress?" *Cambridge Archaeological Journal*, No. 2(2015): 495-511.

③ Del Pilar Babot M, Apella M C, "Maize and Bone: Residues of Grinding in Northwestern Argentina," *Archaeometry*, No. 1(2003): 121-132.

④ Vieugué J, Salanova L, Regert M, et al., "The Consumption of Bone Powder in the Early Neolithic Societies of Southeastern Europe: Evidence of a Diet Stress?" *Cambridge Archaeological Journal*, No. 2(2015): 495-511.

⑤ Binford L R, *Nunamiut: Ethnoarchaeology*(New York: Academic Press, 1978), p. 164.

⑥ Dai B, Liu Y, Sun Q, "Foraminiferal Evidence for Holocene Environmental Transitions in the Yaojiang Valley, South Hangzhou Bay, Eastern China, and Its Significance for Neolithic Occupations," *Marine Geology*, No. 404(2018): 15-23; Liu Y, Sun Q, Fan D, et al., "Pollen Evidence to Interpret the History of Rice Farming at the Hemudu Site on the Ningshao Coast, Eastern China," *Quaternary International*, No. 426(2016): 195-120.

化存在稻作农业，但最近的研究表明，它的粮食生产实际上是低水平的、脆弱的。[①]造成这种状况的原因，部分是受限于湖沼和湿地环境以及与之相关的水平面波动。[②] 在这样一个低水平的食物生产系统中，季节性和/或年度性的食物资源的短缺可能是无法避免的。

上述研究显示，骨粉的消费很可能与食物短缺有关。骨粉富含营养物质，可以用作生病和虚弱个体的特殊食品补充剂。前文分析认为，盛放骨粉—橡子糊的器皿似乎与儿童有着密切的联系，骨粉可能在儿童的饮食中发挥着作用。在新石器时代，人们对动物的狩猎逐渐减少，并转向增加农作物种植和淀粉类食物的采集，生育率可能有所提高，在定居环境中使得人口密度增加，从而也可能产生营养压力。[③] 婴儿的高死亡率是新石器时代人口转变过程中全球普遍存在的现象。[④]因此，为了保持成功的农业社会所需的较高的人口水平，需要采取措施降低儿童死亡率，加强儿童保健，并改善全体居民的健康状况。其中，提供特殊食品，如骨粉—橡子糊，可能是一种重要的策略。

尽管有多条证据支持我们的食物短缺和儿童保健解释论点，但未来的进一步分析将提供更有价值的信息来验证这些观点。例如，分析硬壳残留物的热历史、检查橡子淀粉和骨颗粒的沉积过程以及对骨粉的来源动物进行种属鉴定等，这些都将是非常有用的。我们暂时假设这种混合物被烹煮过，尽管所有淀粉颗粒似乎都完好无损，没有任何明显的糊化信号。我们知道，由于烹饪而糊化的淀粉颗粒通常会显著改变形状，而且非常脆弱，不太可能保存下来，也很难识别。然而，有研究报道在炊器上发现了一些抗性淀粉颗粒[⑤]，表明即使几乎所有淀粉粒都没有

---

① Jiao T, "Toward an Alternative Perspective on the Foraging and Low－Level Food Production on the Coast of China," *Quaternary International*, No. 419(2016):54-61; Xie L, Lu X, Sun G, et al., "Functionality and Morphology: Identifying Si Agricultural Tools from Among Hemudu Scapular Implements in Eastern China," *Journal of Archaeological Method and Theory*, No. 2(2017):377-423; Zheng Y, Sun G, Qin L, et al., "Rice Fields and Modes of Rice Cultivation Between 5000 and 2500 BC in East China," *Journal of Archaeological Science*, No. 12(2009):2609-2616.

② Dai B, Liu Y, Sun Q, et al., "Foraminiferal Evidence for Holocene Environmental Transitions in the Yaojiang Valley, South Hangzhou Bay, Eastern China, and its Significance for Neolithic Occupations," *Marine Geology*, No. 404(2018):15-23.

③ Bocquet-Appel J P, "When the World's Population Took off: The Springboard of the Neolithic Demographic Transition," *Science*, No. 6042(2011):560-561.

④ Bocquet-Appel J P, "Explaining the Neolithic Demographic Transition," In Bocquet-Appel J P, Bar-Yosef O (Eds.), *The Neolithic Demographic Transition and its Consequences* (Dordrecht: Springer, 2008), pp. 35-55.

⑤ Crowther A, "The Differential Survival of Native Starch During Cooking and Implications for Archaeological Analyses: A Review," *Archaeological and Anthropological Sciences*, No. 3(2012): 221-235; Jacobs H, Delcour J A, "Hydrothermal Modifications of Granular Starch, With Retention of the Granular Structure: A Review," *Journal of Agricultural and Food Chemistry*, No. 8(1998):2895-2905.

保存下来或已经糊化到无法识别，一些坚韧、完好的淀粉颗粒偶尔也能幸存下来。

十二、结　论

在考古发掘中，骨质遗存是一种常见的发现，通常以骨骸和骨制品的形式存在，对于研究人类活动和古代饮食至关重要。然而，对宏观骨质遗存的研究只揭示了人类与骨骼之间关系的部分故事。本研究表明，骨粉这样的微体骨质遗存，虽然在考古学中不常发现，但在扩展我们对古代骨骼利用的理解方面具有重要意义。

通过对河姆渡遗址新石器时代陶钵残留物的化学和植物微体分析，我们发现了骨粉和青冈属橡子淀粉共存的充分证据，这些残留物因而被推测性地解释为一种特殊的食物残留。作为一个以持续的人口增长和不断强化的稻作农业为特征的新石器时代文化群体，河姆渡人可能经历了资源压力和食物短缺，就像新石器时代早期的巴尔干地区居民那样。食用骨粉可能是一种维护和改善人口健康的策略，特别是对于儿童而言。全球范围内，各地都已有研究报道了新石器时代先民对骨粉的消费，包括南美和东南欧地区。在此，我们的初步研究提供了这种实践在亚洲的最早案例。随着更加先进的技术不断得到发展和应用，我们有望在未来揭示这类残留物更多重要的信息。

附　记：

我们感谢厦门大学化学化工学院的翟和生、王金明和陈韵晴以及材料学院的刘新瑜等老师提供实验技术支持。感谢澳大利亚伍伦贡大学考古科学中心的理查德·傅拉格先生（Richard Fullagar）帮助编辑和润色英文文稿。同时，我们还要感谢四位匿名审稿人，他们提供的有益建议极大地改善了本文的最终版本。本研究受到国家社会科学基金的资助（批准号：18BKG002）。本研究最初以英文发表于《国际骨质考古杂志》，中文出版得到杂志编辑和原出版商约翰·威利父子出版公司（John Wiley & Sons Inc.）的慷慨许可，授权号：5486840457427。翻译成中文时纠正了原版中一些明显的拼写错误。

英文版原文参见：Ge W，Liu L，Huang W，Tao S，Hou X，Yin X，& Wu Y，"Neolithic Bone Meal with Acorn：Analyses on Crusts in Pottery Bowls from 7000 BP Hemudu，China，" *International Journal of Osteoarchaeology*，No. 6（2001）：1138-1154.

城市考古与宁波港城

张华琴　王结华

（宁波市文化遗产管理研究院）

摘　要：地处东海之滨的宁波，迄今已有 2000 多年的港城建设史。宁波的城市考古，至今也已走过整整 50 年的风雨历程。本文从发现与发掘、保护与展示、问题与思考三个层面入手，回顾了宁波的城市考古之路，梳理了历年的重要考古发现，也剖析了存在的主要问题，并提出了相应的对策建议，以期裨益于宁波和其他港城的考古研究。

关键词：宁波港城考古；发现与发掘；保护与展示；问题与思考

地处中国版图东南、茫茫东海之滨的宁波，迄今已有 8000 多年的人文发展史和 2000 多年的港城建设史。战国时期句章故城（古港）的出现，开今日宁波境域港城建设之先河，是有据可查、名副其实的“宁波首邑”和“宁波首港”。唐代开元二十六年（738）明州在今宁波城区三江口一带的正式设立，以及长庆元年（821）明州子城、唐代末年明州罗城的分别修建，则一举奠定了古代宁波港城发展的基本骨架。嗣后 1000 多年间，宁波名称虽数度更易[①]，城池亦曾几经修葺增补甚至一度毁而复建（子城毁而未建），但港城总体格局不曾大变。鸦片战争爆发以后，宁波被迫开埠通商，城区范围开始外扩，港口迁至今江北外滩一带，城市近代化进程随之启幕。民国时期，宁波旧城城墙被全部拆除，拓建成为最初的“环城”马路，港城宁波开始走向新的历史阶段。

中华人民共和国成立以后，特别是 20 世纪 70 年代改革开放以来，经济社会的持续发展和港城建设的不断扩张，既给宁波这座国家历史文化名城带来了新的生机与活力，同时也给城市历史文化遗存的保护带来了新的机遇与挑战，宁波城市考古应运而生并蓬勃发展。本文在收集汇总历年宁波城市考古资料的基础上，拟从发现与发掘、保护与展示、问题与思考三个层面入手，对其做一概要梳理和论

---

① 唐代开元二十六年（738）始置明州，天宝元年（742）改余姚郡，乾元元年（758）复为明州；五代后梁开平三年（909）改明州望海军；北宋建隆元年（960）称明州奉国军，南宋庆元元年（1195）升庆元府；元至元十三年（1276）改置宣慰司，至元十四年（1277）改庆元路总管府；明初一度复名明州，洪武十四年（1381）改名宁波并沿用至今。

述，以求教于方家，期裨益于今后。

一、发现与发掘

城市考古在宁波的肇始，可以追溯至1973年开始的和义路、东门口一带唐、五代、宋的渔浦城门、城墙与城外造船场等遗址的发掘。[①]据不完全统计，截至2020年，在今之宁波辖境已开展重要城市考古项目50余项，分别涉及句章故城（港）、鄞县古城、鄮县故城（港）、余姚古城、明州古城（港）、慈城古城、奉化古城等七座不同时期的城（港）和部分方志讹传与宁波古代港城演变相关的"小溪"问题。兹以时代为序，择要介绍如下。

（一）句章故城（港）

1. 故城遗址

句章故城位于宁波市江北区慈城镇王家坝村一带，系今之宁波境域出现最早的城邑，相传始建于战国初年的越王勾践时期[②]，秦、汉、两晋之际为古句章县治[③]，东晋隆安年间（397—401）城废治迁[④]，立城凡800余年，城废至今已1600多年。

2003年，文物考古部门开始着手对句章故城进行初步调查，并编制了《句章故城航空、水下、岸陆三位一体考古发掘可行性研究报告》。2004—2012年，针对句章故城相继实施了三期考古调查、勘探与试掘，主要成果[⑤]包括但不限于：找到了句章故城的具体位置是在今宁波市江北区慈城镇王家坝村一带（图1）；探明了句章故城的城址范围是在由余姚江—赶水河—横河—后河—余姚江相连构成的梯形水网内（图2），城址总面积约27万平方米，中心区域位于今癞头山（古称县后山）一带，面积约5万平方米；确认了句章故城的始建时间至迟不晚于战国中晚期，与后世文献

① 王结华、褚晓波：《宁波地域考古的回顾与展望》，载宁波市文物考古研究所、宁波市文物保护管理所编《宁波文物考古研究文集》，科学出版社2008年版。

② ［南朝宋］范晔撰，［唐］李贤等注《后汉书·臧洪传》："句章县故城在今越州鄮县西。《十三州志》云：'勾践之地，南至勾余，其后并吴，因大城之，章伯（通"霸"——笔者注）功以示子孙，故曰句章。'"这是关于句章建城之最早文献记载。

③ ［东汉］班固撰，［唐］颜师古注《汉书·地理志上》："会稽郡……县二十六：吴、曲阿、乌伤、毗陵、余暨、阳羡、诸暨、无锡、山阴、丹徒、余姚、娄、上虞、海盐、剡、由拳、大末、乌程、句章、余杭、鄞、钱唐、鄮、富春、冶、回浦。"［西晋］司马彪撰，［南朝·梁］刘昭注补《后汉书志·郡国四》："会稽郡：十四城……山阴……鄮、乌伤、诸暨、余暨、太末、上虞、剡、余姚、句章、鄞、章安……永宁……东部侯国。"［唐］房玄龄等撰《晋书·地理志下》："会稽郡……山阴、上虞、余姚、句章、鄞、鄮、始宁、剡、永兴、诸暨。"

④ 自［明］周希哲、曾镒修，张时彻等纂嘉靖《宁波府志》开其端，认为东晋隆安年间因孙恩、刘裕之战导致句章废城迁治以来，地方志书与今人研究多持此说，恕不一一列举。

⑤ 王结华、许超、张华琴：《句章故城考古的主要收获与初步认识》，《南方文物》2012年第3期；宁波市文物考古研究所：《句章故城——考古调查与勘探报告》，科学出版社2014年版，第3—13页。

所记建城时间相差无几，其兴起与发展则可能与当时的楚越战争有关[①]；厘清了句章故城的废弃年代虽确在东晋末年，但其迁治的地点并不在后世方志所谓的宋时小溪镇（今宁波市海曙区鄞江镇一带），而是在今天的宁波城区三江口一带。[②]

图 1　句章故城一带地理环境（自西往东摄）

图 2　句章故城城址范围示意

2. 码头遗址

句章古港被誉为“甬江流域出现最早的港口”“越国的通海门户”“中国最古老的海港之一”[③]，但何时初创史无明言。《史记·东越列传》载西汉元鼎六年（前

① 许超、王结华、张华琴：《句章故城与楚越战争》，《中国城墙（第二辑）》，江苏人民出版社 2019 年版。

② 王结华、许超、张华琴：《句章故城若干问题之探讨》，《东南文化》2013 年第 2 期；王结华：《从句章到明州——宁波早期港城发展的考古学观察》，《中国港口》2017 年第 S1 期；许超：《宁波地区汉唐港城的考古学研究》，南京大学 2018 年博士学位论文；王结华：《关于宁波古代城市发展中的“小溪”问题》，《东南文化》2021 年第 4 期。

③ 郑绍昌：《宁波港史》，人民交通出版社 1989 年版，第 12—13 页。

111)"天子(汉武帝——笔者注)遣横海将军韩说出句章,浮海从东方往"击瓯越,是为自句章出海之最早文字记录,说明至迟在西汉早期,句章古港应已初具规模,至少可以满足当时较大规模军事行动的需要,据此,则其建港时间当更久远,或应与其建城同时。东汉以降,句章作为诸多军事行动的出入港口频频见诸史册①,成为当时的海疆前沿之一。东晋末年,随着句章故城的废弃与句章县治的迁移,其港口主体也相应迁到了今宁波城区三江口一带。②

因为时间的久远、环境的变迁、记载的缺乏和后期的破坏,昔日的句章港口具体样貌如何已经不得而知,但 2004—2012 年句章故城考古过程中,曾在后河近余姚江段北岸发现 1 处东吴至两晋时期的木构台阶式码头遗址(图 3)。从勘探情况看,其平面大体呈西北—东南走向,长约 20 米,宽约 9 米。从试掘情况看,其东部自下而上设有直径 20—50 厘米不等的横木五根,皆呈北偏东 25°方向横置,形成 4 级台阶,以便人员与货物上下;横木外侧立有直径 5—12 厘米不等的竖桩和直径 5—8 厘米不等的斜插圆木,皆起加固作用,防止横木滚落;附近还发现有细碎的石块和板灰,推测可能是码头的作业面。③ 这一发现,为探讨句章古港和宁波古代港口的发展变迁提供了难得的实物佐证。

图 3　句章故城东吴—两晋时期码头遗址(局部)

(二)鄞县故城

鄞县故城位于宁波市奉化区西坞街道白杜行政村山厂自然村城山东南,系秦

① [南朝宋]范晔撰,[唐]李贤等注《后汉书·孝顺孝冲孝质帝纪》《后汉书·臧洪传》;[西晋]陈寿撰,[南朝宋]裴松之注《三国志·吴书·三嗣主传》;[南朝梁]沈约撰《宋书·武帝上》《宋书·刘敬宣传》《宋书·刘钟传》《宋书·虞丘进传》等。

② 张华琴:《句章古港新探》,《中国港口》2016 年第 S2 期;王结华:《从句章到明州——宁波早期港城发展的考古学观察》,《中国港口》2017 年第 S1 期。

③ 宁波市文物考古研究所:《句章故城——考古调查与勘探报告》,科学出版社 2014 年版,第 60—61 页。

汉至南朝时期的古鄞县县治[①]，至隋初开皇九年(589)古鄞县撤并入句章县后废[②]，立城凡800余年，城废至今已1400多年。

2015—2018年，文物考古部门对白杜一带展开了跨越四个年头、持续两年多的考古调查、勘探、解剖试掘和文献梳理、雷达扫测、高空航拍、激光扫描、RTK测绘、影像分析、三维建模、科技检测工作。主要成果[③]包括但不限于：确认了鄞县故城的具体位置是在今宁波市奉化区西坞街道白杜行政村山厂自然村城山东南(图4)；印证了历史文献关于古鄞县初设于秦汉之际、终废于隋代初年的记载，有所不同的是，考古发现还显示，鄞县故城城墙的修筑应不早于东汉晚期至三国东吴时期，在时间上要晚于古鄞县的设立，推测或与赤乌三年(240)吴主孙权“诏诸郡县治城郭”[④]有关；厘清了鄞县故城的基本面貌。考古发现表明，鄞县故城系以夯土墙体与城外水系为闭合空间修建而成，依山而筑的城墙和连成一片的水系共同构成了城市的防御体系。城市整体规模虽然不大——周长仅约760米，面积仅约3.8万平方米——但其布局谋划法度严谨，形制结构相对完整，主要功能要素齐全：夯土城墙位于城山顶部，沿山脊线走向分布(图5)；水系主要位于城山东、南；居住区主要位于城山南坡；作坊区可能位于城外南侧；墓葬区则多位于城周山地。

图4 鄞县故城一带地理环境(自北往南摄)

---

① [东汉]班固撰，[唐]颜师古注《汉书·地理志上》：“会稽郡……县二十六：吴、曲阿、乌伤、毗陵、余暨、阳羡、诸暨、无锡、山阴、丹徒、余姚、娄、上虞、海盐、剡、由拳、大末、乌程、句章、余杭、鄞、钱唐、鄮、富春、冶、回浦。”[西晋]司马彪撰，[南朝梁]刘昭注补《后汉书志·郡国四》：“会稽郡：十四城……山阴……鄮、乌伤、诸暨、余暨、太末、上虞、剡、余姚、句章、鄞、章安……永宁……东部侯国。”[唐]房玄龄等撰《晋书·地理志下》：“会稽郡……山阴、上虞、余姚、句章、鄞、鄮、始宁、剡、永兴、诸暨。”另见[南朝梁]沈约撰《宋书·州郡一》：“会稽太守……领县十……山阴令……永兴令……上虞令……余姚令……剡令……诸暨令……始宁令……句章令……鄮令……鄞令。”[南朝梁]萧子显撰《南齐书·州郡上》：“会稽郡：山阴，永兴，上虞，余姚，诸暨，剡，鄞，始宁，句章，鄮。”

② [唐]魏征等撰《隋书·地理志下》：“句章(平陈，并余姚、鄞、鄮三县入)。”

③ 宁波市文物考古研究所、奉化区文物保护管理所：《远逝千年的边陲古城——宁波奉化白杜鄞县故城的考古调查与发现》，《中国文物报》2018年6月15日；张华琴：《鄞县故城考》，《南方文物》2020年第1期。

④ [西晋]陈寿撰，[南朝宋]裴松之注：《三国志·吴书·吴主传》。

图 5　鄞县故城北段夯土城墙现状

(三)鄮县故城(港)

1. 故城遗址

鄮县故城位于宁波市鄞州区五乡镇宝幢一带,系秦汉至南朝时期的古鄮县县治[①],至隋初开皇九年(589)古鄮县撤并入句章县后废[②],立城凡 800 余年,城废至今已 1400 多年。

2018—2020 年,文物考古部门对方志记载鄮县故城所在的"阿育王山之西、鄮山之东"[③],即今宁波市鄞州区五乡镇宝幢一带,及其周边的宁波高新区梅墟街道和北仑区小港街道、大碶街道等地进行了比较全面的考古调查、勘探、试掘和遥感考古、基础地理信息采集(图 6),共完成调查面积约 100 平方公里、勘探面积约 170 余万平方米、试掘面积 20 平方米,虽发现了不同时期的聚落遗址 1 处、墓葬群 12 处、窑址 4 处,也采集到了不少的遗物标本,但遗憾的是并未找到任何城址迹象。前后沿用 800 余年的鄮县故城究竟在何处,仍待今后开展进一步的考古研究。

① [东汉]班固撰,[唐]颜师古注《汉书·地理志上》:"会稽郡……县二十六:吴、曲阿、乌伤、毗陵、余暨、阳羡、诸暨、无锡、山阴、丹徒、余姚、娄、上虞、海盐、剡、由拳、大末、乌程、句章、余杭、鄞、钱唐、鄮、富春、冶、回浦。"[西晋]司马彪撰,[南朝梁]刘昭注补《后汉书志·郡国四》:"会稽郡:十四城……山阴……鄮、乌伤、诸暨、余暨、太末、上虞、剡、余姚、句章、鄞、章安……永宁……东部侯国。"[唐]房玄龄等撰《晋书·地理志下》:"会稽郡……山阴、上虞、余姚、句章、鄞、鄮、始宁、剡、永兴、诸暨。"另见[南朝梁]沈约撰《宋书·州郡一》:"会稽太守……领县十……山阴令……永兴令……上虞令……余姚令……剡令……诸暨令……始宁令……句章令……鄮令……鄞令。"[南朝梁]萧子显撰《南齐书·州郡上》:"会稽郡:山阴,永兴,上虞,余姚,诸暨,剡,鄞,始宁,句章,鄮。"

② [唐]魏征等撰《隋书·地理志下》:"句章(平陈,并余姚、鄞、鄮三县入)。"

③ [南宋]张津等纂《乾道四明图经》卷一《总叙》,载浙江省地方志编纂委员会编《宋元浙江方志集成》第 7 册,杭州出版社 2009 年版,第 2880 页。

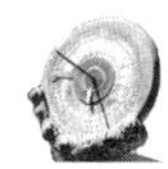

图 6 鄮县故城一带数字高程模型成果截图(局部)

2. 港口问题

西晋陆云《答车茂安书》云:"(鄮)县去郡治(指当时的会稽郡,治为今浙江绍兴——笔者注),不出三日,直东而出,水陆并通。西有大湖,广纵千顷,北有名山,南有林泽;东临巨海,往往无涯,泛船长驱,一举千里。北接青、徐,东洞交、广,海物惟错,不可称名。"[①]南朝顾野王《舆地志》云:"邑人以其海中物产于山下贸易,因名鄮县。"[②]虽然对于鄮县因何得名,学术观点并不统一,但从以上记载可以看出,古鄮县地理位置通江临海,有着比较便利的水上通道,应是当时一处海陆贸易的节点,或已形成了早期的港口,人们可通过小浃江出海贸易。至于港口具体位于何处,迄今同样不得而知,有待今后深入探讨。

南宋以来的地方志书继承了鄮县因海产贸易而得名的说法,并对其海道优势做了进一步的阐述:"虽非都会,乃海道辐凑之地,故南则闽、广,东则倭人,北则高句丽,商舶往来,物货丰衍,东出定海有蛟门、虎蹲天设之险,亦东南之要会也。"[③]但须注意的是因古鄮县已于隋代开皇九年(589)并入句章,此处所言当指唐代武德八年(625)重置的鄮县或开元二十六年(738)后作为明州附郭的鄮县,而非隋代以前的古鄮县。

(四)余姚古城

余姚古城位于宁波市余姚市旧城区内龙泉山东,系秦汉以来的历代余姚县县

---

① [西晋]陆云撰《陆云集》卷十《答车茂安书》,黄葵点校,中华书局 1988 年版,第 175 页。

② [北宋]李昉等撰《太平御览》卷一七一《州郡部一七·明州》引《舆地志》,中华书局 1960 年版,影印本,第 833 页。

③ [南宋]张津等纂:《乾道四明图经》卷一《总叙·分野》,载浙江省地方志编纂委员会编《宋元浙江方志集成》第 7 册,杭州出版社 2009 年版,第 2880 页。

治所在。[①] 古城由南、北两城组成，其中南城建于明代嘉靖年间(1522—1566)，北城系三国东吴名将朱然所筑。[②]现今相关遗迹虽保留不多，但古城格局大体犹在。

针对余姚古城的考古工作开展较晚，次数也不多，有收获者仅两次：一次是2018年巍星路南宋窖藏发掘，出土不少精美文物[③]；一次是2020年花园新村汉六朝遗址发掘，发现河道、临河护岸、木构设施、灰坑等遗迹10余处(图7)，出土陶、瓷、石、铜、木、骨等各类遗物标本300余件，其中封检、木觚等简牍类文书可谓余姚作为"文献名邦"的实物佐证。[④] 这两次发掘一次在北城之内，一次在南城巽水门外，对于研究余姚古城双城格局及其演变发展均有一定价值。

图7　余姚花园新村汉六朝遗址1号、2号护岸

(五)明州古城(港)

1. 古城遗址

明州(庆元、宁波)古城位于宁波市海曙区旧城内。唐代开元二十六年(738)在今宁波城区三江口一带设明州，"以境内四明山为名"[⑤]；长庆元年(821)在今宁

① 唐代以前余姚设县情况可参见第163页注①、注②。唐代以后余姚时州、时县、时市，变动较多，此处不再赘注。总体来看，余姚长期隶属越州、绍兴而很晚划归宁波，与宁波港城发展关联度不高，本文之所以列入，只是为了能够相对完整地介绍今之宁波境域城市考古概况。

② [北魏]郦道元撰《水经注校证》卷二十九《沔水》："江水又东径余姚县故城南。县城是吴将朱然所筑，南临江津，北背巨海，夫子所谓沧海浩浩万里之渊也。县西去会稽百四十里，因句余山以名县。"陈桥驿校证，中华书局2007年版，第688页。

③ 罗鹏：《浙江余姚巍星路窖藏考古》，《大众考古》2018年第12期。

④ 宁波市文化遗产管理研究院、浙江省文物考古研究所：《新成果·新进展·新突破——2020年度宁波地区重要考古发现》，《中国文物报》2021年4月2日。

⑤ [唐]李吉甫撰《元和郡县图志》卷二十六《江南道二》："开元二十六年，采访使齐澣奏分越州之鄮县置明州，以境内四明山为名。"贺次君点校，中华书局1983年版，第629页。

波城区鼓楼一带建子城，“周回四百二十丈，环以水”[①]；唐代末年建罗城，“周回二千五百二十七丈，计一十八里。奉化江自南来限其东，慈溪江（今余姚江——笔者注）自西来限其北，西与南皆它山之水环之”[②]，从而一举“奠定了古代宁波城市的空间形态”[③]。民国时期，除现存之鼓楼南门外，宁波旧城城墙被全部拆除。

1973年以来，为配合旧城改造，文物考古部门曾组织开展过多达37项涉及明州（庆元、宁波）古城的考古（试）发掘项目，相继发现了一批重要的地下文化遗存，为全面、深入探讨明州（庆元、宁波）古城不同时期的城防体系建设、城市规划布局与演变发展，以及港城互动关系等提供了宝贵的实物材料。以下简要分述之。

（1）子城遗址

1987年曾对鼓楼西北隅进行小规模发掘，但无重要发现[④]；1997年发掘揭露出唐宋时期的城墙、窨井、护城河、房基、室内地面、天井、沟、路面、花坛等遗迹（图8），并确认子城的具体位置就在今宁波市区鼓楼一带，其范围大体在东至蔡家巷、南至鼓楼外、西至呼童街、北至公园路的围合区域内。[⑤]

唐代城墙包砖与窨井　唐代水沟　宋代房基地面
宋代道路路面　宋代城墙基础　宋代天井地面

图8　明州子城遗址部分遗迹

① ［南宋］方万里、罗濬纂《宝庆四明志》卷三《叙郡下·公宇·子城》，载浙江省地方志编纂委员会编《宋元浙江方志集成》第7册，杭州出版社2009年版，第3147页。

② ［南宋］方万里、罗濬纂《宝庆四明志》卷三《叙郡下·城郭》，载浙江省地方志编纂委员会编《宋元浙江方志集成》第7册，杭州出版社2009年版，第3140页。

③ 张如安、刘恒武、唐燮军：《宁波通史·史前至唐五代卷》，宁波出版社2009年版，第193页。

④ 宁波市文物考古研究所：《浙江宁波鼓楼西北隅考古发掘简报》，《浙东文化》2000年第2期。

⑤ 宁波市文物考古研究所：《浙江宁波市唐宋子城遗址》，《考古》2002年第3期；王结华：《唐宋时期的明州子城与罗城》，载宁波市海曙区政协文史委编《甬城千年》，宁波出版社2020年版，第20—29页。

(2)罗城遗址

1973—1975 年在和义路、东门口一带发掘揭露出唐、五代、宋的渔浦城门、城墙、道路、水沟、灰坑等遗迹①;1993 年在东渡路、东门口一带发掘揭露出唐、宋、元的城墙、灰坑、水沟等遗迹(图 9)②;1995 年在东渡路与新街地块发掘揭露出唐代城墙、宋元时期市舶司(务)城门(又称来安门)段城墙遗迹(图 10)③;2003 年在和义路北段东侧、解放桥以南地块发掘揭露出元代新筑之和义门(旧曰盐仓门、下卸门)瓮城遗址局部(图 11)④;2016—2017 年在西门口东北侧地块发掘揭露出唐末、

罗城遗址(东渡门段)发掘场景

唐代城墙西壁包砖

北宋城墙包砖

南宋城墙西壁石砌墙基

南宋城墙与元代城墙关系

图 9　明州罗城遗址(东渡门段)发掘场景及部分遗迹

---

① 林士民:《浙江宁波和义路遗址发掘报告》,载浙江省博物馆编《东方博物》,杭州大学出版社 1997 年版,第 243—280 页。

② 林士民:《浙江宁波东门口罗城遗址发掘收获》,载《再现昔日的文明——东方大港宁波考古研究》,上海三联书店 2005 年版。

③ 宁波市文物考古研究所:《浙江宁波市舶司遗址发掘简报》,《浙东文化》2000 年第 1 期。

④ 王结华、王力军、丁友甫:《新世纪宁波考古新发现》,载宁波市文物考古研究所、宁波市文物保护管理所《宁波文物考古研究文集(二)》,科学出版社 2012 年版;宁波市文物考古研究所、国家水下文化遗产保护宁波基地:《发现——宁波地域重要考古成果图集(2001—2015)》(上),宁波出版社 2016 年版,第 124—131 页;王结华:《从和义门瓮城遗址看元代庆元城的毁与建》,载宁波市海曙区政协文史委编《甬城千年》,宁波出版社2020 年版。

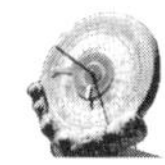

五代至民国时期的罗城城墙（望京门段）及城内外建筑基址、灰坑、墓葬等遗迹（图12）[1]。通过这些发掘，不仅确认了方志记载中罗城唐末始筑、宋代重修、元代毁建、明清增补、民国拆除之史实，揭示了不同时期罗城的相互关系及其构筑方法，也实证了罗城走向大体与今永丰路—望京路—长春路—灵桥路—东渡路—和义路—永丰路这一环线相互重叠（图13）。[2]

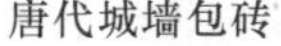

唐代城墙包砖

宋代城墙基础上铺设的条石

图10　明州罗城遗址（来安门段）部分遗迹

图11　和义门瓮城遗址发掘场景

图12　明州罗城遗址（望京门段）发掘场景

① 林国聪：《回望千年：明州罗城（京门段）遗址》，载宁波市海曙区政协文史委编《甬城千年》，宁波出版社2020年版，第64—74页。

② 王结华：《从句章到明州——宁波早期港城发展的考古学观察》，《中国港口》2017年第S1期；王结华：《唐宋时期的明州子城与罗城》，宁波市海曙区政协文史委编《甬城千年》，宁波出版社2020年版，第20—29页。

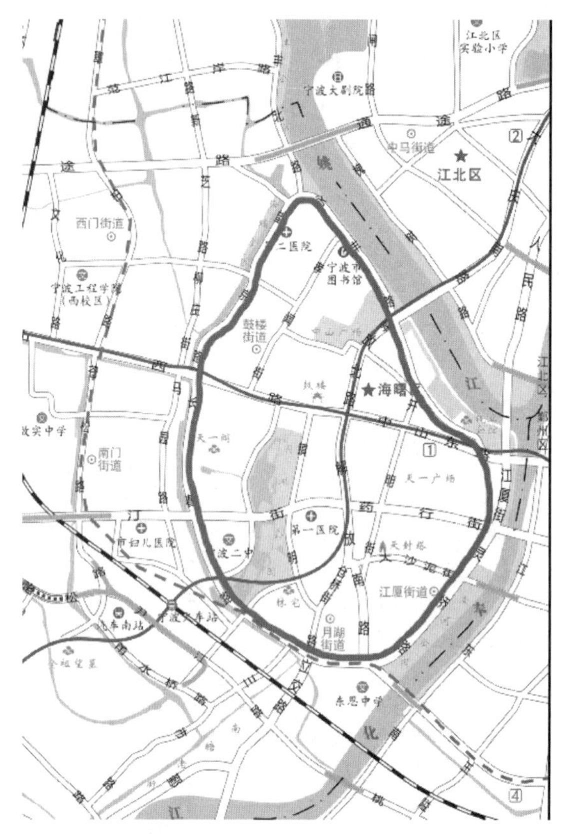

图 13　明州罗城古今叠压范围及走向示意

（3）城市设施

1986 年发掘了天封塔地宫（图 14）[①]和天后宫遗址[②]；1986—1987 年发掘了天封塔塔基（图 15）[③]；1995 年发掘了天宁寺东塔基址（图 16）[④]和宋元市舶司（务）仓库基址（图 17）[⑤]；1997—1998 年发掘了孔庙遗址[⑥]；1999 年发掘了都酒务遗址、水则亭基址、水则碑与疑似高丽使馆旧址[⑦]；2001—2002 年发掘了永丰库遗址（图

① 林士民：《浙江宁波天封塔地宫发掘报告》，《文物》1991 年第 6 期。

② 林士民：《浙江宁波天后宫遗址发掘》，载《再现昔日的文明——东方大港宁波考古研究》，上海三联书店 2005 年版。

③ 宁波市文物考古研究所：《浙江宁波天封塔基址发掘报告》，《南方文物》2011 年第 1 期。

④ 宁波市文物考古研究所：《浙江宁波唐国宁寺东塔遗址发掘报告》，《考古学报》1997 年第 1 期。天宁寺，唐称国宁寺。

⑤ 宁波市文物考古研究所：《浙江宁波市舶司遗址发掘简报》，《浙东文化》2000 年第 1 期。

⑥ 宁波市文物考古研究所：《浙江宁波宋代孔庙遗址发掘简报》，《浙东文化》1998 年第 2 期。

⑦ 宁波市文物考古研究所：《浙江宁波月湖历史文化景区考古发掘简报》，《浙东文化》2000 年第 2 期；张华琴：《宋元时期宁波城区“海丝”遗存考古研究》，《中国港口》2020 年第 S2 期。

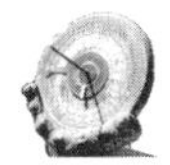

18)[①];2003 年发掘了天宁寺遗址(图 19)[②];2008 年发掘了范氏旧居遗址;2010 年发掘了崇教寺遗址[③];2011 年发掘了长春塘遗址(图 20)[④]。

图 14　天封塔地宫部分出土文物

图 15　天封塔塔基基石与缸基

图 16　天宁寺东塔基址

① 宁波市文物考古研究所:《永丰库——元代仓储遗址发掘报告》,科学出版社 2013 年版。

② 宁波市文物考古研究所、国家水下文化遗产保护宁波基地:《发现——宁波地域重要考古成果图集(2001—2015)》(上),宁波出版社 2016 年版,第 114—123 页;王结华:《前世今生天宁寺》,载宁波市海曙区政协文史委编《甬城千年》,宁波出版社 2020 年版,第 127—135 页。

③ 宁波市文物考古研究所、国家水下文化遗产保护宁波基地:《发现——宁波地域重要考古成果图集(2001—2015)》(上),宁波出版社 2016 年版,第 136—147 页。

④ 宁波市文物考古研究所:《浙江宁波海曙长春塘遗址发掘简报》,《南方文物》2014 年第 3 期。

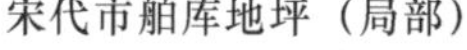

宋代市舶库地坪（局部）

元代市舶库地坪（局部）

图 17　宋元市舶司(务)仓库基址(局部)

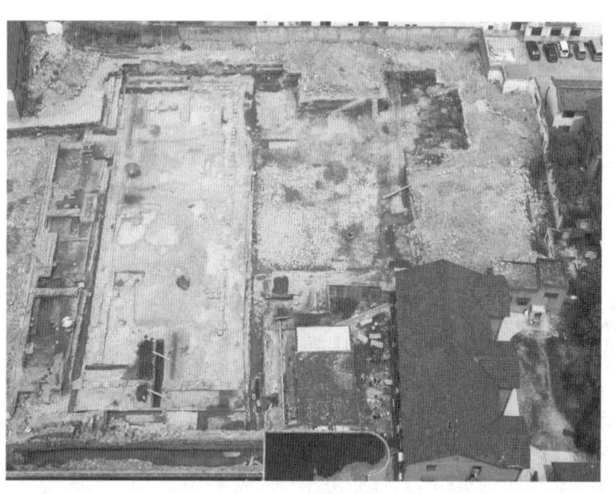

图 18　永丰库遗址全景

图 19　天宁寺塔及遗址鸟瞰

图 20　长春塘遗址(局部)

2. 港口设施

得益于悠久深厚的水上交通传统、河（中国大运河）海（海上丝绸之路）交会节点的特殊地理位置，以及句章、鄮县等早期港口的持续开发，特别是唐代开元二十六年(738)作为独立州级政区的明州在今宁波城区三江口一带的稳定设置，与城市两位一体、互为依托的港口也因此得以日益兴盛起来。

除了上文提及的可以作为航标的天封塔，以及与港航活动密切相关的天后宫遗址、市舶司（务）仓库遗址、疑似高丽使馆旧址、永丰库遗址等历史遗迹，在历年来的城市考古工作中，还发现过不少的码头遗址和木质沉船，主要包括：1973—1975 年在和义路、东门口一带发掘揭露出的唐宋时期造船场遗址（1998 年再次对该船场遗址进行了发掘①）和唐代龙舟②；1978—1979 年在东门口交邮大楼地块发掘揭露出的两宋时期江厦码头遗址（图 21）与北宋古船（图 22）③；2003 年在和义路发掘揭露出的南宋古船（图 23）④；2006 年在和义路发掘揭露出的南宋渔浦码头遗址（图 24）⑤。这些发现，不仅揭露出唐至元代明州（庆元）的部分港口设施，还同时出土了一批重要的内外贸易类陶瓷，为探讨那一时期的港口发展以及港城关系提供了直接佐证。

图 21　江厦码头遗址　　　图 22　北宋古船发掘现场

① 宁波市文物考古研究所：《浙江宁波船场遗址考古发掘简报》，《浙东文化》1999 年第 1 期。

② 林士民：《浙江宁波和义路遗址发掘报告》，载浙江省博物馆编《东方博物》，杭州大学出版社 1997 年版。

③ 宁波市文管会：《宁波东门口码头遗址发掘报告》，载浙江省文物考古研究所编《浙江省文物考古研究所学刊》，文物出版社 1981 年版。

④ 龚昌奇、丁友甫、褚晓波等：《浙江宁波和义路出土古船复原研究》，载宁波市文物考古研究所、宁波市文物保护管理所编《宁波文物考古研究文集》，科学出版社 2008 年版；宁波市文物考古研究所、国家水下文化遗产保护宁波基地：《发现——宁波地域重要考古成果图集（2001—2015）》（下），宁波出版社 2016 年版，第 326—331 页；王光远、林国聪：《宁波考古六十年》“水下考古”篇，宁波出版社 2016 年版，第 136—138 页。

⑤ 宁波市文物考古研究所：《浙江宁波南宋渔浦码头遗址发掘简报》，《南方文物》2013 年第 3 期。

图 23　保护展示于国家水下文化遗产保护宁波基地的南宋古船

图 24　渔浦码头遗址(局部)

3. 早期遗存

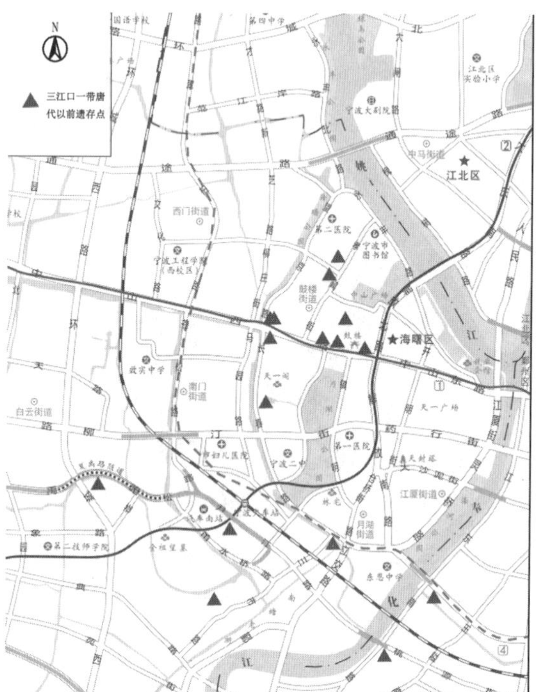

图 25　宁波城区三江口一带唐代以前遗存分布示意

值得关注的还有一度颇受忽视的时代更早的城市地下文化遗存。20 世纪 70 年代以来，在宁波旧城内西门口东南侧、孝闻街与西河街交叉口西南、天宁寺东塔基址下、明州子城遗址下、永丰库遗址下、孝闻街、尚书街、月湖西区、西门口东北侧等地，相继发现过唐代早期及其以前的文化遗存(图 25)，表明远在唐代长庆元年(821)修筑明州子城以前，这里已经相当繁华，东晋隆安年间(397—401)迁址的句章县县治，隋代开皇九年(589)设立的句章、余姚、鄞、鄮县合治，以及唐代武德四年(621)设立的鄞州州治、武德八年(625)设立的鄮县县治、开元二十六年(738)设立的明州州治应皆在此，而非此前部分方志和今人研究臆测讹传的在小溪、古鄮县和三江口之间来回迁移。[①]

① 王结华、许超、张华琴:《句章故城若干问题之探讨》,《东南文化》2013 年第 2 期;王结华:《从句章到明州——宁波早期港城发展的考古学观察》,《中国港口》2017 年第 S1 期;许超:《宁波地区汉唐港城的考古学研究》,南京大学 2018 年博士学位论文;王结华:《关于宁波古代城市发展中的"小溪"问题》,《东南文化》2021 年第 4 期;许超、张华琴、王结华:《唐代明州初治地望考辨》,《东南文化》2016 年第 1 期;许超:《明州设立之前的三江口》,载宁波市海曙区政协文史委编《甬城千年》,宁波出版社 2020 年版,第 3—9 页。

（六）慈城古城

慈城古城位于宁波市江北区慈城镇，原为慈溪旧治。慈溪建县始于唐代开元二十六年（738）[①]，历属明州（庆元、宁波）辖县之一，至1954年迁治浒山镇，其治慈城凡1216年。

2002年以来，为配合慈城古城保护开发，文物考古部门曾相继实施过6次发掘：2002年古衙署遗址发掘（图26）[②]；2007年小东门、太阳殿路暨东城沿路发掘[③]；2009年小东门城门遗址发掘[④]；2010—2011年大东门城门及瓮城遗址发掘（图27）[⑤]；2011—2012年东南段城墙发掘[⑥]；2020年南门地块发掘。这些发掘工作发现了唐至明代慈溪衙署甬道和明代大小东门城门、水门、瓮城、护城河及多段城墙遗迹，基本探明了慈城古城城垣形制，也证实了其城墙的始筑时间当不早于明代，解决了长期以来方志记载中的争议。[⑦]

图26　慈城古衙署Ⅰ期甬道遗址

图27　慈城大东门瓮城遗址（局部）

（七）奉化古城

奉化古城位于宁波市奉化区旧城内。奉化建县始于唐代开元二十六年（738）[⑧]，历属明州（庆元、宁波）辖县之一，元元贞元年（1295）一度升为奉化州，明代洪武二年（1369）复为县，1988年撤县设市，2016年撤市设区。

针对奉化古城的考古工作迄今开展不多，主要有两次：2002年在县江东岸拆迁地块进行小规模发掘时发现大量韩瓶堆积；2015—2016年在惠政东路1号地块进行大规

---

① ［后晋］刘昫等撰《旧唐书·地理三》：“奉化、慈溪、翁山，已上三县，皆鄮县地。开元二十六年，析置。”

② 宁波市文物考古研究所：《浙江宁波慈城古衙署遗址发掘简报》，《南方文物》2011年第4期。

③ 宁波市文物考古研究所、国家水下文化遗产保护宁波基地：《发现——宁波地域重要考古成果图集（2001—2015）》（上），宁波出版社2016年版，第162—163页。

④ 宁波市文物考古研究所、国家水下文化遗产保护宁波基地：《发现——宁波地域重要考古成果图集（2001—2015）》（上），宁波出版社2016年版，第162—163页。

⑤ 宁波市文物考古研究所：《浙江宁波江北慈城古县城大东门地块发掘简报》，《南方文物》2015年第4期。

⑥ 宁波市文物考古研究所：《浙江宁波江北慈城古县城东南段城墙发掘简报》，《南方文物》2014年第3期。

⑦ 张华琴、许超：《宁波考古六十年》“城市考古”篇，故宫出版社2017年版，第85页。

⑧ ［后晋］刘昫等撰《旧唐书·地理三》：“奉化、慈溪、翁山，已上三县，皆鄮县地。开元二十六年，析置。”

模勘探、发掘时发现各类遗迹现象 79 处，出土遗物标本 2000 余件(其中韩瓶 1500 余件)，遗物时代上起唐宋，下至民国。这两次发掘地点相距不远且均有大批韩瓶发现，推断该地可能存在过一处古代制酒作坊的堆场[①]，但除此外并无其他重要遗址发现。

(八)“小溪”问题

宋时小溪镇(今宁波市海曙区鄞江镇一带)曾一度被讹传为东晋隆安年间(397—401)至唐代武德四年(621)间的句章县县治、唐代武德四年至八年(621—625)间的鄞州州治、唐代武德八年至开元二十六年(625—738)间的鄮县县治、唐代开元二十六年至大历六年(738—771)间的鄮县县治与明州州治、唐代大历六年至长庆元年(771—821)间的明州州治、唐代长庆元年至后梁开平三年(821—909)间的鄮县县治等不同州、县治所之所在，这一说法虽历代争议不断，但直至现代考古手段的介入和相关研究的深入，真相才最终得以大白于世。[②]

2011—2015 年，文物考古部门对鄞江镇一带展开了长达四年之久的考古调查、勘探、(试)发掘和遥感考古、地球物理探测等工作。从考古情况看，在部分方志及今人研究指认可能埋藏有古城的高尚宅地块、悬磁村地块及凤凰山周边，不仅没有任何城址迹象发现，甚至连宋元时期的文化堆积都属罕见；在被认为最有可能的古城畈地块，主要发现的也只是宋元时期的水利遗存及相关遗迹(图 28)，

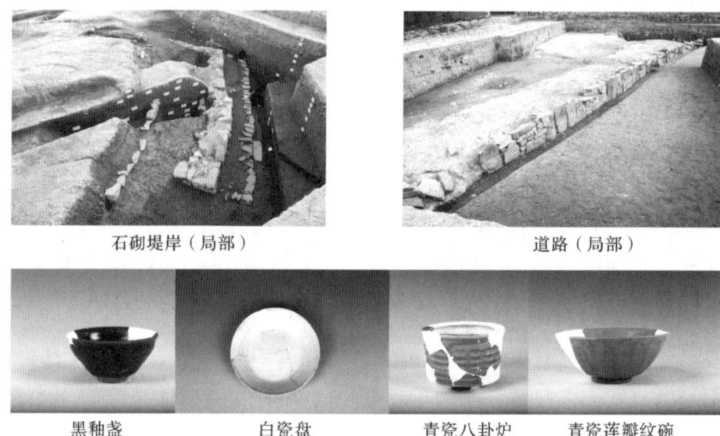

图 28　小溪(鄞江)一带发现的部分宋元时期遗迹与遗物

① 张华琴、许超：《宁波考古六十年》“城市考古”篇，故宫出版社 2017 年版，第 86 页。

② 王结华、许超、张华琴：《句章故城若干问题之探讨》，《东南文化》2013 年第 2 期；王结华：《从句章到明州——宁波早期港城发展的考古学观察》，《中国港口》2017 年第 S1 期；许超：《宁波地区汉唐港城的考古学研究》，南京大学 2018 年博士学位论文；王结华：《关于宁波古代城市发展中的“小溪”问题》，《东南文化》2021 年第 4 期；许超、张华琴、王结华：《唐代明州初治地望考辨》，《东南文化》2016 年第 1 期；许超：《明州设立之前的三江口》，宁波市海曙区政协文史委编《甬城千年》，宁波出版社 2020 年版；陈丹正：《隋唐时期宁波地区州县城址沿革三题》，《中国历史地理论丛》2008 年第 2 期；许超、张华琴、王结华：《浙江省宁波鄞江古城考古的主要收获与初步认识》，《南方文物》2015 年第 4 期。

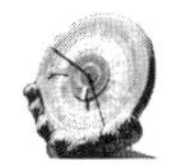

唐代及其以前的文化堆积同样十分单薄，从而完全排除了历史上这里曾建有县级以上治所的可能。

二、保护与展示

“文物是人类经过长久的智力创造与文化积淀而存留下来的不可再生资源，是文物保护工作的直接对象，也是考古调查、勘探、发掘、研究的客观实体。考古实践和研究工作的持续开展，要依赖于文物本体客观、真实和完整的保存。考古工作与文物保护是密切联系，相互依存的。保护是前提，从文物资源的不可再生性、文物保护的科技局限性、考古技术的局限性等方面出发，为了满足考古工作持续发展的要求，实现文物资源的永续传承与利用，应该将考古工作纳入到文物保护体系之中。”[①]

近 50 年来，宁波在开展港城考古的同时，也对发现的部分重要遗存进行了不同程度、不同形式的保护。主要做法如下。

（一）出台政策法规

在严格按照《中华人民共和国文物保护法》《浙江省文物保护管理条例》等有关法规和近年国家《关于进一步加强文物工作的指导意见》《关于加强文物保护利用改革的若干意见》、浙江省《关于进一步加强文物工作的实施意见》《关于加强文物保护利用改革的实施意见》等有关政策依法开展港城考古的基础上，宁波市也相继出台了地方性文物保护法规，如《宁波市文物保护管理条例》《宁波市文物保护点保护条例》《宁波市慈城古县城保护条例》《关于进一步加强文物工作的实施意见》等政策性文件，这为宁波港城考古的顺利开展和重要考古遗存的保护展示奠定了基础、创造了条件、提供了依据。

（二）保护展示模式

1. 公布文物保护单位

经由考古发现或开展过考古工作的港城地下文化遗存，目前已有 8 处被公布为各级文物保护单位。[②] 其中：国保三处，分别为永丰库遗址、天宁寺（含东塔基址与寺庙遗址）、水则碑；市保一处，为天封塔（含地宫与塔基）；区、县（市）保四处，分别为句章故城遗址、疑似高丽使馆旧址、和义门瓮城遗址、明州罗城遗址（望京门段）。此外，也正在积极推荐鄞县故城遗址公布为文物保护单位，争取早日将其纳

① 张忠培：《应将考古工作纳入文物保护体系中（纲要）》，载宁波市文物考古研究所、宁波市文物保护管理所编《宁波文物考古研究文集》，科学出版社 2008 年版，第Ⅴ—Ⅶ页。

② 宁波市文化遗产管理研究院编《宁波市文物保护单位（点）名册》，内部编印，2020 年。

入法治化的保护轨道。

2. 建设考古遗址公园与现场展示馆

目前已建成城市考古遗址公园2处：一为元代庆元路永丰库遗址公园（图29）。永丰库遗址于2001—2002年发现，曾获评2002年度“全国十大考古新发现”，因其地处宁波城区黄金地段，是否保护、如何保护，各方意见不一，保护难度相对较大，但在社会各界共同努力下，市政府最终取消了建设项目，投入资金一亿多元实施原址填埋保护并整体复原展示。2008年11月，遗址公园建成；2009年3月，遗址公园正式向市民免费开放。

图29　永丰库遗址公园

二为望京门遗址公园（图30）。这里原本计划建设城市公交转换站，后因明州罗城遗址（望京门段）的发现，市政府最终决定仅保留两路公交车站，其余区域全部改建为考古遗址公园。这里同时还建有明州罗城遗址（望京门段）现场展示馆，馆内局部揭露展示2016—2017年考古发现的明州罗城遗址（望京门段），并设有“千年城事”专题陈列。

图30　望京门遗址公园效果示意

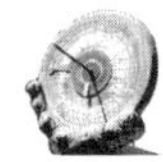

3.原址填埋保护与遗址揭露展示

句章故城、鄞县故城、天宁寺东塔基址、天封塔地宫与塔基、范氏旧居遗址、慈城古城大东门城门及瓮城遗址、慈城古城东南段城墙等,目前采取原址填埋的方式予以保护;水则碑、和义门瓮城遗址、渔浦码头遗址、天宁寺遗址、孔庙遗址、长春塘遗址、慈城古衙署之甬道遗址等,目前采取原址局部揭露展示或全部揭露展示的方式予以保护(图31、图32)。

原址保护展示的和义门瓮城一角

和义门瓮城遗址保护标志

图31 原址保护展示的和义门瓮城遗址一角与保护标志

图32 渔浦码头遗址保护展示栏

4.原址重建复原与异地保护展示

慈城古城大东门及瓮城、慈城古城小东门城门、慈城古衙署、水则亭基址、疑似高丽使馆旧址等,现已大体根据文献与考古资料进行了原址重建或模拟展示(图33、图34);和义路唐代龙舟与南宋古船,因缺乏原址保护条件,分别采取了整体迁移保护和拆解迁移保护等措施予以处理。唐代龙舟原在全国重点文物保护单位、世界文化遗产点庆安会馆内展示,现已迁移至国家水下文化遗产保护宁波基地内进行保护;南宋古船则经科技保护修复后在国家水下文化遗产保护宁波基地内展示。

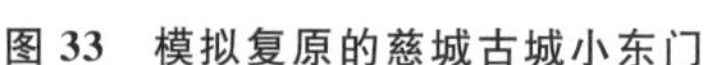

图 33　模拟复原的慈城古城小东门

图 34　水则碑亭今貌

5. 文物展出与专题展陈

港城考古出土的众多精美文物，现正在甬城各大博物馆中展出。此外，2002年以来，宁波还相继举办了“永丰库遗址探秘”“千年古船特展”“宝见古城——宁波·余姚巍星路窖藏考古成果展”“天下开港——宁波的港与城”“汇流——宁波建城1200周年特展”“汉风姚城——余姚汉代历史文化主题展”“失落的古鄞城——奉化白杜考古文化展”“沧海为曙——从千年府治到卓越城区”等港城考古专题展，以及“发现宁波——宁波考古二十年成果展”“发现——新世纪宁波考古成果展”等辟有港城考古专章的各类展陈（图 35）。

发现宁波——宁波考古二十年成果展

千年古船特展

发现——新世纪宁波考古成果展

宝见古城——宁波·余姚巍星路窖藏考古成果展

图 35　部分港城考古成果展览

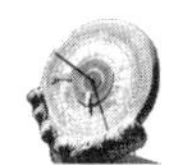

三、问题与思考

(一)关于城市考古范畴

城市考古是以古代城市的遗址为对象的考古工作和考古研究。考察和研究古代城址的目的是掌握古代城址不同时期的遗迹现象,复原古代城市不同时期的形态结构,从而认识古代城市社会生活的空间场景,为研究城市发展的历史和开展古代城市的保护奠定基础。[①] 目前学术界一般将通过考古学方法对城市历史、空间结构和功能等开展的研究称为城市考古,有时也将城市考古理解为在现代城市范围内进行的各项考古工作。[②]

具体到宁波城市考古(似乎称为港城考古更为合适)的情况来看,21 世纪以前还仅仅局限于今天的宁波旧城范围内,其考古的对象也仅仅只是历史上的明州(庆元、宁波)古城(港)。这一情况在进入 21 世纪以后有了很大程度的改观,2002 年以来句章故城(港)、鄞县故城、鄮县故城(港)、余姚古城、慈城古城、奉化古城以及"小溪"问题的考古调查、勘探、(试)发掘与研究,已经引发了宁波城市考古范畴与对象的极大扩展。出现这一变化的原因,一方面,固然是缘于明州(庆元、宁波)古城(港)面积的局限和现代城市改造步伐的过快,导致宁波旧城范围内可供考古区域逐步缩减,因此不得不向广义的城市(城址)考古延伸;另一方面,也是缘于宁波城市考古目的与方法的转变。

(二)关于城市考古方法

宁波城市考古范畴的延伸与扩展,在某种意义上也标志着宁波城市考古的目的已从以往纯粹地配合旧城(镇)改造与工程建设的抢救性考古,开始走向主动性的课题考古研究;考古目的的转变,也同时意味着城市考古方法的改变。在以往的宁波城市考古实践中,针对古今重叠型城市(学术界一般称作某某古城)和荒野废弃型城址(学术界一般称作某某故城),我们采取的考古调查、勘探、发掘方法都是不完全一样的。关于这一点,可参阅《宁波城市考古发展简论》[③]一文,此不赘述。

(三)关于保护展示问题

国家文物局原副局长宋新潮曾经指出,城市考古遗存及其保护展示,"为现代

---

① 孙华:《中国城市考古概说》,国家文物局田野考古高级研修班讲义,2016 年。

② 宋新潮:《关于城市考古的几个问题》,《中国文物报》2016 年 12 月 27 日。

③ 张华琴:《宁波城市考古发展简论》,载宁波市文物考古研究所、宁波市文物保护管理所编《宁波文物考古研究文集(二)》,科学出版社 2012 年版,第 12—17 页。

城市建设增添了独特而丰富的文化内涵……为留存城市记忆、增强城市的文化自信发挥着积极的作用”①。

目前，宁波境内发现的港城考古遗存，主要采取的是公布文物保护单位、建设考古遗址公园与现场展示馆、原址填埋保护与遗址揭露展示、原址重建复原与异地保护展示等保护展示手段。通过这些不同形式的保护措施，一批重要的考古遗存得到了比较妥善的保护展示，已成为港城宁波的文化坐标和亮丽名片。但不可否认，文物保护管理与经济社会建设的矛盾仍然且将长期存在，能够得到有效保护的考古遗存毕竟只是少数，多数遗存特别是早年的一些珍贵发现已被损毁而消失；已经保护下来的考古遗存，也只是一些分散的单体的遗迹，即便如此，其保护效果与后续保护方案也并不尽如人意，特别是在向公众展示方面仍有诸多需要改进和完善之处；部分重要的考古遗存，诸如鄞县故城、渔浦码头遗址、孔庙遗址、长春塘遗址等虽然得以原址保护，但尚未正式纳入法治化的保护轨道，有待今后继续努力争取。

（四）关于考古成果转化

宁波城市考古开始至今已经50年，重要考古项目至今也已开展有50余项，其中不乏一些具有深远影响的发现。但从资料整理与学术研究方面来看，问题仍然不少，主要表现在：一是部分考古简报尚未正式发表；二是公开出版的单行本专题报告仍有“欠账”，目前仅见《永丰库——元代仓储遗址发掘报告》《句章故城——考古调查与勘探报告》《鄞县故城——考古调查与勘探报告》3部，《小溪（鄞江）——考古调查、勘探与发掘报告》《明州罗城（望京门段）——考古发掘报告》（暂名）等单行本专题报告仍在编写之中，尚未正式出版；三是研究论著相对欠缺，除早年出版的《海上丝绸之路的著名海港——明州》《三江变迁——宁波城市发展史话》和近年出版的《城·纪千年——港城宁波发展图鉴》勉强可计入外，尚无其他专门性、综合性的港城考古研究专著面世。

今后，一方面要更加高度重视城市考古资料整理的及时性问题，积极推动前期积压考古资料的整理，以期催生更多的考古简报与专题报告的发表（出版）；另一方面要更加强调城市考古资料整理的系统性问题，逐步开展宁波城市（城址）考古的专题性研究，让更多高质量、专门性、综合性的学术专著问世。同时，可以考虑利用现代科学与信息技术对所有零散资料进行统筹管理，争取早日建成“宁波城市考古地理信息系统”，这对深入开展宁波古代城市发展史和港城关系研究同样十分重要。

① 宋新潮：《关于城市考古的几个问题》，《中国文物报》2016年12月27日。

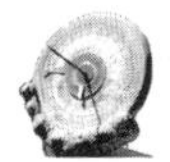

(五)关于城市考古管理

如同其他地区一样,在多年来的宁波城市考古工作中,我们也曾遇到过不少问题,其中在管理方面的问题主要表现在:考古工作列入城镇工程建设前置条件的长效机制尚未全面形成;古今重叠型城市考古如何与现代城市建设取得共赢;抢救性考古工作质量与城市建设工程工期如何协调;城市考古发现的重要遗存如何在保护管理好的基础上更好地活化利用;等等。这些问题,既需要从宏观管理层面予以明确、引导,也需要我们自身主动应对、化解。

(六)关于港口考古研究

港城相依、以港兴城是宁波主要的城市特征之一。“在长达两千多年的港城发展进程中,宁波的城市经历了从句章故城到明州古城再到今日宁波的历史嬗变,宁波的港口也相应经历了从余姚江时代到三江口时代再到海港时代的华丽转身。”[①]在这一发展进程中,历代先民曾经建造过诸多的港口设施,但我们的考古发现却相对不多。这一方面固然与古代特别是早期港口可能建造相对简陋,不易保存,后期建设对港口设施的影响或破坏更大等因素相关;另一方面也与专门针对港口方面的考古项目明显偏少、相关研究同样不多有关。在某种程度上,这或许是今后宁波港城考古可以关注的另一领域,也是今后应该着力的另一方向。

综上所述,通过持续不断的考古研究,港城宁波的发展脉络已得以逐步清晰,名城宁波的文化内涵也得以丰富夯实,曾经繁华的城市面貌与市民生活图景亦得以部分再现。但我们同时也要清醒地看到,以往的宁波港城考古,特别是针对古今重叠型城市和港口遗存开展的考古,还仅仅是一些点状的零散的工作;保护下来的港城考古遗存,也仅仅是一些分散的单体的遗迹。我们的港城考古还没能与配合旧城改造完全剥离,做到事先有计划、有目的地进行;我们的考古研究也还没能很好地串点成线、连线成面、兼顾全局并形成系统性的成果。所有这些,对于保护港城的历史、根脉和风貌,对于探究港城的起源、发展与演变,显然都是远远不够的。在城市改造运动仍远未平息、经济社会进入新常态的今天,宁波的港城考古之路,依旧任重而道远。

(原文刊于《中国港口》2021 年第 S1 期,此处有所修订并增补了 2021—2022 年的相关材料)

① 王结华:《从句章到明州——宁波早期港城发展的考古学观察》,《中国港口》2017 年第 S1 期。

余姚地区汉六朝考古的收获与思考[①]

许　超

（宁波市文化遗产管理研究院）

摘　要：近年来余姚地区汉六朝时期考古取得了不少新的发现，为研究当时余姚的城市聚落、物质文化、民间信仰、家族人群等提供了新的材料。结合历史文献的记载，本文拟从城市与聚落、墓葬与人群这两个视角出发，对上述课题做进一步的探讨。

关键词：余姚；汉六朝考古；聚落；墓葬；人群

余姚历史悠久，人文荟萃，素有“东南名邑”“文献名邦”的美誉。20 世纪 50 年代以来，余姚地区进行了多次汉六朝时期墓葬的发掘工作[②]，近年来又开展了穴湖孙吴时期虞氏家族成员墓[③]、花园新村汉六朝遗址的考古发掘。得益于深厚的人文传统，长期以来，本地学者也积极从事相关资料的整理与研究，代表性的论著有《从余姚地区出土的随葬品来看西晋时期的厚葬之风》[④]、《有虞故物：会稽余姚虞氏汉唐出土文献汇释》[⑤]、《余姚古砖》[⑥]等。这些工作为我们开展余姚地区汉六朝时期历史文化的研究奠定了良好的基础。笔者也曾利用出土的六朝文物对这一

---

① 2021 年 4 月 27 日，笔者在余姚博物馆做了《余姚地区汉六朝考古的收获与思考》报告，本文据此整理而来。

② 相关的考古发现有：茅可人：《浙江余姚发现汉砖》，《文物参考资料》1954 年第 6 期；浙江省文物管理委员会：《余姚上林湖水库墓葬发掘简报》，《文物参考资料》1958 年第 12 期；王莲瑛：《余姚西晋太康八年墓出土文物》，《文物》1995 年第 6 期；鲁怒放：《余姚市湖山乡汉——南朝墓葬群发掘报告》，《东南文化》2000 年第 7 期；浙江省文物考古研究所：《余姚老虎山一号墩发掘》，载浙江省文物考古研究所编《沪杭甬高速公路考古报告》，文物出版社 2002 年版，第 51—95 页。

③ 许超、李安军、李小仙：《浙江余姚穴湖孙吴时期虞氏墓发掘简报》，《文物》2000 年第 9 期。

④ 王莲瑛：《从余姚地区出土的随葬品来看西晋时期的厚葬之风》，《东南文化》1998 年第 3 期。

⑤ 商略、孙勤忠：《有虞故物：会稽余姚虞氏汉唐出土文献汇释》，上海古籍出版社 2016 年版。

⑥ 陈元振、孙勤忠：《余姚古砖》，西泠印社出版社 2021 年版。

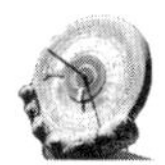

课题进行过探讨。[①] 结合近年来新获取的部分材料，本文拟从城市与聚落、墓葬与人群这两个方面开展进一步的讨论。

一、城市与聚落

余姚于秦代置县，县城位于今龙泉山东、秘图山南，城墙则始筑于东汉末年的建安年间。《水经注》载："江水又东径赭山南……江水又经官仓，仓即日南太守虞国旧宅，号曰西虞，以其兄光居县东故也。是地即其双雁送故处。江水又东径余姚县故城南，县城是吴将朱然所筑。"[②]赭山又名灵绪山，即今龙泉山，《嘉泰会稽志》载"在县西一里"[③]。《嘉泰会稽志》又称"秘图山，在县北六十七步"[④]。依托山势筑城是宁波地区汉六朝时期常见的做法，如鄞县故城就依托城山的山脊线修筑城墙，城内的主要生活区则位于城山东南的台地上。[⑤] 余姚县城选址筑城与之近似。

汉六朝时期余姚县城的规模，文献不载。同时期的鄞县故城周长约 760 米，可资参考。《嘉泰会稽志》称："(余姚)县城周一里二百五十五步，高一丈，厚二丈。"[⑥]一里合三百步，若以一步 1.3 米计，南宋时余姚县城周长约 721 米。考虑到古代地方城市发展的稳定性，汉六朝时期余姚县城的规模很可能与此相当，也接近鄞县故城的规模。

今龙泉山东、秘图山南一带还未曾开展过考古发掘工作。1980 年在龙泉寺山门一带出土有两枚瓦当，今藏余姚博物馆。一为云纹瓦当，面径 13.1 厘米，当面被双隔线四等分，扇面间饰蘑菇云纹，当面外圈与当心凸钮外各装饰有射线纹(图 1a)；一为兽面纹瓦当，面径 13.4 厘米，兽面浓眉，双目圆凸，鼻梁细挺，顶端近菱形，下饰鼻孔，口微张吐舌，饰夸张的向下外撇的獠牙(图 1b)。唐虞世南撰《龙泉寺碑》载："龙泉寺者，晋咸康二年，县民王阳及虞宏实等之所建立。"[⑦]据此可知龙泉寺为东晋咸康二年(336)，由县民王阳、虞宏实等舍宅所立。龙泉寺山门所出的这两枚瓦当具有鲜明的时代特征，正是这一时期的遗物。《水经注》中又记载余姚

---

① 许超、谢向杰:《余姚出土六朝文物研究三题》,《中国港口》2020 年第 S2 期。

② [北魏]郦道元撰《水经注校证》卷二十九《沔水》,陈桥驿校证,中华书局 2007 年版,第 687—688 页。

③ [南宋]施宿等纂《嘉泰会稽志》卷九,载中华书局编辑部编《宋元方志丛刊》(七),中华书局 1990 年版,第 6872 页。

④ 《嘉泰会稽志》卷九,第 6871 页。

⑤ 王结华、许超、张华琴:《远逝千年的边陲古城——宁波奉化白杜鄞县故城的考古调查与发现》,《中国文物报》2018 年 6 月 15 日。

⑥ 《嘉泰会稽志》卷十二,第 6937 页。

⑦ [清]邵友濂、孙德祖纂《光绪余姚县志》卷十六《金石上》,徐良华点校,线装书局 2019 年版,第 253 页。

县城与龙泉山之间有官仓，龙泉寺山门位置也有可能是官仓所在，所出的瓦当或为官仓建筑所用。

a

b

图 1　龙泉寺出土瓦当

《后汉书·黄昌传》载："黄昌字圣真，会稽余姚人也。本出孤微。居近学官。"[①]学官是地方官府兴办的学校。黄昌故居，后世认为在今姚江南岸南城西北的黄桥附近，若推定无误，则东汉官学应当也在江南。《水经注》中记载，"江水又东径赭山南，虞翻尝登此山而四望，诫子孙可居江北，世代有禄位，居江南则不昌也"[②]。从虞翻登赭山对子孙的告诫来看，江南应当形成了居住区，东汉官学置于余姚江南是可能的。2020 年，花园新村地块的考古发现也进一步证实，汉六朝时期余姚江南岸已经形成了一定规模的聚落，余姚南北双城跨江发展的格局早在汉代即已形成。存废于战国至汉晋时期的安吉古城，在紧邻城址东侧也发现有面积约 40 万平方米的大型聚落[③]，城市与居民区的布局和余姚类似。

花园新村汉六朝遗址位于梨洲街道花园新村地块，余姚南城东南的巽水门外，因近明清花园桥而得名(图 2)。2020 年 7 月至 12 月，宁波市文化遗产管理研究院组织力量对该遗址进行了 2000 平方米的考古发掘。发掘表明，遗址原始地貌北高南低，北侧为受潮汐活动影响而形成的黄沙土高地，南侧为宽广的水域。该地块原为住宅小区，建造时对遗址造成了较大的破坏，北侧的黄沙土高地以上的历史时期堆积已不存，南侧水域与北侧高地间的坡地还保留有部分东汉时期的原生堆积，主要遗存排桩护岸、房址皆发现于此。发掘揭露的排桩护岸、房址的构筑方式为木桩底端削尖直接夯打载桩(图 3)，附属的竹木加固方式在本地区皆有深远的传统。

遗址的年代较为明确，仅在扰土层中出土有一定的两晋南朝时期青瓷器。南侧河道废弃后的晚期堆积中出土有宋元以来遗物，表明河道淤塞后直至进入宋元

---

① [南朝宋]范晔撰，[唐]李贤注《后汉书》卷七十七《黄昌传》，中华书局 1965 年版，第 2496 页。

② [北魏]郦道元撰《水经注校证》卷二十九《沔水》，陈桥驿校证，中华书局 2007 年版，第 687 页。

③ 刘建安：《浙江汉六朝考古》第一章《城址》"安吉古城"部分，浙江人民出版社 2022 年版，第 22—25 页。

图 2　花园新村汉六朝遗址位置

图 3　木构排桩护岸(自西向东摄)

时期才有了大规模的人类活动。在河道堆积、木构排桩护岸设施与房址堆积中，出土遗物主要为典型的汉代陶瓷器及建筑构件，其中时代特征明确的有新莽时期“货泉”“大泉五十”、剪轮五铢等铜钱、永平十七年纪年木觚、“永元”款铭文砖。由此我们判断发掘揭露出的遗址主体年代为东汉早中期。

木觚的发现是本次考古的重要收获。木觚出土于发掘区西北部的河道堆积中。木觚出土时已断裂，有多处残损，全长 46 厘米、宽 4.2—5.5 厘米，厚 1—3.6 厘米。木觚由整根木材横截面约 2/3 处纵剖而成，底为平面，正面刮削出六棱五面，涂满朱砂，右起左行墨书五行。觚身正面中上部开有一长约 3.3 厘米、宽约

2.7 厘米的长方形凹槽，当为钤印封泥处(图 4)。

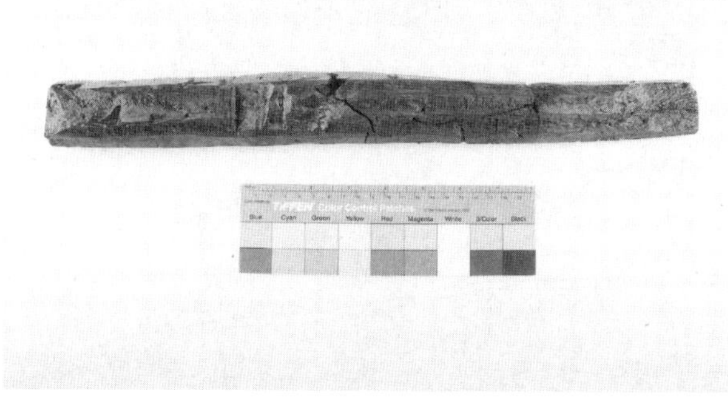

图 4　花园新村汉六朝遗址出土木觚

木觚现存 200 余字，记录了发生在东汉明帝永平十七年(74)六月最后一天的一场仪式：为了给当地男子孙少伯祷疾禳病，“天帝使者信臣”告“余姚县官稷”，令当地社君处置社界中致使孙少伯“疾痛不能言”的“老物”，此“老物”又有种种变化。最后仿照公文模式，要求“如律令”执行。

《后汉书·第五伦传》载：“会稽俗多淫祀，好卜筮……其巫祝有依托鬼神诈怖愚民。”①又《后汉书·方术列传下》：“徐登者，闽中人也。本女子，化为丈夫。善为巫术。又赵炳，字公阿，东阳人，能为越方。”②木觚的发现为研究汉六朝时期本地区的民间宗教活动提供了宝贵材料。在时间、空间及出土环境上与余姚花园新村木觚最为接近的，是江苏高邮邵家沟汉代遗址发现的“天帝使者”封泥与绘有符箓的木牍。③ 据简报所述，邵家沟遗址也是一处濒水遗址，两层文化层之间存在着一层河沙淤积层，“天帝使者”封泥与符箓木牍均出土于 2 号灰沟。此外，南京城南秦淮河下游西岸的皇册家园地点，曾出土孙吴、西晋简牍 50 枚。其中，8 枚符祝类简牍也见朱书、星图、道符等，简 H-18 释为“黄帝告六门亭长□□并刺”。皇册家园及其东岸的颜料坊，被认为是六朝至隋唐时期秦淮河岸的渡口遗址。符祝类简牍的埋藏原因，整理者认为“可能是此渡口所在的秦淮河滨多次发生的厌劾、祭祀活动的遗存”④。这些发现也暗示了，汉晋时期的长江下游地区，在邻水环境下施行厌劾、禳病、祭祀等类方术或宗教性活动，或许具有普遍性。

总之，花园新村遗址具有鲜明的滨水特征，补充了我们对汉六朝时期余姚城

① [南朝宋]范晔撰，[唐]李贤注《后汉书》卷四十一，中华书局 1965 年版，第 1397 页。

② [南朝宋]范晔撰，[唐]李贤注《后汉书》卷八十二，中华书局 1965 年版，第 2741 页。

③ 江苏省文物管理委员会：《江苏高邮邵家沟汉代遗址的清理》，《考古》1960 年第 10 期。

④ 王志高：《南京城南出土六朝简牍及相关问题》，《文物》2020 年第 12 期。

外聚落的认识，为研究钱塘江南岸这一时期县城外的基层聚落形态及民间宗教活动提供了样本。

二、墓葬与人群

墓葬是余姚地区汉六朝时期考古中最常见的发掘对象。对这一时期诸如墓葬形制、随葬器物组合以及由此反映出的社会丧葬习俗变迁等课题，已经有了比较深入的研究。[①] 这一时期的墓葬中，砖室墓是主流。传统金石学对墓葬用砖上的铭文、纹饰给予了极大的关注，尤其是铭文中丰富的纪年、姓氏、职官、地理等信息，备受瞩目。近年来，林昌丈利用嵊州出土铭文砖材料对汉六朝时期剡县人群、聚落空间和官僚阶层演变的讨论，尤为引人关注。[②] 随着《有虞故物：会稽余姚虞氏汉唐出土文献汇释》《余姚古砖》等著录的出版，一批余姚本地的墓砖材料集中刊布，也为我们进一步研究上述课题提供了素材。

在汉六朝时期，会稽郡的钱塘江南岸一带得到了快速开发，经济、社会迅速发展，并形成了虞、谢、孔、魏等几个在地方上有影响力的大家族。东汉晚期陈琳在《檄吴将校部曲文》称："近魏叔英秀出高峙，著名海内；虞文绣砥砺清节，耽学好古；闻魏周荣、虞仲翔各绍堂构，能负析薪。"[③]西晋左思《吴都赋》载："其居则高门鼎贵，魁岸豪杰。虞魏之昆，顾陆之裔。"[④]南朝刘义庆《世说新语》云："会稽孔沈、魏颛、虞球、虞存、谢奉并是四族之俊，于时之杰。"[⑤]可见四姓之中，余姚虞氏、上虞魏氏二族尤为显赫。

史学界对会稽士族在汉六朝时期政治、经济、文化发展中的作用及其自身的发展多有论述。[⑥]《有虞故物：会稽余姚虞氏汉唐出土文献汇释》《余姚古砖》中大量收录了与这一时期虞氏家族成员相关的铭文砖，相较于传世文献的记载，大大丰富了我们对这一时期虞氏家族的认识。2017 年 7 月至 8 月，宁波市文物考古研

---

① 相关论著可参考：姚仲源：《浙江汉、六朝古墓概述》，载中国考古学会编《中国考古学会第三次年会论文集》，文物出版社 1981 年版，第 250—257 页；黎毓馨：《论长江下游地区两汉吴西晋墓葬的分期》，载浙江省文物考古研究所编《浙江省文物考古研究所学刊》，长征出版社 1997 版，第 258—295 页；黎毓馨：《浙江两汉墓葬的发展轨迹》，载浙江省博物馆编《东方博物(第九辑)》，浙江大学出版社 2003 年版，第 4—17 页。

② 林昌丈：《政区与地方社会的融汇——以秦汉六朝时期的剡县、鄮县为例》，《历史研究》2014 年第 6 期。

③ [清]严可均辑《全上古三代秦汉三国六朝文》《全后汉文》卷九十二"陈琳"，中华书局 1958 年版，第 971 页。

④ 《全上古三代秦汉三国六朝文》《全晋文》卷七十四"左思"，第 1885 页。

⑤ [南朝宋]刘义庆《世说新语校笺》卷中《赏誉第八》，余嘉锡笔疏，周祖谟、余淑宜整理，中华书局 1958 年版，第 469 页。

⑥ 田余庆：《孙吴建国的道路——论孙吴政权的江东化》，《历史研究》1992 年第 1 期；刘淑芬：《六朝会稽士族》，载《六朝的城市与社会》，台湾学生书局 1992 年版。

究所会同余姚市文物保护管理所，对位于余姚穴湖黄家山南坡的一座被盗古墓葬进行了抢救性考古发掘。发掘情况表明这是一座孙吴时期虞氏家族成员墓葬，出土了多种铭文材料。

墓葬为平面凸字形砖室券顶墓（图 5），历史上遭受了多次盗掘。墓葬甬道平面呈长方形，长 1.3 米、内宽 1 米、内高 1.28 米。墓室平面呈长方形，两侧壁与后壁微外弧，内长 4.9—5.06 米、内宽 2.48—2.64 米、残高 0.8—2 米。考古发掘过程中，考古工作者在墓葬各壁、甬道券顶等部位发现铭文墓砖多种，依铭文内容可分三类。纪年类铭文 1 种："永安七年太岁甲申三月虞氏造"；身份类铭文 5 种："虞氏""吴故平虏将军都亭侯虞君""吴故散骑侍郎豫章上蔡长虞君""夫人鄱阳雷氏至德播宣"[①]"夫人吴郡陈氏奉礼纯淑"；吉语类铭文 2 种："神明是保万世不刊""子孙炽盛祭祀相传"（图 6）。

图 5　穴湖孙吴虞氏墓

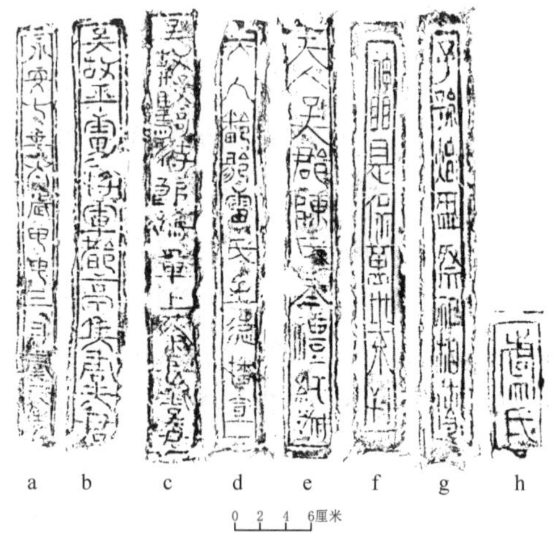

图 6　穴湖孙吴虞氏墓墓砖铭文

从纪年铭文可知，墓葬年代不早于"永安七年"。"永安"为孙吴景帝孙休年号，"永安七年"为公元 264 年。"虞君""虞氏"等铭文表明墓主为孙吴时期虞氏家族成员。从墓砖铭文可知墓主有两位夫人，一为"吴郡陈氏"，一为"鄱阳雷氏"。其中"陈氏"铭文砖极为少见，这或许暗示了陈氏在家庭中的地位处于"雷氏"之下。墓主曾出任过"豫章上蔡长"，孙吴时期豫章上蔡县位于今江西宜春上高县。穴湖一带还采集有"吴故庐陵太守虞君"铭文砖。[②] 孙吴时期庐陵、豫章与鄱阳均由汉豫章郡分设而来。正史中有记载的鄱阳、豫章雷氏族人有东汉顺帝时期侍御

① 在此前刊布的资料中，对该砖铭文的释读为"夫人鄱阳雷氏全德播宣"。张今博士据字形及文义指出，"全"当释读为"至"，从之。张今：《建康、三吴地区出土六朝砖铭研究》，南京大学 2021 年博士学位论文，第 118 页。

② 商略、孙勤忠：《有虞故物：会稽余姚虞氏汉唐出土文献汇释》，上海古籍出版社 2016 年版，第 7 页。

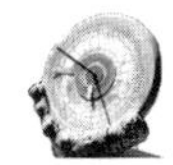

史、南顿令雷义（子授，官至苍梧太守）[①]、西晋时期丰城令雷焕[②]，可见雷氏在当地具有相当名望。虞氏与雷氏的联姻，也反映出了当时地方大族在婚姻关系上的选择。虞氏族人中有两位在此出任地方长官，且此次发掘的墓主选择与当地大族联姻，也反映出了孙吴时期虞氏家族在豫章一带的经营。

穴湖虞氏墓的发掘证实了穴湖一带为孙吴时期虞氏家族的一处家族墓地。该墓也是宁波地区汉六朝时期已知的墓主身份等级最高的墓葬。相信今后若有在穴湖一带进一步开展工作的机会，也一定能获取更多关于虞氏家族的信息。

上虞魏氏从东汉晚期名列八俊的魏朗至东晋时期的魏隐、魏易兄弟，代有其人，但东晋以后魏氏一族仕宦不显，进入唐代后已不在越州大族之列，相较于余姚虞氏，人物略显凋零。《余姚古砖》收录有数块与魏氏家族相关的铭文砖，可补文献之阙：

"魏"字砖：采集于牟山镇湖山村，楔形砖，端面模印有人面纹与"魏"字组合（图 7a）。[③]

"余姚魏悦"砖：《余姚古砖》中称该砖采集于凤山街道穴湖村，砖铭"余姚魏悦元康二年作田"（图 7b）。[④] 元康二年为公元 292 年。2020 年，宁波市文化遗产管理研究院与余姚市文保所在牟山镇湖山村调查发现的一座古墓中，见相同模字砖（图 8）。同一墓地的不同墓葬中采用同模墓砖的情况，在考古发掘中较为常见，但考虑到穴湖村与湖山村距离较远，笔者倾向于认为该砖当为湖山村一带所出。

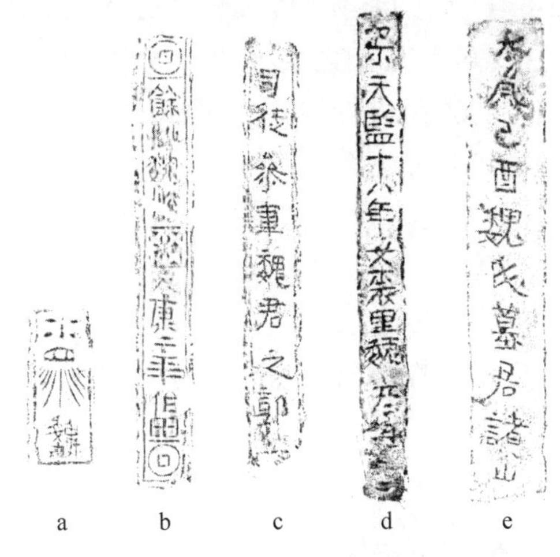

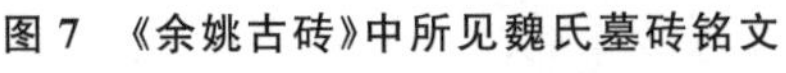

图 7 《余姚古砖》中所见魏氏墓砖铭文

图 8 牟山镇湖山村发现的"余姚魏悦"砖

① ［南朝宋］范晔撰，［唐］李贤注《后汉书》卷八十一《雷义传》，中华书局 1965 年版，第 2687—2688 页。

② ［唐］房玄龄撰《晋书》卷三十六《张华传》，中华书局 1974 年版，第 1075 页。

③ 陈元振、孙勤忠：《余姚古砖》，西泠印社出版社 2021 年版，第 342 页。

④ 陈元振、孙勤忠：《余姚古砖》，西泠印社出版社 2021 年版，第 342 页。

“司徒参军魏君”砖：采集于牟山镇，砖铭“司徒参加魏君之郭”（图 7c）。[①] “郭”通“椁”，这里指墓室。参军，西晋公以上领兵持节都督者，置参军六人，协助治理府事。东晋公府等所设僚属诸曹置，为诸曹长官，其人数依曹而异，不开府将军出征时亦置。[②] 司徒参军，为司徒府诸曹长官。《余姚古砖》将该砖时代定为东晋，可从之。

“女裘里魏彦”砖：采集于牟山镇，砖铭“梁天监十八年女裘里魏彦”（图 7d）。[③] 梁天监十八年即公元 519 年。古代“里”字常作“乡里”解，“女裘”当为里名。据《嘉泰会稽志》：“开元乡，在（余姚）县西北五十里。管里五：汝仇里……”[④]中古时期“女裘”“汝仇”读音一致，南宋“汝仇里”当系由南朝“女裘里”延续而来。

“太岁己酉魏氏墓”砖：采集于马渚镇渚山，砖铭“太岁己酉魏氏墓居诸山”（图 7e）。[⑤]《余姚古砖》中考证，“诸山”即县西三十里马渚的“渚山”。砖铭中虽有干支，但仅凭此还无法确定具体年代。

余姚所见的魏氏墓砖，集中采集于毗邻上虞的牟山一带（马渚诸山也紧邻牟山湖）。元康二年“余姚魏悦”砖，自铭“余姚魏悦”，可见这一时期余姚也是魏氏一族的聚居地。

必须指出的是，对于未经正式考古发掘所获取的材料，由于其来源的复杂，我们不得不慎重对待，如前文对“余姚魏悦”砖出土点的辨析。可再举一例：《余姚古砖》中收录有一块铭文为“阳建块孙峻等为母陈氏作此大墎”砖，并称采集于丈亭。[⑥] 事实上该砖为温州瑞安一座梁天监九年（510）墓所出，该墓墓砖铭文有多种，可连读为“梁天监九年太岁庚寅，九月己亥朔十五日癸丑，晋安太守李四世孙沙阳建块，孙峻等为母陈氏作此大墎”。[⑦] 该铭文有具体所指，并非常见的格套铭文，瑞安、余姚又相距甚远，因此可以断定该砖不可能为余姚所出。

三、结　语

近年来，余姚地区汉六朝时期考古的新发现不断丰富了我们对这一时期余姚

① 陈元振、孙勤忠：《余姚古砖》，西泠印社出版社 2021 年版，第 271 页。

② 吕宗力：《中国历代官制大辞典》，北京出版社 1994 年版，第 568 页。

③ 陈元振、孙勤忠：《余姚古砖》，西泠印社出版社 2021 年版，第 376 页。

④ ［南宋］施宿等纂《嘉泰会稽志》卷十二，载中华书局编辑部编《宋元方志丛刊》（七），中华书局 1990 年版，第 6936 页。

⑤ 陈元振、孙勤忠：《余姚古砖》，西泠印社出版社 2021 年版，第 374 页。

⑥ 陈元振、孙勤忠：《余姚古砖》，西泠印社出版社 2021 年版，第 379 页。

⑦ 瑞安市博物馆：《瑞安六朝墓》，载浙江省文物考古研究所编《浙江汉六朝墓报告集》，科学出版社 2012 年版。

地方社会发展的认识，为研究城市聚落、物质文化、民间信仰、家族人群等领域提供了新的材料。但考古发现具有一定的偶然性，上述研究也呈现出碎片化的特征。想要全面勾勒余姚汉六朝时期的社会风貌，把握其在中国历史文化版图上的地位，还有待于材料的进一步累积，也期望各界同仁共同努力。

考古学视野下的宁波越窑青瓷与东亚海上陶瓷之路

贺云翱　干有成

（南京大学历史学院；南京大学文化与自然遗产研究所）

摘　要：越窑青瓷的海外输出始于两晋时期，最初以朝鲜半岛为输出区域，隋唐时代输出范围扩大至日本列岛，并由此形成“海上陶瓷之路”。宁波作为越窑青瓷中心产地，与东亚海上陶瓷之路的形成与发展密切相关。这在东亚的朝鲜半岛、日本列岛考古发掘实物中得到了印证。本文拟从考古学的视角，阐述宁波越窑青瓷与东亚海上陶瓷之路互为影响、互为促进的互动作用。

关键词：考古学视野；越窑青瓷；东亚海上陶瓷之路

从考古资料看，宁波越窑青瓷外输始于两晋时期，最初的输出地是朝鲜半岛。至唐代，越窑青瓷的外输才扩大到日本列岛，并由此形成了宁波与东亚的“海上陶瓷之路”。本文首先利用东亚地区考古资料对越窑青瓷的输入（出）状况做一论述，进而探讨宁波越窑青瓷与东亚海上陶瓷之路发展相互促动的关系。

一、宁波越窑青瓷生产与外销的繁荣

隋唐时期，随着统一的中央集权的封建王朝的再次确立，社会经济得到了恢复和发展，唐太宗李世民在总结前代兴亡的经验教训的基础上，采取和实行了一些缓和阶级矛盾和民族矛盾的措施，繁荣昌盛的唐帝国继大汉帝国后，再次屹立在世界的东方。盛唐气象对瓷器的钟爱、文人士大夫对饮茶的讲究，以及国家对外贸易的需求等，带来了越窑青瓷制造业的鼎盛及外销繁荣的局面。据不完全统计，唐、五代、北宋的青瓷窑址约为五六十处[①]，初唐、中唐时期的数量屈指可数，晚

---

① 林士民、沈建国：《万里丝路：宁波与海上丝绸之路》，宁波出版社2002年版，第173页。

唐时期的窑址占很大的比例。

中晚唐时期，越窑青瓷既继承了前代瓷器的器形，又按照社会生活的需要进行了创新，入窑烧制的坯件采用匣钵装烧，既使烧造的器物受热均匀，又防止杂质黏附于器表，使烧成的青瓷胎质更加细腻，釉色更加青纯，颇具玉质感，其精品有“秘色瓷”之称。碗和盘是当时主要的食器：碗有葵瓣口碗、海棠式碗和荷叶形碗等；盘，常见的有撇口壁形底盘、直口弧腹短圈足盘、翻口斜壁平底盘、委角方盘和葵瓣口盘等。从晚唐开始，青瓷入选宫廷。越窑每年都烧制一定数量的优质青瓷供奉给皇室，成为御用瓷器，慈溪上林湖曾发现有专门烧制贡瓷的窑场，被称为“贡窑”。瓷器品种也更加丰富，除碗和盘外，还有日常使用的执壶、罂、瓶、罐、耳杯、把杯、盏托、粉盒、碟匙、水盂、油盒、脉枕、唾壶等器具和专门用作陪葬的多角瓶、买地券、墓志罐等明器。装饰上采用了少量的划花、印花、刻花和镂雕技法，将云龙、寿鹤、花卉等题材饰于粉盒的盖面或碗心和盘心。

考古资料显示，中晚唐时期，明州（今宁波）逐渐发展成为东亚国际性港市，在对朝鲜半岛、日本列岛的海上交通中扮演着重要角色。8 世纪以后，日本遣唐使基本上放弃北路航线，直接横渡东海或转经琉球列岛入唐，明州成为遣唐使船最重要的登陆地和启航地。公元 752 年，自日本难波出发的第 10 批遣唐使抵明州。804 年，第 16 批遣唐使第二船自明州登岸。806 年，遣唐使回航时也从明州起航。公元 9 世纪遣唐使废止后，随着海商集团的活跃，明州成为对日交通据点。这期间，往来于明州与日本间的唐人海商的主要贸易活动之一，就是越窑青瓷的外销。此外，8 世纪末至 9 世纪上半叶，唐与新罗之间的海上交通被张保皋集团主导，他的活动网络也已延伸到明州。考古学者在位于韩国莞岛清海镇的张保皋城遗址中发现的明州生产的越窑青瓷[①]，就是重要见证。

五代时期，吴越钱氏政权对明州港非常重视，在明州出海口设置了望海县，使港口建置进一步完善，海外贸易更趋发展，明州港成为吴越对外贸易的主要口岸。越窑青瓷成为吴越财政收入的重要来源，越窑发展也因此进入鼎盛时期，就烧造规模之大、产品质量之精、影响之广而言，上林湖窑场均凌驾于各窑之上，成为全国六大青瓷名窑之首。

北宋时期，朝廷非常重视明州的海外贸易，在明州置市舶司。雍熙四年（987）五月，“遣内侍八人，赍敕书金帛，分四纲，各往海南诸蕃国”[②]，对舶货实行的是“大

---

① 林士民：《东亚商团杰出人物——新罗张保皋》，载《再现昔日的文明——东方大港宁波考古研究》，上海三联书店 2005 年版，第 290—295 页。

② [清]徐松辑《宋会要辑稿》职官四十四之二，刘琳、刁忠民、舒大刚校点，上海古籍出版社 2014 年版，第 3365 页。

抵海舶至，十先征其一，其价值酌蕃货轻重而差给之”[①]。元丰三年(1080)，宋神宗令“诸非……明州市舶司而发过日本、高丽者，以违制论”[②]，明确限定明州港为北宋朝廷签证发舶去日本、高丽的特定港口，为越窑青瓷外输东亚地区创造了十分有利的条件。

二、考古所见宁波越窑青瓷向东亚地区的输出

(一)向朝鲜半岛的输出

宁波越窑青瓷向朝鲜半岛的输出状况，可从考古资料探知，如表1所示。东晋至南朝时期，朝鲜半岛西南的百济政权(约公元前18—公元663，其主要阶段与中国的六朝同时期)统治区为越窑青瓷的主要输出地，如梦村城发现的越窑青瓷盘口壶残片和黑釉钱纹陶罐残片、首尔石村洞古墓群出土的青釉瓷，在造型、胎土和施釉技法上很接近典型的越窑风格。石村洞3号坟附近出土的一件青瓷四系罐，年代应为东晋中晚期，属于越窑器物。江原道原城郡法泉里出土的青瓷羊形器(图1)，年代大致为4世纪中期，风格与宁波余姚市文管会所藏的东晋青瓷羊形器相近。此外，忠清南道公州武宁王陵出土的两件青釉六耳瓷罐、一件黑釉四耳盘口壶，可能也是越州窑系制品。这些早期越窑青瓷向朝鲜半岛的输出，可被视为海上陶瓷之路的发端。

表1　庆州地区出土越窑青瓷情况[③]

地点	出土器物	年代
皇龙寺址东便S1E1地区遗迹	5件碗、2件钵	晚唐至五代
西部洞19番地遗迹	1件盒身、1件盖罐	五代、宋代
东川洞住宅开发区块78/L遗址	2件碗、1件盏托	晚唐至五代
东川洞696-2番地遗迹	2件碗、1件器盖、1件注子	晚唐至五代
东川洞7B/L内遗迹	3件碗	晚唐至五代
东川洞834-5番地遗迹	1件碗	8世纪后期至9世纪初期
路西洞181-24番地遗迹	1件碗	9世纪后半叶
城乾洞排水泵场工程用地内遗址	1件碗	9世纪上半叶
塔洞849-16号遗址	1件碗	9世纪中叶

① 《宋会要辑稿》职官四十四之一，上海古籍出版社2014年版，第3364页。

② 冯小琦：《古代外销瓷器研究》，紫禁城出版社2013年版，第103页。

③ 据《庆州地区出土的越窑青瓷》整理而成。

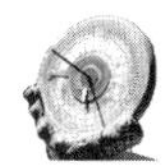

续表

地点	出土器物	年代
塔洞 640-4 番地遗迹	1 件碗	9 世纪上半叶
北门路王京遗迹	2 件碗、1 件器盖	晚唐至宋代
芬皇寺	4 件碗	8 世纪后期至 9 世纪前期
仁容寺址(推定)	7 件碗	10 世纪中叶
天官寺址	3 件碗	9 世纪上半叶
皇龙寺址	7 件碗、1 件盒盖、2 件香炉、1 件盖、1 件盘等	9 世纪后半叶
拜里古坟	1 件碗	9 世纪初期左右
锡杖洞古坟	1 件碗	9 世纪中叶
雁鸭池遗迹	10 件碗、1 件盘等	晚唐至五代
九黄洞苑池遗迹	1 件盒盖、1 件碗、1 件盆、1 件碗	唐至五代

图 1　江原道出土东晋青瓷羊形器

朝鲜半岛出土的唐宋时期越窑青瓷，主要包括新罗庆州拜里出土元和十年(815)玉璧底碗①、锦江南岸扶余出土唐代玉璧底碗 15 件、古百济地区益山弥勒寺出土大中十二年(858)玉璧底碗和花口圈足碗、莞岛清海港张保皋驻地出土的唐代玉璧底碗、玉环底碗、双耳罐、执壶等。② 高丽定宗安陵出土了五代时期的花口圈足碗、盘、盏托、壶盖等。作为文字记录留下来的，有光宗下赐元光大师的“越窑

① 林立群:《跨越海洋:海上丝绸之路与世界文明进程国际学术论坛文选》,浙江大学出版社 2012 年版,第 43 页。

② 宁波市鄞州区政协文史资料委员会:《学汇中外:三江文存 · 〈鄞州文史〉精选(文化卷)》,宁波出版社 2012 年版,第 330 页。

金扣瓷钵”。1940 年，在开城高丽王宫发现北宋早期越窑青瓷碎片，在忠清南道扶余郡扶苏山下发现北宋早期越窑青瓷碟，扶苏山城出土了碗，还有开城高丽古墓出土越窑青瓷唐草纹唾壶等。

庆州是出土越窑青瓷遗址中最具代表性的区域。庆州自新罗建国起，到新罗灭亡止，一直是王都所在地。在该地区，许多性质各异的遗址中都出土了越窑青瓷。据不完全统计，该地区 20 处遗址中共出土越窑青瓷 75 件，以碗为主，有 54 件，占总量的 72%[①]，兼有钵、盘、盒、盏托、罐、盖罐、盆、执壶、器盖、香炉等，年代以晚唐五代为主，北宋占少量。这些青瓷大部分制作精细，均整体施釉，为高级青瓷的特征。这表明输入庆州地区的越窑青瓷是具有一定品质的高级用品，应为当时居住在庆州地区的高级贵族和僧侣等使用。

学者林士民、沈建国等认为，朝鲜半岛出土的这些越窑青瓷，在造型、釉色上，很大部分与宁波海运码头附近出土的、准备外销的器物相一致。[②]并进一步指出，上林湖越窑群中生产的盘、罐、钵、托具等青瓷器物，其造型、纹饰等与朝鲜半岛出土的青瓷基本相同。再如学者李喜宽在《庆州地区出土的越窑青瓷》一文中指出，东川洞 7B/L 内遗址出土的碗与宁波荷花芯窑址出土的同类器物器形相似，北门路王京遗址出土的盒盖与宁波寺龙口窑址出土的 A 型Ⅱ式器盖的类型基本相同，还有皇龙寺遗址出土的盒盖在荷花芯窑址与宁波和义路遗址中也有出土。这表明，朝鲜半岛出土的越窑青瓷应出自宁波，且是从宁波港启航外销至朝鲜半岛的。

（二）向日本列岛的输出

从目前的考古资料看，与朝鲜半岛相比，越窑青瓷进入日本列岛的时间要更晚。至今发现的最早传至日本的中国瓷器，是一件双耳盘口、暗青绿色釉的青瓷罐，被推定为公元 6 世纪末、7 世纪初的隋代越州窑制品，曾藏于奈良法隆寺，被推测为是当时访华日僧带回日本的。[③]

关于日本出土的越窑青瓷，我国研究者苌岚曾做过系统论述。根据苌岚罗列的考古资料，日本出土的越窑青瓷主要集中在其西部地区，这主要是因为日本西部地区靠近中国东南沿海，海路运来的越窑青瓷绝大部分在此聚散。据不完全统计，日本西部地区有 190 余处遗址发现有唐宋时期的越窑青瓷，其中以新旧都城平安京（京都）和平城（奈良），以及设有接待外宾机构的福冈（旧称博多）附近（包括九州太宰府）为多。[④] 1998 年，国内学者陈文平曾根据日本已发表的考古出土资料，以

① ［韩］李喜宽：《庆州地区出土的越窑青瓷》，李辉达译，载沈琼华编《2012’海上丝绸之路——中国古代瓷器输出及文化影响国际学术研讨会论文集》，浙江人民美术出版社 2013 年版，第 241 页。

② 林士民：《浙江宁波出土一批越窑青瓷》，《文物》1976 年第 7 期，第 61 页。

③ ［日］三上次男：《从陶磁贸易看中日文化的友好交流》，《社会科学战线》1980 年第 1 期，第 220 页。

④ ［日］三上次男：《从陶磁贸易看中日文化的友好交流》，《社会科学战线》1980 年第 1 期，第 220—221 页。

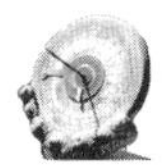

越窑青瓷、长沙窑彩绘瓷、白瓷和其他品种(包括唐三彩)四类分组进行计量,得出日本出土中国唐五代陶瓷总数为1633件(片),其中,出土的越窑青瓷数量最多,约1274件(片),占统计总数的78%,而这些出土越窑青瓷的80%在九州地区出土。[①]具体列举如下。

鸿胪馆遗址中发现大量7世纪后期至11世纪前期的越窑青瓷碎残片,总计约2500多片[②],涵盖越窑青瓷所有的种类(图2)。福冈市西区下山门遗址发现7片越州窑青瓷残片。专家推断,出土的越窑青瓷都是平安前期、公元9世纪时期的物品。[③] 福冈市柏原M遗址出土越窑青瓷有40多件,以碗类居多,其他有盒子、水注、香炉、壶等(图3)。[④] 长崎县离岛壹岐原迁遗址出土了较多的越州窑青瓷,其中8世纪末到10世纪中期的青瓷残片有48件,且大部分青瓷碗、碟都是越州窑产品。[⑤]

图2 鸿胪馆遗址出土的五代越窑青瓷瓜棱执壶(图片来源:宁波博物馆)

图3 福冈市柏原M遗址出土的唐越窑青瓷盖盒、青瓷罐

还有京都市右京区仁和寺堂遗址出土晚唐时期越窑青瓷盒子大、小各1件:小盒子高8.3厘米,身口径8.5厘米,底径4.4厘米,盖口径2.0厘米,钮径4.6厘米;大盒子总高12.8厘米,身口径15.3厘米,底径8.2厘米,盖口径17.4厘米,高5.2厘米。[⑥] 京都东三坊大路东侧沟遗址发现越窑青瓷片,分别为碗、皿、盒子、壶

① 陈文平:《唐五代中国陶瓷外销日本的考察》,《上海大学学报(社会科学版)》1998年第6期,第93—112页。

② [日]龟井明德、石丸详:《关于九州出土的中国陶磁器》,《东京国立博物馆研究志》1975年第291号,第27—34页。

③ [日]山崎纯男他:《下山门遗迹》,《福岡市埋蔵文化財調查報告書》第23集,福冈市教育委员会,1973年,第76页。

④ 衣岚:《7—14世纪中日文化交流的考古学研究》,中国社会科学出版社2001年版,第224页。

⑤ 衣岚:《7—14世纪中日文化交流的考古学研究》,中国社会科学出版社2001年版,第224页。

⑥ [日]龟井明德:《日本出土の越州窯陶磁の諸問題》,《九州歴史資料館研究論集》第1集,九洲历史资料馆,1975年,第51—97页。

四种器形碎片。[①] 北野废寺出土 3 件，大致完整的 1 件，为口径 14.4 厘米、高 5.7 厘米、釉为暗绿色的碗[②]，其他两件仅存高台部的碎片，上有淡绿色的釉。崇福寺出土一些碗的碎片，可见宽大的高台，即蛇目高台。广隆寺出土口径 14.4 厘米、高 3.5 厘米的皿形器。宇治市木幡净妙寺遗址出土水注 1 件，高 21.3 厘米，形体较高，直颈较宽且长，斜肩，腹体中部比较鼓出，下腹偏瘦，尤其是壶的流细长而上翘，与流相对的柄相当高，上端略微弯曲，然后几乎垂直向下，靠近颈部一侧。[③]

值得一提的是，位于日本九州西北部、博多湾沿岸的博多遗迹群出土的越窑青瓷，数量以 12 世纪中叶为巅峰。发现的该时期越窑青瓷，包括灯具、盅、香炉、水具等生活用品。其中，出土了南宋越窑青瓷香炉，口沿为盘口，底部呈三足鼎形，足已全部损坏，躯干部被分为 3 种纹样带：上部纵向为线条刻纹，中段狮子贴花纹周围有粗的刻花叶纹，下部有刻花莲瓣纹。[④] 日本学界认为，香炉在博多遗迹出土系特例，因日本输入越窑青瓷在北宋末期就基本停止，故出土该香炉实为少见。

据中日学者分析研究，日本出土的越窑青瓷，不少制品表现出较为明显的宁波诸窑的工艺特点，如鸿胪馆遗址出土的青瓷璧底碗、青瓷灯盏、青瓷水注，来自今宁波上林湖；平安京左京四条三坊五町出土的青瓷刻划草花纹圈足盘，被认为是今宁波鄞州区窑制品。[⑤] 日本学者亀井明德在《关于九州出土的中国陶磁器》一书中指出：输入日本的陶瓷，能代表越州窑陶瓷的器形中，以碗占压倒性名（多）数；其次是盘（碟）、壶、水注、盒子、唾盂、盏托等，这些与宁波唐代海运码头处出土器物相同。[⑥] 谢明良在《日本出土唐宋时代陶瓷及其有关问题》一文中也认为，日本出土的 9 世纪晚唐陶瓷主要是浙江越窑系青瓷。可见，今宁波是越窑青瓷生产的核心地，也是日本出土越窑青瓷的产地。这从宁波地区考古发掘实物也可知，1973 年至 1975 年，和义路唐代遗址和唐代海运码头一带，出土了一批 9 世纪中末期的越窑青瓷器，品种十分丰富，不仅有壶、碗、盘、罐、钵、罂、盆、杯、灯盏（图 4）等生活用瓷，还有脉枕、座狮等医疗用具和陈设器等，且大多没有使用痕迹，经考古专家鉴定，应是准备运销国外的。学者林士民、林浩通过查对这批出土青瓷的窑

---

① ［日］高岛中平：《平城京东三坊大路东侧沟出土的施釉陶器》，《考古学杂志》1971 年第 57 卷第 1 号，第 65—80 页。

② ［日］矢部良明：《日本出土的唐宋时代的陶瓷》，载中国古陶瓷研究会、中国古外销陶瓷研究会编《中国古外销陶瓷研究资料（第 3 辑）》，厦门大学历史系内部资料，1983 年，第 2—26 页。

③ ［日］矢部良明：《日本出土的唐宋时代的陶瓷》，载中国古陶瓷研究会、中国古外销陶瓷研究会编《中国古外销陶瓷研究资料（第 3 辑）》，厦门大学历史系内部资料，1983 年，第 2—26 页。

④ 《博多遺跡群第 99 次・第 101 次調查報告》，《福岡市埋藏文化財調查報告書》第 560 集，福冈市教育委员会，1998 年，第 40 页。

⑤ 苌岚：《7—14 世纪中日文化交流的考古学研究》，中国社会科学出版社 2001 年版，第 28—32 页。

⑥ 林立群主编《跨越海洋"海上丝绸之路与世界文明进程"国际学术论坛文选》，浙江大学出版社 2012 年版，第 41—47 页。

口，也确认该批出土瓷器产于宁波慈溪上林湖地区。[①]

图4　日本平安京出土唐越窑青瓷灯盏

三、宁波越窑青瓷在东亚的影响

（一）越窑制瓷技术助高丽青瓷技艺绝顶

唐代，明州与朝鲜半岛的清海镇、日本的博多港同为东亚贸易圈中的三大国际贸易港。“明之为州，实越之东部，观舆地图，则僻在一隅，虽非都会，乃海道辐凑之地。故南则闽广，东则倭人，北则高句丽，商舶往来，物货丰衍。”[②]明州与高丽之间的贸易往来频繁，即便到中国政局动荡的唐末五代时期，与朝鲜半岛之间的交流也未曾中断。五代时期，吴越国凭借海上交通的便利，与朝鲜半岛高丽交往密切，尤其是吴越国国王钱弘俶统治时期，两国来往更加频繁，吴越国还被高丽王朝当作“上国”。

这时期，吴越国积极向高丽传播越窑制瓷技术，使高丽在全盘移植该技术的基础上烧制出高丽青瓷，并使高丽青瓷在短时间内迅速赶上并超过了越窑青瓷。韩国最新考古研究资料显示，在韩国600多个地区考古发现的1700余处青瓷窑址中，与高丽青瓷诞生密切相关的早期青瓷窑址有黄海南道峰泉郡圆山里窑、黄海南道平川郡凤岩里窑、京畿道龙仁西里窑、京畿道始兴市芳山洞窑等。[③] 通过对这些窑址的窑炉、窑具、装烧方法、器物形制及至胎釉化学成分的科学分析，以及结合越窑进行相关对比研究，考古学者认为，早期高丽青瓷的年代分为两个阶段：前阶段大概是960年前后至982年以前，后阶段是成宗继位的982年之后到1022年间，且真正意义上的高丽青瓷是在后阶段产生的。其中前阶段是高丽青瓷的初创时期，也是吴越国国王钱弘俶统治时期。这些早期青瓷窑址的特征包括：与越窑

① 林士民、林浩：《中国越窑瓷（下）·越窑》，宁波出版社2012年版，第239页。

② ［宋］张津等撰《乾道四明图经》卷一《分野》，中华书局1990年版，第4877页。

③ 方李莉：《中国陶瓷史》（上卷），齐鲁书社2013年版，第306页。

一样建在山坡上；是砖筑窑，全长大概 38—44 米，宽 1.8—2.2 米，与越窑唐宋第五期以后的窑炉形态几乎相同；从最初窑的规范化形态的中国窑形态上看，其窑炉的结构发生了变化。经过数次修补后，窑的规模缩小，向土筑窑形态发展。[①] 可见，朝鲜半岛最初出现的青瓷窑址与五代吴越国时期的越窑相似。

至 12 世纪中期，高丽青瓷在大量采用镶嵌装饰手法的同时，配合绘红彩、绘黑彩、堆白等装饰手法。在纹样和器物造型方面，从原来的中国式变化为朝鲜半岛独有的高丽式。时人认为“监书、内酒、端砚、洛阳花……高丽秘色……皆为天下第一”[②]，北宋奉使高丽的使臣徐兢在《宣和奉使高丽图经》更专门描述，高丽青瓷“狻猊出香，亦翡色也，上有蹲兽，下有仰莲以承之，诸器为此物最精绝”[③]。这些精制的青瓷，“不仅供高丽宫廷使用，也进贡于宋王室和辽王室”，其“翡色”与越窑“秘色瓷”相类似（图 5）。

高丽青瓷技术的发展不仅使朝鲜半岛结束了依赖进口中国瓷器的历史，也使其从输入宁波越窑青瓷转变为输出瓷器。考古资料显示，中国境内出土的高丽青瓷共 29 批，其中宁波共发现四处高丽青瓷出土点，年代约在 10 世纪后期至 12 世纪后期。1993 年，宁波东渡路遗址首次出土高丽镶嵌青瓷，一件为蝴蝶纹的罐残件；另一件为瓶，转角边镶嵌卷草纹。这些虽为残器，但制作之精美可与越器相媲美（图 6）。[④]

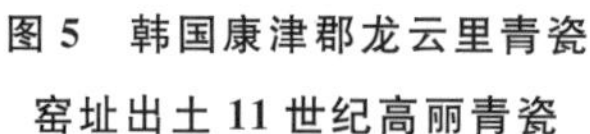

图 5　韩国康津郡龙云里青瓷窑址出土 11 世纪高丽青瓷

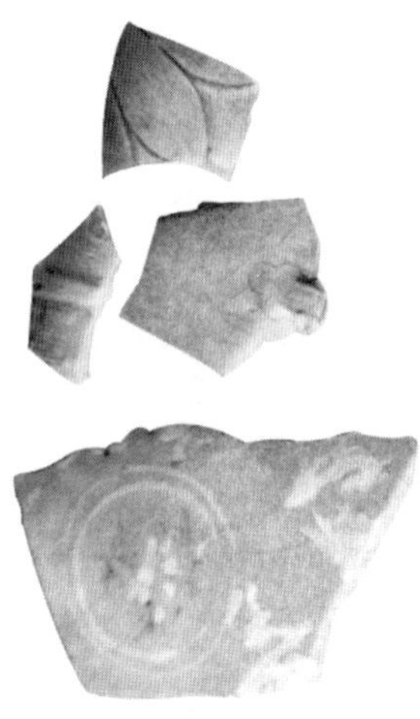

图 6　宁波出土北宋至元高丽青瓷残片

① 李军：《唐、五代和北宋越窑青瓷的外销及影响》，载中国古陶瓷学会编《中国古陶瓷研究（第 14 辑）》，紫禁城出版社 2008 年版，第 135 页。

② ［宋］太平老人：《袖中锦》，载《学海类编》第 7 册，广陵书社 2007 年版，第 3599—3602 页。

③ ［宋］徐兢：《宣和奉使高丽图经》卷三十二，载《文渊阁四库全书》第 593 册，台湾商务印书馆 1986 年版，第 887 页。

④ 丁友甫：《试谈宁波出土的高丽嵌镶青瓷》，《浙东文化》1995 年第 1 期，第 105 页。

(二)越窑青瓷在日本的影响及作用

宁波越窑青瓷传到日本,改变了日本国民的风俗习惯,成为他们日用生活品中不可替代的物品。越窑青瓷也是艺术品,受到极高的礼遇,作为国宝被赐给有功之臣,代表至高的荣誉,在宫廷中还将青瓷作为墙壁的装饰等。

同时,越窑青瓷的输入也给日本带去了精湛的制瓷工艺。约从9世纪以后,日本也开始烧制与之相类似的“陶磁器”,出现了一种新的日本陶瓷——绿釉陶器。平安京出土的日本土器中,一种器形、纹饰看起来和越窑青瓷很像的9世纪绿釉陶器,非常引人注目。如平安京右京三条二坊出土陶瓷残片总数1051片中,绿釉陶器占了51%,同地右京三条二坊10世纪遗物包含层出土432片陶瓷中,绿釉陶器占62%。[①] 正是因在日本既有的制陶技术中,绿釉与越州窑青瓷的釉色非常接近,故平安时代便以宁波地区的越窑青瓷为模仿对象,开始了绿釉器的生产。

日本的绿釉陶器,通体施釉,做工精致,多见类似宁波越窑青瓷的阴刻花纹、蝶纹、莲瓣纹等。器形也以圈足碗、口沿轮花碗、香炉、唾壶、水注、瓶等为主。以京都为中心的畿内地区,以大阪府吹田市岸部紫金山窑为最早,因烧制平安京建筑用瓦而著名,在该窑址发现有数件绿釉陶器片。其他如以大原野为中心的洛西窑址群,石作1、2号窑址出土了9世纪后半期有阴刻花纹、轮花口沿的碗、皿及香炉、唾壶等。[②] 仿造宁波越窑青瓷,在平安时代已经相当普遍。如散布在京都附近的大原野窑、西贺茂窑、播枝窑、石作窑、筱窑,滋贺县的十禅谷窑、山神窑和日野窑,还有爱知县一带的灰釉陶窑等。胎质、釉色与越窑青瓷不一样,烧制温度也低,仍属于陶器,但这些以越州窑青瓷为模仿对象的绿釉陶器通体施釉,做工精致,碗、水注、四足罐等器形制作得与越窑青瓷十分相似。绿釉陶器从外形到图案模仿得精细入微,使中华之美转化成扶桑之美,并为上层贵族所喜爱(图7)。但因仍为低温釉,这种绿釉陶终究没能给日本陶瓷工艺带来变革性的影响。不过,越窑青瓷对日本陶瓷工艺的基础产生了重要的影响,使日本能制成灰釉瓷并掌握高温烧成工艺。该工艺至今仍在日本应用。

图7　日本仿唐越窑绿釉陶器

---

① 京都市埋藏文化财研究所、京都市文化观光局:《平安京址发掘调查概报》,1981年。

② [日]寺岛孝一:《畿内的绿釉陶器》,载《考古学ジャーナル》,庆友社1982年版,第211页。

四、结　语

上述的出土越窑青瓷遗存表明:第一,自唐代开始,明州港已成为东亚海上陶瓷之路的主要始发港。朝鲜半岛在新罗时代著名的港口是莞岛(清海镇)港,著名的海上活动家张保皋就以此为据点,开展了与明州(今宁波)的通商贸易。日本列岛内首先与明州通航通商当推著名的博多(福冈)港,为整个西日本与明州通商的中心。第二,越窑青瓷是宁波与东亚海上陶瓷之路的先行者、开拓者。越窑青瓷自晋代开始输往朝鲜半岛,6、7世纪之交输往日本列岛,输往东亚的时代比任何其他窑口瓷器都要早。

(原文刊于《海交史研究》2020年第3期)

上林湖越窑遗址考古调查发掘和研究综述

厉祖浩　谢纯龙

（慈溪市文物保护中心）

摘　要：自20世纪30年代以来，通过一系列地面调查和考古发掘，出土了大量越窑青瓷产品和窑具标本，揭露多处窑炉和作坊遗迹，取得了丰富的研究成果，系统揭示了唐宋时期越窑的产品面貌和工艺技术，确认上林湖一带为唐宋越窑的中心窑场，上林湖后司岙为最重要的越窑秘色瓷生产地。

关键词：上林湖越窑；考古调查；考古发掘

上林湖越窑遗址位于浙江省慈溪市南部丘陵与平原过渡地带，分布于桥头、匡堰、观海卫三镇，今为全国重点文物保护单位。遗址分四个片区，中心片区为上林湖水库片区，共有东汉至北宋窑址115处；古银锭湖片区共有东晋至南宋窑址37处；里杜湖片区共有唐宋窑址15处；白洋湖片区共有唐宋窑址13处。

自20世纪30年代陈万里首次对上林湖窑址进行考古调查以来，一代又一代考古工作者开展了一系列地面调查和考古发掘，发现了大量越窑青瓷产品和窑具标本，揭露多处窑炉和作坊遗迹，取得了丰富的研究成果，系统揭示了唐宋时期越窑的产品面貌和工艺技术，确认上林湖一带为唐宋越窑的中心窑场，明确上林湖后司岙为最重要的越窑秘色瓷生产地，为进一步研究越窑青瓷的文化内涵和历史地位打下了坚实的基础。现就近90年来关于上林湖越窑遗址的考古调查发掘工作和相关研究成果综述如下。

一、文献记载

传世文献中关于上林湖越窑或遗址的记载数量较少，主要有以下几条。

《嘉泰会稽志》卷八："（普济院）在上林湖山之西麓……陈康肃公为漕，案行窑所，尝来游，有诗云：'山远峰峰碧，林疏叶叶红。凭栏对僧语，如在画图中。'今刻石寺中。"记载北宋初年两浙路转运使陈尧佐曾巡查过上林湖窑场。[①]

谢景初《观上林坩器》:"作灶长如丘,取土深于堑。踏轮飞为模,覆灰色乃绀。力疲手足病,欲憩不敢暂。发窑火以坚,百裁一二占。里中售高价,斗合渐收敛。持归示北人,难得曾罔念。贱用或弃扑,争乞宁有厌。鄙事圣犹能,今予乃亲觇。"[②]谢景初于北宋庆历年间任余姚县县令,曾游览上林湖,留下诗作3篇,此为其中之一,约作于庆历七年至八年间(1047—1048),此诗对上林湖窑场制作工艺的描写,在古代诗文中极为少见。

宋代礼部太常寺《中兴礼书》卷五十九《明堂祭器》绍兴元年(1131)四月三日条:"祀天并配位用匏爵陶器,乞令太常寺具数下越州制造,仍乞依见今竹木祭器样制烧造。"绍兴四年(1134)四月十九日条:"权工部侍郎苏迟等言:勘会近奉圣旨,陶器令绍兴府余姚县烧造,余并令文思院制造。"绍兴四年四月二十七日条:"工部言:……欲乞申明朝廷,令指挥两浙转运司行下绍兴府余姚县,一就烧造瓦太尊二十四只供使。诏依。"[③]

《宋会要辑稿·礼二十四》:"绍兴四年四月六日,礼部太常寺言:……昨绍兴元年明堂大礼,绍兴府烧变制造到殿上正配四位祭器,并文思院铸造到牛羊豕鼎等,昨绍兴府沿火烧毁不存。今来开坐到祭器名件并合创造……所有陶器乞下绍兴府余姚县烧变……诏陶器令绍兴府余姚县烧变。"[④]这几则记载了绍兴元年和四年余姚县烧制明堂大礼祭器的史实。南宋越窑遗址分布于古银锭湖片区的寺龙口至开刀山一带,宋代属余姚县。

熊彦诗《应诏上皇帝陈利害书》:"余姚呼集陶工,坯冶秘色……日昊(昃)不食,土铏致膳,则秘色何求?"[⑤]熊彦诗知瑞安县时应诏上书,时在绍兴二年(1132),可知南宋初越窑还烧制过高宗用膳器具。

史浩《祝窑神文》:"比者宪台有命,埏埴是营。鸠工弥月,巧历必呈。惟是火齐,造化杳冥。端圆缥碧,乃气之精。兹匪人力,实繄神明。是用奔走,来输其诚。有酒既旨,有肴既馨。惟神克享,大侈厥灵。山川辑瑞,日月降晶。俾无苦窳,以迄有成。"[⑥]此诗为史浩初仕余姚县县尉期间,奉命监烧瓷器时所作,时间约在绍兴

---

① 陈康肃公疑为陈文惠公(陈尧佐)之误,郑嘉励《越窑"置官监窑"史事辨析》一文有考辨,见浙江省博物馆编《东方博物(第9辑)》,中国文化艺术出版社2003年版,第73页。

② [宋]孔延之编《会稽掇英总集》卷十三,《四库全书》第1345册,影印文渊阁本,上海古籍出版社1987年版,第99页。

③ 《续修四库全书》第822册,影印清宝彝堂抄本,上海古籍出版社2002年版,第242—243页。

④ [清]徐松辑《宋会要辑稿》,中华书局1957年版,第942页。

⑤ 《新刊国朝二百家名贤文粹》卷七十六,《续修四库全书》第1653册,第144页。

⑥ [宋]史浩:《鄮峰真隐漫录》卷四十二,《四库全书》第1141册,第855页。

十七至二十年(1147—1150)。[①]

陆游《老学庵笔记》卷二:“耀州出青瓷器,谓之‘越器’,似以其类余姚县秘色也。”[②]

嘉靖《余姚县志》卷六《风物记·物产》:“秘色磁器,初出上林湖,唐宋时置官监窑,寻废。”信息颇为笼统模糊。

沈文荧《谢外舅宋怡山先生以上林窑秘色磁见赠》:“上林朴素传耐久,釉水苹黄质完厚。世人浇薄争巧奇,弃掷空山同铛缶。青山寂寂水潺潺,元明几代藏林阜。瑰特天生难排藏,近年出土入人手。”[③]全诗共十四句,此节录其四。沈文荧为清咸丰年间举人,在上林湖越窑沉寂600余年之后,有此识见,颇为难得。

综上可见明清时期当地士人对上林湖出产秘色瓷有粗略的认知。

更多记载见于唐宋时期史书、诗歌词赋、笔记小说,有关于越窑青瓷作为地方土贡、被吴越国用以供奉中原王朝的记载,如《册府元龟》卷一六九《纳贡献》:“(后唐清泰二年)九月……杭州钱元瓘进银绫绢各五千两匹、锦绮五百连、金花食器二千两、金棱秘色磁器二百事。”《宋会要辑稿·食货四一之四〇》:“神宗熙宁元年十二月,尚书户部上诸道府土产贡物……越州绫一十匹、茜绯纱一十匹、秘色瓷器五十事。”《宋史》卷四百八十《列传·世家三·吴越钱氏》:“(太平兴国三年)俶贡……越器五万事……金扣越器百五十事。”有对越窑青瓷品质之佳的颂咏,如陆羽《茶经》卷中:“碗,越州上。”孟郊《凭周况先辈于朝贤乞茶》:“蒙茗玉花尽,越瓯荷叶空。”陆龟蒙《秘色越器》:“九秋风露越窑开,夺得千峰翠色来。好向中宵盛沆瀣,共嵇中散斗遗杯。”甚至越窑青瓷还能用来演奏乐曲,如方干《李户曹小妓天得善击越器以成曲章》:“越器敲来曲调成,腕头匀滑自轻清。”

唐宋时期的越窑文献资料之丰富,在同时代窑系中无出其右,充分说明越窑青瓷在当时的品质之佳、影响之大。[④]

二、考古调查

(一)早期调查

1934年,上林湖的越窑青瓷碎片在杭州市场出现,器皿种类繁多、式样奇妙,

---

① 厉祖浩:《南宋越窑札记》,《东方博物》2017年第1期,第52—55页。

② [明]毛晋辑《津逮秘书》,广陵书社2016年版,第12页。

③ 童银舫编注《慈溪历代风物诗选》,宁波出版社2002年版,第647页。

④ 厉祖浩:《唐五代越窑文献资料考索》,载浙江省博物馆编《东方博物(第43辑)》,浙江大学出版社2012年版,第89—100页;厉祖浩:《宋代越窑文献资料考索》,载浙江省博物馆编《东方博物(第46辑)》,浙江大学出版社2013年版,第61—71页。

引起陈万里先生的注意，他称这些五代越器是“一种惊人的产物”，他尤其注意收集带有刻划花饰的碎片，认为是中国瓷器发展史上“一种空前的制作”。[①] 1935年5月，他实地考察上林湖窑址并搜集标本。[②] 陈万里编撰出版了《越器图录》《瓷器与浙江》《中国青瓷史略》等专著，认为“唐以后的越窑，一般是专指余姚的上林湖窑”，自五代至北宋初，这里大量烧造进贡的物品。[③]

1957年11月，浙江省文物管理委员会派员进行了数次调查，范围包括上林湖、上岙湖、白洋湖、东岙游源4个区域，共调查窑址20余处，除调查所得的青瓷外，从民间征集得有价值的有1000件左右。金祖明执笔的调查报告认为大埠头窑址“是上林湖窑址中面积最大，(产品)釉色最光泽，器形比较美观的一处”，“陈万里先生所提到上林湖秘色瓷，大概就是指这里的”，“上林湖是越系窑址最为集中的地区，出土青瓷不论在造型、釉色和纹饰等方面，其技术均达到了相当高的阶段，这是我国青瓷发展史上一大成就”。[④]

(二)三次大规模调查

1982至1985年慈溪县第二次文物普查期间，在浙江省文物考古研究所朱伯谦先生、宁波市文物管理委员会办公室林士民先生指导下，慈溪县文管办对境内越窑遗址进行专项调查和复查，共发现越窑遗址近180处，其中上林湖97处，白洋湖12处，里杜湖15处，古银锭湖37处，上岙湖、烛溪湖、梅湖、灵湖等地10余处，采集了大量标本，对每个窑址都做了登记、编号，并于1985年完成标本整理。这次调查发现并确认了东汉至三国吴时期的窑址，基本厘清了上林湖地区唐宋时期窑址的分布范围与窑业面貌。林士民先生依据本次调查资料，将上林湖地区越窑青瓷产品类型分为八期，第一期东汉晚期至三国吴，第二期西晋至南朝，第三期初唐，第四期中唐，第五期晚唐，第六期五代前段，第七期五代后段至北宋早期，第八期北宋晚期，认为上林湖地区唐代贡窑的存在可以得到进一步确认，上林湖是越窑中心，大多数秘色瓷均生产于此，慈溪古银锭湖、宁波东钱湖、上虞窑寺前等窑都是“卫星窑”，上林湖也是贸易瓷生产中心。[⑤] 白洋湖、里杜湖的调查简报曾单独发表。[⑥]

李家治先生等对不同时代的上林湖青瓷标本进行胎釉成分和烧成温度的测试分析，发现不同时期的瓷器胎釉组成、显微结构和烧成温度变化不大，上林湖地

① 陈万里：《越器图录序言》，载《陈万里陶瓷考古文集》，紫禁城出版社1997年版，第12—14页。

② 陈万里：《余姚上林湖访古记》，载《陈万里陶瓷考古文集》，第109—110页。

③ 陈万里：《邢越二窑及定窑》，载《陈万里陶瓷考古文集》，第167页。

④ 金祖明：《浙江余姚青瓷窑址调查报告》，《考古学报》1959年第3期，第107—120页。

⑤ 林士民：《青瓷与越窑》，上海古籍出版社1999年版。

⑥ 林士民、俞敏敏：《上林湖窑场杜湖窑区调查与研究》，载浙江省博物馆编《东方博物(第2辑)》，杭州大学出版社1998年版，第317—330页。

区历代越窑青瓷面貌的变化，“只是在加工和装饰的改进而形成的外观上的变化”①。

1990年4月，浙江省文物考古研究所、慈溪市文物管理委员会办公室联合进行又一次窑址调查和勘测，这次调查逐一核实了原编号的窑址，新发现窑址18处，上林湖水库片区窑址数量增加至115处，测绘了1∶5000和1∶2000的《上林湖古窑址实测图》总图和分区图。至1991年底，完成考察任务后，向国家文物局呈报《慈溪上林湖窑址考察报告》。其间还调查了白洋湖、里杜湖、上岙湖和古银锭湖等窑址群。任世龙先生将上林湖水库区域唐宋时期遗存分为六期，其中三至五期为兴盛期，所处历史年代恰好与唐代中晚期至五代吴越和北宋中期相对应，其文化面貌和内涵特征与唐宋时期文人题咏及文献记载中的“越州窑”完全相符。②

1996年下半年，慈溪市文物管理委员会办公室决定编写上林湖窑址的综合调查报告，组织人员对典型窑址再进行一次专题调查，补充采集了大量标本。1997年初开始对历次调查资料进行系统整理，1998年完成书稿，2002年正式出版③，这期间还发表了上林湖隋唐早期窑址、白洋湖窑址、里杜湖窑址的三个专题调查简报和分期研究论文。④

三次大规模的调查表明，上林湖越窑始烧于东汉时期，至南宋时停烧。唐至北宋时期，上林湖、白洋湖、里杜湖、古银锭湖四个窑址群的产品面貌特征和装烧工艺等方面完全相同，同属越窑系，以上林湖为核心，窑址数量多、规模大、产品质量精，是越窑鼎盛时期的代表。多个窑址均发现有秘色瓷，而以后司岙窑址的数量最多。

（三）低岭头等窑址的调查

在古银锭湖片区的低岭头、寺龙口、张家地、开刀山窑址，存在一种与传统越窑有明显产品差异的窑业类型，自发现以来，就备受学界关注。1981年底，参加中国考古学会第三次年会的几名浙江文物考古专家在开刀山窑址采集到乳浊釉青瓷标本，厚釉素面，形制类似南宋官窑。浙江省博物馆张翔先生于1984、1985年两

① 李家治、陈显求、陈士萍等：《上林湖历代越瓷胎、釉及其工艺的研究》，载《古陶瓷科学技术第一集——1989年国际讨论会论文集》，上海科学技术文献出版社1992年版，第336—344页。

② 任世龙：《论“越窑”和“越窑体系”》，《东南文化》1994年第S1期，第58—64页；任世龙：《瓷窑址考古中的“瓷窑”和“窑系”》，载浙江省文物考古研究所编《浙江省文物考古研究所学刊　第五辑　2002越窑国际学术讨论会专辑》，杭州出版社2002年版，第30—31页。

③ 慈溪市博物馆编《上林湖越窑》，科学出版社2002年版。

④ 谢纯龙：《隋唐早期上林湖越窑》，《东南文化》1999年第4期，第97—101页；厉祖浩：《浙江慈溪市白洋湖越窑遗址》，载浙江省博物馆编《东方博物（第7辑）》，浙江大学出版社2002年版，第210—217页；谢纯龙：《慈溪里杜湖越窑遗址》，《东南文化》2000年第5期，第25—34页；谢纯龙：《上林湖地区的青瓷分期》，载浙江省博物馆编《东方博物（第4辑）》，浙江大学出版社1999年版，第88—107页。

次进行实地调查，把这种类型命名为“低岭头类型”，认为其素面厚釉产品受南宋官窑影响，这些窑址即文献记载中的余姚窑。①

1990 年 5 月，浙江省文物考古研究所在低岭头窑址试掘，开挖一条 5m×1m 的探沟，获得低岭头窑址上下两层的地层资料。下层包含物与上林湖越窑北宋末期的产品非常接近，具有明确的继承关系。产品可分两类，一类为传统的越窑青瓷，器表装饰细线划花；另一类通体斜刀刻花，类似北方耀州窑风格。上层堆积除有上述两类产品外，还出现了一种新的乳浊釉品种，其面貌特征与北宋汝窑、南宋官窑相似，装烧方法也有别于传统越窑，多用匣钵装烧，薄釉器多为支钉垫烧，厚釉器足端刮釉，垫饼垫烧。所谓低岭头类型，实际上是以低岭头上层遗存为代表，故沈岳明先生称其为“低岭头上层类型”②。

因村民平整山地，低岭头窑址再次遭到破坏，2010 年 5 月，慈溪市博物馆组织对窑址扰乱区域进行了调查，并清理了未扰乱堆积层 5 平方米。③

低岭头窑址不同种类产品不仅同一地层混积共存，而且多见组合装烧，其上层类型在古银锭湖同时期窑址中具有代表性。沈岳明先生初定下层堆积年代约北宋末至南宋初，上层年代为南宋初，谢纯龙先生断定年代稍迟一些，下层为南宋初，上层年代至南宋中期(12 世纪下半叶)。针对低岭头类型的地面调查和试掘，将越窑的烧造下限推到南宋，更新了以往越窑停烧于北宋末的认识，对于探索这种瓷业类型与汝窑、南宋官窑的关系以及龙泉窑的兴起有重要意义。

此外，2013 年 11 月，慈溪市文物管理委员会办公室对岑家山进行调查，该窑址年代约在北宋末至南宋初，采用匣钵装烧和明火装烧两种方式，产品质量较差，以传统越窑青瓷产品为主，未见乳浊釉产品。④

三、考古发掘

上林湖越窑遗址的一系列考古发掘始于 1993 年，先后发掘荷花芯窑址、寺龙口窑址、石马弄窑址、后司岙窑址、张家地窑址。通过几次大规模的考古发掘，获

① 张翔：《南宋余姚窑窑址的发现——记低岭头类型古窑址调查》，中国古陶瓷研究会 1986 年年会会议论文，西安。

② 任世龙：《论“越窑”和“越窑体系”》，《东南文化》1994 年第 S1 期，第 58—64 页；沈岳明：《修内司窑的考古学观察——从低岭头谈起》，《中国古陶瓷研究　第四辑》，紫禁城出版社 1997 年版，第 84—91 页。

③ 慈溪市博物馆：《浙江慈溪低岭头南宋窑址调查简报》，《文物》2019 年第 4 期，第 28—50 页；浙江省文物考古研究所、慈溪市文物管理委员会办公室编《慈溪南宋越窑址——2010～2018 年调查发掘报告》第三章《低岭头窑址调查》，文物出版社 2019 年版。

④ 浙江省文物考古研究所、慈溪市文物管理委员会办公室编《慈溪南宋越窑址——2010～2018 年调查发掘报告》第四章《岑家山窑址调查》，文物出版社 2019 年版。

取了数量巨大的遗物标本，基本建立了唐宋时期越窑瓷业较为完整的年代序列，揭露了丰富的作坊、窑炉遗迹，为越窑的工艺技术发展传播、兴衰历程、贡瓷与朝廷官府关系、内销与外销等方面的研究提供了实证资料。

（一）荷花芯窑址

荷花芯窑址位于上林湖水库西岸南部，窑址编号为上 Y36、上 Y37，共进行三次发掘。

第一次发掘在 1993 年下半年、1995 年上半年。发掘面积 976.6 平方米，揭露窑炉两条，出土大量的青瓷标本。上 Y36 窑炉为龙窑，斜长 45.9 米，系在早期废弃的龙窑上改建而成，年代为北宋晚期。上 Y37 龙窑尾部残，残长 41.83 米，年代为唐晚期。上 Y37 出土器物胎质灰白细腻，釉层均匀，多采用匣钵装烧，年代为 9 世纪初至 10 世纪初。上 Y36 的出土器物分为早晚两个时间段，早期产品与上 Y37 相同，晚期产品质量较差，采用明火叠烧工艺。这是唐宋越窑遗址的首次考古发掘，获得了较为精确的地层年代和明确的叠压关系。①

第二次发掘在 2014 年 9 月至 2015 年 10 月，这次考古发掘以清理作坊遗迹为主，发掘位置在上 Y36 窑炉的南部和上 Y37 窑炉东部的平坦地段，发掘面积 1200 平方米。此次发掘揭露房址 6 处、辘轳坑 1 处、储泥池 1 处、釉料缸 2 个、台阶路 2 处、挡墙 6 处等制瓷作坊遗迹，为了解唐宋越窑窑场布局提供了新材料，揭露了唐晚期、五代、北宋晚期的地层堆积，五代地层出土了用瓷质匣钵密封装烧的秘色瓷。②

2017 年 2—4 月，为配合上林湖考古遗址公园现场展示，进行了第三次发掘，揭露北宋时期房址 3 处、挡墙 3 处等遗迹，出土一批北宋中晚期青瓷标本。

（二）寺龙口窑址

1998 年 9—12 月、1999 年 9—12 月，浙江省文物考古研究所、北京大学考古文博学院、慈溪市文物管理委员会办公室联合对寺龙口窑址进行了二期发掘，发掘面积 1045 平方米，揭露南宋龙窑窑炉遗迹 1 处，五代、北宋作坊遗迹各 1 处，五代、北宋匣钵墙遗迹 4 处，匣钵堋 1 处，出土各类瓷器、窑具标本 5 万余件。

寺龙口窑址烧瓷的时间比较长，始于唐代晚期，一直延续到南宋。可分为唐晚期、五代、北宋早期、北宋中期、北宋晚期、南宋早期等六个发展时期。

这次发掘揭示出晚唐至南宋早期的堆积层位依次叠压关系，建立了晚唐—五代—北宋早期—北宋中期—北宋晚期—南宋早期越窑考古学编年序列。在五代

---

① 浙江省文物考古研究所、慈溪市文物管理委员会：《慈溪上林湖荷花芯窑址发掘简报》，《文物》2003 年第 11 期，第 4—25 页。

② 郑建明、谢西营、沈岳明：《浙江上林湖荷花芯窑址发掘作坊区》，《中国文物报》2015 年 12 月 4 日。

时期的地层中，出土了秘色瓷，这是首次在古银锭湖发现烧造秘色瓷的窑址。北宋地层中出土大量细线划花标本，与刻有“太平戊寅”铭文的瓷片共出，对研究越窑北宋早期烧造贡瓷有重要意义。南宋早期地层除了传统越窑制品外，还有“低岭头类型”产品，丰富了“低岭头类型”的内涵特征，牡丹纹折腹盘与绍兴、杭州等地发现的“御厨”款相同，可以认定寺龙口遗址是南宋初期宫廷用瓷的烧造地。首次揭露了南宋时期越窑窑炉遗迹。①

2002年11月，在发掘报告《寺龙口越窑址》出版之际，三家发掘单位联合在杭州举办了“2002越窑国际学术讨论会”，与会学者结合最新的发掘成果就越窑的定名与性质、秘色瓷、兴起与衰落、工艺技术、外销等问题进行研讨。②

（三）石马弄窑址

石马弄窑址位于白洋湖西岸南部，西距上林湖约2.5公里。1999年2—6月，为配合建设进行抢救性考古发掘，发掘面积约300平方米，揭露北宋初期龙窑1座、匣钵墙一处，获得大量的唐代中晚期至北宋早期的瓷器、窑具等标本。③ 2002年7—8月，再次对石马弄窑址进行抢救性发掘，清理作坊遗迹1处及釉料缸等，还出土了一件秘色瓷盘，器形与法门寺地宫出土秘色瓷盘相同。通过两次抢救性考古发掘，获得了大量越窑青瓷及窑具标本，揭示了白洋湖窑区唐代中期至北宋早期越窑瓷业面貌。

（四）后司岙窑址

后司岙窑址位于上林湖西岸中部，这里是上林湖遗址的核心区域，从地面考古调查的情况看，窑址分布密集且规模庞大，产品质量上乘，采集到的秘色瓷产品最多。根据《2014—2018年上林湖越窑考古工作规划》，2015年10月—2018年1月，浙江省文物考古研究所与慈溪市文物管理委员会办公室联合对该窑址进行考古发掘。发掘面积共2300平方米，揭露龙窑窑炉2处、房址2处、釉料缸3处、挡墙3处、堋墙1处、排水沟2处等遗迹，清理了厚达5米的废品堆积，出土了百余吨包括秘色瓷在内的唐至北宋时期的越窑青瓷及窑具标本。本次发掘的主要收获：

第一，窑场格局基本完整。窑炉为依山而建的龙窑，南北向，由窑头火堂、窑室、窑尾排烟室构成。窑炉西侧为废品堆积区，废品与窑炉中间由多道匣钵挡墙

---

① 浙江省文物考古研究所、北京大学考古文博学院、慈溪市文物管理委员会：《浙江越窑寺龙口窑址发掘简报》，《文物》2001年第11期，第23—42页；沈岳明：《寺龙口越窑址的发掘和认识》，《中国文物报》2002年5月31日；浙江省文物考古研究所、北京大学考古文博学院、慈溪市文物管理委员会：《寺龙口越窑址》，文物出版社2002年版。

② 浙江省文物考古研究所编《浙江省文物考古研究所学刊　第5辑　2002越窑国际学术讨论会专辑》，杭州出版社2002年版。

③ 浙江省文物考古研究所、慈溪市文物管理委员会：《浙江慈溪市越窑石马弄窑址的发掘》，《考古》2001年第10期，第59—72页。

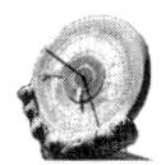

隔开。东侧主要是作坊遗迹，包括两座房址、多个釉料缸、匣钵挡墙、排水沟等。窑炉有多个窑底及修筑痕迹，最晚的使用时间为北宋时期。

第二，秘色瓷的基本面貌更加清晰。秘色瓷产品种类丰富，造型多种多样，制作精细，器表不见轮制和修坯痕迹。胎质与普通青瓷相比更细密，胎色更浅。釉色以青绿、淡青绿居多，釉层莹润。注重优美的造型和油润青绿的釉色，少有刻划花纹装饰。装烧采用瓷质匣钵涂釉密封工艺，这是陶瓷装烧技术的一大突破。

第三，揭示了秘色瓷的兴盛过程。窑业堆积丰厚，地层发育充分，地层中发现多个带有“大中”“咸通”“中和”年号的窑具，根据这些纪年与地层叠压关系，可以判断秘色瓷始烧于唐大中年间，到“咸通”“中和”年间达到兴盛，这一状态持续至五代中期，五代晚期夹沙瓷质匣钵取代瓷质匣钵，秘色瓷质量有所下降。

第四，明确晚唐五代秘色瓷的主要产地。唐代法门寺地宫出土的八棱净瓶、碗、盘等秘色瓷，五代吴越国钱氏家族墓出土的大量秘色瓷，在器形、胎釉特征、装烧方法等方面与后司岙窑址出土的秘色瓷相同，八棱净瓶则仅见于后司岙一带窑址，因此，后司岙窑场是晚唐五代时期秘色瓷最主要的烧造地。①

对后司岙窑址、荷花芯窑址出土的青瓷标本测试与分析表明：后司岙窑址秘色瓷的胎、釉元素组成与普通越窑青瓷无明显的差异，秘色瓷对胎体原料的选择和处理更加精细，秘色瓷独特的釉色与其采用瓷质匣钵的烧制工艺有关。采用瓷质匣钵装烧工艺是秘色瓷釉中 Fe^{2+} 含量高于普通青瓷的原因之一，釉色因而更加偏青。秘色瓷胎体颜色较白且深色颗粒较少，使得釉面明度值较高且更加纯净透亮。②

（五）张家地窑址

张家地窑址位于古银锭片区开刀山东麓，编号彭 Y22。因 20 世纪 80 年代村民建房，窑址遭到严重破坏。2018 年 2 月，开始进行抢救性考古发掘，发掘面积 150 平方米，揭露窑炉遗迹 1 条，出土了许多瓷片、窑具等标本。窑炉位于开刀山东坡，为依山而建的龙窑，残长 20.20 米。产品有传统越窑青瓷和乳浊釉青瓷两类，传统越窑青瓷胎质灰白，釉色以青黄为主，有精粗之别，精者多为匣钵单件装烧，粗者明火裸烧。乳浊釉产品品种与数量均比较丰富，灰白胎厚釉，釉色以天青

① 沈岳明、郑建明：《浙江上林湖发现后司岙唐五代秘色瓷窑址》，《中国文物报》2017 年 1 月 27 日；郑建明：《后司岙窑址发掘收获》，载浙江省文物考古研究所、慈溪市文物管理委员会办公室编《秘色越器——上林湖后司岙窑址出土唐五代秘色瓷器》，文物出版社 2017 年版，第 18—32 页。

② 故宫博物院、浙江省文物考古研究所：《上林湖后司岙窑址秘色瓷的成分特征研究》，《故宫博物院院刊》2017 年第 6 期，第 124—132 页；故宫博物院、浙江省文物考古研究所、慈溪市文物管理委员会办公室：《上林湖后司岙窑址秘色瓷的釉色特征及呈色影响因素研究》，《故宫博物院院刊》2017 年第 6 期，第 133—141 页。

为主。烧造年代处在寺龙口窑南宋层与低岭头窑址上层年代之间。①

郑建明利用历年来考古调查和发掘资料，对比分析古银锭湖南宋时期窑业遗存的产品面貌和工艺特征，将 8 处窑址分为 4 个类型。一是岑家山类型，包括彭 Y21 岑家山窑址和彭 Y23 开刀山窑址，产品大多为传统越窑青瓷，新出现深腹直口盖碗、梅瓶、玉壶春瓶等器形，未见乳浊釉产品。二是寺龙口类型，包括彭 Y14 寺龙口窑址第六期、彭 Y13 低岭头窑址下层，除传统越窑产品与岑家山类似外，新出现乳浊釉产品，数量较少，灰白胎，釉色天青，釉层略厚，出现了支钉垫烧法与足端刮釉的垫饼垫烧法。三是张家地类型，包括彭 Y22 张家地窑址、彭 Y24—彭 Y26 开刀山窑址，乳浊釉产品的数量增加，传统越窑产品数量萎缩。胎色普遍加深，呈灰色，乳浊釉普遍加厚，出现多次施釉现象，垫饼支烧成为乳浊釉产品的主要装烧方式。四是低岭头类型，即彭 Y13 低岭头窑址上层，与张家地类型最为接近，乳浊釉产品中出现少量灰胎或灰黑胎产品，胎体变薄而釉层加厚。郑建明认为"南宋时期越窑的四个类型，从器形、胎釉特征、装饰题材与技法、装烧工艺等诸多方面可以看成四个连续发展的时期，依次为岑家山类型、寺龙口类型、张家地类型与低岭头类型"②。其中隐含了传统越窑产品逐步萎缩，质量日渐下降，乳浊釉产品从无到有、从少到多，胎色从浅到深，支钉和垫饼支烧方式越来越普遍的发展逻辑。

① 浙江省文物考古研究所、慈溪市文物管理委员会办公室编《慈溪南宋越窑址——2010～2018 年调查发掘报告》第二章《张家地窑址发掘》，文物出版社 2019 年版。

② 郑建明：《南宋时期的越窑》，载复旦大学科技考古研究院、慈溪市博物馆编《两宋之际的中国制瓷业》，文物出版社 2019 年版，第 1—13 页；《慈溪南宋越窑址——2010～2018 年调查发掘报告》第五章《结语》，第 336—343 页。

宁波地区的水下考古工作回顾

王光远　林国聪

（宁波市文化遗产管理研究院）

摘　要：自1998年在象山港开展首次水下考古调查以来，宁波的水下考古从无到有，厚积薄发，已逐渐成为宁波文物考古事业的亮丽名片和我国水下考古与水下文化遗产保护事业的重要支撑。本文回顾了宁波地区以往水下考古工作，总结了20余年来宁波地区水下考古所取得的成果与成就，以期达到推动宁波地区的水下考古工作发展的目的。

关键词：宁波；水下文化遗产；水下考古；水下考古调查；水下考古发掘

水下考古学是陆地考古学向水域的延伸。它以水下文化遗存作为主要研究对象，借助潜水技术、水下探测、水下工程等手段，运用考古学方法对沉（淹）没于海洋和江河湖泊的文化遗迹、遗物进行调查、发掘、保护和研究，以揭示和复原埋藏于水下的人类活动历史。[①] 水下考古学是以水下文化遗存作为研究资料，研究对象包括淹没于水下的各种类型遗址，"包括井、污水坑、泉水、淹没的湖滨居址，以及从沉船、淹没的码头到沉入水中的城市等各种海洋遗址"，并且"已从使用原始潜水钟进行初步研究发展成为陆地考古的重要补充部分"[②]。在此基础上，"运用考古学所特有的观点和研究方法作为认识问题的手段并使其发挥应有的作用"[③]，对这些水下的文化遗存进行科学、全面的勘查、发掘、记录，以期复原当时的社会历史，达到考古学研究之目的。换句话说，水下考古学是运用考古学的研究方法，使用新的技术手段，从而将考古学研究的对象扩大为水下文化遗存。因此，

---

① 张威：《水下考古学及其在中国的发展》，载中国国家博物馆水下考古研究中心编《水下考古学研究（第一卷）》，科学出版社2012年版，第13页。

② ［英］科林·伦福儒、保罗·巴恩：《考古学：理论、方法与实践》，中国社会科学院考古研究所译，文物出版社2004年版，第95页。

③ ［日］小江庆雄：《水下考古学入门》，王军译，信立祥校，文物出版社1996年版，第3页。

可以说，水下考古学是“田野考古学在水域的延伸”[①]。

一、水下考古的工作流程

水下考古工作是水下考古学研究的基础，也是保护水下文化遗产的重要手段。一般分为水下考古调查、水下考古发掘、出水文物保护与管理、资料整理、成果刊布等几个步骤。

（一）水下考古调查

水下考古调查的任务是寻找、确认、记录水下文化遗存，为水下文化遗产保护的下一步工作提供线索依据（图1）。调查前应全面搜集、分析拟调查水域的已有文物线索、考古成果、文献档案、海图、影像资料等，以及该水域的地质、气象、水文、潮汐等环境资料。通过综合分析确定水下考古调查仪器探测区域，以确保搜寻查证到有效的信息线索。然后通过水下遥感探测仪器对选定区域进行仪器探测（图2）（主要探测仪器包括磁性探测法、声学探测法、光学探测法等。磁性探测法可采用金属探测仪、磁力仪等设备；声学探测法可采用回声测深仪、旁侧声呐、多波束声呐、浅地层剖面仪等设备），从而最大限度地缩小水下调查探摸的范围，锁定探摸目标，迅速提高工作效率。最后根据遥感探测结果，以人工潜水探摸或其他方式对疑似水下文化遗存进行核实确认（图3），如遇到被淤积物覆盖的水下文化遗存，可采用钻探或局部清淤的方式进行勘探确认。

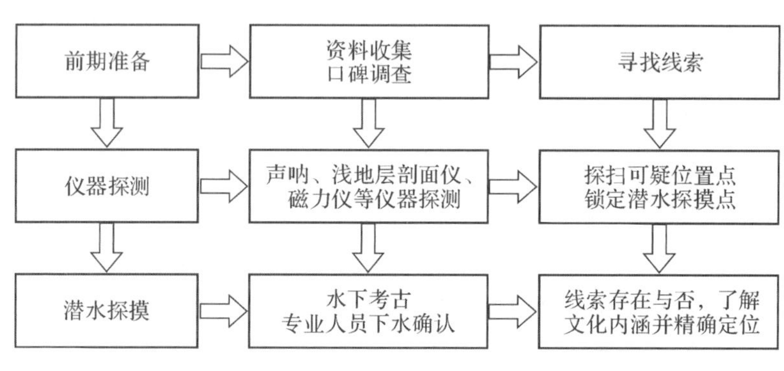

图1　水下考古调查流程

① 中国大百科全书总编辑委员会《考古学》编辑委员会：《中国大百科全书·考古学》，中国大百科全书出版社1986年版，第19页。

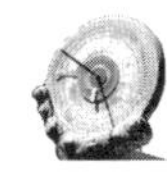

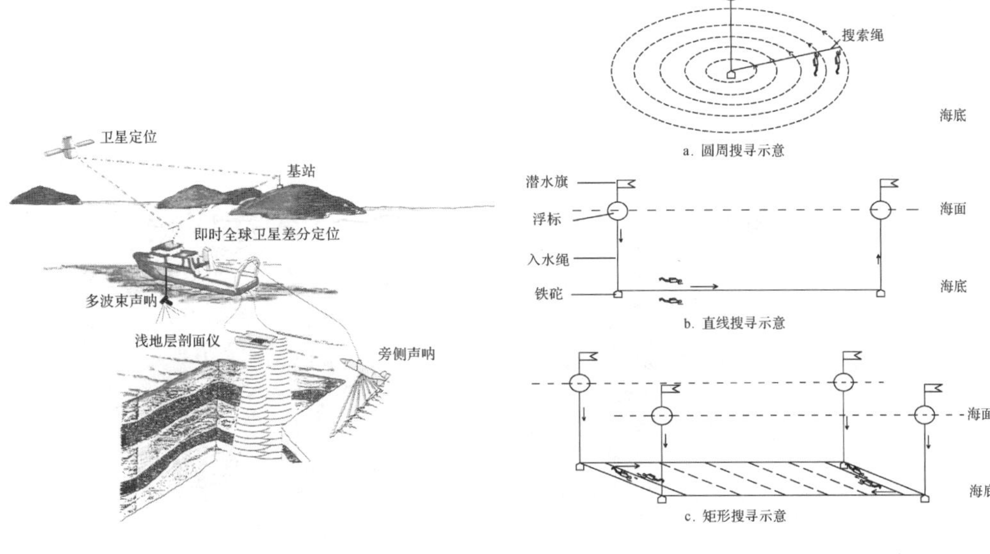

图 2　水下考古仪器探测示意　　**图 3　水下考古潜水探摸示意**

(二)水下考古发掘

原址保护是水下文化遗存保护的首选方式。如遇无法实行原址保护的水下文化遗存,应进行水下考古发掘工作(图 4)。发掘前,应根据遗存特点和埋藏环境设立测量基点,如条件允许,重要水下遗址应设置永久性基点,依托基点坐标体系,布设探方。根据考古地层学原理,依照堆积形成的相反顺序逐一按堆积单位发掘。对于沉船船体的发掘,可按照先船体内部、后船体外部的顺序进行。水下考古发掘获取资料的目的与田野考古是一致的,但由于其所处环境的不同,手段和方法有别于田野考古,须借助海洋工程和潜水技术的发展。发掘过程中应注意分析各堆积单位间、遗迹间,以及遗迹和遗物间的关系,控制和协调发掘进度,尽量保持一致,及时做好测绘和影像记录。处理面积较大或者较复杂的遗迹现象时,可采取分步揭露的方法,或先进行探沟解剖。发掘完毕后,应根据文物保护需要科学确定水下文化遗存的保护措施。

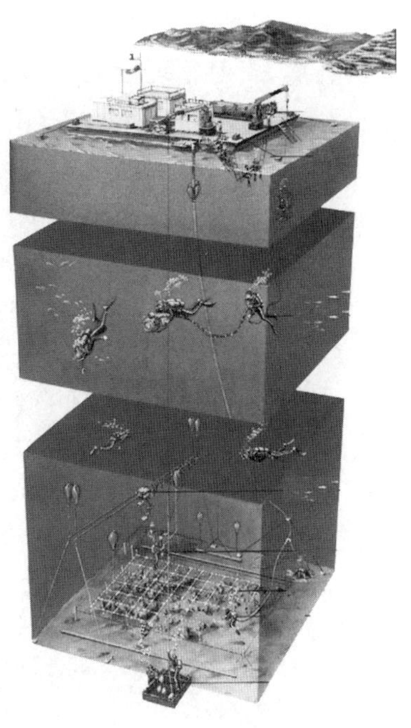

图 4　水下考古发掘示意

（三）出水文物保护

在开展水下考古项目过程中，应制订具有针对性的出水文物保护方案，并根据工作情况及时调整，应配备必要的现场保护设备和出水文物保护专业人员（图5）。水下考古项目完成后，根据工作成果和保存现状及时提出保护建议（图6），供文物行政部门参考。

图5　出水船板现场保护

图6　出水船体构件现状评估、登记

（四）资料整理及成果刊布

水下考古项目结束后，应及时按照一定的技术要求进行资料整理工作，并建立资料库，资料整理过程中应运用考古地层学和类型学方法等分析考古资料，编写、发表考古项目工作报告（图7）。

图7　水下考古报告

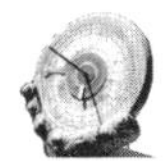

二、水下考古在宁波的兴起

宁波地处中国海岸线中段、长江三角洲南翼，北濒杭州湾，东接舟山群岛，拥有1678千米的绵长海岸线和8355.8平方千米的海域面积。宁波是典型的江南水乡兼海港城市，是中国大运河南端的出海口，也是海上丝绸之路东方始发港。长期而频仍的水上交通、贸易往来和交流互通，使宁波水下蕴藏着数量众多、类型丰富、价值多元的珍贵文化遗产。

宁波水下考古工作始于20世纪90年代。1998年5月至6月，在前期走访调查的基础上，经国家文物局批准，原宁波市文物考古研究所（现宁波市文化遗产管理研究院）与原中国历史博物馆（现中国国家博物馆）合作，在象山港海域开展水下考古探测与探摸，共采集出水各类文物标本2162件。[①] 1998年12月，原中国历史博物馆在宁波设立了我国第一家水下考古工作站（图8）；2008年7月，水下考古宁波工作站正式升格为中国国家博物馆水下考古宁波基地（图9）；2010年7月，国家水下文化遗产保护宁波基地（简称宁波基地）在北仑春晓滨海新城正式挂牌成立，2014年10月，宁波基地及宁波中国港口博物馆正式落成开放（图10），由此揭开了宁波由水下考古走向水下文化遗产保护的新篇章。至今宁波已构建起由一个基地、两个工作站（宁波基地象山工作站、宁波基地北仑工作站）和一个内设部门（宁波市文化遗产管理研究院水下遗产中心）组成的“国家主导、地方支持、部门协调”的水下文化遗产保护管理体系。20余年间，宁波为浙江乃至我国的水下考古和水下文化遗产保护事业做出了积极的贡献，开展了宁波乃至浙江境内一系列重要的水下考古调查、发掘项目，参与了国内几乎所有的重大水下考古项目，承办了一系列高规格的全国性水下考古工作会议与学术研讨会议，同时也培养了一大批杰出的水下考古队员。目前宁波已拥有水下考古队员11名，其中水下考古教练1名、潜水长1名、技术潜水（深潜）队员4名，出水文物科技保护人员4名，专业人才储备与业务能力水平位居全国前列，他们积极活跃在我国水下考古的大舞台上，已逐渐成为我国水下文化遗产保护的一支重要力量。

---

① 林世民：《象山港水下考古纪实》，载《再现昔日的文明——东方大港宁波考古研究》，上海三联书店2005年版，第57页。

图 8　中国历史博物馆水下考古宁波工作站揭牌

图 9　中国国家博物馆水下考古宁波基地成立

图 10　国家水下文化遗产保护宁波基地及中国港口博物馆外景

三、宁波地区开展的水下考古项目简介

自 1998 年象山港水下考古调查以来，宁波已组织开展重要水下考古项目 7 项(表 1)，分别涉及宁波市范围内的镇海、奉化、慈溪、象山和宁波市外的舟山、台州、温州等地。这些项目的组织实施，不仅为研究我国古代交通贸易史、文化交流史与中外造船史等提供了实物佐证，同时也为探索我国水下考古的工作规范、技术标准与学科建设等做出了积极贡献。此外，宁波在拓展水下考古业务的同时，还积极推动多学科的介入和多团队的合作，努力探索现代科技在水下考古中的综合运用与创新融合，除声呐、地磁、电磁、激光、航空摄影测量等常规物探方法外，“水面—水下动态监测指挥系统”的集成、“出水文物数字化管理系统”的构建、水陆一体基础地理信息的生成以及水下三维声呐 BlueView 5000、超短基线定位系统、潜

水员导航探测系统、DIDSON 高清声呐、探地雷达的应用等诸多创新之举，在我国的水下考古实践中均属首次。

表 1　宁波组织开展之重要水下考古项目一览(1998—2023 年)

序号	考古时间	项目名称	项目性质	主持单位	行政区域
1	1998	象山港水下考古调查	主动性	中国历史博物馆 市考古所	奉化、象山
2	2006—2010	浙东沿海水下文物普查	主动性	中国国家博物馆 市考古所(宁波基地)	宁波、舟山、台州、温州
3	2008—2014	“小白礁Ⅰ号”水下考古调查、试掘与发掘	主动性	中国国家博物馆 国家水下中心 市考古所(宁波基地)	象山
4	2015	三门湾大桥建设工程象山水域水下考古调查	配合性	市考古所(宁波基地)	象山
5	2016	浙能镇海电厂建设工程水下考古调查	配合性	市考古所(宁波基地)	镇海
6	2016—2017	上林湖后司岙水域水下考古调查	主动性	市考古所(宁波基地) 国家水下中心	慈溪
7	2019	宁波象山渔山列岛海域水下文化遗产资源考古调查(Ⅰ期)	主动性	市考古所(宁波基地) 国家水下中心	象山

注：市考古所是宁波市文物考古研究所的简称，国家水下中心是国家文物局水下文化遗产保护中心的简称。

(一)象山港水下考古调查

1998 年 5 月至 6 月，在前期走访调查的基础上，经国家文物局批准，宁波市文物考古研究所与原中国历史博物馆合作，在象山港海域开展水下考古探测与探摸，此次调查首先由发现线索的人员充当向导，划定线索海域，然后在线索海域使用声呐进行勘探，再由水下考古队员进行潜水探摸确认。通过此次调查，基本探明象山港内水下文化遗存呈带状分布于调查区域内，先后获得各类文物 2162 件，以瓷器为主，其次是陶器和少量铁锚、船板等。其中，瓷器有唐、北宋越窑青瓷，宋、元龙泉窑瓷，以及福建窑口的南宋、元青白瓷等。

(二)浙东沿海水下文物普查

2006 年至 2010 年，经国家文物局批准，并受浙江省文物局委托，中国国家博物馆、宁波市文物考古研究所(中国国家博物馆水下考古宁波基地)与舟山、台州、温州等地文物部门合作开展浙东沿海水下文物普查(图 11、图 12)。通过先开展陆上调查确定水下文化遗存线索海域，然后在线索海域进行仪器探测，缩小线索海域范围，最后由水下考古队员开展潜水探摸对水下文化遗存线索进行确认的方式，共在宁波、舟山、台州、温州海域发现水下文物线索 200 余条，并对部分水下文物线索实施了探测、探摸，最终确认水下文化遗存 14 处(表 2)[①]，包括沉船遗址 5 处、水下文物点 7 处、其他水下遗存 2 处。

图 11　仪器探测

图 12　潜水探摸

表 2　2006—2010 年浙江沿海水下文物普查

序号	名称	位置	水深/米	工作进展	性质/发现
		沉船遗址			
1	宁波象山县渔山小白礁清代沉船遗址	宁波市象山县北渔山小白礁北面海域	20—24	已发掘	晚清商贸运输船
2	宁波象山港万礁元代沉船遗址	宁波市象山港的主航道南侧	5.5—11	调查	宋元时期沉船
3	舟山嵊泗县江礁清代沉船遗址	舟山市嵊泗县江礁南侧海域	21—25	调查	明代沉船
4	宁波象山县大白礁铁轮沉船遗址	宁波市象山县北渔山大白礁西南海域	20—25	调查	近现代铁船
5	宁波象山县西湾嘴头铁轮沉址	宁波市象山县南渔山西湾嘴头北面海域	15—30	调查	近现代铁船
		水下文物点			
6	宁波象山港桐照港水下文物点	宁波市奉化市莼湖镇桐照港南的象山港内	23—28	调查	少量宋代青瓷
7	宁波象山港洪星海塘水下文物点	宁波市奉化市莼湖镇洪溪村洪星海塘外约 3 海里(约 5.56 千米)处	7—9	调查	宋—清代瓷片
8	宁波象山港民丰江口水下文物点	宁波市象山港湾口南侧、民丰江入港口，野龙山西南约 1.5 海里(约 2.78 千米)处	4—7	调查	明代青花瓷
9	宁波象山县渔山坟碑礁水下文物点	宁波市象山县渔山列岛坟碑礁东面海域	11—15	调查	清代陶瓷片

① 中国国家博物馆水下考古研究中心、宁波市文物考古研究所：《2006～2010 年度浙江沿海水下考古调查简报》，《南方文物》2012 年第 3 期，第 52 页。

续表

序号	名称	位置	水深/米	工作进展	性质/发现
10	宁波象山县石浦港三门口水下文物点	宁波市象山县石浦港三门口大桥西海域	30—60	调查	宋元时期龙泉青瓷
11	温州洞头区北小门水下文物点	温州市洞头区北小门岛与小门岛之间航道下	12—17	调查	五代—清陶瓷器
12	温州苍南县炎亭湾水下文物点	温州市苍南县炎亭湾海域	3.7—7.6	调查	宋代瓷片、铜钱
其他水下遗存					
13	北鼎星水下遗存	舟山市嵊泗县北鼎星外皇坟山北乌纱帽礁旁海域	8—16	调查	疑似“海天”舰沉址
14	白节山海域水下文化遗存	舟山市嵊泗县白节山海域	约55	调查	疑似“太平”轮沉址

在浙东沿海水下文物普查过程中，宁波不仅率先将水下文物普查纳入全国“三普”范畴，并率先制定出水下文物普查的技术规范，同时还受国家委托起草了《2009—2010年全国水下文物普查实施方案(试行)》。也因此，2009年2月和12月，由国家文物局主办的“全国水下文物普查工作会”(图13)和“全国水下文物普查工作阶段性总结会”(图14)均选择在宁波召开，水下考古的“宁波经验”得以逐步向全国推广。

图13 全国水下文物普查工作会

图14 全国水下文物普查工作阶段性总结会

(三)“小白礁Ⅰ号”水下考古调查、试掘与发掘

“小白礁Ⅰ号”沉船遗址位于浙江省宁波市象山县石浦镇渔山列岛海域北渔山岛小白礁北侧水下24米。该沉船于2008年10月在浙江省沿海水下文物普查中被发现。2009年6月，实施了重点调查和试掘。2011年4月，国家文物局批复同意“小白礁Ⅰ号”水下考古发掘项目立项。2011年6—7月，结合首届“国家水下文化遗产保护(考古)培训班”对此开展了遗址表面清理工作。2012年5—7月，基本完成船载遗物的清理发掘。2013年4月，国家文物局批复同意“小白礁Ⅰ号”船

体现场保护与保护修复(Ⅰ期)项目立项。2014 年 5—7 月,完成船体发掘与现场保护工作。随后,发掘出水的船体构件和船载遗物被运至宁波基地内边保护边展示,让公众共享水下考古与水下文化遗产保护成果(图 15 至图 18)[①]。

图 15 “小白礁Ⅰ号”发掘现场

船体以上堆积清理 → 船载遗物出水 → 水下资料采集 → 船体编号 → 船体拆卸 → 船板出水 → 水上资料采集 → 资料管理

图 16 “小白礁Ⅰ号”水下考古发掘步骤

图 17 水下清表

图 18 水下测绘

① 宁波市文物考古研究所、国家文物局水下文化遗产保护中心、象山县文物管理委员会办公室:《“小白礁Ⅰ号”——清代沉船遗址水下考古发掘报告》,科学出版社 2019 年版,第 12 页。

发掘与研究情况表明，“小白礁Ⅰ号”为一艘沉没于清代道光年间(1821—1850)的远洋木质商船，船体残长约 20.35 米，宽约 7.85 米，保留有龙骨、肋骨、船壳外板、隔舱板、舱底铺板、桅座等(图 19)，造船用材主要产自东南亚一带；该船既具有典型的中国古代造船工艺特征，也可见一些国外的造船传统，可以说是中外造船技术相互融合的难得实证。调查、试掘和发掘过程中共出水船体构件 236 件、文物 1060 余件(图 20、图 21)。

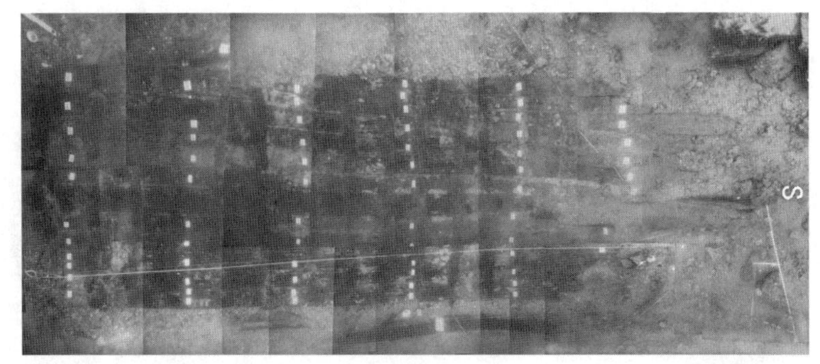

图 19　水下船体现状

图 20　出水船体构件

图 21　出水文物

作为宁波乃至浙江首个正式获批立项的水下考古发掘项目和国家水下文化遗产保护重点项目之一，“小白礁Ⅰ号”项目不仅因众多珍贵的出水文物和“中西合璧”的船体构造为社会所关注，更因其先进的工作理念、科学的考古方法、创新的科技应用、超前的保护意识和多重的安全保障为业界所称道，被誉为“我国水下考古走向水下文化遗产保护的又一重要标识”“我国水下考古的又一创新之作”[①]，并因此荣获 2011—2015 年度全国田野考古奖，是为我国首个获此殊荣的水下考古项目。

---

① 林国聪、王结华、姜波：《我国水下考古的又一创新之作——浙江宁波象山“小白礁Ⅰ号”2014 年度发掘》，《中国文物报》2014 年 8 月 29 日。

(四)三门湾大桥建设工程水下考古调查

2015年3月,为配合三门湾大桥及接线工程建设,宁波市文物考古研究所(宁波基地)联合象山县文物管理委员会办公室对工程涉及的象山海域开展水下考古调查、探测,探测海域面积达2071574平方米,发现1处水下异常点,之后经潜水探摸排除其为水下文化遗产的可能(图22)。这是宁波地区首个配合工程建设的水下考古项目。[①]

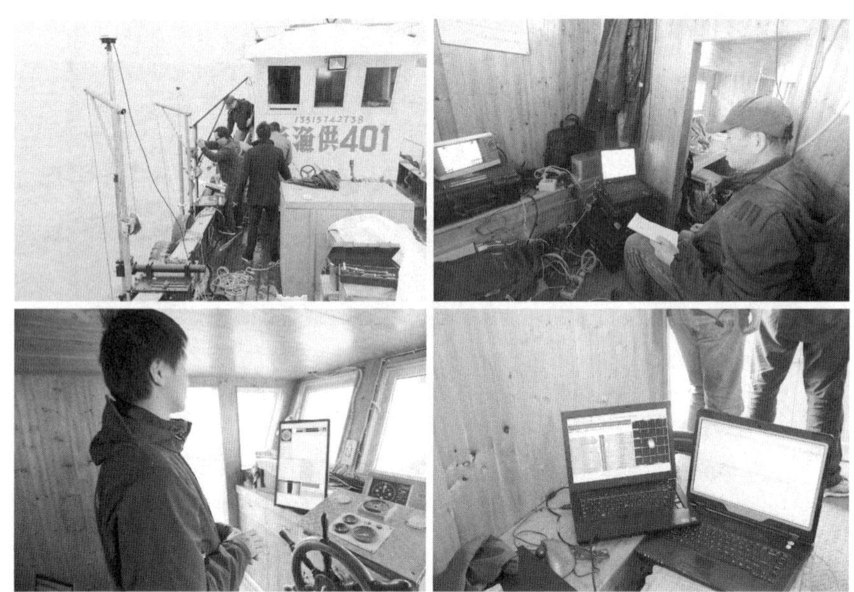

图22　三门湾大桥建设工程水下考古调查

(五)浙能镇海电厂建设工程水下考古调查

2016年3月,为配合浙能镇海电厂新建2×660MW超超临界燃煤机组工程建设,宁波市文物考古研究所(宁波基地)联合镇海区文物保护管理所对工程涉及海域开展水下考古调查、探测(图23),探测海域面积达25万平方米。该项目的顺利完成,标志着宁波地区配合工程建设水下考古初步实现了规范化和常态化。

① 宁波市文物考古研究所:《宁波首个配合基建水下考古项目顺利实施》,《中国文物报》2015年4月7日。

图 23　浙能镇海电厂建设工程水下考古调查

(六)上林湖后司岙水域水下考古调查

2016 年 11—12 月、2017 年 11—12 月，经国家文物局批准，宁波市文物考古研究所(宁波基地)、国家文物局水下文化遗产保护中心、浙江省文物考古研究所、慈溪市文物管理委员会办公室等单位分两年度，联合对上林湖后司岙水域开展了水下考古调查和湖泊底质钻探取样工作，发现了古水道、古水坝等诸多遗存，为研究古上林湖的地形地貌、水位变迁和青瓷产品运输通道等提供了珍贵资料，通过底质钻探及湖底泥样成分分析，重现了上林湖湖泊的形成与自然环境的变迁(图 24 至图 26)。

图 24　潜水探摸

图 25　湖泊底质取样

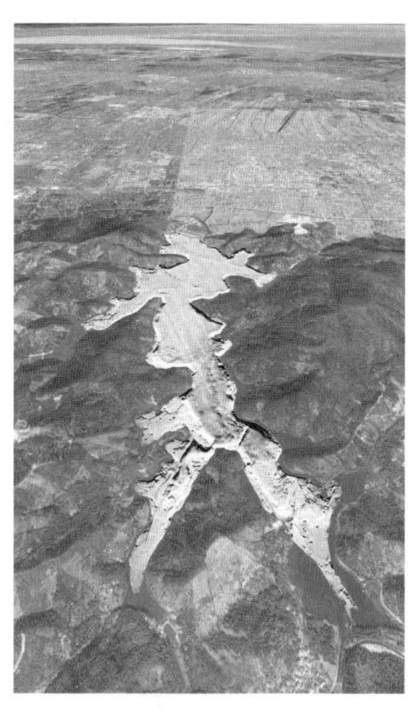

图 26　上林湖仪器探测三维数字模型

调查过程中，秉承“水陆空结合”“多学科介入”“多团队合作”理念，调查团队精心设计、精细实施，积极探索现代科技在内水平静水域水下考古中的创新应用与有机融合，多项技术突破国内水平，保持与国际接轨，为我国内水平静水域水下考古从“粗放式”走向“精细化”提供了可资借鉴的宝贵案例。[①] 同时，本次水下考古调查与以浙江省文物考古研究所为主要组织实施方的后司岙窑址田野考古发掘紧密结合，取得了丰硕成果，后司岙窑址也因此入选 2016 年度“全国十大考古新发现”。

（七）宁波象山渔山列岛海域水下文化遗产资源考古调查（Ⅰ期）

2019 年 4—7 月，经国家文物局批准，宁波市文物考古研究所（宁波基地）、国家文物局水下文化遗产保护中心、象山县文物管理委员会办公室等单位联合对象山渔山列岛（Ⅰ期）项目区域（包括陆域：渔山列岛下辖的 13 岛 41 礁，陆域面积 2 平方公里；海域：北渔山海域及周边线索海域，海域调查面积约 22 平方公里）开展了陆上考古（图 27 至图 29）及水下考古调查（图 30），初步摸清了渔山列岛水下文

① 林国聪、鄂杰：《我国水下考古技术的新探索——2016 年度浙江宁波慈溪上林湖后司岙水域水下考古调查》，《中国文物报》2017 年 2 月 24 日；谢西营、张馨月、林国聪：《水陆考古并进，共探秘色瓷窑——专家点评浙江宁波慈溪上林湖后司岙窑址》，《中国文物报》2017 年 4 月 4 日。

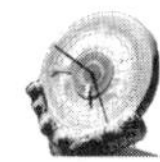

化遗产资源考古调查（Ⅰ期）项目工作区域内文化遗产的资源家底。通过岛礁调查，对各类历史文化遗产予以认定登记，全面、系统地记录调查区域内的文化遗产资源，初步摸清了渔山列岛陆域文化遗产家底及其时空分布情况。使用海洋探测仪器对渔山列岛海域A区24平方公里海域进行了全覆盖物探（图31、图32），并从中分析辨识出探测疑点68处，通过潜水探摸确认41处为人类活动留下的遗存，其中10处为沉船类遗存，其他类型遗存有31处。

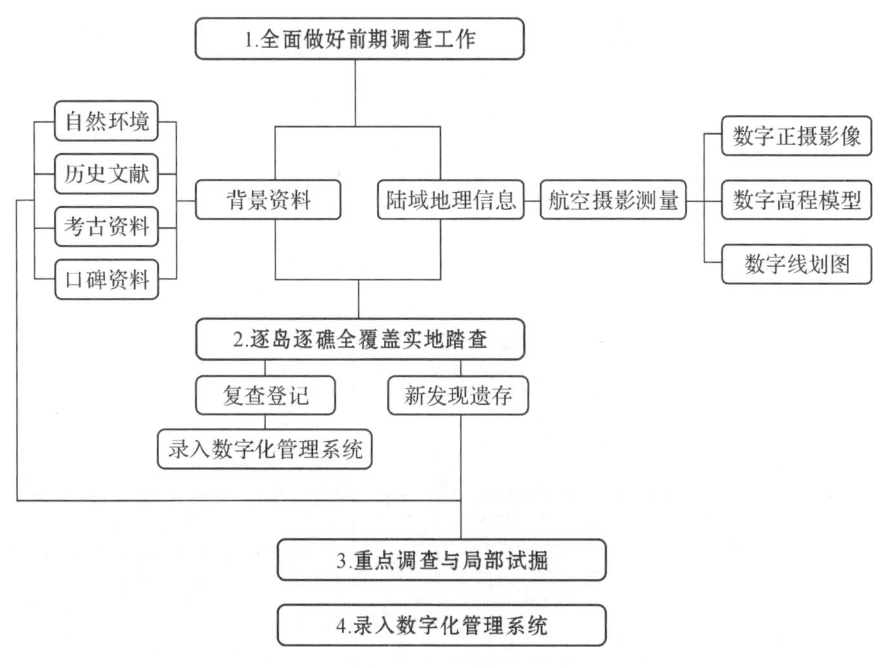

图27　陆地考古调查流程

图28　象山渔山列岛的灯塔

图29　象山渔山列岛的房址

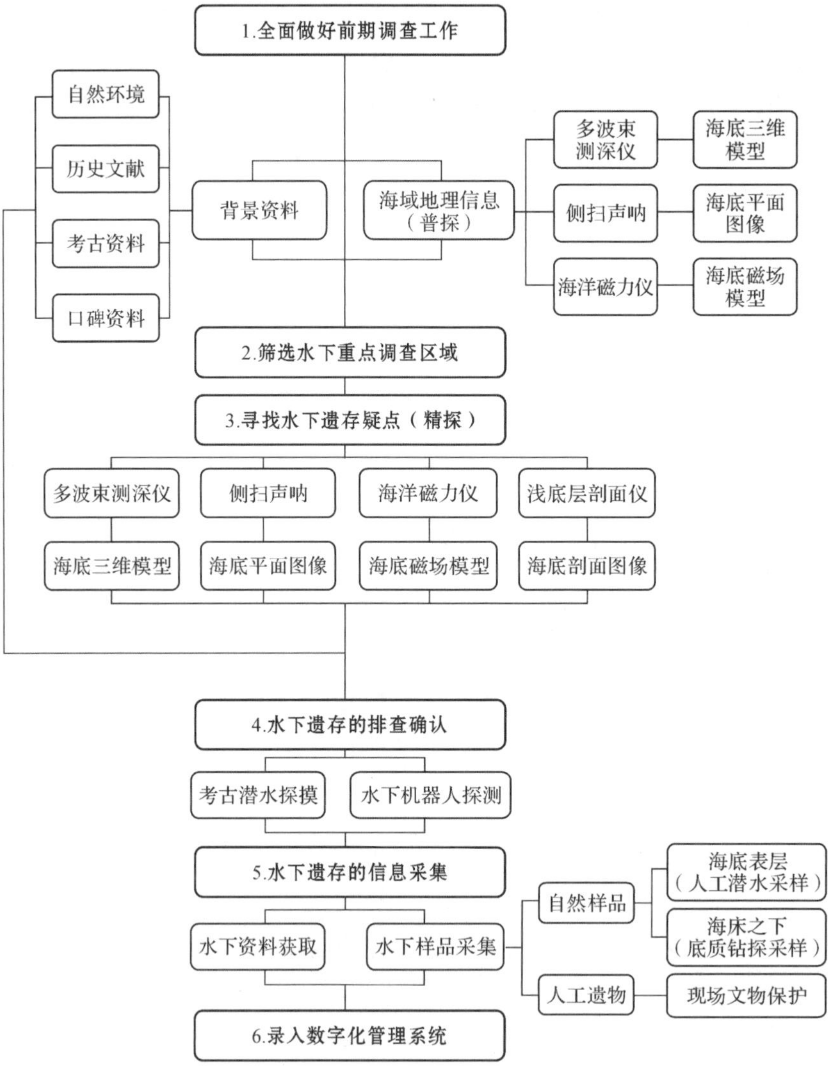

- **1.全面做好前期调查工作**
  - 背景资料
    - 自然环境
    - 历史文献
    - 考古资料
    - 口碑资料
  - 海域地理信息（普探）
    - 多波束测深仪 — 海底三维模型
    - 侧扫声呐 — 海底平面图像
    - 海洋磁力仪 — 海底磁场模型
- **2.筛选水下重点调查区域**
- **3.寻找水下遗存疑点（精探）**
  - 多波束测深仪 — 海底三维模型
  - 侧扫声呐 — 海底平面图像
  - 海洋磁力仪 — 海底磁场模型
  - 浅底层剖面仪 — 海底剖面图像
- **4.水下遗存的排查确认**
  - 考古潜水探摸
  - 水下机器人探测
- **5.水下遗存的信息采集**
  - 水下资料获取
  - 水下样品采集
    - 自然样品
      - 海底表层（人工潜水采样）
      - 海床之下（底质钻探采样）
    - 人工遗物 — 现场文物保护
- **6.录入数字化管理系统**

图 30　水下考古调查流程

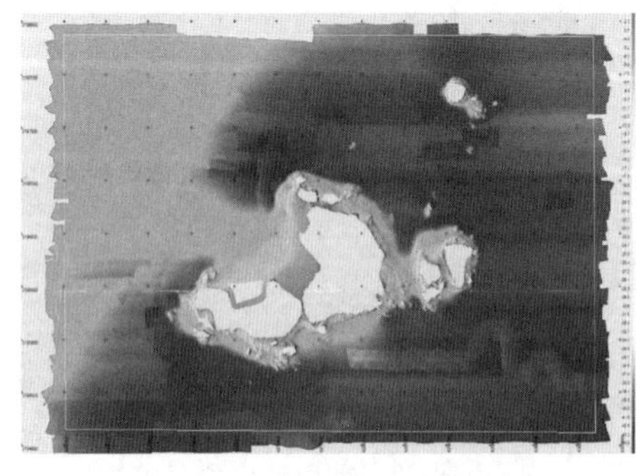

图 31　多波束扫测图像

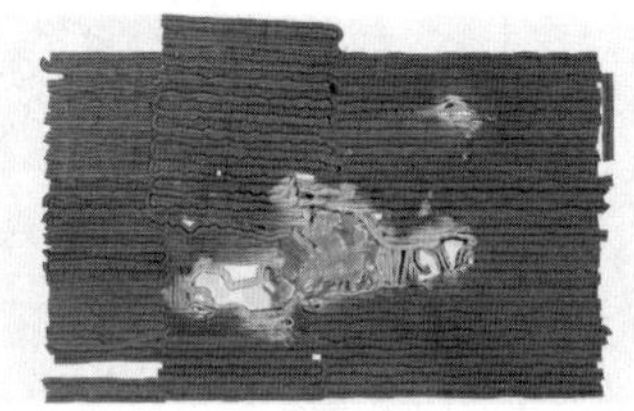

图 32　旁侧声呐扫测图像

宁波象山渔山列岛海域水下文化遗产资源考古调查（Ⅰ期）项目，是宁波首次采用水下考古区域调查的方法进行的水下考古调查，调查过程中通过水陆结合的考古方式，充分运用现代科技手段，在主要调查范围内开展全覆盖式调查，全面、系统地调查、记录区域内水陆遗迹、遗物，初步摸清渔山列岛海域（Ⅰ期）文化遗产资源家底。同时以水陆文物资源与地理信息系统为基础，初步构建了渔山列岛海域水下文化遗产数字化管理系统，复原、重建调查区域内的水陆文化遗存的时空关系，为后续的保护、规划、管理、研究、利用等工作提供考古材料和科学依据。在项目实施过程中还积极探索水下考古区域调查的基本方法、技术支撑、工作流程与操作规范等，使水下考古调查从单个遗存点的调查发现走向区域性的综合调查研究。

四、结　语

经过 20 余年的发展，宁波的水下考古从无到有，厚积薄发，已逐渐成为宁波乃至浙江文物考古事业的亮丽名片和我国水下考古与水下文化遗产保护事业的重要支撑。宁波基地还频频参与全国乃至国际重要的水下文化遗产保护项目：派员参加了“南海Ⅰ号”“南澳Ⅰ号”“碗礁Ⅰ号”“华光礁Ⅰ号”等一系列国家重点水下考古发掘项目，还先后三年度受国家邀请赴非洲援助肯尼亚拓展水下考古事业。尤其是近些年开展的“长江口二号”水下考古调查、整体打捞项目，自 2016 年调查发现到 2022 年整体打捞出水，宁波基地作为该项目主要合作单位，全程参与了“长江口二号”水下考古工作，为“长江口二号”沉船的顺利出水贡献了水下考古的“宁波力量”。

考古遗址公园模式下考古工作的挑战与机遇

——以望京门城墙遗址公园为例

周昳恒

(宁波市文化遗产管理研究院)

摘　要:考古遗址公园在国内已有20余年的发展历程,以大遗址保护为核心的国家考古遗址公园建设和管理,模式已经日趋成熟,但基层的考古遗址公园发展模式仍处在进一步的摸索和实践过程中。如何将考古工作更好地融入考古遗址公园建设和管理,一直以来都是考古遗址公园研究和实践层面的热点。本文简要介绍国内考古遗址公园模式的发展情况,并以宁波市海曙区望京门城墙遗址公园为例,着重讨论考古工作人员在考古遗址公园建设及后期运营过程中面临的问题与挑战。

关键词:考古遗址公园;考古遗址保护;公众考古

考古遗址公园的概念,早在2000年左右就有人提出。[①] 之后,国内的学者对其进行了不同角度的研究和阐释。单霁翔认为考古遗址公园是考古遗址与公园的结合体,"基于考古遗址本体及其环境的保护与展示,融合了教育、科研、游览、休闲等多项功能的城市公共文化空间和遗址类的文化景观,是对考古类文化遗产资源的一种保护、展示与利用方式"[②]。蔡超同样认同考古遗址公园作为历史文化公园的一个类型,具备所有公园都有的"公共"属性,但其核心功能是考古遗址的保护与展示。[③] 杜金鹏认为:"考古遗址公园是指古代遗址保护和展示的专门园区。它以保护遗址和服务考古为首要目的,同时,通过遗址展示和文物展览揭示遗址的内涵、价值,配合绿化美化,推动教育和旅游观光,是方便群众休闲和健体

---

① 王新文、付晓萌、张沛:《考古遗址公园研究进展与趋势》,《中国园林》2019年第7期,第4页。

② 单霁翔:《大型考古遗址公园的探索与实践》,《中国文物科学研究》2010年第3期,第2—12页。

③ 蔡超:《国家考古遗址公园发展十年回顾与实践思考》,《西部人居环境学刊》2019年第4期,第6页。

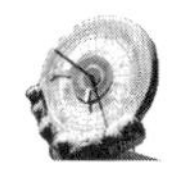

的公益性公共活动地域空间。”[①]由此可见，考古遗址公园区别于一般公园的特点就是其第一属性是对考古遗址的保护，第二才是对文化遗产资源的展示、利用及对公众的服务。

2022 年公布的《国家考古遗址公园管理办法》使考古遗址公园有了更为权威性的定义，是“以重要考古遗址及其环境为主体，具有科研、教育、游憩等功能，在考古遗址研究阐释、保护利用和文化传承方面具有全国性示范意义的特定公共文化空间”。其中，更进一步明确了国家考古遗址公园“具有全国性示范意义”的属性。

本文将简要介绍国内对考古遗址公园这一模式的实践探索及历年的发展情况，并以宁波市海曙区望京门城墙遗址公园为例，着重讨论考古工作人员在考古遗址公园建设及后期运营过程中面临的问题与挑战。

一、我国对考古遗址公园的实践探索

（一）国家考古遗址公园

我国首次以文件的形式提出遗址公园建设是在 2006 年国家文物局和财政部联合下发的《关于“十一五”期间大遗址保护总体规划》中，提出“建设大遗址保护展示示范园区”，明确了“初步建成和完善大明宫、秦始皇陵、阳陵、偃师商城、洛南里坊区等 10—15 处遗址公园”，展现了国家考古遗址公园建设意识的萌发。[②]

2009 年 6 月，在大遗址保护良渚论坛上，时任国家文物局局长的单霁翔发表了《让大遗址如公园般美丽》的主题发言，就建设考古遗址公园的意义和发展方向提出了具体意见。与会者达成《关于建设考古遗址公园的良渚共识》。同年 10 月，大遗址保护洛阳高峰论坛召开，通过了《大遗址保护洛阳宣言》，明确指出了大遗址保护和考古遗址公园建设的方向，为下一步有序推进国家考古遗址公园建设做好了充分的准备和动员。“良渚共识”和“洛阳宣言”的出台，也正式向全社会宣布国家考古遗址公园实践的开始。[③]

2009 年 12 月 17 日，国家文物局颁布了《国家考古遗址公园管理办法（试行）》和《国家考古遗址公园评定细则（试行）》，国家考古遗址公园建设实践的序幕正式拉开。[④]

2010 年，国家文物局开展了第一批国家考古遗址公园的评定工作，并公布第

---

① 杜金鹏：《大遗址保护与考古遗址公园建设》，《东南文化》2010 年第 1 期，第 9—12 页。

② 刘海红：《国家考古遗址公园：搭建起链接公众与文化遗产的桥梁》，《中国文化报》2023 年 3 月 2 日。

③ 滕磊：《国家考古遗址公园的实践与思考》，《博物院》2018 年第 5 期，第 95—100 页。

④ 滕磊：《国家考古遗址公园的实践与思考》，《博物院》2018 年第 5 期，第 95—100 页。

一批 12 家国家考古遗址公园和 23 家立项名单，国家考古遗址公园正式出现在大众视野，公园管理体系由先行试点步入规范化建设。

2012 年，国家文物局启动第二批国家考古遗址公园评定，印发《关于进一步规范考古遗址公园建设暨启动第二批国家考古遗址公园评定工作的通知》和《国家考古遗址公园规划编制要求（试行）》，针对遗址公园建设问题，提出了可行性、科学性等管理要求。

2013 年，国家文物局公布第二批 12 家国家考古遗址公园和 31 家立项名单。

2014 年，《国家考古遗址公园运行评估导则（试行）》印发，国家考古遗址公园进入评定评估双轨管理阶段。

2016 年，《大遗址保护“十三五”专项规划》颁布实施，提升“建设遗址公园”为重点工作任务，明确“出台国家考古遗址公园建设和运行管理指导性文件，加强国家考古遗址公园运行评估与监管，新建成 10—15 处国家考古遗址公园”。

2017 年，国家文物局公布第三批 12 家国家考古遗址公园和 32 家立项名单。

2019 年，在《国家考古遗址公园运行评估导则（试行）》基础上，国家考古遗址公园管理实现了年度监测评估常态化。

2021 年，《中华人民共和国国民经济和社会发展第十四个五年规划和 2035 年远景目标纲要》明确提出“开展江西汉代海昏侯国、河南仰韶村、良渚古城、石峁、陶寺、三星堆、曲阜鲁国故城等国家考古遗址公园建设”的任务，考古遗址公园建设被首次写入国家的规划纲要。[①]

2022 年，经过十年的反复研究、不断修改完善，国家文物局发布了《国家考古遗址公园管理办法》，为更好地指导、规范国家考古遗址公园建设管理提供了坚实的依据。同年，国家文物局公布第四批 19 家国家考古遗址公园和 32 家立项名单，至此，国家考古遗址公园已建成 55 家，立项 80 家，共计 135 家。

到目前为止，国家层面上的注意力集中在建设以大遗址为主体的考古遗址公园，即国家考古遗址公园，其主要目的是解决大遗址保护的问题。改革开放后中国经济高速发展的几十年同时也是土地被大规模开发利用的几十年，城市快速扩张、基建高速发展，这些都对大遗址的保护造成了巨大的挑战。而国家考古遗址公园模式的提出，正是文物工作者在实践中摸索出的一种较为有效的保护模式，它使得大遗址保护从“竭力抗争的死保模式”转向充分发挥社会效益的合理利用模式，在一定程度上解决了经济发展与文物保护所产生的矛盾。[②] 时至今日，国家考古遗址已完成了基本体系和管理模式的建设，拥有了一定的规模和一定数量具

---

① 孙华、王建新、赵荣等：《笔谈：考古遗址公园模式下的大遗址保护管理与活化利用》，《中国文化遗产》2022 年第 4 期，第 4—15 页。

② 蔡超：《国家考古遗址公园发展十年回顾与实践思考》，《西部人居环境学刊》2019 年第 4 期，第 6 页。

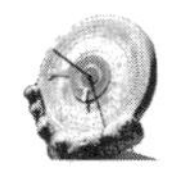

有示范意义的成功案例，极大地提升了我国大遗址保护利用的工作水平，兼顾了文物安全与人民群众日益增长的精神文明建设需求，真正“使文物活起来”。

（二）地方考古遗址公园

在国家考古遗址公园蓬勃发展的背景下，地方对于考古遗址公园这一新型的集文物保护、展示及利用于一体的综合性开发模式也保持着强烈的兴趣，并以各种形式进行着实践。究其根本，还是因为地下文物的保护与经济开发的矛盾是普遍存在的，而对于那些无法达到“国家级”规模的遗址，如果政府需要对其进行保护与一定程度的开发利用，建设考古遗址公园是诸多途径中较为理想的一条，其不仅可以有效地平衡遗址的保护和研究，还可以在此基础上挖掘遗址的内涵价值，丰富公共文化服务供给，在文化、教育、公共服务等方面产生积极影响和收益，甚至在某些较为成功的案例中还能反哺经济发展。

省级政府中，浙江省较早提出了“省级考古遗址公园”这一概念，于 2013 年就出台了《浙江省省级考古遗址公园管理办法（试行）》，并于同年公布了第一批浙江省省级考古遗址公园名单；至 2021 年，浙江省已公布三批共 25 家省级考古遗址公园名单。2023 年，浙江省文物局印发的《2023 年工作要点的通知》（浙文物〔2023〕35 号）中明确提出，要修订《浙江省省级考古遗址公园管理办法（试行）》，开展省级以上考古遗址公园建设评估，建立动态调整机制，进一步规范省级考古遗址公园的申报、建设和运营管理。可以说，浙江省对于省级考古遗址公园模式的探索走在了国内前列。但其他省份也并不落后：截至 2022 年，湖北省、山东省、河南省、安徽省也陆续公布了首批省级考古遗址公园名单和立项名单；而其他省份如江西省，也出台了省级考古遗址公园的暂行管理办法，对省级考古遗址公园的建设势在必行。

在一些文物工作发展较为前沿的省份，市一级的考古遗址公园也进入了探索阶段。但这种模式尚不成熟，各地均从自身实际情况出发，以“文化公园模式”或“市民公园模式”对地方发现的具有保护价值的遗址进行了不同程度的保护与开发。本文介绍的宁波市海曙区望京门城墙遗址公园，就是一处市级考古遗址公园的探索性实践。

二、望京门城墙遗址公园的建设

望京门城墙遗址公园位于宁波市海曙区西门口，项目起源于原宁波市文物考古研究所（现宁波市文化遗产管理研究院，简称文研院）为配合宁波市海曙区中山路综合整治 9＃地块建设，对该地块进行的一次考古调查勘探。在勘探中，发现了城墙夯土、包砖等遗迹。2016 年 11 月至 2017 年 6 月，经国家文物局批准，考古队对所发现的城墙遗址开展了抢救性发掘，确认了该遗址为唐末至民国时期明州罗城之西门望京门北侧的一段城墙基址。[1]

2017 年 3 月，考古发掘尚在进行中，浙江省文物局就向原宁波市文化广电新闻出版局（现宁波市文化广电旅游局，简称市文旅局）发函并明确提出：应以建设考古遗址公园为目标，商请相关部门尽快调整土地利用性质，指导组织编制保护与展示方案，提请属地政府适时将遗址公布为文物保护单位。2017 年 7 月，考古发掘刚结束，市文旅局就向宁波市政府提交《关于加强明州罗城遗址（望京门段）保护工作的报告》。根据浙江省文物局的意见建议和市文旅局的报告意见，在宁波市政府的统筹协调下，经市、区两级文物、住建、规划、市政、园林、城管、交通等相关部门多次协调沟通及多轮专家论证，宁波市委、市政府研究决定：调整遗址所在地块为文物遗迹与绿化混合用地，取消原计划的地下车库建设，大幅缩减公交首末站占地面积，依托城墙遗址结合城市功能建设考古遗址公园，要求在科学保护的前提下予以充分展示利用，让公众共享城市考古与文化遗产保护成果。2018 年 8 月，海曙区政府正式公布明州罗城遗址（望京门段）为区级文物保护单位，为遗址的保护管理与展示利用提供了基础保障。

2018 年 10 月，宁波市城市基础设施建设发展中心（简称市城发中心）委托同济大学建筑与城市规划学院编制《望京门城墙遗址公园概念方案》，方案于 2019 年 1 月通过评审。同月，望京门城墙遗址公园建设工程获批立项。2019 年 4 月，市城发中心委托宁波中鼎建筑设计有限公司编制《望京门城墙遗址公园落地方案》，方案于 2020 年 1 月通过评审。2019 年 5 月，市城发中心委托宁波易旸建筑规划设计有限公司编制《望京门城墙遗址公园工程文物影响评估报告》，报告于 2019 年 11 月通过评审。2020 年 4 月，望京门城墙遗址公园建设工程完成施工和监理招标。2020 年 6 月 13 日，在“文化和自然遗产日”之际，望京门地块考古成果发布会暨城墙遗址公园开工仪式举行。2021 年 4 月，项目完成建设主体框架，通过中间结构验收。2022 年 7 月，望京门城墙遗址公园工程顺利通过综合验收，于 2023 年 5 月正式开放。

望京门城墙遗址公园工程总用地面积 12035 平方米，主要由城墙遗址博物馆（展示馆）、配套管理用房、下沉广场、地下室泵房、庭院休闲区、绿化坡地和公交首末站等部分组成。其中城墙遗址博物馆（展示馆）为单层建筑，依明州罗城（望京门段）遗址的走向和范围，大跨径建造在遗址上方，既是遗址的保护建筑，也是宁波千年建城史的展示空间。

---

① 望京门城墙遗址公园的建设过程，基本援引林国聪、周昳恒、马建年：《明州罗城遗址（望京门段）考古发掘与保护展示》，《中国文物报》2021 年 12 月 3 日。

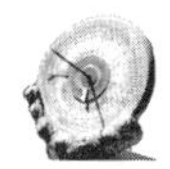

望京门城墙遗址公园是宁波市对于考古遗址公园这一模式的一次探索，由这个公园的组成可知，其主体结构是望京门城墙遗址的保护展示设施，但其中也有例如公交车站等的城市配套设施，所以该项目其实是偏向于“市民公园模式”的实践，属于汤倩颖归纳的“城市型考古遗址公园”范畴，即位于城市建成区以内的考古遗址公园。[①] 同类型的国家考古遗址公园有北京圆明园遗址、郑州商城遗址、隋唐洛阳城遗址等。这类考古遗址公园，在保护遗址的前提下也结合了城市用地规划，承担了一部分城市景观、休闲和市政功能，能较为有效地平衡遗址保护与城市公共空间之间的关系，实现遗址保护与城市建设共赢。

三、考古遗址公园模式下的考古工作所面临的问题

对于考古工作者在考古遗址公园中的参与度，国内外来自不同领域的众多学者都有所讨论。早在 2003 年，水下考古公园这一概念提出的时候，一些考古学者如汉纳斯等就提出过考古工作者的本职工作是考古资料的采集和研究，不应该作为主角过度参与对于水下公园的建设和管理，因为保持考古遗址完整和鼓励公众访问的目的是不一致的，是相互矛盾的。[②] 与此相反的，国内学者如单霁翔和杜金鹏等都认为考古学家作为考古遗址公园的奠基人，不仅应该是考古遗址公园建设的参与者，还应是考古遗址公园管理的参与者。[③]

但从现阶段具体实施的案例中，考古工作者在考古遗址公园建设的工作汇报中，一直是以协助者的身份出现的，这一方面是因为如汉纳斯提出的，考古工作者的主职工作并不是文物保护与开发利用；另一方面则因为国内考古遗址公园的建设和运营主体一直是地方政府，文物部门是作为监督和协助者的角色存在的。

作为全程参与望京门城墙遗址公园从遗址发现、发掘、项目立项、设计到公园建设、展览制作全流程的考古工作人员，笔者一方面认识到了考古工作对于考古遗址公园相较于同类性质的文化遗产公园的重要性，另一方面则对考古遗址公园模式下考古工作者需要承担的职责、工作内容和范围产生了一些思考。

（一）考古工作者在考古遗址公园建设中的角色模糊

现阶段对于考古遗址公园的研究主要集中在对概念以及类型的探讨，在遗址

---

① 汤倩颖：《关于考古遗址公园规划设计原则与理念的探讨》，《遗产与保护研究》2018 年第 6 期，第 4 页。

② 汉纳斯·托德：《水下公园 VS 水下保护区：保存资料还是公众开放?》，载詹姆斯·D. 斯皮雷克、德拉·A. 斯科特-艾尔顿编《水下文化遗产资源管理：海洋文化遗产保护及阐释》，上海交通大学出版社 2022 年版，第 5—16 页。

③ 单霁翔：《试论考古遗址公园的科学发展》，《中国国家博物馆馆刊》2011 年第 1 期，第 15 页；杜金鹏：《大遗址保护与考古遗址公园建设》，《东南文化》2010 年第 1 期，第 9—12 页。

公园的功能定位以及规划设计方面，尤其集中在规划方案的创新、规划设计中如何平衡遗址保护与利用的关系，以及营造环境等方面[①]，虽然大多数文献中都强调需要加强考古工作的介入，但少有具体讨论考古工作在考古遗址公园建设中的实践。就笔者参与望京门城墙遗址公园的经验来看，考古工作者对于考古遗址公园建设的"协助"职责主要可以归纳为以下几个方面。

1.资料提供者

从传统意义上来说，在考古遗址公园建设的过程中，考古工作人员主要的职责是提供考古资料。这些资料并不仅仅包括遗址公园的主体遗址的性质、年代、内涵、范围和布局等全部考古资料，还包括了遗址周边地区的考古情况和在一定区域内同类型考古遗址的相关情况。以望京门城墙遗址公园为例，项目立项阶段，文研院就提供了2016—2017年明州罗城城墙遗址（望京门段）考古勘探和发掘的所有相关考古资料，以此作为遗址价值的评估依据和设计基础。而在项目正式启动后，2018年文研院又对位于原发掘地块东侧的遗址公园的建设范围进行了补充发掘，一方面是为配合望京门城墙遗址公园内服务公众的基础设施的建设，另一方面则是为了进一步扩充望京门城墙段遗址考古资料的丰富性。同时，为配合展示馆的展陈设计，文研院还提供了自20世纪70年代起宁波历年城市考古的相关资料，以期展陈可以以点带面，从望京门段城墙遗址出发，详细展示整个宁波城的建造和发展历史。这不仅是对望京门遗址本身的考古资料整理，也是对文研院历年城市考古资料的一次较为系统的梳理和整合。在大的框架完成后，具体工作实施中建设方和设计方也会陆续提出一些其他类型资料的要求，如主体概念设计的时候，设计方要求提供一些具有宁波地区特色的、考古相关的图形与纹样作为参考。可以说，考古工作者作为资料提供者的职责是贯穿整个建设阶段，涉及方方面面的。

2.建设监督者

提供资料仅仅是考古工作者参与考古遗址公园建设工作的开始，当公园正式动工建设后，考古工作人员的参与度则进一步加深。望京门城墙遗址公园工程的建设，特别是建设于遗址正上方的展示馆是以保护性展示为最终目的的，因此，对遗址本体不造成任何伤害便是建设的首要原则。以此为共识，文研院及海曙区文物管理所的工作人员便作为文物工作者代表，参与了每周召开的例会，并在每个重要的工程节点如桩基建设等提供必要的考古及文保意见。而到了关键的遗址再揭露阶段，笔者更是长期驻守展示馆的施工现场，确保施工过程对文物本体不

① 孙坦、马晓冬：《我国大型考古遗址公园规划建设研究进展》，《现代城市研究》2015年第12期，第8页。

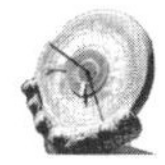

造成损害。在这个层面，考古工作者承担了文物安全的监督者的角色。

3. 文物保护者

在望京门城墙遗址公园的规划设计之初，就决定要对罗城城墙遗址进行一部分的原址展示。但是土遗址保护一直以来都是世界性的技术难题，为了更好地在南方潮湿环境中有效保护局部揭露展示的城墙遗址，考古工作人员参与了多轮文物保护论证会，最后确定了浙江大学土遗址保护专家张秉坚教授团队设计的"小环境控制方案"，在局部揭露展示的城墙遗址区域（长 18 米、宽 16.5 米）上方搭建双层电加热玻璃罩，在玻璃罩内建设气相补水系统，同时配备电气工程、温湿度监测、水位控制、喷雾系统、新风系统、照明系统等设备设施，这样既使城墙遗址揭露区的日常保护简单化、自动化，有利于遗址的长效保护，也达到了向公众展示的目的。

但实际上，这套设计方案的提出仅仅是文保工作的一部分，很多补全和修改都是在现场建设中完成的。在 2017 年发掘结束后，望京门城墙遗址就进行了原址填埋保护。为配合原址展示目的，在展示馆基础结构建设完成、形成了封闭环境后，考古队再一次对原址填埋的遗址进行了局部揭露。在揭露过程中，考古工作者和文物保护团队合作，根据揭露遗址的具体情况，对展示区面积、设备尺寸、使用的材料、排水设施的位置等均进行了不同程度的调整。这其中，考古工作人员贡献了许多专业的意见建议，也根据遗址维护的要求调整了揭露的位置和遗址展示的形态，如在土遗址上预留设备维护的人行过道、利用排水沟的位置埋设排水设备等。可以说，望京门城墙遗址原址展示区的文物保护方案是考古工作者与文物保护工作者协同完成的。

4. 展示阐述者

在二次揭露的过程中，考古工作者还面临的一个问题，就是如何向公众更为清晰易懂地展示遗址。汤倩颖认为，考古遗址公园对遗址价值内涵的阐释方式将直接影响公众对考古遗址的理解，这种带有很大引导性的规划设计表达必须建立在考古工作的基础上，只有考古才是明确遗址的文化内涵的唯一途径。[①] 这一论述一方面是强调考古基础工作的重要性，另一方面其实也是在说明考古公园的内涵阐释，最为具象的即展示的内容和设计，必须要有考古学科内容和思维模式的参与。因此，考古工作者不仅需要考虑到城墙遗址的保护问题，也要考虑如何向公众展示和阐释遗址，大到根据参观路径调整剖面的位置，小到展示标志的设计和摆放，都是考古工作者需要考虑的问题。

---

① 汤倩颖：《关于考古遗址公园规划设计原则与理念的探讨》，《遗产与保护研究》2018 年第 6 期，第 4 页。

以上是笔者在参与遗址公园建设的过程中实际参与的工作内容与担任的角色定位。事实上，在更大规模的考古遗址公园建设过程中，考古工作者还会参与规划制定、公众协调、运营管理和后续研究等方面的工作。但在实际操作层面，也有不少地方的考古遗址公园建设模式较为粗放，考古工作者仅作为资料提供者的角色，在具体设计、建设和管理过程中都没有参与的权限。这一类考古遗址公园建成后，也就失去了其主体特色和价值源头，这是蔡超总结的“重手段，轻研究；重建设，轻体验；重迎合，轻引导”的弊病之源。[①]

所谓考古工作者在考古公园建设中的角色模糊，解决之道其实需要对考古工作在考古遗址公园建设过程中介入程度进行思考，也对考古遗址公园对其本身定位和特质发掘进行思考，该如何将考古工作更好地融入考古遗址公园建设过程，势必是考古遗址公园模式发展的一大课题。

(二)考古工作者在考古遗址公园后续管理中的角色缺失

在望京门城墙遗址公园建设过程中，文研院多次与属地文物部门、市政管理部门协商，是否可以在建设完成的遗址公园内保留考古研究用房，或以公园配套用房为驻地，建立区一级考古工作站，但受限于遗址公园的面积和硬件条件，种种设想均不能落实。

遗址公园建成之后，其中遗址展示馆及其配套设施管理就整体移交海曙区文物部门，而作为城市配套设施的部分则交给市政管理部门运维。考古部门仅作为文物借展单位和遗址保护的咨询单位来参与后期遗址公园的管理，这不得不说是一种遗憾，也与国内诸多学者的呼吁相违背。

针对考古工作者参与度不足的问题，国家遗址考古公园已经在实践中提出了解决办法，在《国家考古遗址公园管理办法》2022 年的修订中，增加了考古遗址公园的退出机制，其中针对的一种情况，就是“国家考古遗址公园立项后，三年内未开展任何考古研究、文物保护项目和配套设施建设工程，且一年内仍未整改”。这在一定程度上确保了考古研究部门在考古遗址公园后期管理中的参与度。相信未来地方遗址公园的管理办法修订中也会参照这一条例，而遗址公园在正式运营中也会加大考古研究的参与比例。

但不得不提出的问题是，参与考古遗址公园后期管理和运营是一个长期的工作，而这不是现阶段基层考古机构的人员配置和专业力量可以支持的。现阶段基层考古机构的主要工作是配合基建类的抢救性考古项目，且随着考古前置土地出让流程在全国范围内推广，近几年的基建类考古项目呈几何倍数递增，考古工作者应接不暇，大量资料整理工作被搁置，甚至可以说研究工作都受到一定影响，再

① 蔡超：《国家考古遗址公园发展十年回顾与实践思考》，《西部人居环境学刊》2019 年第 4 期，第 6 页。

难分出人手参与考古遗址公园的管理。要解决这一问题，加强地方考古投入、增强地方考古力量、扩大地方考古队伍刻不容缓。

四、考古遗址公园模式下的考古工作迎来的机遇

考古遗址公园的建设与后续发展是一项仍在探索中的实践，尽管在考古遗址公园的权责范围、角色定位方面有模糊的一面，但有一点无法否认，即考古工作者在考古遗址公园建设及后续研究管理中的重要性。而考古遗址公园的建设和运营，也对基层的考古工作提出了新的挑战。笔者认为，在考古遗址公园模式下的考古工作，打破了过去以开展学术研究、获取考古资料为主要目标的考古工作闭环，推动了考古工作的理念和实践发生变化，迫使考古工作向文物保护及公众开放性发展。

（一）考古与文物保护方的融合

在传统的考古工作中，当一个遗址的野外考古工作结束后，除后期的学术研究外，其保护工作一般都是移交给属地的文物保护部门。考古研究机构一般会提供一些保护方面的技术指导协助，但并不直接作为主体制定保护方案，参与后续保护管理。然而考古遗址公园的建设打破了这一流程，直接在发掘阶段就促使考古项目负责人思考甚至参与后续的保护规划，完善遗址保护设计，合作构建整套的保护方案。

单霁翔认为，“考古遗址的整体保护，大体都会经历发现、发掘、保护、展示等各个阶段，而上述各个阶段在相当长的时期内相互并行，相互叠加，相互促进”①。考古遗址公园的建设就是将这些阶段都融合在一起，同时将考古和文物保护工作也融合在一起，在相互并行、叠加的状态下互相促进，使考古工作者提高文物保护意识，发展文物保护理念，参与文物保护行动。笔者认为，随着考古遗址公园模式的推广，这种前置性的文物保护理念会成为考古工作的一个重要分支和发展方向。

（二）公众考古的发展

鉴于考古遗址公园公众性和开放性的属性，在参与设计和建设过程中，考古工作者需要思考如何向公众阐释和展示遗址本体，对考古这项工作本身的思考也会越来越深入。事实上，在参与望京门城墙遗址公园的建设过程中，笔者认为考古遗址公园除了遗址和与遗址相关的城市历史展示外，也是对考古这一特殊专业

---

① 单霁翔：《试论考古遗址公园的科学发展》，《中国国家博物馆馆刊》2011 年第 1 期，第 15 页。

的工作内容和形式的展示。在望京门展示馆原址展示区中，城墙原址并不是完全以其本身面貌进行展示的，而是以考古学方法，展示遗迹开口、剖面、层位等考古学信息。这种考古学的展示方法，其实同时也是对考古工作内容的一种介绍，使参观者在了解遗址的同时也学习了考古学的相关知识。

现阶段的公众考古工作，很多都是通过发掘中的遗址开放来开展的，形式主要为：以正在发掘的项目为主体，举行“开放日”等活动，邀请公众参观考古现场，并进行解说。这种模式的优点是灵活性很强，内容较为丰富，且能结合最新的考古成果不断推陈出新。缺点则是考古现场本不具备对外开放的条件，开放公众参观其实对参观者的人身安全和文物安全都有一定的隐患。为解决这些问题，不少考古机构进行了多种尝试，如在长期进行的主动性考古项目建设专门的开放设施，或建设专门的公众考古基地。其目的都是创造一个可控的、又可以近距离接触考古工作现场的参观环境。

考古遗址公园则完美地解决了上述的矛盾，作为一个长期存在、具备参观条件且能长效保护文物本体的场地，以此为基地，可以开展种类丰富多样的公众考古活动。笔者认为，只有脱离了“游击”性质，有固定基地且长期举办的公众考古活动，才能真正达到考古的宣传科普目的，揭开公众眼里考古的“神秘”面纱。与此同时，定期举办的公众考古活动也可以丰富考古遗址公园的参观内容，提升公园的内涵价值，解决遗址公园展示手法单一、模式化现象严重的问题。① 可以说，结合考古遗址公园开展的公众考古活动是一种双赢的举措。

五、结　语

考古遗址公园在国内已有二十几年的发展历程，以大遗址保护为核心的国家考古遗址公园建设和管理模式已经日趋成熟，但基层的考古遗址公园发展模式仍处在进一步的摸索和实践过程中。而考古遗址公园这一保护与利用并举的模式的推广，也推动了基层考古工作理念和实践的变化，让考古工作者对自身的角色定位和行业发展方向有了一次新的认知。未来，随着考古遗址公园这一模式的不断发展，相信对于这一领域的研究也会越来越深入，不仅是对如何开发遗址公园的内在价值，也对于考古工作如何更好地服务于遗址公园，进而服务于整个社会有更进一步的思考与实践。

① 王新文、付晓萌、张沛：《考古遗址公园研究进展与趋势》，《中国园林》2019年第7期，第4页。

考古库房建设初探

——以国家水下文化遗产保护宁波基地为例

洪　欣

（宁波市文化遗产管理研究院）

摘　要：自2010年10月国家水下文化遗产保护宁波基地奠基起，宁波市历时四年建设出了符合考古文物收藏标准的基础库区，后续为了更好地管理文物，又在2016年开发设计了文物库房智能化管理系统。考古文物有其自身特性，需要考古机构根据自身业务，规划出符合本地考古事业发展的专业库房。

关键词：考古标本；库房；藏品管理；RFID

考古项目出土和出水文物种类复杂，数量繁多，包含了各时期人类活动产生的遗迹与遗物。此外，随着科技的发展和多学科交叉带来的视野的扩大，与人类活动有关但是非人为活动形成的材料（比如环境样本、动植物遗迹等）也成为考古学研究的重要组成部分。在这一前提之下，考古项目可发掘材料愈加丰富。随着城市建设加快，特别是2018年国务院办公厅印发了《关于加强文物保护利用改革的若干意见》提出"……地方政府在土地储备时，对于可能存在文物遗存的土地，在依法完成考古调查、勘探、发掘前不得入库"之后，各地的考古勘探、发掘项目呈指数级增长。综合以上因素，各级考古机构特别是基层考古机构的勘探发掘任务日渐繁重，加上专业人员不足，大量项目资料积累，短时间无法完成研究编写报告，考古机构对于文物的储存需求和要求也日益增长。

目前国内并没有独立的针对考古机构的库房建设标准和管理标准，大部分文博机构在库房建设时参考的是中华人民共和国住房和城乡建设部发布的《博物馆建筑设计规范》和国家文物局发布的《博物馆库房设施设备标准》，在藏品管理方面依照文化和旅游部颁布的《博物馆藏品管理办法》和《博物馆管理办法》实施。对于考古机构来说，完全依照博物馆国标来储存管理文物是很难实现的。首先，国内绝大部分考古机构并不是一个收藏和管理单位，没有足够的经费和专职部门长期从事藏品管理工作。其次，对于博物馆而言，库房是文物的永久储存场所，馆藏文物的数量和质量是衡量博物馆综合实力的一个重要标准，而考古机构的重点是勘探发掘与课题研究，文物出入频率与博物馆不在一个量级，比起一个精细化管理的文物库房，考古机构更迫切需要的是一个足够大的空间，用于堆放不停增多的项目标本。另外，长期的职能分工使得考古从业人员并没有文物藏品管理的概念，在考古项目研究结束后文物基本不会得到二次利用，因此很大一部分都会移交给博物馆或者归属地文物管理机构。综上所述，考古机构的库房建设虽与博物馆库房近似，主旨都是确保文物的安全保存及常规维护，同时促进文物的有效研究利用，但是考古机构需要在此基础上根据自身业务，规划出符合本地考古事业发展需要的专业库房。

一、国家水下文化遗产保护宁波基地考古库区建设

宁波地区的考古工作最初可追溯至20世纪30年代宁波古物陈列所的成立，但当时仅以金石研究为主，并没有现代意义上的考古学系统管理。到了20世纪50年代，为配合宁波萧穿铁路（今萧甬铁路）建设抢救文物，浙江省文物管理委员会牵头开展了宁波地区的田野考古调查发掘，宁波正式开始步入田野考古时期，像这样各级考古机构在宁波开展或者合作项目的模式一直持续到20世纪80年代初，这一时期的考古项目少，加上文物多由省属机构管理，宁波的考古机构（时为宁波市文物管理委员会办公室）并没有多少文物储存的压力。一直到1987年宁波市文物考古研究所成立，宁波本土机构开始有计划、有重点地对地下文物进行考古普查，并配合基本建设开展有针对性的发掘工作。[①] 随着考古项目的增加，单位本身逐渐没有足够的空间来收纳各个考古项目出土的文物。考古项目出土文物经过多次搬迁，曾先后安置于天一巷5号仓库、药行街原宁波市展览馆仓库、镇明路大方岳第、宝善路等地，最后暂存于宁波博物院库房。不同批次的文物使用不同的容器与堆放方法，造成了文物整理、取用和研究的极大不便，也不利于双方单位的文物管理。一直到2010年，借国家水下文化遗产保护宁波基地及宁波中国港口博物馆合作共建的契机，依托博物馆优秀的硬件条件，宁波市文化遗产管理研究院（时为宁波市文物考古研究所）在国家水下文化遗产保护宁波基地内设置了考古库区。

国家水下文化遗产保护宁波基地位于中国港口博物馆建筑B区，共四层。考

① 宁波市文物考古研究所、国家水下文化遗产保护宁波基地：《宁波考古六十年》，故宫出版社2017年版，第9—22页。

古库区主要用于收纳储存，一楼也有设置，库区可使用面积超过2500平方米。在库房的分配上，根据宁波大市区考古发掘出土或出水文物以及相关设备，根据功能和建筑结构规划，主要设置在二楼(图1)，根据管理的特殊性分为几个大块：考古库房、考古库房配套用房、文物中转库、文物科技保护区、设备库房。

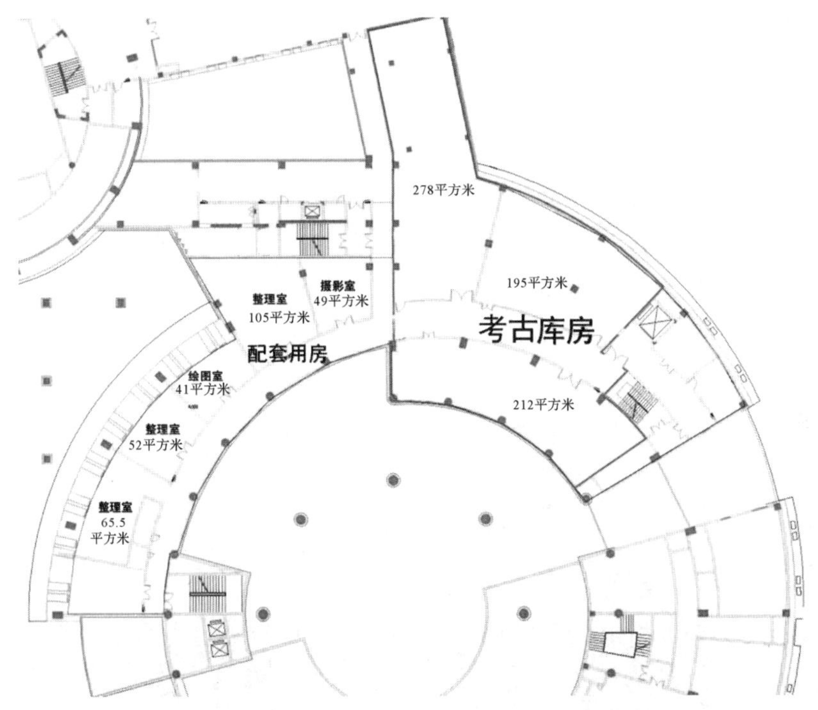

图1　国家水下文化遗产保护宁波基地二楼平面(局部)

(一)考古库房

考古库房为基地的考古出土文物主要收藏场所。库内文物含早年考古工地出土标本与宁波大市区考古项目整理完成后的已编号小件和标本。考虑到考古文物信息是由出处信息和实物本身信息组合而成的，按类型划分会对文物信息的完整性造成一定的破坏，因此库房文物的分类排架按照各项目的遗迹单位排列。

考古库房位于建筑二层，总面积为685平方米，平面形状为不规则扇形，梁下层高约3.35米，建筑区域无对外窗，地面使用环氧树脂自流平铺面，这种材质相对耐磨、耐压、耐腐蚀，且防滑。库房外部设两道大门，分别为单开式金库门及双开式金库门，其中单开式金库门设在办公区内，方便相关人员出入，也是日常文物出入库的主要入口。双开式金库门则设于货梯方向，仅在大型文物出入库时使用。金库门设三组密码锁，密码分别由三位库管员保存，须两位库管员同时转动密码锁才能开库。库房内部分为三个库区，每个库区设两道金属防盗门，须库管员刷卡并使用专用钥匙进出。由于文物上架大体按照考古项目进行，而考古项目的整理完成时长各不相同，因此三个库区并没有进行特别细致的划分，仅根据入库时间顺序大致划分了区域。库房内设两种库架，分别为金属开放架和金属层板抽屉柜。金属开放架高约 260 厘米，分四层。上四层间距 37 厘米，底层加高层 55 厘米。发掘项目小件标本存量过大，其中很大部分为不可修复残件，这使单独摆放上架成为一件不可能的事情，因此文物在入库时会按照项目遗迹单位排列存放于纸箱或塑料周转箱内，箱外贴项目名称和考古探方编号。为了防止磨损和物理损坏，大部分文物会单独装在 PE 塑料自封袋里并附上独立文物标签后再装箱，另有一部分体积较大或者材质脆弱的文物会用防震气泡膜包裹存放在包装盒或囊匣内，所有的外包装均会贴上标签。上述文物大部分存放在金属开放架上。金属层板抽屉柜由于尺寸限制并不适合文物件数多的项目，因此只有少量被使用。

（二）考古库房配套用房

配套用房包含了文物摄影室、绘图室、整理室和信息机房，主要服务于考古项目的室内整理和电子化录入。建筑设计时，均将其设置于二楼考古库房周围，在使用时方便文物出入库，无人使用时可放下金属卷帘门，与考古库房一起构成独立空间，确保了文物的安全，也能减少空气流动造成的环境变化。

（三）文物中转库

考古发掘从整理到报告出版往往需要很长的时间，在项目结束之前，考古领队和相关工作人员对项目文物要进行一系列的整理流程，因此在这一阶段，文物基本上不属于库管员保管范畴。[①] 近些年来随着项目增加，部分考古项目结项周期短，无法在项目周期内完成全部整理工作，另有部分考古项目周期长或文物数量多，需要分批进行整理，加上各种不可抗力因素（包括但不限于疫情、房租到期、春节放假等），考古项目的临时存放需求逐渐增多。此外，大量考古项目整理完成后挑选剩余的标本也会因为各类原因暂时无法填埋。考虑到大部分考古工地的临时库房达不到文物储存的安全标准，因此在基地一楼设置了文物中转库。暂存文物情况复杂，稳定性差，流转程度相对较高，因此在设置中转库房时选择建筑一楼靠近货运大门处（图 2），尽量缩短文物的运输路线。

中转库房库内面积约为 395 平方米，呈扇面形。层高约 2.8 米，设两处大门。大门外层为双开金属库门，内门为木制门，设刷卡、钥匙双重门禁，出于安全考虑，库房无对外窗户，地面使用环氧树脂自流平铺面。库房内设两种库架，分别为金属开放架和金属精品柜。考虑到中转文物基本以箱或袋形式暂存，文物主要储存

① 任芳：《浅谈文物库房管理及库藏文物保存环境——以甘肃省文物考古研究所为例》，《丝绸之路》2021 年第 1 期，第 153—156 页、第 166 页。

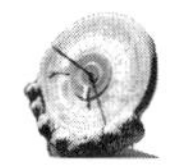

在金属开放架上,按照项目归类。另有小部分重要文物或者材质脆弱文物在金属精品柜内存放。金属精品柜内置活动隔板以适应不同文物摆放,外设带锁玻璃移门,进一步确保文物存放的安全和稳定。

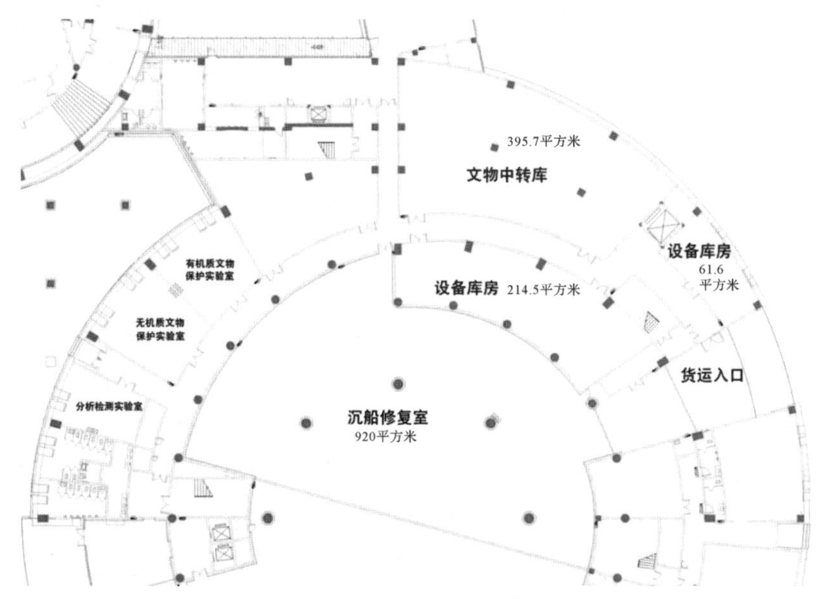

图 2　国家水下文化遗产保护宁波基地一楼平面(局部)

(四)文物科技保护区

文物科技保护区设于基地一楼,包括沉船修复室、有机质文物保护实验室、无机质文物保护实验室和分析检测实验室。水下考古出水文物大部分会存放在一楼沉船修复室内做保护,如果田野考古项目中有需要保护的文物,也会在入库后转交文物保护专职人员进行保护。

(五)设备库房

考古装备可根据使用功能分为信息装备、探掘装备、测绘装备、影像装备、取样装备、现场保护装备、修复装备,以及考古专用服装和集成工具包(箱)等,其中大部分设备都会重复使用,需要得到安全妥善的管理。基地一层设有两间设备库房,用于考古装备的专门储存,方便相关人员随时取用,也便于固定资产的管理盘核。

二、考古库房的智能化管理

考古库房的作用并不单单只是储存文物,还包括后续一系列的整理、编目、上架、造册等工作的开展。考古库房文物的整理排架工作永远跟不上项目文物的增长速度,加上文物的研究和展览需要,库管员需要耗费很长时间查询各类登记表并出入库寻找,特别是当文物本身是按箱存放的状态时,出库会对其余文物产生多次扰动,回库也不一定能按照序号插入原始位置,这样对下一次的找寻来说又会产生新的误差。因此亟须引进新的技术手段来提升工作效率,保障文物的安全稳定存储。2012 年底开展的全国第一次可移动文物普查工作带来了新的思路,即设计一套科学化、标准化的库房数字化管理系统来对文物进行规范化管理。2015 年底,宁波市文化遗产管理研究院(时称宁波市文物考古研究所)决定启动"文物库房智能化管理项目",依托无线射频识别技术(RFID)开发库房智能化软件系统,实现文物管理全过程智能化、可视化。

RFID 是一种自动识别技术,使用频率信号来传输信息,可以实现文物信息无接触式识别和读写。基于 RFID 系统的文物库房智能化管理系统主要由两个部分组成:RFID 电子标签系统和文物库房智能化管理软件。RFID 电子标签系统由标签、读写器和天线构成。RFID 无源标签有一个独特的识别号码和储存数据的电子芯片,在进入读写器磁场后,内置的耦合电路产生感应电流提供能量,将标签信息发送给读写器[①],从而实现文物信息的即时查询、读写和盘存。文物库房智能化管理软件则是实现库房智能管理的基础,通过文物文本和多媒体信息电子化来实现出土(水)考古文物全生命周期信息的管理。

为了实现上述目标,基地从 2016 年开始实施"文物库房智能化 I 期工程",主要包括:基础设施改造、文物库房智能化管理信息系统的设计开发和文物信息的采集录入。

(一)基础设施改造

为了搭建文物库房智能化管理系统稳定运行所需基础环境,基地对库区进行了几项重点改造:

对电子信息系统机房进行了改造升级,重新装修了吊顶、地面和墙面,做到不起尘、阻燃、绝燃、不会产生静电、牢固耐用并杜绝虫害发生。机房加装空调系统调节温湿度,增设供配电及防雷系统和消防灭火系统。

重新规划了机房和库区的布线,充分考虑未来的设施加装,避免设备及机柜间的重复跳接和临时线路的设置。

对整个库区的照明系统进行了改造,在符合文物保护相关标准下,满足实际的工作需要。

---

① 刘学平、张晶阳:《基于 SLAM 与 RFID 的博物馆藏品智能盘点方法》,《制造业自动化》2023 年第 1 期,第 64—66 页、第 72 页。

库房内加装无线路由器，采用无线控制器和瘦 AP 的模式，构建库房的无线网络环境，库房无线网络通过局域网与机房的库房智能化管理系统相连，实现数据传输和应用系统运行。

（二）文物库房智能化管理系统的设计开发

文物库房智能化管理系统由藏品管理软件和 RFID 标签识别系统组成，在传统的藏品管理软件的基础上，基于 RFID 系统开发的软件提供了进行实时数据检索和更新的功能，这两个系统互相联系，共同完成库房文物管理的各个流程。

在软件开发初期，因相关软件用户早年以博物馆工作人员为主，在此基础上需要不断改进以适应考古机构库房管理。在经历反复测试和反馈之后，设置六大板块，包括文物信息录入、文物信息管理、文物出入库管理、文物盘核、文物移交和系统管理。

（三）文物信息的采集录入

基地此前从未使用过任何藏品管理系统，对于文物小件标本的录入也仅是简单的基于 Office 系统的《文物小件标本登记表》和各类手写账册，查询和登记效率低下。在这一次项目中拟集中录入两万件文物标本作为库房智能化管理系统试运行数据。其中有 6000 件出土（水）文物已完成“一普”登记，在此次项目建设中，增设“一普”数据 Excel 模板，可以将 6000 件文物的“一普”信息直接导入文物数字化信息管理系统中，实现数据的整合和迁移。考虑到单位早期考古项目经历数次文物搬迁可能存在资料不完善情况，剩余 1.4 万件文物信息从 2000 年后的考古整理完成项目中挑选。

文物信息采集总体以第一次全国可移动文物普查数据信息为标准。根据本单位考古信息分类增减完善后的录入信息列举如表 1（* 为必填项）。

表 1　文物标本录入信息

序号	数据项	数据内容
1	* 标本总登记号	文物在单位所在的总序号。是以 NK 开头的 8 位字符（例：NK000001），在登记时自动按顺序发放
2	* 器物号	文物考古编号
3	* 名称	文物定名应科学、准确、规范，做到“观其名而知其貌”；应该包含三个组成部分：年代、款识或作者，特征、纹饰或颜色，器形或用途
4	* 年代	文物所处的历史年代
5	具体年代	文物的具体年代
6	* 文物类别	文物分类是按照一定的标准对文物进行聚类或归类，参照“一普”标准给予选项
7	* 质地类别 1	质地类别 1 分为有机质和无机质

续表

序号	数据项	数据内容
8	* 质地类别 2	质地类别 2 分为单一质地或复合质地
9	* 质地	标本的具体材质
10	* 实际数量	器物的单位数量
11	外形尺寸(cm)	包含通长、通宽、通高，或对应为口径、底径和腹径，采集数据精确到 0.01 单位
12	具体尺寸	测量的标本的尺寸，精确到 0.01 单位
13	质量范围	文物称重后的质量范围
14	具体质量	文物称重后的质量数据，精确到 0.01 单位
15	质量单位	文物的质量单位
16	文物级别	参照文物鉴定标准所得文物的级别
17	文物来源	根据考古实际情况，通常为“发掘”
18	完残程度	文物的完整、残缺度，具体根据实际情况，参照“一普”标准
19	完残状况	文物的完整、残缺状态，具体参照“一普”标准
20	保存状态	文物的保存状态
21	入库时间范围	文物的入库时间范围
22	入藏库年度	文物的入库年度
23	* 项目名称	文物所属的考古项目名称
24	* 出土时间	文物的出土时间
25	* 出土地点	文物的出土地点
26	* 出土单位	文物的出土单位
27	* 考古领队	文物项目所属领队
28	* 遗存类型	文物所属考古项目的遗存类型
29	* 文物照片	照片分为正视、俯视、侧视、全景、局部、底部图，具体参照“一普”标准

文物库房中的文物标本都是独一无二的，大部分的文物处于稳定状态，而另一些则非常脆弱，任何处理上的错误都会造成不可逆转的损害，因此，直接粘贴式的标签并不适用于考古文物。在对各种标签进行综合考量后，基地库房选择了无源标签，这种标签价格低廉，体积小巧且无须内置电源。因库房绝大多数文物为陶瓷器，在 RFID 标签采购时仅采购了一个类型，即尺寸为 5cm×3cm 的卡片式标签(图 3)。文物与标签的绑定流程大致为：用固定或者手持读写器扫描标签后，在系统内进行与文物的绑定，在系统界面上手动录入藏品库架信息(图 4)，在标签上写标本总登记号，随后一般将标签用棉线系于器物上或随袋同放。登记完毕后的文物置入统一装具内，目前库房使用的是 55cm×41cm×31cm 的蓝色文物周转箱，尺寸适用于文物柜架，方便文物上架(图 5)。

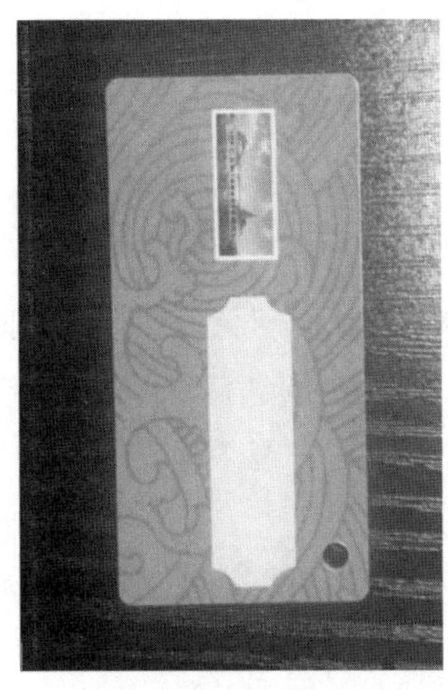

图 3 RFID 标签

图 4 RFID 标签绑定界面

图 5 考古库房内上架完成后的文物

在项目 I 期完成后，文物库房智能化管理系统大致实现了以下几个功能：

(1)支持包括文物文字、图片等在内的信息管理；

(2)实现从出土(水)编目，到文物登录、文物上架、出入库管理、查询检索、影像管理等功能；

(3)支持包括文物总账、清册、卡片、出入库凭证、移交凭证等在内的各类证账卡册的导出打印；

(4)RFID 电子标签与文物科学绑定，实现文物 RFID 电子身份证；

(5)文物管理流程智能化，包括文物的入库、出库、盘点等。

三、考古库房建设中的问题与思考

（一）考古库房环境改善与监测

考古库区的最初构想一直是“标本库”，没有考虑到长期储存的库藏环境问题。在库房内没有设置任何温湿度监测系统，也未加装空调和新风系统。宁波中国港口博物馆的位置离海岸线直线距离大约一公里，即使整个库房环境相对密闭，也难以保证文物一直处于合适的相对温湿度区间。

基地考古库房所藏标本绝大多数为性状稳定的陶瓷器标本和少量金属标本，仅有极小一部分脆弱材质和有机质文物，而文物修复区已经承担了一部分脆弱材质文物的保护工作，截至目前并没有发现特别严重的文物病害，这也是一开始未考虑设置整体温湿度调控系统的原因。后续可以在库房内部加装恒温恒湿柜来妥善管理对环境温湿度敏感的文物，也需要在整个库区设置相关的温湿度监控设备，做好日常的环境监管与登记工作。在经费允许的情况下，也可在后期配置库房微环境管理系统，对库房环境数据进行实时采集，结合物联网技术，与库房智能化系统相关联，实现一个系统的多方位管理。

（二）库架结构和藏品科学排列规划

在库房建设初期，采购文物柜架多参考博物馆库房库架标准，没有对考古库房做相关调研，因此在实际的使用过程中出现了柜架与文物摆放方式不适配的问题。在考古库房装有一部分的金属层板抽屉柜，这种柜架上部为活动金属层板架配有金属双开门，下部为抽屉，在按类型划分的博物馆库房里适用于放置小型文物，上层的层板也可以放置文物囊匣，而考古库房按照遗迹单位存放，文物大小类型各不相同，很难有合适的项目文物放入其中，因此空置率极高。另外由于对藏品体积估算的误差，有一部分建筑构件和大型陶瓷器无法置入金属开放架最下层，只能装箱放置于库房空地，有很大的安全隐患。之前曾考虑将金属层板抽屉柜上部层板移除放置这一部分文物，但因为文物自重和搬运的安全问题而放弃。而文物按类型分库房保存的方案也因为考古项目的特殊性和由此产生的过大工作量而作罢。

经过将近十年的使用，考古库房的容量趋于饱和。在库房筹建过程中，对于未来文物增多是有一定估量的，但是自考古前置实施后，项目文物增长迅速，对文物的整理和库房的容纳都造成了不小的压力。库房内的柜架在放置时虽然进行了合理的规划，但是由于库房面积不规则，在空间上有一定的浪费。后期需要对考古库房整体做更科学合理的设计规划，增加金属开放架，减少金属层板抽屉柜，并定制专用柜架收纳超大超重文物。可能的话,在将来有机会时对库房进行彻底改造,加装库房文物密集架,可以将使用面积进一步扩大。

文物中转库面临的问题则是整理完成后的剩余标本一直无法处理,目前已经对新项目做了规定,在文物入库时尽量只留编号小件标本,对于剩余标本进行就地掩埋处理。但是历史遗留标本的量依旧庞大,目前可行的办法是将部分标本移交博物馆、高校或其他相关机构做进一步研究,但具体措施需要深入细致探讨。

(三)考古文物资料规范化

在进行藏品智能化登记的过程中,需要收集必要数据。然而早年的考古小件标本登记表中的相关数据过于简陋,文物定名依据只有简单的器形,绝大多数清单内并没有包含文物尺寸、年代等数据,更没有留存文物照片。对于缺失数据,一部分通过查询考古报告补充,另一部分在实际录入时补充(比如进行文物测量、拍照),剩余的部分(比如文物具体定名)只能等到后期参考考古领队和相关专家意见做完善。

再者,在对项目文物做实际核对时,发现有不少重号、漏号现象,更有考古报告更改了地层却没有对文物清单做更改的情况存在。对于上述的问题,只能在进行录入前把同一项目的文物置于整理室重新排列、核对、编号后再进行智能化录入。考古库房智能化项目实施期间在这一点上投入了大量的时间和人力成本。针对这一点,在考古库房建设完成后,《宁波市文化遗产管理研究院规章制度》设置了《考古库房管理办法(试行版)》,规定首次入库时,移交人须提供入库文物清单(清单可自行制定,内容主要包括编号、名称、数量、时代、质地、完残情况等),并凭入库文物清单与管理员办理相关手续。已入库的项目文物出入库时,管理员与领用人(移交人)应认真清点出入库文物的数量与现状,并由双方在相关凭证上签字确认。目前,文物的编号问题得到了改善,基本在核对后未发现重大错漏。但是对于数据的完善程度无法做到每个项目都完全翔实,毕竟考古项目出土(水)文物的质量和数量都不能和博物馆库房相比较,目前只能根据现有资料做好登记工作。

(四)RFID技术瓶颈与新科技选择

库房的RFID系统在使用过程中出现了几个问题。首先,无源标签的读取是通过竞争上行的模式,标签信号强弱不一。由于考古库房的文物都是成箱堆放,标签的密度非常大,在做文物盘点需要大量读取数据时很容易会漏读,需要反复核对。其次,金属会干扰RFID的读取识别。考古库房使用的基本上都是金属柜架,文物中也有一小部分为金属制品,有时候无法在柜架上直接扫描到标签信息,必须把整个文物周转箱挪到其他位置才能精确读取。再次,RFID标签本身并没有直接粘贴在文物上,在进行外单位的文物借展时,虽然标签跟随文物一起借出,但在实际展示时并不会把 RFID 标签一并放上。使用 RFID 来定位或防盗看起来并不现实，只能在库房内部作为一个藏品管理辅助系统来使用。最后，随着技术的不断革新，RFID 的硬件软件也在不断更新。目前基地库房已经更换过一次 RFID 读取器，相比较而言增加了读取的精准度，在功能上也增加了一些辅助手段。但是对于作为核心的无源标签，虽然现在已经有新的技术可以制作抗干扰标签，但大批量更换标签显然是不现实的，只能在后续新文物的录入上考虑更换新型标签。同样，软件系统在使用过程中也会有很多调整和变化，需要定期升级来适应库房日常使用。

随着学科发展与科技结合日渐紧密，针对考古库房的智能化系统发展也更为全面。在选择适用于当前文物管理的新方法时，也需要对实体资料予以保留。早期的考古项目档案中录像带、CD、U 盘等很多都已经无法被读取，造成了一定的资料损失，而纸质资料文物标签等虽因为长时间的不当保存，有虫蛀、脆化、墨迹褪色等问题，但是大部分记录依旧得以保存，因此纸质记录始终应与数字化录入并行，不能因为引入新的科技手段而完全废弃。

（五）专业人员培养与合作

目前整个机构并没有考古文物管理相关部门，基地只有 1 名专职考古库房管理人员，另设 2 人辅助文物管理工作。除了日常的库房管理外，库管员还承担部分考古文物的整理工作，辅助库管员也有考古项目工地需要负责，因此在智能化项目Ⅰ期结束后，文物资料的登记上传工作一直以很缓慢的速度进行。考古机构在这方面增加人员编制基本上是不可能的事情，只能考虑后期与第三方机构或者高校建立长期合作关系，定期完成集中性文物上传工作。另外，也需要考古工地在项目结束时尽可能完善各类资料清单，减轻后期的工作压力。

虽然绝大部分工作人员为考古本专业出身，或拥有考古和文博双背景，但是在实际的库房软硬件建设和使用中仍需要更全面的相关知识和背景，在这一点上需要进行不断的交流学习与培训。目前文物管理相关的培训较少，且都是博物馆专业方向，与实际的工作需要有所出入，希望在未来能够实现多元化发展。

四、结　语

文物实物本身是不可替代的研究资源，需要适当地记录和保存以保持其研究价值。考古文物的储存管理应该为当前的研究目标服务，并为潜在的未来研究提供条件。目前的考古文物储存和信息录入只是基础，在后续工作上应和考古业务档案与成果相结合，丰富完善文物信息，以便下一步进行更多的展示、学习、研究等，形成考古文物多元化的“二次利用”。

博物馆研究

“参与式”理念在新时代博物馆创新发展中的认识与实践

——以中国港口博物馆为例

冯　毅

（中国港口博物馆）

摘　要：伴随社会经济发展，公众需求提升，“参与式”成为新时代博物馆发展的重要理念之一。目前，中国特色的“参与式”博物馆建设主要包括“寻求式参与”和“吸纳式参与”两种方式。这对博物馆体制机制、特色展览、社会教育、宣传推广等创新实践提出了更高的要求，也为推进新时代博物馆建设提供了重要的理论支撑。

关键词：参与式；博物馆；创新；发展

近十年，中国博物馆事业进入高速发展的机遇期，中国涉海类博物馆的事业也随之飞速发展。新时代，博物馆发展的背景与过往相比有了很大的变化。无论是作为国有博物馆投资主体的政府部门，还是作为博物馆服务对象的社会公众、关注博物馆发展的媒体以及与博物馆发展相关的行业，都向博物馆提出了新的目标和需求，博物馆面临着崭新的语境。在此语境下，博物馆创新发展的理念和方式值得我们共同思考和实践。

一、新时代博物馆发展的背景

（一）社会背景

党的十八大以来，我国博物馆进入新的发展时期。党中央、国务院高度重视文物博物馆事业，习近平总书记指出要让文物“活起来”，要用中国文物讲好中国故事。[①] 习近平总书记还指出：博物馆是历史的保护者和记录者，是当代中国人民为实现中华民族伟大复兴的中国梦而奋斗的见证者和参与者。[②] 这对我国博物馆事业的初心和使命做出了更加明确的阐述。

更多的公众关注博物馆、走进博物馆，也进一步对博物馆提出了新的诉求。以展览、教育、传播为主要形式的博物馆文化产品供给极大地丰富了人民群众日益提升的精神文化需求。更多的媒体开始聚焦博物馆，博物馆的权威性、大众性、文化性、神秘性成为媒体的切入点。而基于互联网和对外交流的加强，我国的博物馆事业与世界有了更多的碰撞，先进的理念、技术手段和丰富的资源被不断补充到我国的博物馆事业发展中来。

（二）技术背景

从科学发展和技术革命的角度来说，互联网成为对博物馆影响最直接的技术背景。首先，作为信息的守护者和人类文化记忆的阐释者的博物馆，受到了互联网的直接“挑战”。通过网页搜索、云空间海量存储、移动端的普遍使用，互联网用户可以轻易地获取到数以百万计的博物馆藏品相关信息以及背后的文化信息。其次，互联网还挑战了博物馆的权威性。在互联网上，专家们对于文化的权威解读常常会被质疑。互联网平台合作式的创造知识、分享知识的特征，让人们形成了对多角度理解的认可，以及使用者自己也可以贡献想法的观念。更重要的是互联网还进一步改变了人们对文化体验活动的需求。心理学家里德·贝特认为，文化艺术场所的人们通常寻求“享受、交谈和操作”这三重的体验。博物馆使用者更加多元化，他们更加愿意主动参与，也更具有探索精神。同时，他们也更具有质疑、批判和挑战权威的精神。

（三）行业背景

2007 年 8 月，国际博物馆协会（ICOM，简称国际博协）将博物馆定义为“一个为社会及其发展服务的、向公众开放的非营利性常设机构，为教育、研究、欣赏的目的征集、保护、研究、传播并展出人类及人类环境的物质及非物质遗产”。按照弗朗索瓦教授对于定义的结构分析，该定义具备了工作对象、受益者、法律要素、终极目标和功能等基本要素。[③] 2015 年 11 月，联合国教科文组织《关于保护和加强博物馆与收藏及其多样性和社会作用的建议书》中把“为社会和社会发展服务”提高到了公平、自由、和平、社会融合、可持续发展等一定的价值体系中，扩展了服务环境的外延。

---

① 《干在实处　勇立潮头——习近平浙江足迹》，人民出版社 2022 年版，第 223 页。

② 《习近平向国际博物馆高级别论坛致贺信》，《人民日报》2016 年 11 月 11 日。

③ 魏峻：《关于博物馆定义和未来发展的若干思考》，《中国博物馆》2018 年第 4 期，第 3—7 页。

随着时代进程的演进，博物馆的重新定义被提上了议事日程。但在2019年9月京都国际博协大会上，新的定义提议被认为太过政治化且定义模糊而没有得到通过。[①] 目前博物馆行业最前沿的思考和探索，焦点汇聚在两个最核心的问题：博物馆如何为社会及其发展服务？教育之于博物馆功能的意义是什么？这两个问题分别代表了博物馆的价值观和方法论。2022年8月，国际博协公布了博物馆的新定义：为社会服务的非营利性常设机构，它研究、收藏、保护、阐释和展示物质与非物质遗产。向公众开放，具有可及性和包容性，博物馆促进多样性和可持续性。博物馆以符合道德且专业的方式进行运营和交流，并在社区的参与下，为教育、欣赏、深思和知识共享提供多种体验。新的定义为博物馆的创新发展路径提供了新思路。

二、"参与式"是新时代博物馆发展的重要理念之一

随着社会的变迁，公众需求亦在改变。其核心问题并不是如何在数字时代定义目标观众群体，而是要解决博物馆是谁的博物馆、博物馆为谁发声、公众在博物馆中又扮演什么角色等深层次问题。新的时代背景和新的社会需求使博物馆发展面临全新的环境，也期许一种新的理念进行支撑。在西方博物馆界应运而生并已在实践中得到部分验证的"参与式"博物馆理念，可作为我国现阶段博物馆发展的借鉴。

（一）西方国家博物馆"参与式"博物馆的理念

近年来，"参与"成为西方国家博物馆最新发展趋势。美国博物馆学专家妮娜·西蒙汲取"参与式"文化的精髓，明确提出了"参与式"博物馆的概念，认为博物馆是"一个观众能够围绕内容进行创作、分享并与他人交流的场所"。[②] 这个以"创作""分享""交流""围绕内容"为关键词的概念区别于传统博物馆的理念，强调观众主动在文化体验中建构自己的理解并反馈给博物馆，与他人形成对话。

"参与式"博物馆这个提法在欧美国家出现，与其一定的社会背景和语境有关。西方博物馆大多由基金会运营，业务收入是其运作的主要经济来源。因此，博物馆"不得不改变姿态，通过各种手段吸引纳税人的注意来保持其存在感，使其

---

① 由丹麦博物馆学家杰特·桑达尔领衔的委员会在2019年9月京都国际博协大会上提出的新定义释文："博物馆是用来进行关于过去和未来的思辨对话的空间，具有民主性、包容性与多元性。博物馆承认并解决当前的冲突和挑战，为社会保管艺术品和标本，为子孙后代保护多样的记忆，保障所有人享有平等的权利和平等获取遗产的权利。博物馆并非为了盈利。它们具有可参与性和透明度，与各种社区展开积极合作，通过共同收藏、保管、研究、阐释和展示，增进人们对世界的理解，旨在为人类尊严和社会正义、全球平等和地球福祉做出贡献。"

② ［美］妮娜·西蒙：《参与式博物馆：迈入博物馆2.0时代》，喻翔译，浙江大学出版社2018年版，第3页。

成为市民活动中心”，美国博物馆学家伊莱恩·休曼·古里安还主张鼓励将博物馆打造成“混合使用的空间”，举办除展览以外的活动。[①]

（二）新时代中国特色的“参与式”博物馆理念

我国以国有博物馆为主体的博物馆体系符合特有的中国国情，博物馆免费开放的政策、博物馆事业上升为国家战略以及全面建成小康社会的社会环境，成为近年博物馆发展的强大动力。妮娜·西蒙提出的“参与式”博物馆理念基本切合了我国博物馆发展的趋势，但中国博物馆仍需要寻找有中国特色的、符合新时代发展要求的“参与式”博物馆发展之路。

以往学界关于博物馆“公众参与”的探讨，主要集中在对“体验式互动”实践和理论的深化和拓展。互动参与主要被局限在技术手段上，“参与”主要发生在观众和博物馆的设备或固定数据程序之间。博物馆技术设计者预先架构好内容，观众参与体验，这一过程并不像看上去的那样是观众“主动”，实质上因提早设定内容而变成机械的、固定的、单向的。在利用计算机技术与互联网平台引导公众参与上，或是利用各种高科技手段在虚拟空间尽可能地逼真还原实体博物馆的情境，或是利用视觉成像技术打破时间和空间的限制，在观众面前呈现出美轮美奂的景象，或是通过博客、微博、微信、社交网站、视频分享网站等网络社交平台把博物馆制作的内容推送给订阅者，这些都还是从博物馆的角度出发看待观众体验，还是一种相对单向的供给。

具体来说，中国特色的“参与式”博物馆建设需要思考两个方面的“参与”：一方面是如何使公众能够从简单的博物馆参观者变成博物馆的使用者，使公众能够更多地参与到博物馆的举办和运营中，为博物馆提供自己的智力创造、实物资料和资源通道，并具有一定的主动权。这种借助外力向内的参与，可称为“吸纳式参与”。另一方面是博物馆如何更好地融入社会，通过提高博物馆社会形象和运营品质，积极服务社会发展大局。这种自博物馆内部向外的主动参与，可称为“寻求式参与”。

三、“参与式”博物馆的实现方式

（一）寻求式参与：提升博物馆参与社会主动性的途径

利用好博物馆所拥有的资源和无形的品牌价值，对于激发博物馆潜能大有裨益。博物馆资源既包括建筑、藏品、展厅、设备等硬件资源，也包括博物馆从业人

① [美]妮娜·西蒙：《参与式博物馆：迈入博物馆2.0时代》，喻翔译，浙江大学出版社2018年版，译者序第11—12页。

员和他们的研究成果、设计方案等软件资源。从博物馆的管理者来说，主动地向社会贡献资源，分享资源，会产生倒逼博物馆资源利用提效的效果，这是一种良性循环的效果，开放资源就是激发博物馆潜能的最有效手段。有了这样的信心和决心，博物馆才能发挥出连接过去、现在和未来的资源共享的文化“中枢”作用。

特色展览、主题教育、专题研究、文创研发都是当下博物馆服务公众的手段，也是博物馆的主要职能。以举办展览为例，应通过多形式的办展手段，努力实现宣传国家政策、诠释社会关注要点的目的。比如“一带一路”是我国为世界发展贡献的重大倡议，也是我国近几年乃至以后相当长一段时间的建设重点。2018 年，中国港口博物馆对固定陈列“港通天下——中国港口历史陈列”中的“现当代港口”部分进行改陈，在 800 平方米的面积中着重增加了港口与“一带一路”的关联内容，及时反映了最新的国家发展策略与港口发展相辅相成的关系。再比如红色革命文化是当前这一阶段重要的意识形态教育内容。2019 年，中国港口博物馆根据习近平总书记在中共一大会址对保存第一本党章的早期中共党员张人亚的关切[①]，举办了“静泉长流——青年人亚特展”。2021 年为庆祝建党 100 周年，中国港口博物馆策划举办的“红船引航，迎潮搏浪——中国共产党与中国强港之路”特展，入选了中宣部和国家文物局联合推介的 109 个红色展览。因此，博物馆密切结合时政主题来策划展览，就可以使博物馆成为向人民群众开展主题教育和国策普及的宣教平台。以革命文物为重点的藏品征集和研究、以研学模式为重点的博物馆教育课程研发、数字智慧博物馆建设、围绕博物馆 IP 的文创开发，都是在博物馆常规工作基础上主动对接政策方向和社会需求的工作内容，也是这一阶段国有博物馆的工作重点。

利用博物馆的空间，打造城市客厅和社区中心。国内及国外的馆社机构纷纷做出过相应的尝试，美国明尼苏达历史学会承办音乐会、舞蹈、政治竞选、集会，甚至婚丧礼，浙江图书馆设过献血站[②]，中国港口博物馆也举办过港口生活节、民谣音乐会、产品发布会、非遗庙会、跳蚤市场等。博物馆就是要成为每一个市民的客厅，既能让人认识悠久的历史文化，又能启迪对未来的想象。

（二）吸纳式参与：博物馆实现公众主动参与途径

1. 创新机制为外力参与博物馆建设创造有利环境

国际博协与联合国教科文组织 2015 年在《关于保护和加强博物馆与收藏及其多样性和社会作用的建议书》中提到：“博物馆与其他文化、遗产和教育机构合

---

① 《习近平讲党史故事》，人民出版社 2021 年版，第 32 页。

② [美]妮娜・西蒙：《参与式博物馆：迈入博物馆 2.0 时代》，喻翔译，浙江大学出版社 2018 年版，译者序第 12 页。

作，是增强博物馆社会作用最有效、最可持续的方式之一，鼓励博物馆与文化和科技机构建立合作伙伴关系。”中国港口博物馆在筹建之初，明确了国家水下文化遗产保护宁波基地与中国港口博物馆的共建模式，获得了资金、政策和资源上的支持。通过合作召开学术会议、合作开展专业讲座、合作举办重要展览、合作推进科技保护，有效整合公共文化资源，发挥科研机构长处，实现互利共赢。

政府高度重视博物馆事业的发展，近年来力推国有博物馆以建立理事会为主要形式的法人治理结构改革。理事会制度在运作中可以成为公众参与博物馆的实质性支撑。早在 2015 年，中国港口博物馆就成立了理事会，根据行业与博物馆的两重特性设计了针对性的理事组成结构，港口相关行业的代表有六名，占五分之二，并且理事长一职由社会人士来担任。理事会成立后，充分发挥理事会主体和理事个体的作用，在制定发展规划、解决运营经费、拓展资源平台、沟通行业关系等重大事项上取得了突破性进展，拓展了博物馆发展空间。

2. 开源借力是“参与式”博物馆建设的重要推力

行业博物馆只有扎根于行业才会有持久的生命力。换言之，对于行业博物馆来说，行业体系是其发展的动力源泉。中国港口博物馆的建设紧密联系水运交通行业，从行业中汲取支持。在历史馆现代部分改陈中，全国港航部门提供了将近 80％的图片和视频资料。博物馆还获得来自南京港集团捐赠的世界第一台集装箱岸桥，增补完善本馆行业文物体系及新增文化景观。另外还通过承办港口行业高端会议、举办行业成果展览、出版行业成果图书以及与行业媒体共享资讯和文化传播，充分发挥博物馆特长，促进行业体系生产与文化的多面发展，实现共赢。

社会策展人制度使社会人士有了参与博物馆展览策划的平台。策展人制度起源于西方，近年来，我国博物馆“策展人带领下的跨部门、跨机构甚至跨行业合作已成常态”[①]。中国港口博物馆在引进社会策展人的实践中，摸索不同艺术领域与文博领域的合作，以博物馆保持港口主题定位和传播文化为导向，与策展人制定共同的工作原则和方法，明确权责，实现展览利益的最大化。以“港口与影像”系列展览为例，博物馆委任策展人策划、组织展览项目，并在委任摄影师、拍摄港口的选择、作品的输出和装裱、展览空间的设计、图录的编排、宣传推广的方式上给予策展人充分的自由。通过摄影艺术探索全球经济一体化背景下中国港口地区发展的现实环境，以及港城空间关系下发展中的问题。展览获得广泛好评，同名图录荣获第二届中国摄影图书榜评选“年度摄影集”奖，国内 20 余家摄影类媒体主动赴博物馆报道展览。无论从过程还是结果来看，社会策展人制度都是符合“参与式”博物馆理念的高级表现形式。

① 段晓明：《中国博物馆策展人制度本土化的历程与发展》，《东南文化》2018 年第 5 期。

3. 融智众创是公众参与博物馆建设的有效方式

"参与"使博物馆与公众都发生着改变。博物馆开始关注公众在微博、微信公众号里的评论，并做出响应；许多博物馆在开展与学校的教育合作时，都会主动听取学校的声音并设计相关方案。博物馆正由一个固守权威和控制权、单向发布信息的机构，转变为一个积极共享他人观点，共享权威的开放平台。而公众正由一个置身事外、简单参观、被动接受信息的旁观者，变成有一定积极性的参与者。这已经较传统博物馆迈进了一大步，但仍与妮娜·西蒙理想中的参与式博物馆①有一段距离。所以，在今天我们更希望实现这样的参与模式：(1)博物馆提供藏品、研究成果等资源清单，公众来选定文化产品的形式，博物馆按照公众的要求创造和供给；(2)博物馆提供资源清单和文化产品的形式，公众与博物馆共同创造和供给；(3)博物馆鼓励更多的公众对供给的文化产品进行评价。总之，融合公众的意见和智慧，是"参与式"博物馆的必经之路，因为这事关博物馆能不能提供一份让公众满意的答卷。

四、结　语

一个博物馆的良性发展，既取决于博物馆管理者的素质和能力，也依赖于博物馆自身的硬件，如博物馆建筑、设备、地理位置等，还依托于区域的经济社会环境和经费投入状况，此外也与博物馆的藏品资源、人力资源、业务基础等息息相关，可以说是博物馆内外兼修、上下联动、综合施策的结果。"参与式"博物馆的理念方兴未艾，建设方式亦在探索之中。每个博物馆都有短板和瓶颈，也各有优势和特色。只有取长补短，将主动意识、服务意识、公众意识放在首位，认真思考如何为社会和社会发展服务，能够直面痛点难点，勇于破解，智于提升，才能走出适合自己的"参与式"博物馆之路。

---

① 妮娜·西蒙理想中的参与式博物馆强调观众主动创造和建构自己的内容，并与他人一起分享和探讨，观众在博物馆有权制作并传播自己的知识。参见[美]妮娜·西蒙：《参与式博物馆：迈入博物馆 2.0 时代》，喻翔译，浙江大学出版社 2018 年版，译者序第 8 页。

非物质文化遗产保护与博物馆[①]

金　露

（宁波大学人文与传媒学院）

摘　要：非物质文化遗产是我国目前新博物馆运动所保护的主要对象，尤其在民族地区对文化的存续更具有举足轻重的作用。博物馆是保存文化遗产的重要场所之一，占据非物质文化遗产保护工作的关键地位。本文试从非物质文化遗产保护与博物馆的关系入手，着重论述博物馆对非物质文化遗产保护的作用，特别是新博物馆形式在少数民族非物质文化遗产保护中的效能。

关键词：非物质文化遗产；博物馆；本土管理；生态博物馆

一、文化遗产从有形到无形的认知转向

文化遗产是人类生命活动及历史进程中产生的文化遗存，通常分为物质文化遗产与非物质文化遗产两大类。物质文化遗产可以简单分类为可移动遗产和不可移动遗产。可移动遗产主要指体积较小、质量较轻、可以移动位置的陶器、瓷器、青铜器、字画、古代家具等；不可移动遗产指体积较大、较为固定的实物，如建筑物、建筑群、古村落、古镇等。

物质文化遗产具有可见性，因此对其概念的提出和呼吁保护的时间较早——1964年的《威尼斯宪章》中即呼吁对物质文化遗产，特别是建筑遗址的保护。非物质文化遗产的英文名为 intangible cultural heritage，有人翻译为无形文化遗产，因其没有固定的物质形态，在国际上受到关注的时间较晚。1950年，日本创造了一个与文化遗产意义相近的概念“文化财”，《文化财保护法》在同年颁布。此法律中

① 本研究受以下基金项目支持：国家社科基金项目“民族地区生态博物馆建设与文化遗产空间保护研究”，项目编号：20BMZ048。

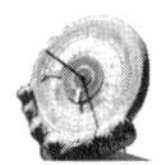

提出将文化财分为有形文化财、无形文化财、民俗文化财、纪念物和传统建筑群五类，其中无形文化财被定义为包括戏剧、音乐、工艺技术等的无形文化成果，其内涵即接近现在讨论的“非物质文化遗产”。

然而国际上首次提出非物质文化遗产保护是在1989年的联合国教科文组织第25届常规会议上。当时为保存传统的民间文化，制定了《保护民间创作建议案》，保护内容包括音乐、舞蹈、神话、礼仪、语言、文学及手工艺等。在它的影响下，国际社会开始普遍关注对民间文化的保护，促使联合国教科文组织在1997年通过了《人类口头和非物质文化遗产代表作宣言》。2001年，首批19项“人类口头和非物质文化遗产代表作”公布，我国的昆曲名列其中。

2003年10月17日，联合国教科文组织颁布《保护非物质文化遗产公约》，明确了非物质文化遗产的定义和内容。“非物质文化遗产指被各群体、团体、有时为个人所视为其文化遗产的各种实践、表演、表现形式、知识体系和技能及其有关的工具、实物、工艺品和文化场所。”[①]可分为口头传说和表述，表演艺术，社会风俗、礼仪、节庆，有关自然界和宇宙的知识和实践，传统的手工艺技能五部分。

我国结合联合国教科文组织的非物质文化遗产定义，提出了我国非物质文化遗产的范畴。“非物质文化遗产指各族人民世代相承的、与群众生活密切相关的各种传统文化表现形式（如民俗活动、表演艺术、传统知识和技能，以及与之相关的器具、实物、手工制品等）和文化空间。”[②]

非物质文化遗产具有历史性、活态性、多样性、民间性、传承性等特点，其展演形式经常与仪式、节庆、习俗等紧密结合在一起，因此涉及的另一个概念就是“文化空间”，即民间或传统文化活动的集中地域。文化空间的概念既属于地理学范畴，又属于文化人类学的范畴。从地理学范畴来看，文化空间指产生非物质文化遗产的自然生态空间，如宁波沿海喜食海鲜，与其海洋自然生态有关；从文化人类学概念出发，文化空间涉及社区和集体记忆，同一群体经过数百年甚至上千年的群体性活动，形成了共同的习俗与文化，并依赖社会记忆传承非物质文化遗产。

近年来，随着非物质文化遗产公众影响力的提升，对其保护工作也迈进一个新阶段。首先，《中华人民共和国非物质文化遗产法》自2011年6月1日起实施，标志着我国非物质文化遗产保护工作进入了法律保护的新时代。其次，为结合联合国教科文组织“确保非物质文化遗产的生命力”的保护方针，我国战略性地提出了“生产性保护”的方式，主要针对部分非物质文化遗产具有生产性质的特点，在

---

① 中国联合国教科文组织全国委员会秘书处：《保护非物质文化遗产公约》，2003年10月17日，http://www.moe.gov.cn/srcsite/A23/jkwzz_other/200310/t20031017_81309.html，访问日期：2023年11月23日。

② 国务院办公厅：《国家级非物质文化遗产代表作申报评定暂行办法》，2005年3月26日，https://www.gov.cn/gongbao/content/2005/content_63227.htm，访问日期：2023年11月23日。

传统技艺、传统美术和传统医药药物炮制类等非物质文化遗产领域实施，鼓励对非遗的活态保护和传承。最后，针对非物质文化遗产的整体性保护原则，我国提出设立“文化生态保护试验区”，对非物质文化遗产项目较为集中、文化特色鲜明、保护形式较为完整的特定地区进行整体保护。

对遗产及其原生地的整体、活态、在地保护原则在博物馆领域的影响主要表现为，博物馆领域除了关注遗产本身，亦逐渐聚焦对非物质文化遗产环境/空间的关注，催生了以遗产原生态保护为目的的多种新博物馆类型，如露天博物馆、生态博物馆、社区博物馆等。同时，为保护“无形”的非物质文化遗产，传统博物馆必须在管理模式上有所突破——管理内容更为广泛，管理方式更为多样化，管理范围更为延展。

二、博物馆本土管理模式的提出

本土管理(indigenous curation)是近年来西方博物馆学界所提倡的博物馆管理方式之一，主要针对文化遗产的活态保护原则，特别是对非物质文化遗产的生产性保护发挥了博物馆的重要功用。

博物馆本土管理模式与博物馆传统管理模式相对——博物馆传统管理模式中，博物馆的工作人员是管理的主体，他们可以依照自己的专业知识和个人意愿陈列和保管博物馆中的文化遗产；而博物馆本土管理模式的主体是社区成员，他们有权对博物馆中所展出的本社区的文化遗产做出解释，并参与遗产陈列和保护等工作。具体来说，博物馆本土管理模式将文化遗产、场域与社区居民紧密结合在一起，社区居民最大程度参与博物馆的各项事务，并与博物馆工作人员合作，共同决定哪些物品可以在博物馆中展览、如何呈现、如何解释文化遗产的价值与作用等，为博物馆观众营造一个接近于本真状态的文化遗产，使得“固化”的物质和已经脱离原生地的文化遗产更具有活力。

2003年，联合国教科文组织颁布《保护非物质文化遗产公约》后，博物馆领域由传统的物质遗产保护向非物质文化遗产保护扩展，传统的管理模式面临挑战。其中首要问题就是博物馆如何实施对非物质文化遗产的保护工作，如何将博物馆观众引入文化遗产的原生态情境。正因为如此，博物馆的工作人员将视线转向文化遗产赖以生存的文化空间和自然空间，同时关注文化遗产所涉及的社区和传承人。

在上述背景下，本土管理的概念近年来进入博物馆领域，此概念指的是一种非西方的博物馆模式(non-western models of museums)、管理方法和非物质遗产保护方式。具体包括物品的展示、收藏和空间布局；与所保存的物质遗产相关的

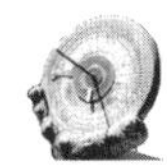

知识、方法和技术；对器物的处理、保存方法和解释等。本土管理的对象可以具体到民间建筑风格、宗教信仰和实践、社会组织和社会结构、艺术风格、审美系统、亲属结构和对自然环境的适应等。[①]

本土管理的理念及实践不仅保护物质遗产，也用来保护精神遗产，具体可以反映在对待特殊器物的方式和使用神圣物品的仪式上。在美国的博物馆中，30 年前很少有博物馆馆长会质疑他们对印第安人收藏品的所有权和展示权。博物馆可以随意将神圣的仪式器物保存在地下室，展示一个古老印第安人的面具，举办关于某个部落的展览，而这些工作完全不用询问部落代表的意见。因为那时，博物馆并没有这些关于道德层面的责任和条款的约束。然而，在当前的博物馆实践中，由于社区成员的需要和呼声日益高涨，特别是少数民族和土著社区居民，在对本社区的文化展示中扮演着非常重要的角色，他们享有对所展示的本民族文化和社区遗产发声的权利。因此，博物馆和社区之间的合作在博物馆工作中变得愈加普遍。这种合作不仅促进了博物馆管理工作的发展，使之更具文化性和道德意识，也发掘出很多少数民族和土著社区对本社区遗产的管理和保护传统——他们如何感知、照管、解释自己的文化遗产。

针对社区和博物馆对待物品的不同管理方式，有些博物馆组织颁布了一些条款和文件用以管理文化上敏感的、宗教性的、神圣的器物。例如美国艺术博物馆管理人协会（The Association of Art Museum Directors）在 2006 年制定的《对神圣物品管理和收购的报告》（*Report on the Stewardship and Acquisition of Sacred Objects*）、2004 年史密森尼美国印第安人国家博物馆（Smithsonian National Museum of the American Indian）的“文化敏感性收藏品的保护项目”（Culturally Sensitive Collections Care Program）及 2004 年明尼苏达州历史协会（Minnesota Historical Society）的“保护美国印第安器物：一个实践纲领”（Caring for American Indian Objects：A Practical Guide）。[②] 鉴于此，有些博物馆将这些神圣物品安置到一个特别的房间，也有些博物馆从公共展区中撤出一些有争议的展品。

三、博物馆与非物质文化遗产保护的互动关系

博物馆诞生之初就以收藏物质遗存为基础。世界上第一座博物馆亚历山大博物院即以亚历山大大帝征战中所获奇珍异宝为基础而建立。目前西方博物馆

---

① Kreps C，“Indigenous Curation，Museums，and Intangible Cultural Heritage，” In Smith L，Akagawa N (Eds.)，*Intangible Heritage*，(London：Routledge，2009)，p. 194.

② Kreps C，“Indigenous Curation，Museums，and Intangible Cultural Heritage，” In Smith L，Akagawa N (Eds.)，*Intangible Heritage*，(London：Routledge，2009)，p. 196.

与我国的博物馆亦都以收藏、保存、展示文物为首要责任，而教育与研究目的均由此衍生。

博物馆对文化遗产具有“表述”的功能。博物馆在向观众展示物质遗存与文化事项的同时，也向人们传达出一种价值观，即传译功能。通过博物馆，人们将过去的、异地的文化整合进原有的价值系统中，或强化，或修正，或颠覆了个人已有的价值观念。

目前，博物馆工作的焦点逐渐从过去的物质文化遗产向现今的非物质文化遗产扩展。今天的博物馆已经不再只关注物质遗产，而是同时关注文化遗产、博物馆和社区之间的关系。有人称博物馆的这一时期为“后博物馆”(post-museum)时代。在“后博物馆”时代，博物馆的管理权为博物馆、社区成员和其他利益相关者(stakeholder)所共同拥有。

国际博物馆协会(ICOM)的工作重心也渐渐向非物质文化遗产延伸。国际博物馆协会亚太地区第七次大会将“博物馆、非物质文化遗产与全球化”作为会议主题，探讨博物馆在全球化时代下如何保持文化的独特性、地方性和传统性，博物馆如何对非物质文化遗产进行保护与传承。国际博物馆协会自 1977 年开始，将每年的 5 月 18 日定为国际博物馆日，为促进大众对博物馆的了解与参与，每年的国际博物馆日均会确定与博物馆相关的活动主题，而 2004 年博物馆日的主题即为“博物馆与非物质文化遗产”。同年 10 月，国际博物馆协会在韩国召开的第 20 届大会的主题也确定为“博物馆和非物质文化遗产”，会议强调博物馆应加强对非物质文化遗产的保护力度，特别要关注文化遗产的商业化现象。

博物馆对非物质文化遗产的保护主要可以体现在三个方面，一是对非物质文化遗产的“物质部分”进行收集、整理与保护，二是博物馆自身形式的创新与多元化，三是增加文化遗产原居地社区居民的参与和互动。

第一，不论物质文化遗产还是非物质文化遗产，均具有“有形部分”与“无形部分”。非物质文化遗产的物质部分包括仪式上所使用的器物、手工艺品、民间文学作品等。非物质文化遗产虽然具有无形部分，但是它们必然与一些物质文化遗产相联系，并通过具体的实物来完成自己的功能。因此，博物馆对这些实物的保护是十分必要的。博物馆也可以把收集到的物品分类整理，配以文字说明，举办展览，或者进行研究，发掘和传播非物质文化遗产的价值。

我国目前已经成功举办了多次以非物质文化遗产为主题的展览。例如中国国家博物馆于 2006 年 2 月举办了“中国非物质文化遗产保护成果展”，这是我国第一次全国性的、大型的非物质文化遗产主题展。展览的内容包括昆曲、古琴、新疆维吾尔木卡姆、蒙古族长调民歌、少林功夫、侗族大歌等 2000 余项非物质文化遗产的实物，同时通过 1500 余幅图片和多媒体等形式对我国非物质文化遗产的现

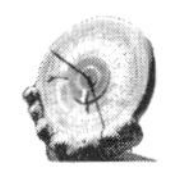

状进行说明和展示。展览现场还邀请传承人进行表演，将非物质文化遗产用鲜活的、生动的形式展现出来，同时将非遗保护中的重要一环，即“传承人”的保护，纳入公众的视野。

博物馆在收集、保护和整理非物质遗产的物质部分后，将所整理的内容进行展示，定期举办特定主题的非物质文化遗产展（如服饰展、农具展等），既可以吸引更多的参观者到博物馆，又可以向公众宣传非物质文化遗产，呼吁公众共同参与遗产保护活动。

第二，针对传统博物馆的整体性保护与社区参与问题，自 20 世纪 70 年代的新博物馆运动以来，出现了多种形式各异的新博物馆类型，如露天博物馆、生态博物馆、工业博物馆、战地博物馆、社区博物馆等。它们的侧重点虽然不同，但总体上都是将一个社区、村庄或工厂整体当作保护对象，进行文化遗产的在地保护，并鼓励社区成员参与本社区的遗产保护。①

我国在对新博物馆形式的创新上也做出了很多尝试，生态博物馆就是我国最重要的新博物馆形式之一。我国的生态博物馆概念与实践最初由欧洲引入，为帮助我国建立首批生态博物馆，中国政府和挪威政府签署了生态博物馆的文化合作项目，从 1997 年开始在贵州建立首批生态博物馆群。随后在广西、云南、内蒙古等少数民族省份和地区建立生态博物馆，主要致力于对少数民族传统文化的保护，如今博物馆实践已从农村地区扩展到城市，产生了一些新的博物馆形式，如沈阳铁西工业博物馆等。② 我国东部发达省份也陆续开展了生态博物馆实践，浙江安吉生态博物馆群即是其中的典型代表。它采用“一个中心馆、12 个专题生态博物馆、多个村落文化展示馆”的“安吉村落博物馆群”框架结构，将安吉生态博物馆与安吉的自然生态、文化生态、社会生态、产业生态等多方面进行融合，充分发挥了生态博物馆的社区性和遗产保护功能。

生态博物馆直译于英语的“ecomuseum”，而 eco 这一前缀实际上并不简单指生态学（ecology）学科内的“生态”概念，而是一种相对宏观的生态学概念，即将文化遗产和它周围的生态环境、社会环境当作一个有机整体来保护。也可以将生态博物馆理解为社区博物馆或村落博物馆，也就是说，把整个村子及其中的文化遗产（建筑等物质文化遗产和传统风俗等非物质文化遗产）当作一个整体加以保护。

生态博物馆是我国博物馆领域进行非物质文化遗产保护的积极尝试，它以保

---

① Davis P, “Ecomuseums and Sustainability in Italy, Japan, and China: Concept Adaptation through Implementation,” In Knell S, MacLeod S, Watson S(Eds.), *Museum Revolutions: How Museums Change and are Changed*, (London: Routledge, 2007), pp. 198-214.

② Su D H, “The Concept of the Ecomuseum and Its Practice in China,” *Museum International*, Vol. 60, No. 1-2(2008): 29-39.

护为核心,强调非物质文化遗产的整体保护、在地保护、活态保护理念,鼓励社区参与,是一次新博物馆形式的大胆实践。但是,自生态博物馆建立至今,对其争议之声从未停止。特别是生态博物馆建立后,传统村落受到四面八方的广泛关注,大量参观者带来外来文化,使当地传统文化变迁加速,非物质文化遗产被滥用,文化商业化现象突出,同时,随之而来的旅游开发对传统文化产生巨大冲击,面临文化展演化及真实性遭破坏等问题。然而,任何新事物的产生都必然经历曲折的发展过程,我们应该及时认清并解决发展中出现的问题,逐渐完善,共同参与,相信生态博物馆等新博物馆形式必定会在未来的非物质文化保护和传承中起到越来越重要的作用。

第三,博物馆如何增加文化遗产原居地社区居民的参与和互动。首先,博物馆在举办非物质文化遗产展时要征求社区内文化代表和文化精英的意见,在对非物质文化遗产的管理上也要充分尊重当地人的观点,不能以权威自居。其次,博物馆可以定期邀请乐手、表演者及技艺精湛的手工艺人到馆内进行非物质文化遗产的现场展示,这样既能够使博物馆观众充分了解非物质文化遗产的表现形式和制作工艺,又能丰富观众的博物馆体验。再次,增强非物质文化遗产在社区成员和博物馆实物之间的互动。博物馆可以将馆藏物品出借给社区成员,也可以向社区成员借用社区内的实物,并邀请民间艺人和社区成员来馆参观或展示。美国的一些博物馆由于社区群体的需要,已经将一些神圣器物和非物质文化遗产的物质性器物归还其所有者、后代或其他社区居民,以便他们能够在本社区内继续保存、展演和传承某项非物质文化遗产。还有些博物馆虽然没有将馆藏物品归还当地居民,但是在博物馆的非工作时间,社区成员可以来到博物馆使用它们,或者将物品借出博物馆,在本社区使用,之后再归还给博物馆。[①] 毕竟社区成员享有使用本社区文化遗产的权利,这也有利于非物质文化遗产以博物馆为媒介的保护和传承。

博物馆是文化遗产的展示场所,同时,很多博物馆本身就是历史建筑,可以将其看作文化遗产的一种形式。博物馆的发展亦与遗产概念的发展联系紧密,由于联合国遗产概念的提出和后来非物质文化遗产概念的产生,人们为保护非物质文化遗产的完整性提出遗产在地保护的概念,因此产生了新博物馆运动,促成了多种新博物馆形式的产生。相信未来的博物馆发展和非物质文化遗产保护必将有着越来越多的联系。

(原文刊于《宁波大学学报(人文科学版)》2015 年第 6 期,内容有更新)

① Clifford J, *Routes: Travel and Translation in the Late Twentieth Century*, (*Cambridge: Harvard University Press*), pp. 188-219.

全域旅游视角下的乡村博物馆研究[①]

——以宁波乡村非国有博物馆为例

刘俊军

（宁波市民族宗教事务服务中心）

摘　要：自“全域旅游”概念提出以来，乡村旅游在实践中从传统的景点旅游模式发生了变革。而随着乡村文化产业的发展，博物馆从城市走向农村，不但提升了广大农业人口的文化品质，而且成为乡村旅游发展的文化资源之一。本文以浙江宁波乡村非国有博物馆为例，阐述在全域旅游视角下，乡村博物馆建设的功能及意义。

关键词：全域旅游；非国有博物馆；乡村博物馆

一、乡村与全域旅游

我国在历史上作为一个农业国家，拥有数千年的农耕文明史，全国范围遍布各具地域、文化特色和时代特点的乡村。中国的乡村承载着不同的地域特色、不同的历史时期特点、不同的历史记忆，是宝贵的文化遗产资源和旅游资源。在现代化乡村建设中，旅游业的地位不可或缺。旅游业作为可循环发展的产业，因对环境资源消耗少和低污染，被称为“绿色产业”和“无烟工业”。国家信息中心测算了旅游业对经济的相关贡献，特别是旅游业对关联产业的拉动效应，其结果表明，旅游业对 GDP 的综合贡献增长迅速，从 2012 年的 9.41％上升为 2015 年的 10.51％。我国乡村旅游发展遍及全国各地区，据初步统计，2015 年乡村旅游共接待游客约 20 亿人次，旅游消费总规模达 1 万亿元，乡村旅游促进了农村经济发展、

① 本研究受以下基金项目支持：国家社科基金项目“民族地区生态博物馆建设与文化遗产空间保护研究”，项目编号：20BMZ048。

提升了乡村风貌、富裕了农民。[①] 鉴于乡村旅游的重要性，原国家旅游局一度将“中国乡村游”确定为年度旅游主题。

2015年，“全域旅游”由原国家旅游局局长李金早首次提出。他在《全域旅游大有可为》一文中率先对全域旅游做出最为全面和权威性的解读：“全域旅游是指在一定区域内，以旅游业为优势产业，通过对区域内经济社会资源尤其是旅游资源、相关产业、生态环境、公共服务、体制机制、政策法规、文明素质等进行全方位、系统化的优化提升，实现区域资源有机整合、产业融合发展、社会共建共享，以旅游业带动和促进当地经济社会协调发展的一种新的区域协调发展理念。”[②]2017年3月5日，时任国务院总理李克强在《政府工作报告》中提出“完善旅游设施和服务，大力发展乡村休闲、全域旅游”。“乡村旅游”和“全域旅游”首次共同被写入政府工作报告，进入了国家战略体系。同时，原国家旅游局发文将全域旅游作为考核指标，意味着全域旅游进入了全面实践的阶段。

中华民族在数千年历史中创造和延续着优秀传统文化，留下了丰富多样的文化遗产和难以磨灭的文化记忆，它们是中华民族的根和魂。随着社会的发展和现实的需要，很多文化遗产和传统文化在城市中已难亲见，而在广阔的乡村地区，依然保存着较为完整的文化脉络和遗产体系。在发展全域旅游的同时，如何保存中国乡村文化，促进乡村旅游的可持续发展，这是当前具有现实意义的研究议题。

在全域旅游的语境下，乡村旅游与从前的景点旅游应该呈现出不同的面貌。原有乡村旅游由传统景点旅游向全域旅游转变是一个提升和发展的过程，在这个过程中需要将旅游作为区域的总体发展战略，通过旅游带动相关产业发展，使得乡村基础设施改善、投资环境提升、区域影响力增强。景区旅游主要关注乡村的自然人文景观，如河流、山川、历史古迹等，而全域旅游更注重体验乡村中人的生活方式和文化特色，感知中国乡村如何借助自然、生态、人文、历史等各种因素来发展生产，建立生活形态。用全域旅游的视角看乡村旅游，旅游的内容应包括乡村的自然风光、人文景观、历史遗存、文化遗址、工艺美术、饮食习俗、节庆风情、宗教礼仪、音乐舞蹈、文学艺术乃至于乡村的生产、生活方式、人际交往、家庭及社会构成、道德伦理和价值观念等。正是由于生活方式、文化背景的不同，才形成了文明传承基础上的文化特色，才构成了中国广袤土地上丰富多彩的乡村文化。这些各具特色的乡村文化从最基层推动了中国社会、经济、文化的不断向前发展，也是全域旅游更广泛、更深厚的基础。

全域旅游需要对乡村旅游进行新的解读，要求乡村旅游的规划、产品与线路

① 国家旅游局：《中国旅游发展报告2016（节选）》，《中国旅游报》，2016年5月18日。

② 李金早：《全域旅游大有可为》，新华网，2016年2月9日，http://travel.news.cn/2016-02/09/c_128710701.htm，访问时间：2017年8月。

设计、重点内容选择、实施路径确立等都需要具有全域意识。全域旅游的意识更加需要有一个节点将自然、文化、历史有机地结合起来，而博物馆作为一个收藏、保管和诠释乡村历史与文化事物，以教育、研究、欣赏为目的向公众开放，促使人们通过探索藏品获得灵感、进行学习和娱乐的社会文化机构，恰好满足了全域旅游所提倡的要求，代表了旅游在社会中的新价值。博物馆作为全域旅游中沟通自然和文化、历史与现实的重要载体，在全域范围内是具有重要标志性的角色。而乡村博物馆作为记录保存乡村文化的重要节点，在全域旅游时代的重要性更加凸显。

二、乡村非国有博物馆建设

现代的博物馆形态最早诞生于西方，是社会文化发展到一定阶段的产物。西方的博物馆概念源于古希腊神话，意思是缪斯所在的地方，其起源可以追溯到公元前三世纪建于埃及亚历山大城内的缪斯神庙。现代意义上的博物馆18世纪开始在西方出现，我国现行的博物馆概念由此而来。我国“博物馆”这一概念的中文名称最早出现在由林则徐主持编译的世界地理出版物《四洲志》(1839年3月—1840年11月编译)中，博物馆概念的提出被认为是“博物馆学研究在中国萌芽的一个关键事件刻度”[①]。1905年中国人自己建设的最早的博物馆出现，它是由著名的实业家张謇出资创办的南通博物苑。1949年中华人民共和国成立以后，国民经济开始有所发展，人民生活水平得以提高，特别是在改革开放以后，中国的综合国力进一步增强，博物馆在中国开始大规模地出现。截至2015年底，中国登记注册的博物馆已达到4692家，其中国有博物馆为3582家。

中国博物馆在发展中也逐渐暴露出一些问题，如博物馆的布局不尽合理。我国博物馆主要分布在东部沿海经济较为发达的城市、地区和北京、西安等文化历史悠久的大城市，且博物馆作为一个文化地标，大部分城市都将其设立在市中心。以浙江省为例，作为东部沿海经济比较发达的省份，整个浙江省拥有博物馆数量居全国第二，其中大部分规模宏大、文化和旅游价值高的博物馆设立在市区。宁波市作为浙江省内较具有代表性的城市，其博物馆的发展情况亦是如此。唐宋以来，宁波作为海上丝绸之路的重要通道，一直是一个经济发达、文化兴盛的地区。因此，宁波具有发展文化旅游得天独厚的优势，特别是在全域旅游时代。然而作为宁波市文化标志和文化旅游节点的国有博物馆基本建设在宁波市老城区和宁

① 《中国博物馆学史》课题组:《知识·理论·体系·学科——中国博物馆学研究轨迹检视》,《中国博物馆》2006年第2期,第90—96页。

波市下辖的各个县市的市区，而比起城市，乡村更需要文化建设和旅游开发。但是即使在政府大力提倡全域旅游，希望为人民提供更好更丰富的文化服务的背景下，政府部门也难以做到将博物馆深入基层、深入乡村，这是政府目前面临的一大难题。非国有博物馆，特别是乡村非国有博物馆，是民间文化的重要载体，在政府力量尚不能到达的乡村地区，鼓励和发展民营的、非国有的力量作为补充，符合国际上的惯例。同时，社会组织、乡民及乡镇企业创办博物馆也符合社会发展的规律，因为人类本性中就有追根溯源、追寻自己文化传统的内在驱动力。非国有博物馆深入乡村，满足了社会的需求，填补了国有博物馆在一些领域的空白。

此外，信息时代的到来，使得各种文化的传播方式和途径发生了重大变革，各种文化传播的深度和广度突破了原有的局限。在文化传播的氛围下，像中国这样的发展中国家面临着其他文化“入侵”的严峻挑战，尤其是发达国家的强势文化。在这样的大背景下，中国的传统文化特别是相对脆弱的乡村文化如何保存、继承，以及发扬光大，成为一大挑战，为了应对这一挑战，在中国的广大乡村亟须建立一套保存、教育和研究传统文化的机制，建立包含乡村非国有博物馆在内的博物馆体系可谓现实的需要和历史的必然。鉴于非国有博物馆发展的重要性，2017 年 7 月 18 日，国家文物局出台了《关于进一步推动非国有博物馆发展的意见》，以推动非国有博物馆健康、可持续发展，加快现代博物馆制度建设、提高办馆质量、完善扶持政策。

依托宁波市厚重的文化资源、充足的乡镇企业资本和丰富的乡村收藏，宁波市非国有博物馆正在蓬勃发展。宁波市目前已经发展成为全国非国有博物馆数量最多、影响最大的区域之一。截至 2016 年底，宁波市已有 51 家登记注册的非国有博物馆，约占全市博物馆(其中包括博物馆、纪念馆和陈列馆)总数的 30%。宁波市非国有博物馆的具体分布情况为：海曙 9 家，鄞州 9 家，慈溪 10 家，余姚 6 家，奉化 4 家，宁海 7 家，象山 3 家，北仑 1 家，东钱湖 1 家，大榭 1 家[①]。这 51 家非国有博物馆主题涵盖了物质文化遗产、非物质文化遗产以及自然资源等。其藏品种类丰富多样，涉及典籍、字画、服装、农事、根雕、石刻、青瓷、医药等多种门类，恰好填补了国有博物馆在这些领域暂留的空缺。

宁波市相当一部分非国有博物馆建设在广大的农村，为乡村的经济和文化发展提供了文化营养，且宁波市乡村非国有博物馆具有显著的区域特色。乡村博物馆的基本功能与传统博物馆一致，就是保存、教育及研究。乡村的非国有博物馆基于民间收藏，对我国物质文化遗产和非物质文化遗产的保存、保护具有不可替

① 本文使用的是 2016 年底的数据，当时东钱湖旅游度假区(简称东钱湖)、大榭开发区(简称大榭)作为宁波市直属功能区(开发区)各自建有管委会独立管理，数据独立统计。2021 年机构改革，东钱湖与大榭管委会分别与相关政府合并，不再单列统计。

代的重要作用，因此乡村非国有博物馆可以说承载着保护乡土文化、发扬文化传统的社会角色。

乡村非国有博物馆开拓了博物馆学中的一个新领域，突破了以往国有博物馆心余力绌的困局，对民间收藏起到了不可替代的带头和引领作用。非国有博物馆来自乡村收藏，它将更多文物和艺术品等整合起来、保存陈列、展示教育，免于文化的流失，可以说是乡村文化保护、遗产保存的最基层的防线。乡村非国有博物馆藏品的梳理和保存更是对中国最基层的民间文化的整理和统计，乡村非国有博物馆的良性发展将推动中国文化遗产和文化传统持续更好地发展，最终形成良性循环。

三、乡村非国有博物馆建设在全域旅游视角下的优势体现

全域旅游带来了新的发展空间，乡村非国有博物馆作为一股新兴的、不可忽视的社会文化力量，是文化遗产保护重要的社会组织，在推动传统文化繁荣发展方面具有不可替代的功能和作用。特别是在广大乡村，它保护了乡村物质和非物质文化遗产，使之免遭破坏或流失。并且，乡村非国有博物馆保护和利用这些文化传统和文化遗产的方式是符合本地特色的，是顺应本地区文化传承走向的。因此，在全域旅游的背景下，乡村非国有博物馆建设对乡村旅游的发展具有重要的实践价值。其优势在于：

第一，乡村非国有博物馆贴近乡村文化和乡村生活，能够更紧密地带动当地乡村文化的发展和繁荣，带动农业现代化和城镇化。全域旅游的灵魂是文化，全域旅游是传承文化的重要载体，旅游产业和文化产业相融合可以促进全地域、全景化、全方位的旅游。在此背景下，全域旅游在乡村的政策导向可以旅游业为优势产业，通过对区域内经济社会资源尤其是旅游资源，与生态环境、公共服务及相关产业等进行全方位、系统化的优化提升，使乡村文化要素能够借助全域旅游实现更好的配置，并在这个过程中实现文化要素的传承与表达，复兴传统文化和实现价值增值。在全域旅游时代，文化要素是重要的生产力条件。按照以往打造景区的思维，旅游业总是首先关注对资金的引进和景点的打造，而忽视了最为重要的对乡村中村民文化传统、文化自信的引导。因此，在全域旅游背景下，既要保护乡村文化的原生性，又要使乡村文化自身能够按照原有的脉络不断向前发展，从而改善和提高乡村文化资源的利用率。

以浙江宁波为例，宁波地处浙东沿海地区，经济发展迅速，一部分先富起来的乡村和农民较早开始从事私人收藏和创办博物馆，因此，宁波地区的乡村非国有博物馆具有明显的地域特色。浙江宁波慈溪上林湖区域是我国越窑青瓷发祥地和著名产地之一。上林湖一带烧制青瓷的历史悠久，可上溯至东汉晚期，经两晋、

隋唐直至北宋，有千余年之久，且从未间断，使当地产生了一大批以越窑青瓷为题材的非国有博物馆，如慈溪市越韵陈列馆、慈溪市吴越青瓷博物馆、慈溪市上林湖越窑青瓷博物馆、慈溪市上林遗风博物馆等都建立在这一地区。这些乡村非国有博物馆以当地文化遗产为基础，为乡村建设发挥了重要作用。它们较之城市的博物馆更能唤醒民众的文物保护意识，更能诠释文化遗产对于本地区的意义，使村民和旅游者都能感受到文化的重要性和保护文化的意义。由此可见，贴近乡村文化的乡村非国有博物馆在藏品收集和展示上大多从本地文化出发，很好地宣传了地方文化，继承、保护和发扬了地方文化传统，成为传承地方区域文化的一支重要力量。同时，乡村非国有博物馆利用藏品展示和其他公共活动，传播了文物保护和文化遗产传承的知识，提高了村民和旅游者的文化素养。从宁波市乡村非国有博物馆的发展情况看，很多乡村非国有博物馆已经成为当地的一张名片，在促进当地经济文化建设中发挥着举足轻重的作用。

第二，乡村非国有博物馆能够在某一领域办出特色，达到专精。开发全域旅游的本质在于尽可能多地发掘各种文化资源，而乡村非国有博物馆往往专题性强，地方特色浓郁，补充了国有博物馆在展示门类上的欠缺或空白，丰富了人们对文化的认知。习近平总书记指出：博物馆建设不要“千馆一面”，不要追求形式上的大而全，展出的内容要突出特色。[①] 乡村非国有博物馆以不同的展示题材和办馆面貌出现在广大的乡村，有利于特色文化遗产的宣传、普及与教育工作的开展。与国有博物馆的综合性和全面性相比较，虽然乡村非国有博物馆面临藏品有限、资金实力不足、专业人员欠缺等现实因素，但是，非国有博物馆往往选取与乡村文化传统相关的专题作为自己的特色，在这些特色领域内，乡村非国有博物馆的研究和收藏已经取得了丰硕的成果。“特色”与“专精”使得乡村非国有博物馆将精力聚焦在专业性的藏品征集、特色化的展览展示、针对性的研究方面，在全域旅游的背景下形成自己独特的生存空间，更好地和国有博物馆相互补充，发挥其应有的社会和经济功能。更进一步来说，在全域旅游的视野下，乡村非国有博物馆可以通过对文化遗产特色化的整理和展示，将文化遗产开发为具有可增值性的旅游文化产品和博物馆文创产品，发挥文化遗产的市场价值。

在民间资本活跃的浙江宁波，乡镇企业进入博物馆的经营领域，建立了很多特色鲜明的非国有博物馆。这些乡村非国有博物馆是一种既能发挥博物馆的公共产品功能，又可以实现效率与可持续性并重的文化旅游供给模式。全域旅游为特色乡镇发展带来全新契机——旅游型特色乡镇的兴起。在全域旅游背景下，景

---

① 《习近平：写好新世纪海上丝绸之路新篇章》，新华网，2017 年 4 月 19 日，http://news.xinhuanet.com/politics/2017-04/19/c_129552538.htm，访问时间：2017 年 8 月。

点旅游向区域、城市或小城镇全域旅游转变，一批立足于旅游的特色小镇应运而生。全域旅游催生出旅游型特色小镇规划，发展出具有特色优势的休闲旅游、商贸物流、信息产业、先进制造、文化传承、科技教育等魅力小镇。宁波市宁海县位于中国大陆海岸线中段，紧贴舟山渔场，渔村众多，渔业发达，发展渔业旅游的优势得天独厚，宁海目前有以渔业渔船为特色的宁海海洋生物博物馆、环球海洋古船博物馆等特色乡村博物馆，它们既是对传统渔村文化的梳理与保护，也为打造特色渔业旅游提供了文化产品。

诚然，当前的乡村非国有博物馆建设尚存在一些问题，如场馆有限、管理体系不完善、专业人员不足、社会服务不完善等。在全域旅游时代，文化遗产的各个要素均可以通过旅游市场转化而形成独特的文化生产力，从而发展相应的文化产业。因此，发展乡村非国有博物馆必须明确开发方向和努力目标，更新传统文化的艺术表现形式，通过文化资源的配置和布局的调整，既要保护和再现乡村的文化全貌，又要带给人们更丰富多彩的文化气息和精神享受。同时，建设乡村非国有博物馆要以旅游为手段，实现文化产业化，从而带动农村地区社会、政治、经济、文化事业的全面发展。这对提高农村农民生活水平，改善乡村生活条件，促进农村文化水平的提高将起到重要的作用。研究乡村非国有博物馆的最终目的在于促进非国有博物馆更为健全地发展，并与全域旅游背景下的乡村旅游开发相结合，满足乡村居民在经济、文化和精神层面的需求。

（原文刊于《天一文苑》2018 年第三辑，中国文史出版社 2018 年版，第 86—92 页，内容有更新）

博物馆公众教育丛谈

张颖岚

（浙江大学艺术与考古学院）

摘　要：博物馆公众教育不仅是当代博物馆的首要任务之一，也是其实现自我价值的具体方式。本文简要梳理了博物馆公众教育的发展演进历程，并对其主要特点、受众、现状与挑战做了初步分析，进而探讨了“大教育观”视野下博物馆公众教育与家庭教育、学校教育与终身教育的关系。在此基础上提出，新时代发挥博物馆公众教育职能，需要我们重新思考博物馆的使命和运营理念，设计规划博物馆公众教育工作流程，探索实践公众教育的各种模式和途径，实现以“公众教育”为纽带的博物馆运营。

关键词：大教育观；博物馆；公众教育；使命；运营

博物馆作为人类与自然和谐共存，不断超越自我发展进程中物质、非物质遗产收藏、研究和展示的重要场所之一，已经成为公众文化生活不可缺少的一个部分，其文化辐射力和社会关注度得到空前提高。

今天的中国博物馆，不仅要肩负起传承历史、记录文明的使命，更应当进一步激发创新创造活力，发挥好博物馆的公众教育职能，主动顺应趋势，调整完善教育职能，推动和促进博物馆公众教育发展。这不仅成为当代博物馆的首要任务之一，也是其实现自我价值的具体方式。

一、博物馆公众教育的探究梳理

（一）博物馆公众教育的发展

国外博物馆的公众教育经历了漫长的发展历程，并伴随着社会进步与博物馆的发展而日趋成熟。尤其是在 20 世纪后半叶，博物馆在各国教育体系中逐渐占据了重要地位，被作为非正规教育的典型代表而得到充分重视。如美国史密森尼学会将“增进和传播知识”(the increase and diffusion of knowledge)作为自己的社会责任与使命;美国博物馆协会把“教育”和“为公众服务”作为博物馆工作的中心,而将“收藏”视为实现这一目标的手段;国际博物馆协会(ICOM)在2022年新修订的博物馆定义中,依然将“教育”列为博物馆的首要目标。

中国现代意义上的博物馆,从建立伊始即承载着启人心智、弘扬精神、推动创新的使命,依托博物馆教育民众成为当时的一项共识。康有为认为,博物馆可以启发民智[①],1895年,维新派建立的上海强学会即提出“建设博物馆”等四项要务。1896年,梁启超在《论学会》中说,今欲振中国,在广人才;欲广人才,在兴学会,“开博物院”。1905年,张謇以“设为庠序学校以教,多识鸟兽草木之名”[②]而创建南通博物苑。李济也曾撰《博物馆与科学教育》一文专门论述博物馆的公共教育价值。[③] 当时的许多精英人士先后参与筹建博物馆等公共教育设施,如蔡元培主政教育部期间,设立主管博物馆、古物搜求等工作的社会教育司,鲁迅曾任社会教育司第一科科长,专司博物馆等事务。[④]

20世纪70年代以来,中国博物馆的社会角色在不断发生变化:从对“物”的守护,到对“人”的关注,再发展到今日之致力于社会的可持续发展,融入和参与社会的变革和进步。尤其是近年来,随着认识的不断深入,博物馆的公众教育职能越来越受到广泛的关注,进而得到了国家层面的认可与支持。我国于2015年颁布的《博物馆条例》,将博物馆定义为“以教育、研究和欣赏为目的,收藏、保护并向公众展示人类活动和自然环境的见证物,经登记管理机关依法登记的非营利组织”,把“教育”列为博物馆各项功能之首,并明确指出,“博物馆应当对学校开展各类相关教育教学活动提供支持和帮助”,要“利用博物馆资源开展教育教学、社会实践活动”。[⑤] 在国家文物局开展的博物馆“免费开放绩效考评”和“博物馆运行评估”中,社会教育的评分比重也在逐步增加。由此可见,今日之中国博物馆,其公众教育职能的发挥不是可有可无的,而是不可或缺的,是贯穿博物馆各项工作的主线之一、评估博物馆运行实效的重要标准。在可预见的未来,随着对公众教育理论研究和实践探索的不断深入,博物馆将以其丰富的实物资源优势和生动鲜活的形式进一步走向社会,走近民众,成为弘扬中国精神、传承中国智慧、展现中国力量的“大学校”。

---

① 康有为:《康有为全集・第七集・德国游记》,姜义华、张荣华编校,中国人民大学出版社2007年版,第416页。

② 南通博物苑内对联。

③ 李济:《博物馆与科学教育》,载张光直编《李济文集》,上海人民出版社2006年版,第13—15页。

④ 李炜巍:《蔡元培社会教育思想探析》,《高等教育评论》2015年第2期,第137—146页。

⑤ 《博物馆条例》,2015年3月2日,http://www.gov.cn/zhengce/2015-03/02/content_2823823.htm,访问时间:2023年3月30日。

(二)博物馆公众教育的特点

博物馆公众教育是一种特殊的社会教育形式,是博物馆为满足个人学习和自我完善要求而组织的非强制性教育活动或行为。博物馆公众教育与图书馆等其他教育机构所提供的社会教育既有区别又有联系,与家庭教育、学校教育之间形成有益的互补,共同构成完整的教育体系。

博物馆公众教育以非强制性方式传播文化知识,开发和完善学习者的智能,其特点首先在于"非正式性"。博物馆公众教育之所以区别于学校教育,就是在于博物馆并非在特定的时间内,以业已形成的固定教育模式进行集中教育,而是以博物馆包罗万象的藏品资源和研究成果,通过陈列展示、讲解体验等形式给予观众潜移默化的教育。其次,就是教育内容的"丰富性"。与其他教育机构(如学校、图书馆等)相比,博物馆公众教育的优势是它可以借由各种类别的实物藏品实施,题材和内容非常丰富。再次,就是教育形式的"多样性"。博物馆公众教育的实现方式不仅仅限于通常的"教与学"单向行为,还可以通过如互动演示、音像视听、情景再现、演讲报告,以及学习小组、研修旅行、知识竞赛、博物馆之友、流动展览等形式多样的教育活动实施。这些活泼新颖的教育手段,不仅使博物馆公众教育意趣盎然,还可以不断激发学习者产生新的学习兴趣。最后,是教育时间的"延续性"。博物馆的公众教育并不是在特定的时间段内完成的,而是根据观众的自身兴趣自由安排,并可以由幼及老、终其一生进行。

鉴于此,博物馆应该根据观众的基本素质、知识储备、学习要求、学习成效等组织和实施教育,通过借鉴教育学、心理学、传播学、休闲学等相关领域的研究成果,利用现代信息传播手段,采用多种多样、活泼新颖的教育手段,使博物馆的公众教育更有吸引力、更富时代感。

(三)博物馆公众教育的受众研究

随着博物馆参与社会活跃度的不断增强,以及信息传播辐射范围的持续拓展,博物馆公众教育的对象已不再仅限于到博物馆实地参观的观众,还包括了关注博物馆发展的任何人,或博物馆推送信息的任何接受者。从大众传播学角度分析,博物馆是信息的传播者,公众教育的对象则是信息传播的接受者,即受众。传播学研究表明,受众并不是消极地"接受"信息,而是传播的主动者,不同的受众对同样的信息会产生不同的反应,并会积极地寻求相关信息为自己所用。因此,对博物馆受众的类型、需求、预期心理等的分析,是做好博物馆公众教育的基础研究工作之一。

博物馆公众教育信息传播的受众非常广泛,大体上包括整个社会的全体成员。从儿童到老年人,从普通观众到残障人士,从本地居民到外地旅客,不同民

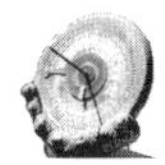

族、肤色、国籍、年龄和文化背景的人士，都可能通过某种方式参与博物馆的公众教育活动，或因关注、接收相关信息而成为博物馆公众教育的受众成员。

传统的博物馆“目标观众群”研究，是博物馆受众研究的重要组成部分，包括对观众类型、需求、心理、参观行为等方面的研究。博物馆观众类型大体可分为普通公众、学生和专业研究者。但是，这种较粗略的分类方式已不能完全反映具体情况，不利于博物馆开展有针对性的公众教育活动。因此，近年来出现了依据不同年龄段、知识储备及社会角色等进行的分众化研究，以针对不同的受众群体实施更有针对性、更行之有效的公众教育活动，如针对残障观众开展的特殊教育，针对家庭开展的亲子教育，等等。此外，对博物馆观众的参观动机与需求，以及行为、反应分析，有助于充分理解博物馆观众的心理需求和参观心态，创造更好的参观环境，以进一步完善博物馆的陈列展览、教育推广工作，更为有效地实施公众教育服务。

近年来，随着信息技术和传播理念的更新，博物馆的公众教育活动正在从“馆舍天地”走向“大千世界”，从实体展馆走向虚拟空间。尤其是在“信息爆炸”的今天，社会公众的眼界开阔，信息来源广泛，文化程度以及独立思考和判断能力不断增强，自媒体应用普遍，人们对信息传播质量的要求渐高，势必会对博物馆公众教育提出更高的要求。及时关注并对融媒体时代公众教育的受众开展相应的研究，将会是博物馆进一步拓展影响力、增强服务社会能力的重要基础。

（四）博物馆公众教育的现状与挑战

近年来，中外博物馆研究人员在公众教育的理论、实践方面做出了深入的研究和有益的探索，博物馆的公众教育也从传统线性教育模式的“教导解说型”、行为主义理论指导下的“刺激反应型”，逐渐发展为鼓励观众参与、探索、体验的“发现学习型”，很多博物馆所设置的“发现室”就是“发现学习型”教育模式的具体例证。此外，随着教育学建构主义理论的发展，“建构知识型”公众教育模式方兴未艾。研究表明，在展览中出现观众熟悉的物品，或以某种方式与观众的生活经历产生联系，会激起观众的学习兴趣。“建构知识型”教育模式强调学习者的亲身体验，要求博物馆策划、设计、制作具有观众参与性的陈列展览或其他活动项目，使人们不仅可以亲自参与实际操作，还要调动大脑积极思考，从而对相关知识达到真正的理解和掌握。

但是我们还应当认识到，在旧有的观念和习惯影响下，博物馆的公众教育还存在一些不尽如人意之处，无法完全满足社会公众旺盛的文化需求。

首先，博物馆以藏品为核心的传统运营理念、管理模式和以“高高在上的教育者”自居的态度，致使“亮宝式”的文物展览、简单生涩的展品说明等仍屡见不鲜，这种状况在一定程度上忽视了博物馆受众的深层次需求，看不懂、听不懂、缺少交流沟通成为阻碍公众参观实体博物馆的主要因素之一。

其次，在以“收藏、研究”作为首要职能的思维定式影响下，博物馆的管理者往往会将有限的资源投入藏品的征集、管理、保护和研究等方面，而仅将公众教育作为“装点的花边”，或将其视作馆内单一部门所承担的“准业务”性质的日常工作。因得不到更多的重视和关注，博物馆的公众教育往往“雷声大、雨点小”，教育与收藏、研究脱节，高层次的教育研究者、组织者匮乏，故而一些公众教育活动仍停留于说教式、灌输式的简单直白方式，不能及时有效地实现研究成果的创造性转化。

再次，在与家庭、学校的联动方面，囿于“应试教育”的掣肘，且缺乏常态而有效的沟通交流机制，博物馆与家庭、学校未能真正了解彼此的特点和需求，由此产生了供给与需求间的错位，博物馆的一些公众教育活动，或“行业内叫好，外界不认同”，或如现场互动、古装礼仪体验等“表演性”活动，虽品类繁多，但教育成效不佳，甚至流于形式。一些博物馆的教育活动因未能与课程同步而被校方无奈婉拒，无法实现可持续的常态化发展。

最后需要提及的是，在社会高度发达、信息飞速更新的今天，博物馆作为众多社会教育机构中的一员，作为众多文化信息传播源中的一个节点，只是满天繁星中的一颗星辰，既面临着来自行业内的竞争，也面临着相近甚至迥异行业的竞争。如果博物馆的公众教育没有创新性和时代性，就不能有效地将文化资源及时转化为教育资源，发挥出其独特的教育作用，博物馆也就无法迸发出本应具有的夺目光彩。

二、“大教育观”视野下的博物馆

“教育”，即“教化培育”。西方“教育”一词源于拉丁文 *educare*，表示“引导”或“培养”。教育不仅为每个人提供平等的学习机会，还创造了合理的机制，让每个人学会认知、学会做事、学会共处、学会生存。在今天这个知识经济时代，学习将成为一种生活方式，由此而推动形成的“大教育观”，倡导教育应该在时间上贯穿人生全程，在空间上遍及各类场所，其基本原则就是，每一个人既是受教育者，也是教育者，需要通过教育不断更新知识、创造知识、管理知识和应用知识，最终实现人类自身的发展。“大教育观”有助于将旧有的分割式学制阶段、分散状学科节点的教育机制，重新组织构成以“学习者”为纽带串缀而成的、全方位无缝衔接的“泛教育体系”。在“大教育观”视野下的博物馆，以其得天独厚的文化资源优势所发挥出的公众教育作用，在“泛教育体系”中占有着非常重要的位置，并与家庭教育、学校教育、终身教育（狭义）优势互补，相辅相成。

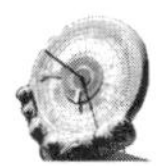

（一）博物馆与家庭教育

习近平总书记曾强调，“家庭是社会的基本细胞，是人生的第一所学校”①。良好的家庭教育，在培养儿童与青少年认知能力的同时，通过家长言传身教、家庭内的情感交流，有助于促进身心健康、涵养道德品质、培养良好习惯、教学待人接物、培育协作精神等。譬如“孝文化”，就是中国式家庭教育的正面结果。

但是，当代的家庭教育存在着种种令人担忧之处：因家长价值观变化造成孩子“重智轻德”和道德危机；因家庭物质生活丰厚，使孩子好逸恶劳，缺乏自立能力；因家长过度保护、过分宠爱，使孩子缺乏自信和勇气；因家长过分专制，使孩子常感焦虑与不安；因家长望子成龙、揠苗助长，使孩子的心理脆弱不堪等。不健康的家庭教育成为当今社会的普遍现象，在这种家庭教育环境的重压下，儿童和青少年会不同程度地出现各种不良反应，并有可能进一步产生问题。博物馆利用自己丰富的文化资源，通过配合家庭教育设计和实施相关活动，寓教于乐，在一定程度上可以弥补家庭教育的不足，为家长和孩子们营造出共同成长的学习乐园。

博物馆在设计、组织与家庭教育相关的教育活动时，需要认识和了解儿童及青少年的特殊性，并充分考虑到他们自身的承受能力；积极鼓励他们参与教育活动，培养他们发现问题和解决问题的能力；还要充分尊重儿童间的差别，激励、引导他们的创造力发展。同时，要依据儿童及青少年不同年龄阶段特点，针对低龄儿童、青少年和家庭等群体的不同特点和需求，专门为其策划和实施教育。针对家庭组织的博物馆教育活动可以非常丰富，例如，组织中国传统礼仪的情景互动活动，让孩子们在家长的陪伴下学习在不同场合如何待人接物；组织 DIY 传统手工制作、绘本故事情景模拟等，开发孩子们的动手能力，增强他们的记忆力、想象力和创造力；开设“儿童专区”，举办针对儿童与青少年的“互动式展览”，鼓励儿童通过观察、触摸、亲手实验，亲身体验科学探索的过程，增强自信，令其感受发现的快乐，激发学习的兴趣；组织“带着父母看博物馆”的“孩子与家庭”系列活动，归纳博物馆中适合孩子与父母共同参与的内容，设计成丰富多彩的家庭亲子活动，培养父母与孩子间的和谐亲密关系；针对青少年的求知需求，组织博物馆“奇妙发现之旅”等活动，设计不同的“寻宝”路线图，将儿童与青少年分成小组共同参与，在增长知识的同时，培养团队协作意识和统筹规划能力，甚至还可以安排青少年参与一些观众调查的前期工作，锻炼他们认识社会、适应社会的能力；等等。这些与家庭教育相关联的博物馆公众教育活动，还有助于家庭观众形成对博物馆的亲切感和归属感，以及对博物馆文化的认同感，并使参与其中的孩子成为博物馆发展的未来支持力量。

---

① 翟博：《上好家庭教育“第一课”》，《人民日报》2016 年 10 月 21 日，第 5 版。

（二）博物馆与学校教育

博物馆与学校之间，无论是在历史渊源、学习教育功能，还是人才培养等方面，长期以来都存在着相互沟通、相互依存的关系。博物馆作为社会文化教育事业的重要组成部分，在配合学校教育方面有着义不容辞的责任。因此专家学者们很早就提出，博物馆是“教育的实验场”，应当与学校教育相结合，为学校教育服务。近年来，我国博物馆与学校教育之间的关系日趋密切，博物馆正逐渐成为学校教育的“第二课堂”。

博物馆与学校教育有着一定的差异。博物馆公众教育职能的实现，是通过为观众提供藏品及相关信息，以灵活多样的学习环境，使观众借助于轻松愉快的参观过程潜移默化地学习获取知识，这是与学校正规的“强制性教育”的主要不同。此外，博物馆的公众教育是双向的交流沟通，博物馆的教育者是以一种学习促进者与信息提供者的形象出现的，而学校教育则多呈现出一种信息的单向式传递教育模式。此外，博物馆的观众复杂多样，需要以不同的方式来吸引不同类型的观众，因此所能提供的公众教育活动就呈现出分散性特点，这与学校的针对性系统教育活动有着显著的不同。形象地说，学校的教学活动就如同教科书，具有强制性与一般性，而博物馆的教育则犹如课外书，允许学生依据不同的年龄、性别及兴趣爱好自由选择，因而博物馆在开展学校教育的设计和组织时，就应当尝试多种创意，以持续引发学生利用博物馆进行学习的兴趣。比如说，浙江省宁波市天一阁博物院近年来立足馆藏资源，将“走出去”与“请进来”相结合，针对青少年开展了多种形式的活动、展览，让孩子们亲手体验古籍修复，让学生们在展厅中感受中华传统文化魅力，邀请外地学子入阁游学，对学校教育起到丰富和补充的作用，成为青少年素质教育的“第二课堂”。①

学校教育与博物馆教育的结合，不仅仅是博物馆自身公众教育职能的必然要求，同时也是学校教育的迫切需要。学校教育对博物馆提出的要求，一方面来自教师的需求。学校迫切需要博物馆结合课程教学内容对担负教学任务的教师进行辅导，以帮助教师及时更新和储备相关知识；教师也需要博物馆提供教学的各类参考资料，包括博物馆的科学研究成果，以满足他们在教学活动中的各方面要求；承担科研任务的高校教师，还希望与相关的博物馆进行科研项目合作，以充分利用博物馆的藏品优势开展深层次的研究。学校教育对博物馆提出的另一方面需求来自学生，不同年龄段的学生，需要借助博物馆藏品的陈列展示，深化对知识

---

① 宁波市文化广电新闻出版局：《浙江宁波天一阁博物馆双管齐下打造青少年素质教育“第二课堂”》，2018年8月14日，中华人民共和国文化和旅游部官网，https://www.mct.gov.cn/whzx/qgwhxxlb/zj/201808/t20180814_834220.htm，访问时间：2023年3月30日。

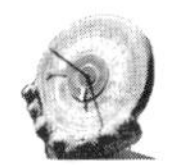

的学习和理解，启发和促进学习。

因此，博物馆在配合学校教育时，应该以学校教育基本课程为主线设计和组织有针对性的教育活动，主要包括三个方面：第一，是针对学校教师所开展的辅导和培训，为学校教师提供相关教学课程的教学参考资料，使其能够通过博物馆的各种信息传播途径，及时获取与教学相关的知识，以满足其教学工作实际需要；第二，是针对不同学习阶段学生的特点和需求，制订详细的课程计划和参观导览，组织系列化、多线程的课外教育活动，编写分众化的系列教育读本；第三，以大学本科生和研究生学位课程为主，与高校联合培养博物馆专业人员，组织大学生共同整理和保护博物馆藏品，在满足高校人才培养与研究需求的同时，也有助于博物馆事业的发展。

（三）博物馆与终身教育

所谓终身教育，有"成人教育""继续教育""回归教育""更新教育"等有不同解释。通常意义上的"终身教育"，是指社会上的每一个成员都是学习者，都应当养成终身学习的习惯，并积极参与终身学习活动，以促进自身的成长和社会的发展。曾任联合国教科文组织终身教育部部长的埃特里·捷尔比认为"终身教育应该是学校教育和学校毕业以后教育及训练的统和"[①]，此为狭义的"终身教育"概念。终身教育强调其服务对象应当具有整体性，不分年龄、性别、种族、社会背景，终身教育的场合也具有广泛性，包括图书馆、科技馆、博物馆、社区文化中心等。

终身教育的基本原则主要包含三个方面：首先，终身教育强调学习的延续性，即学习应当持续于一个人的一生，强调在生活中不断学习；其次，终身教育强调学习的广泛性，强调个人不仅在课堂上学习，也可以通过工作、生活或者休闲等活动学习和获取知识；最后，终身教育强调学习的自主性，也就是说，学习者获取知识的过程是个人有意识、有目标的主动学习过程。

作为社会教育的一支重要力量，博物馆数量众多、类型丰富，且具有十分丰富的藏品资源，包含的知识面较宽，可以满足终身教育学习的要求，在开展公众终身教育方面具有一定的优势。但是我们应当认识到，一部分观众到博物馆参观可能还是出于休闲和娱乐等原因，这就要求博物馆不能一味地以教育机构自居，应该培养观众自主学习的兴趣，引导观众在轻松、愉快的氛围中获取知识。

博物馆在开展终身教育活动时，可以立足于自身特色，设计和组织引导性的教育展示内容，在尊重观众娱乐、休闲要求的同时，以具有鼓励性的教育活动激发观众继续学习的热情和动力，培养和巩固观众的学习习惯；还可以借助信息技术的优势，发掘不同观众的学习需求，组织和设计形式多样的公众教育活动（如虚拟

① 齐幼菊、龚祥国：《终身教育体系构架探析》，《中国远程教育》2010年11期，第29页。

历史情景漫游、虚拟考古发掘等等），在满足不同阶段群体终身学习要求的同时，使之在乐趣中学习，从学习中得到乐趣；博物馆还应当理解和支持公众探寻专业知识的要求，通过挖掘和组织深层次教育信息资源，为成年观众提供可拓展的深层次专业服务，以满足观众以自我导向为基础的、对专业知识的探究式学习要求；博物馆还要注重观众对社交的渴望和需求，在尊重和保护个人空间的同时，组织"博物馆之友"论坛、网上虚拟社区等多种形式的互动交流，在满足观众互动交流需求的同时，给予其心理关怀和抚慰，以舒缓因生活节奏加快、心理压力增大、人际关系疏远而产生的焦虑和孤独感。

三、以"公众教育"为纽带的博物馆运营

充分发挥公众教育职能是我国博物馆"为人民服务、为社会主义服务""贴近实际、贴近生活、贴近群众"的重要体现。新时代如何更好地发挥博物馆公众教育职能，需要我们重新思考博物馆的使命和运营理念，设计规划博物馆公众教育工作流程，探索实践公众教育的各种模式和途径，实现以"公众教育"为纽带的博物馆运营与管理。

每一座博物馆都希望不断增加观众量，从而成为公众瞩目的焦点。这一方面可以更有效地发挥出博物馆的公众教育职能，另一方面也可为博物馆争取到未来发展所需要的政策、资金等进一步支持。这本是无可非议的。但是我们应当看到的是，当手段成为目标时，以观众人数作为评估博物馆的主要指标之一则有可能将博物馆引向另一个误区。其结果不仅会使一些具有自身特色的中小型博物馆因受众面有限而得不到政策、资金的有力支持，同时也会使一些因拥有优势资源而门庭若市的博物馆在忙于应付大量涌入观众的同时，无暇顾及社会公众的多方面文化需求。当今社会，观光型旅游已渐式微，求知型、体验型深度文化需求将成为未来的主要趋势，如果因观众数量的不断累加而无暇顾及公众的深层次、多方面需求，从远期来看，势必会影响博物馆服务社会整体能力的良性提升。因此，我们需要辩证地分析博物馆观众量与社会服务质量两者间的关系，在新形势下围绕"服务社会"和"公众教育"重新思考和定位博物馆的使命，并立足每个博物馆的特点和现状科学制订相应的发展规划（包括远景设想、发展目标、行动计划等）。

国际博物馆协会原主席汉斯·马丁·辛兹博士认为，博物馆是"教育与文化机构"[①]。对于国际博物馆协会历年来为"国际博物馆日"确定的主题，究其要旨，是

① 《2015年国际博物馆日主题——博物馆致力于社会的可持续发展》，国家文物局官网，http://www.ncha.gov.cn/col/col1815/index.html，访问时间：2023年3月30日。

将博物馆作为平台以深化多元文化之间的相互理解，促进博物馆与观众、观众与观众，以及世界各地不同文化之间的沟通与交流，推动社会整体发展。以此要义延伸，"藏品"和"公众"是博物馆的两个关键极，也是博物馆的主体工作对象，需要我们同时给予重点关注。而博物馆自身的存在价值就在于是否能够建立"藏品"与"公众间"的良好沟通，成为公众建构知识的组织者和引导者。从这个意义上讲，博物馆的公众教育就是沟通观众与藏品之间的桥梁。

作为社会教育机构之一，博物馆是以文化产品来赢得政府和社会公众的关注。也就是说，无论博物馆的性质是国有还是非国有，其运营和未来发展都取决于是否能够更好地满足社会公众的精神文化需求，以获取公众的关注，进而取得相应的支持，使博物馆得以进一步发展，即"博物馆提供公众服务—获得公众的关注和支持—博物馆提供更好的公众服务—获得更多的公众关注和支持"。通过这样一种螺旋式上升的运作模式，博物馆得以不断地发展创新。博物馆围绕公众教育所开展的收藏研究、陈列展示、教育推广和文创研发等，事实上就是博物馆提供给公众的"产品"，它们的好坏往往成为能否获得政府和公众支持的一项重要指标。因此，我们需要按照新时代高质量发展和《博物馆条例》的要求，重新思考和科学定位博物馆的使命，实现由"藏品的博物馆"到"观众的博物馆"的观念转变，树立起以"公众教育"为纽带的博物馆运营理念，以主动融入社会、服务社会、促进社会进步发展。

构建以"公众教育"为纽带的博物馆运营模式，不仅仅是一种顺应，更是一次变革。在转变观念的基础上，我们需要深入思考博物馆的既有管理模式和工作流程，将公众教育贯穿博物馆的各项日常工作，以公众教育为核心调整和优化博物馆管理、运营和服务模式。

为了更好地实现这一目标，不同的博物馆需要立足自身的资源禀赋特性和优势，科学分析区域特色与行业现状，系统性研究博物馆受众类型与需求，把握教育学、心理学等相关领域的研究成果，了解现代科技的发展现状，在此基础上，充分调动馆内外人才和智力资源，在博物馆收藏研究、陈列展览、教育推广、文创研发等不同领域围绕着公众教育规划、设计和组织、实施符合博物馆自身特点的公众教育项目，以避免"千馆一面""人云亦云"，或"事无巨细""贪大求全"。

"公众教育工作流程"是实现以公众教育为纽带的博物馆运营的路线图。大致包括内外部因素分析、研讨与项目策划、研究决策、组织实施、效果评估等五个方面(图 1)。

"公众教育指导委员会"是博物馆公众教育运作流程的"中枢神经"。它不同于一般意义上博物馆内部的工作委员会，而是具有开放性的，除了以行业领导、博物馆管理者和相关部门负责人作为基础成员外，还可以包括教育学专家、技术领域专家、博物馆之友、志愿者代表，以及作为服务对象的社区代表、教育管理者、学校代表、家庭代表等。此外,这个机构还应该是动态的,除基础成员以外,可针对不同项目的特点和需求,遴选和邀请不同领域的专家、服务对象和利益相关方参与某一特定项目的研讨,如在设计和策划针对家庭教育的相关项目时,应当侧重于选择儿童教育专家、社区代表、家庭代表等,针对学校教育的项目则要侧重于选择中、小学的管理者与教师。

内外部因素分析主要有:博物馆藏品资源优势和受众分析、博物馆所在地域特色与文化需求、教育学理论与方法、行业动态、科技发展现状等。在分析过程中,可以应用诸如社会学、统计学、经济学、市场营销等相关的理论、方法和各类行之有效的调查分析手段,以明确博物馆的自身优势和劣势,扬长避短,更为有效地合理配置相对有限的资源。以此为基础,"公众教育指导委员会"梳理和确定本馆公众教育的发展思路、目标与方向,谋划不同层次和领域的公众教育项目,经博物馆管理层研究决策后,根据项目的不同特点和要求,分别交由馆内相关部门或委托外部合作方具体实施。在项目实施取得一定进展后,由馆内组织专家或委托第三方进行效果评估,并将评估结果反馈回"公众教育指导委员会"进行研讨,以验证实施效果、发现偏差并提出相应的对策,作为策划下一步公众教育项目的重要参考依据。

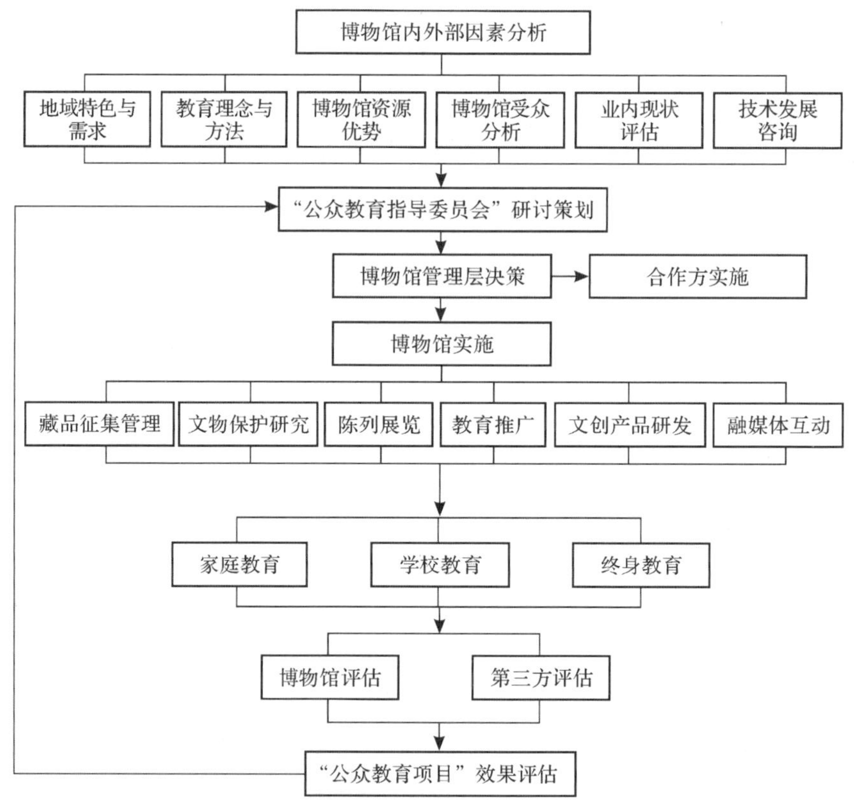

图1　博物馆公众教育工作流程

还需要提及的是，博物馆内部负责公众教育具体实施的核心团队应当由“收藏保护—研究展览—教育推广”等多方面人员共同组成，以加强专业研究人员和教育人员的协作，将公众教育的运营理念落实到博物馆工作的方方面面。在设计和组织具体公众教育项目时，还要充分利用多种信息传播技术和方式，配合家庭教育、学校教育和终身教育，设计出符合不同受众群学习心理和需求的公众教育项目和活动，针对不同群体和对象“因材施教”，从而使博物馆的公众教育“春风化雨”“润物无声”。

（本文基于2015年4至7月刊载于《中国文物报》的系列文章，并结合国内外博物馆的发展新趋势进行了修订润色）

博物馆专题式教育课程初探

——以中国港口博物馆“万物启蒙”中国文化通识研学营第一季“竹君子”为例

刘玉婷

（中国港口博物馆）

摘　要：博物馆已成为“终身教育”的重要场所。专题类博物馆如何真正体现核心价值，实现观众尤其是青少年观众的成长，完善自身的社会教育体系，成为博物馆发展规划的首要问题。为此，宁波中国港口博物馆组织策划了“万物启蒙”中国文化通识研学营课程，印证了专题式教育活动开发是符合本馆实际、能够实现课程最大社会化效应的发展出路之一。

关键词：博物馆教育；万物启蒙；专题式活动

一、引　言

随着时代的发展，博物馆逐渐从专注于征集、收藏、陈列和研究文物的公共机构，演变成侧重于提高公民素养、启迪民智的教育机构。当下，全球博物馆已达成一个初步的共识：博物馆的功能设置中，收藏与研究是手段和方法，社会教育是目的和意义。

宁波中国港口博物馆（简称港博）以港口文化为主题，是传播海洋文明、现代科技的重要平台，也是夯实和发展现代交通运输业文明基础的重要基地。博物馆基本展陈框架由“港通天下”中国港口历史陈列、“创新之路”现代港口知识陈列、“海濡之地”北仑史迹陈列、“水下考古在中国”专题陈列、港口科学探索馆、“数字海洋”体验馆六个模块组成。博物馆矢志建设新世纪海上丝绸之路的重要文化支点，为国内外研究中国港口历史、探求港口未来的学者提供学术交流平台；为参观者了解中国港口发展历程、掌握港口知识提供深入学习环境；为广大青少年科学感知港口的发展、培育对港口的兴趣提供直观形象和互动氛围；为交通运输文化

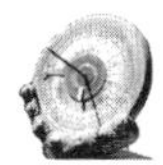

的传播和提升提供全面展示和深度研究空间。近年来，博物馆积极开发有明确受众、系列主题的教育活动，相继打造了针对不同年龄段的品牌活动，如“我与港博同成长”青少年体验活动、“港博讲坛”专题讲座和“探古寻幽”市民走进北仑历史古迹活动等。一方面，以此来创新、健全自身的博物馆教育体系；另一方面，满足观众对自我教育、自我完善和发展的要求，以实现博物馆社会教育的最终价值。下面聚焦“‘万物启蒙’中国通识文化研学营·竹君子”，详细阐述这一专题式教育活动的初衷、过程与效果。

二、教育理念

在完成幼小衔接过渡后，小学生的生活开始以学习为主导。但是学校教育的系统化教学因知识面单一、课程体系固定、教学模式死板，不同程度上抑制了学生的学习兴趣，因此提升课程的主体性、趣味性非常必要。作为博物馆社会教育的主要受众，小学生天性活泼好动、求知若渴、可塑性强，尤其是小学高年龄段(9—12 岁)的学生，成长速度快、开始拥有自我意识并开始自我表达，具有独立的倾向，博物馆社会教育可以让他们习得知识、认知、技能和解决问题的能力，形成自我观点，并激发学习热情。

在掌握小学高年龄段学生心理发展特征的基础上，博物馆深入组织策划适合学生个人身心发展的、弘扬传统文化及地域文化的、突破单向传播教育方式的专题性教育服务项目。“万物启蒙”研学营第一季择取学生身边随处可见又具有深厚传统文化的“竹”为主题，围绕主题不断向传统文化、历史人文、科学艺术的维度广泛扩展，设计出符合青少年心智和能力的进阶制课程，不仅还原事物的完整性，而且向学生展示了“竹”演变成现代中国人精神生活一部分的过程。研学营通过游学结合课堂的教学模式打破灌输式教育方式，以兴趣为先导引导学生全方位认识“竹”，加深学生对传统文化的了解和对家乡文化的热爱，培养学生的文物保护观念并使其形成初步的美学思想。

三、课程目标

本着促进学生全面发展的活动原则，根据宁波中国港口博物馆馆藏竹相关文物，结合“万物启蒙”竹教材，把活动的教学目标分为知识、技能和情感三个方面。

(一)知识目标

(1)了解竹的生物特性、中国及世界范围内竹子的分布情况；

(2)了解竹的功用，竹的历史、经济价值和竹文化，认识与竹相关的文物和非遗工艺。

(二)技能目标

(1)发现生活中的竹制品,培养观察能力;

(2)习得通过纹饰、器形区分竹子相关文物的能力以及初步鉴赏的能力;

(3)通过非物质文化遗产的工艺体验,锻炼动手操作的能力;

(4)在分组活动过程中,培养形成自身观点的能力,并锻炼人际交往的能力;

(5)通过美术、书法、戏剧、舞蹈等艺术形式的实践,具备初步的对艺术的鉴赏能力;

(6)形成世界万物皆为体系复杂、历史悠久、具有科学内涵、富有艺术人文气息的综合体的世界观。

(三)情感目标

(1)增强对家乡文化的自豪感;

(2)激发学生产生对历史文明进程的崇敬之情、对文物保护和非遗传承的认同感;

(3)调动学生对万事万物的探究热情,增强学习兴趣;

(4)让学生认可博物馆社会教育的教育方式,使博物馆更为顺利地被纳入终身教育的课堂。

四、课程实施

“万物启蒙”研学营是向学校招募30名三到六年级(9—12岁)小学生,在暑期期间集中七天时间完成的专题式课程。课程分为12个板块,除将宁波中国港口博物馆设为主活动现场外,还设置了六处游学地点,其中有一天住进浙东大竹海体验竹林人家生活,其余几天均为走读形式。

(一)课程主题

为丰富本馆教育课程体系的形式和内容,宁波中国港口博物馆尝试设计区别于馆内之前开展的一次性主题活动的专题式系列课程,计划用较长时间完成一项专题的集中学习。学生在暑期能抽出的连续时间最长,因此,港博设定了七天时长的课程,将一个专题解释透彻,让学生从文物学、历史学、民俗学、地理学、艺术学等多学科认识一项事物,形成立体的世界观。在设计课程主题及流程的过程中,博物馆首先成立由博物馆社教人员、“万物启蒙”团队、学校小学教师组成的课程开发小组,开展学生兴趣调查,明确课程资源,最终确定课程教材及流程。这一过程持续三个月左右,博物馆社教人员积极促进课程开发小组的运作。在“明确

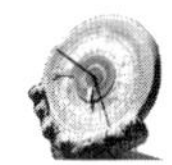

课程资源”的环节中，课程开发小组发现，对于“竹”的主题，博物馆可提供的资源有竹纹饰或竹器形的文物等，非遗馆可提供的资源有竹刻工艺展示等，“万物启蒙”团队、学校教育可提供的资源以及区域内的自然资源也是在各类主题中最为丰富的，因此第一季的研学营以“竹”为主题。

（二）课程流程（表1）

表1 “万物启蒙”研学营第一季·竹君子课程流程

时间	板块	课堂地址	课程内容	课程目的
第一天上午	开营仪式	中国港口博物馆阳光大厅	开营演出及开营仪式	传达理念、营员破冰，增强凝聚力
第一天下午	第一板块：竹子是什么	竹生态村	用思维导图的方式谈“竹”	主动思考“是什么”的问题，锻炼思维想象力
	第二板块：竹子的一生		现场实践，以科学方式探索竹子的生长规律	培养科学观察、科学实验动手能力
	第三板块：竹子长得为什么那么快？			
第二天上午	第四板块：中国竹子分布图	港博多媒体教室	了解中国竹子分布和世界竹子分布，分析竹子生长环境特点	获得“竹”的基础知识积累，锻炼查阅及整合资料的能力
第二天下午	第五板块：征服自然的竹子	港博展厅、文物鉴赏室	欣赏港博展厅中的竹文物，在文物鉴赏室亲手触摸历史文物，了解中国竹子文明进程。	感受“竹”历史的源远流长，培养初步文物鉴赏能力，提高文物保护的意识
第三天上午	第六板块：记录文明的竹子	宁波市非物质文化遗产展示中心	观看非遗老艺人制作竹刻、竹雕、竹编工艺品，并尝试竹编工艺	在实践中体悟非物质文化传承的魅力，树立文化传承的意识
第三天下午		宁波博物馆	参观“竹刻艺术——秦秉年先生捐赠竹刻珍品展”	提高竹刻艺术鉴赏能力
第四天上午	第七板块：生活中的竹子	竹文化博物馆	参观竹文化博物馆，了解竹子的生活功用，制作和品尝竹子美食	学习竹的现实功用，锻炼生活观察能力
第四天下午	第八板块：竹子经济学	某大型超市	在超市找寻竹制品，分析市场经济下竹制品的购销	学习简易经济学知识的原理及运用
第五天和第六天上午	第九板块：竹林人家	浙东大竹海	过一天竹林人家生活，竹林“寻宝”，向民间艺人学习制作竹风筝、竹蜻蜓、竹口哨，竹林露营和篝火晚会	在游戏中加深对竹的功用的理解，体验式活动增进营员集体感情
第六天下午	第十板块：竹文化名人	港博多媒体教室	了解中国历代竹文化名人及其故事诗文，评选心目中的竹文化代言人	以“竹”为主题加强文学熏陶，并锻炼思辨能力

续表

时间	板块	课堂地址	课程内容	课程目的
第七天上午	第十一板块：丝竹水墨	中国港口博物馆阳光大厅	为竹子绘画，欣赏丝竹音乐	以"竹"为主题增强艺术修养
第七天下午	第十二板块：竹与人共舞	中国港口博物馆阳光大厅	创造性戏剧表演：竹子的一生	通过表演引导向往高尚品格
	结束仪式	中国港口博物馆阳光大厅	闭营演出及闭营仪式	总结活动，引发思考

(三)课程内容：各学科糅合，集零为整

"竹"分布面积广阔，尤其在江南可就地取材，学习条件便利；应用广泛，从古至今的生活、艺术中无不有它的身影；象征君子品格，衍生文化寓意深远。在内容选择上，以竹为"万物"之首物，见微知著，是青少年博物启蒙之佳选。项目设计的阶梯式课程，糅合历史、人文、科学、艺术等不同学科，建立起人与物的密切联系。

(1)历史文物为核心。"让文物活起来"是让博物馆的典藏文物重新焕发活力的途径，也是当下考量博物馆是否能充分发挥社会教育功能的重要标准。博物馆为研学营的孩子们开放馆藏，为他们提供了近距离接触竹文物的机会。在课程第二天下午"征服自然的竹子"板块，营员在宁波中国港口博物馆文物鉴赏室近距离接触从元代到民国时期的竹相关文物，由文物专家亲自介绍竹材质的生活用品，如清朱竹胎朱红漆皮枕头、清光绪竹编提篮，以及带有竹纹饰的不同材质的生活用品及工艺品，如民国镂雕龙竹梅包银玻璃鸡尾酒瓶、清梅兰竹菊纹暗花绿绸、民国李秋君书画扇面等。一方面，引导营员从材质、纹饰上赏析不同时代不同种类竹文物，培养初步的文物鉴赏能力；另一方面，通过实例诠释文物是历史的见证，如一件元黑陶仓的主体部分刻意剔刻竹编状构造，反映当时江南地区与北方地区的文化交流(竹子喜依山傍山区域，非草原植物)。在观摩历代竹制文物和竹元素文物的过程中，营员们体味竹的历史功用和竹的精神文化。

(2)科学地理为背景。竹从具象的物演变成抽象的元素，是基于人类对于竹这一物体的了解。以竹子产业的生态村为基地，以基地专业人员为老师，深入竹林、跃入竹海，通过亲密接触来调动感官、认识竹子。用科学实验来考察竹子的生理结构特点，以自问自答的方式引导营员从生物学的角度了解竹子的一生。采用地理学方法勾勒出全世界包括中国在内的竹子空间地图，探索竹子分布与气候环境之间的联系。背景知识的详尽丰富必然有助于营员理解竹被称为"竹君子"的文化内涵。

(3)经济生活为应用。功用之竹，古已有之。通过从历史中走来存续至今的非物质文化遗产，将民俗竹文化渗透到夏令营的启蒙中。老艺人将竹刻及竹编工

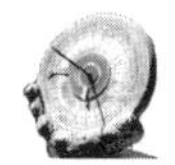

艺通过手把手的方式教给营员们，深刻地诠释了“传承”二字。大型超市之行将营员们从历史领回现实，多种类大批量竹产品的搜罗，不仅让营员领悟竹之“万物”的概念，而且引导营员发现商品定价的影响因素等经济学常识。

(4)人文艺术为提升。君子如竹，宁折不屈，高洁品质，世人称颂。喜竹爱竹甚至以竹自比的古代文化名人的诗文成为营员理解、感受竹文化的辅助载体。营员们在诗文诵读、绘画、书法、舞蹈、戏剧等艺术形式上的综合表现，充分反映了他们在短短一周时间内体悟到的勾连过去与现在的竹文化。

(四)课程形式：打破课堂藩篱，兴趣先导

与学校教育有组织有纪律、输入式聆听式教育方式不同，博物馆研学营的教学环境轻松自由，倡导老师启发兴趣、营员主导学习的模式。老师的任务不是给出标准答案，而是引导营员自发提问、主动思考、找出答案，建立起发散思考的思维模式。研学营的课堂在竹林乡间，席地而坐，实地考察竹之生态；在博物馆，以文物为教学工具，追溯竹文物的历史；在非遗馆，手把手教学，体验老工艺；等等。总之，研学营的课堂主要在教室外。研学营采用游学与教室教学相结合的方式，拿捏住宜动宜静的课程节奏，入则温故而知新，出则行动与实践，两相结合，互相映衬，加深营员们对竹的理解与记忆。而教室教学也是有别于传统课桌的排列形式，分小组讨论，甚至采用论辩的方式鼓励每位营员表达意见，形成不同观点。

五、课程评估

(一)亮点及创新点

“万物启蒙”研学营作为博物馆社会教育精品项目，尊重学生的个性发展和独创精神，旨在培养学生发现、分析、解决问题能力，在实施过程中有着许多的创新点。

1. 实物性

捷克教育家夸美纽斯指出：“凡是需要知道的事物，都要通过事物本身来进行教学：那就是说，应该尽可能把事物本身或代替它的图像放在面前，让学生去看看、摸摸、听听、闻闻等等。”[①]博物馆教育最为独特的优势就是拥有大量丰富精美的文物，其教育特性具有实物性和直观性。实物直观教学方式非常适合青少年理性认识不足的认知规律，有助于提高营员的兴趣，促进想象力、发展理解能力和长久记忆。研学营充分发挥博物馆具有丰富竹文物的优势，甚至抛弃了 PPT 讲课的

---

① 张焕庭：《西方资产阶级教育论著选》，人民教育出版社 1964 年版，第 49 页。

形式,精心组织策划课程,适应了青少年的发展需要,强化了学习效果。

2. 主题性

博物馆主题活动开展是现阶段社会教育活动的热门首选,主题性活动可以在纷繁复杂的文物藏品体系和展陈体系中截取相关内容,有的放矢地进行活动策划,是提高活动效率、增强活动效果的有力途径。研学营以万物之"竹"为项目主题,以历史、科学、地理、经济、生活、人文、艺术等板块的综合体呈现出竹子的传统文化地图和5D框架,体现了小切入点和大有深意的活动主题。

3. 自主性

在博物馆,自主性教育就是观众保持主体地位、自主学习相关知识的过程。研学营活动不设置考核标准、不强迫学习,青少年可以根据自己的兴趣爱好来自主选择接纳符合自己兴趣的内容。在活动过程中,富有趣味性、极具吸引力的课程吸引青少年自由思考、愉快接受与"竹"相关的系统知识。心理学研究结果表明,人类的本能决定人要调动自己的所有感官才会有可信的反应。[①] 研学营通过营造看文物、听丝竹、品竹肴、做竹编、画竹画、舞竹舞等多重环境有意识触发青少年的感官感受,刺激大脑应激处理,形成记忆、处理信息的联动模式,激发青少年的想象力与创新精神。

4. 宣传性

在数字化互联网时代,博物馆的文化传播受众年轻化,微信、微博及互联网等传播媒介成为博物馆扩大文化影响力的不二选择。研学营的全程图文直播第一时间更新在中国港口博物馆的网络宣传平台,获得良好的反响。这对于突破博物馆高墙,走入百姓生活,实现"无边界博物馆"是一种有益尝试。

(二)课程效果

专题式教育课程的效果须通过多层面的反馈及评估分析、活动投入产出性价比、活动的可操作性和可推广性方面来综合考察。

1. 评估分析

该专题的课程由多方合作的课程开发小组集体开发,博物馆社教工作人员、"万物启蒙"团队及学校小学教师对课程的认可度均很高。根据他们的反馈,前期教材的细节编写、宁波中国港口博物馆的场地布置及时,教学用具准备充分,3位主讲老师以及4位后勤老师的配备,均保证了课程的正常流程运行。

在活动结束后,收到30位营员中25位营员的感言反馈,所有的营员均表示夏

① 刘小云:《论当代公共博物馆社会文化教育功能的拓展》,《艺术百家》2014年第S1期。

令营让他们对竹有了全新的认识；80％的营员感受到千年文化的传承；48％的营员提到竹的坚强品质；72％的营员提到团队合作的重要性；80％的营员表示热爱“万物启蒙”；88％的营员表示下次还要再来体验。

2.课程效益

“万物启蒙”研学营在活动期间通过摄影摄像在多个平台每日跟踪展示活动的进展。官方微信公众号每日下午准时推送前一日活动核心内容及精彩瞬间。与家长沟通的微信群内，前一日发布第二日活动的流程及营员的注意事项，由后勤老师随时更新活动动向，并在下午转载前一日活动的官方微信公众号推送，并鼓励家长转发宣传。在活动结束后 2 个月内整理出活动的课程图录以回顾课程的精华内容，将图录邮寄给营员并广为分发，借以宣传。相关新闻在地区报纸《宁波晚报》以及弘博网等文博界网络传媒均有报道，有关“万物启蒙”第二季东方树叶“茶”的新闻还荣获宁波市“2017 年十佳科普新闻”，起到显著的社会效益。

3.课程操作性及推广性

对于青少年而言，以物为核心的课程内容充满新奇，游学结合课堂的教学模式打破灌输式教育方式，极具吸引力，以兴趣为先导的教学宗旨最终取得良好的效果。首次项目的实践，见证了该项目的可行性和取得的成效，我们不断总结经验，慎重选择主题事物，陆续策划不同主题的系列活动，实现“万物启蒙”品牌的可复制性。而首次“万物启蒙”研学营的项目实践对于博物馆策划社会教育精品项目具有创新意义。

六、教学反思

一是可以加大博物馆文物鉴赏的比重，通过文物修复、文物测量、文物记录、文物研究等文物学实践加深营员对文物的理解。

二是完善活动细节，在与游学地点对接的时候，要明确告知对方我们的课程意图，并模拟组织教学的演练，以向对方提出实际性的要求。

三是加强对课程评估的量化评估分析，对活动准备、活动实施、活动效果等环节进行更为具体的评估。

七、结　语

在博物馆发展百年机遇的浪潮中，新兴的专题类博物馆更具有积极履行社会教育尤其是青少年教育的责任与使命。“万物启蒙”研学营是宁波中国港口博物馆针对青少年开发的以“万物为师，与自然为友”的社会教育新模式精品服务项目，旨在引万物入课程，以世界为教材，带领孩子多学科、多形式地接受自然和人文教育，开拓文化遗产活用的新天地。从狭义上说，通过一次主题课程，青少年拓宽了思路，发展了想象力，收获了良好的学习效果。从广义上说，青少年及家长可以在与学校教育的对比中逐渐改变对博物馆的认识，加深对博物馆社会教育的理解，并在其后的学习过程中有意识地将博物馆纳入终身教育的课堂。

（原文刊于《科学教育与博物馆》2017 年第 6 期）

论博物馆讲解中面向观众的有效提问

——以宁波博物馆的讲解为例

李晨曦

（宁波博物院）

摘　要：讲解是博物馆的主要业务和博物馆教育核心内容之一，提问是讲解中与观众互动的必备环节，是提高讲解质量的关键。本文观察并记录三名宁波博物馆讲解员在实际讲解中的提问过程，并进行分析讨论，认为为提高讲解质量，讲解员需要树立以观众为中心的服务理念，并综合利用多种提问方式以及重视知识体系建构。

关键词：博物馆；讲解；观众；提问

布莱希特等诸多学者认为："今天的博物馆，已不仅仅是为未来保存古代文物的仓库。它们还是学习中心、交流中心、社交中心甚或疗愈中心……观众在其中收获的，可能是学习、质疑、沉思、放松、感官愉悦、朋友间的交流、新的社会关系、创造持久的记忆或者追忆过往。"[①]博物馆是观众进行学习的场所，其教育功能应居于首位。广义的博物馆教育可以理解为：经过专门规划、组织和实施的，向界定清晰的学习者（通常是指博物馆的使用者）进行的一系列教育行为。英国艾伦·霍普格林希尔认为：博物馆的教育是特指博物馆的讲解以及为成年人和儿童开发的一系列交易性活动。[②] 讲解被认为是博物馆教育中必要的组成部分。这个新的定义始终强调观众在博物馆研究中的核心地位，强调从观众自身角度出发的体验的主观性。观众是构成博物馆不可缺少的基本因素，观众是博物馆的服务对象，也是博物馆赖以生存的社会基础。在讲解中，适当的提问能引发观众的思考，引导观众积极参与、发挥其作为参观主体的主动性。目前的研究中对于博物馆讲解

---

① ［美］妮娜·莱文特、阿尔瓦罗·帕斯夸尔－利昂：《多感知博物馆：触摸、声音、嗅味、空间与记忆的跨学科视野》，王思怡、陈蒙琪译，浙江大学出版社2020年版，前言第1页。

② 张希玲：《博物馆讲解：一个独特的专业教育领域》，《中国博物馆》2006年第1期，第18—25页。

中提问的研究数量较少，本文希望能通过对宁波博物馆三位专职讲解员讲解过程中提问的记录和分析，探索面向观众提问的有效方式。

一、关于提问的几个概念

（一）有关提问的语言学概念

在语言学中，疑问句的定义是提出问题、带有疑问语气的句子，包括是非问、特指问、选择问和正反问四种类型。是非问句法结构与陈述句相似，没有明显的表示疑问的结构或代词，但是以语气词“吗”结尾或句中可以附加“吗”。例如：您来过我们博物馆吗？特指问一般为升调，指的是有“谁、什么、怎样”等疑问代词或由其组成的短语，如用“为什么、什么事、做什么”等来表明疑问点，提问者希望对方针对疑问点做出答复。例如：这件器物是用来做什么的呢？选择问可以为回答者提供多种看法供其选择。一般是复句的形式，用“是……还是……”连接分句。常用的语气词有“呢”“啊”，不用“吗”。例如：天一阁的“天一”指的是“天下第一”还是“天一生水”呢？最后一类是正反问。正反问由单句谓语中的肯定形式和否定形式并列的格式构成，一般有“X不X（如来不来）”和省去后一谓词的“X不（如来不）”两种格式。例如：您看我们的建筑像不像一艘大船？

根据辞格的不同，可以分为设问和反问。无疑而问、自问自答以引导听众注意和思考的辞格叫做设问。例如：讲解员在提出为什么鸟类题材在这一时期比较常见的问题，吸引观众的注意力之后，立刻回答了问题，加深了观众的印象。反问则是明知故问，以疑问的方式表达明确的意思。例如在对它山堰进行讲解时，可以提问：水源对城市的发展不是很重要吗？

根据提问性质的不同，可以分为封闭型的问题、开放型的问题。

（二）博物馆讲解中以观众为主体的提问

英国博物馆教育专家盖尔·得宾和苏珊·莫里斯建议，讲解员以观众为主体设定问题时，可以将实物展品的信息归纳为五大类，即实物的具体特点、实物的结构、实物的功能、实物的设计和实物的意义与价值。所设定问题的四个方面包括：“主要思考问题”“具体问题”“参观中得到的信息”“值得深入探讨的问题”，引导观众在参观过程中找到答案。

实物具体特点的“主要思考问题”有：它看起来像什么？“具体问题”有：它是什么颜色？什么味道？什么声音？用什么材料做的？是自然物还是人工制作的？是否完整？它是否改变过？使用过？原来是否有其他组成部分？是一件已经废弃的残品吗？

实物结构的“主要思考问题”有：它是如何做成的？“具体问题”有：是手工还是机器制造的？是模造还是组装的？如何装置在一起的？等等。

实物功能的“主要思考问题”有：它是为什么做的？“具体问题”有：它是用来做什么的？用途有没有改变过？

实物意义与价值的“主要思考问题”有：它的价值是什么？“具体问题”有：对制作这件实物的人的价值是什么？对用这件实物的人的价值是什么？对保存这件实物的人的价值是什么？对观众的价值是什么？对银行的价值是什么？对博物馆的价值是什么？等等。①

我们看到，盖尔和苏珊的分类是循序渐进的，要求讲解员能够以观众的体验为主体，引导观众从器物的形式开始观察，再思考器物所体现的具体的知识内容，最终思考器物所蕴藏的文化理念与价值意义。“主要思考问题”提供了从器物外形、制作、功能与价值这四方面出发的基本方向与思路，“具体问题”则是“主要思考问题”的细化，是有针对性的关于器物细节的问题。结合笔者对于宁波博物馆讲解实际情况的观察，本文根据提问目的的不同，认为讲解过程中的提问还包括知识型、引导型，即旨在询问观众具体知识以了解观众特点或为讲解内容做铺垫的是知识型问题；在观众已经对某件器物的时代背景、器形特点等各方面有了一定的了解之后，再引导观众对其功能、意义进行思考的问题属于引导型问题，引导型问题起辅助作用。

二、宁波博物馆讲解的提问与分析

（一）宁波博物馆讲解中的提问

此次调查以宁波博物馆三位讲解员（用 J1、J2、J3 表示）作为记录对象。为了控制变量，将讲解地点限制在宁波博物馆东方神舟展厅，讲解对象为 10 人左右，讲解类型为面向散客观众的免费讲解，时长为 45—60 分钟。

记录如下。

1. J1（表 1）

讲解开始前，该讲解员询问了观众是从哪个地方来的。

① 张希玲：《博物馆讲解：一个独特的专业教育领域》，《中国博物馆》2006 年第 1 期，第 18—25 页。

表 1 J1 讲解过程中的提问

序号	提问点	问题
1	河姆渡文化分布地图	宁波新石器时代主要的文化是什么?
2	鹰形陶豆和牙雕鹰首	鹰形陶豆和牙雕鹰首的共同特点是什么?
3	敛口陶釜	有哪些带"釜"字的成语?这样的釜有什么作用?
4	羽人竞渡铜钺(复制件)	钺的样子像什么?
5	印纹硬陶和原始瓷器	陶跟瓷最主要的区别是什么?
6	青瓷堆塑罐	为什么鸟类题材在这一时期比较常见?这样的器物是日常生活用品吗?
7	它山堰模型	为什么要修建它山堰?
8	明州牒(复制件)	现在我们出国时需要携带护照签证,当时人们用的是什么文件呢?
9	越窑青瓷馆中馆	这个展区有一件镇馆之宝,请大家猜猜是哪一件?
10	史守之墓道前石刻	哪一尊石刻大一点?为什么?
11	明代展区	明朝的开国皇帝是谁?为什么将这里改名宁波?
12	江厦街复制街景	红帮裁缝的"红"指的是什么?

2.J2(表 2)

该讲解员在讲解开始前没有询问问题。

表 2 J2 讲解过程中的提问

序号	提问点	问题
1	河姆渡文化分布地图	宁波的三江口指的是哪三条江呢?
2	羽人竞渡铜钺(复制件)	大家猜猜这件铜钺是做什么用的?
3	三江流域早期行政建制	我们宁波的前身叫什么名字?
4	它山堰与明州州城	宁波的两个湖是哪两个?
5	宋代明州城模型	南宋都城临安城在现在的哪里?

3.J3(表 3)

该讲解员在讲解开始前提出的问题是关于博物馆建筑的:"您看,墙面上这样的纹理是属于哪种植物的呢?"

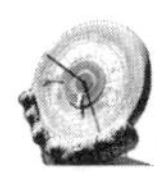

表 3　J3 讲解过程中的提问

序号	提问点	问题
1	鹰首牙雕与鹰形陶豆	这两件器物是什么造型的呢？
2	河姆渡人生活场景复原	为什么这里会有人类生存？ 里面有哪些人和动物需要的必备东西？
3	骨针	骨针是用什么东西钻孔的？
4	木屐	它像我们现在的哪种鞋子？
5	羽人竞渡铜钺(复制件)	铜钺上的花纹像什么呢？
6	印纹硬陶和原始瓷器	印纹硬陶表面花纹是怎么做出来的呢？
7	青瓷堆塑罐	上面的小人是哪个地区的人呢？
8	长沙窑瓷器	长沙窑瓷器为什么会出现在宁波港？
9	宁波与日本的线路	唐代时从宁波到日本需要多长时间？
10	明州牒(复制件)	明州牒跟我们现在所用的什么文件比较像？
11	“成茶汤”茶碾	这样的茶碾有什么作用？
12	越窑青瓷荷叶带托茶盏	我们现在是怎么喝茶的？ 这一件器物跟我们刚才所见到的外销瓷器有什么区别？
13	史守之墓道前石刻	石像生有多高？
14	平水则示意模型	水面在平水则上面那一横意味着什么？在下面那一横呢？
15	南宋明州(庆元)港	宋代宁波港是哪些国家的合法登陆点？

(二)对讲解员提问的分析

1. J1

(1)这一问题旨在了解观众的知识背景，属于封闭的知识型问题。将知识型问题设置在讲解的开端，效果并不理想，观众如果没有回答上来，很容易产生紧张和焦虑，可能会对其后的讲解造成消极影响。

(2)这是一个关于造型这一实物特点的引导型问题，观众在观察两件器物的外形之后可以很快发现两件器物造型上的共同点，为接下来解释虽然它们的材质与功能不同，但都体现出河姆渡人“鸟图腾崇拜”的讲解重点做好了铺垫。

(3)这个问题旨在启发观众思考，属于知识型与引导型相结合的问题。从语言点切入引导观众思考“釜”的作用。成语是一种高度凝练、简洁的语言形式，体现了中华民族的生活习惯、行为方式、审美和价值取向等。有一些成语使用频率比较高，是大家耳熟能详的，利用熟悉的语言点结合展品进行提问不失为一种有效的方式。观众也能回答出来“釜底抽薪”“破釜沉舟”等相关答案，讲解员稍加点拨，观众就可以体会出“釜”其实是做饭用的锅了。

(4)这也是一个询问具体特点的引导型问题，讲解员在得到答案“钺像斧头”之后，再有序地讲解钺从兵器到礼器的功能上的变化、钺上的纹饰所揭示的信息以及该器物与宁波文化遗产保护之间的关系。

(5)这一问题属于知识型，结合了对于器物具体特点与结构的考察，对观众而言有一定难度。提问之前，讲解员可以先分别对原始瓷器和印纹硬陶的具体特点进行提问，例如：印纹硬陶/原始瓷器的表面看起来是怎么样的？等观众观察到这两种器物表面光滑程度不一时再进行提问会有更好的效果，接着就可以解释釉是如何形成的、从陶到瓷都经历了哪些变化，进行自然过渡。

(6)这两个问题既考察观众对器形及其功能关系的理解，也引导观众关注器物本身具体特点及其中包含的历史、社会背景信息。在这里，讲解员问完前一个问题后立刻自己进行了回答，在此处进行了设问。这一方式很成功地让观众注意到了鸟类造型在器物上的体现，讲解员解释完其实这是与道教在这一时期兴起，“羽化升仙”思想流行有关之后，观众也会自然联想到每个特定历史时代的器物都会体现这一阶段特点。第二个问题回到器物的功能上来，由于该器物造型并不具有实用器的特点，加上繁复的装饰，观众们可以轻松地正确回答，最后讲解员补充说明，堆塑罐是一种明器。这一提问环节中，可以调整提问的顺序，将对器物的功能提问铺垫在其与装饰题材的对应关系上，更合乎逻辑。

(7)这一问题也是讲解员引导型的设问，问完之后首先引导观众从宁波的地理位置进行分析，帮助观众理解它山堰的功能与其对城市发展的意义。

(8)这是一个对比性的问题，兼属知识型与引导型，首先借用护照签证的概念帮助观众理解这样的牒文的功能，再返回到对器物具体特点的观察上，引导观众去阅读牒文上具体的内容，进而理解它的审美和历史、科学价值。

(9)这是一个引导型的开放提问，“镇馆之宝”这个称谓肯定了文物的价值，引起观众兴趣。抛出问题后，观众们需要通过自己对文物以及展厅的陈设布局的观察和理解去“锁定”文物。

(10)此问题也是从展品具体的外形特点出发，引导观众观察，并且这样的问题也是为后面解释宋朝重文轻武的观念做铺垫，属于引导型。

(11)前一个问题考察观众的知识背景，由于朱元璋与“宁波”这个名字的来历有直接关系，因此讲解员提出了这样的问题。此处由于没有实际的展品，只有展板，因此需要讲解员更生动地将问题呈现出来。

(12)这本应是一个引导型的问题，但是讲解员在这里没有给出明确时代背景的介绍，因此观众很难将“红”和“红毛”外国人联系起来，变成了知识型的问题。

2. J2

通过观察我们可以看到，该讲解员在提问过程中应用的主要是知识型的问

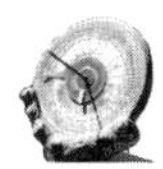

题，向观众讲解的方式偏向于依照展览线路和讲解词进行，缺少与观众的互动。且所提出的问题主要是针对宁波的，地方性较强，对于宁波本地观众来说较为简单，但外地观众在回答问题时可能会有一定的困难。这样的问题比较适宜于讲解之后进行知识检验，带观众回顾一下讲解到的内容。

3. J3

(1)将这个问题置于讲解的开始较为合理，用一个开放的问题引导观众首先去观察器物的具体特点，既吸引了观众的注意力，也将观众的思路逐渐引向思考为什么鸟的造型被应用于各种用途不同的器物上，帮助观众理解器物背后的设计理念与新石器时代河姆渡先民的生活方式及他们的图腾崇拜之间的关系。体现了从器物具体特点出发，了解结构与功能，最后思考意义的提问逻辑。

(2)这是开放型的提问，也涉及对观众基本知识的考察，并起引导作用。前一个问题比较综合，观众脑海里首先会有预设：适宜的气候、充足的食物和水源等，并且会立即去观察场景中都有什么。讲解员在等观众结束观察时对当时海平面的高度与先民定居点的关系做出了解释，加深观众对地理环境和文化发展之间密切联系的理解。

(3)这个问题是知识型的，但也有引导作用。骨针一般由比其自身还细的硬尖石头钻孔。对器物的细节处提问能引起观众对器物具体特点更细致地观察，再引导观众理解先民行为方式，由针可以联想到纺织，转到下一个展柜，再介绍河姆渡人的纺织用具，过渡比较自然。

(4)这是开放的引导型问题，引导观众观察其外形特点，并通过其外形推测它的具体用途。

(5)这一问题是引导型的，答案是开放的，可以引导观众观察及思考。铜钺上的图案十分丰富，下方的四个头戴羽冠的羽人纹饰，在一些观众看来，则是风帆或其他图案。此时观众之间也会形成一种互相学习、倾听的动态。从花纹再引入器物意义和价值就更便于理解了。

(6)这是开放型的提问，兼属引导型和知识型。首先对印纹硬陶表面花纹的强调可以让观众观察到多种体现了河姆渡人生活方方面面的纹路，例如水波纹和一些植物的纹路，体现的是河姆渡人临水而居的生活方式和水草丰茂的生活环境。虽然观众可能较难推测出其制作方式，但是其求知欲已经被调动起来了，这时讲解员及时揭示答案，告诉观众们是拍印法制成的，观众们发出感叹：“真聪明！”讲解效果较好。

(7)这是开放的引导型问题，首先引导观众仔细观察瓷器上小人的外形特点，等观众观察到他们是“深目高鼻”之后，再结合历史背景，就不难想出他们是西域胡人了。整个过程中，观众自行完成了从观察到思考再到得出结论的过程，体现出较强的自主性，趣味性也更强。

(8)这一问题是封闭的、知识型的。该讲解员在此之前已经对长沙窑迎合国外人审美的外形特点以及主要用作出口的用途做出了解释，再结合之前所提到过的明州港在唐代时期的繁荣发展，已经逐渐引导观众们将瓷器与港口的贸易功能联系起来了，所以观众可以给出明确的答案，属封闭型的问题。这说明讲解时，应用封闭型和知识型问题前应做好知识铺垫，这样才能发挥提问的作用。

(9)这一问题属于知识型，需要观众从现在的日本到宁波的航程迁移联想到当时的情况，但是有一定的难度。讲解员在问出这样的问题之后很快地对两地之间的距离长短做出了解释，因此本质上是一个设问的过程，吸引观众注意力。

(10)通关文牒在提问中出现频率较高，因为该文物可供观众观察和思考的信息丰富，提问价值较高。这一题也是从知识出发，再引导观众观察再迁移联想。

(11)这一题对器物的功能进行提问，可以体现观众的知识储备，也引导观众进一步观察器物。观众很容易观察到其功能是碾茶。此时再引入陆羽在《茶经》中所记录的饮茶“二十四器”和唐人“煎煮法”饮茶风尚就顺理成章了，也更容易理解。体现了“外形—功能—价值—意义”的衔接流程。

(12)这一问题也是知识型和引导型的。该讲解员首先从现在的生活实际出发，引导观众们去思考中国人饮茶方式的变化。再利用对比性的问题，从器物的具体特点的层面出发，帮助观众们认识到外销瓷器和秘色瓷器存在的最直观的外形上精巧程度的差异，从而再去思考其功能和价值上的差异。

(13)这也是一个引导型的、关于器物具体特点的问题。石像生体量较大，观众在感叹其高度之高时也自然能体会出石刻艺术的精妙、大气之处。

(14)这是一个开放的引导型问题。这样的问题建立在讲解员已经对平水则的功能做出了解释的前提之上，观众从其作为水文观测站的功能角度出发，返回到对其具体特点的观察之上。

(15)这一问题属于封闭的知识型问题，有一定的难度，放在对明州港复原场景的介绍之后再进行提问比较合适。

三位讲解员的专业背景、工作年限、个人讲解风格均有差异。工作年限越长的讲解员在提问时使用引导型和开放型问题会更多，性格外向的讲解员提问的数量相对较多，频率较高，文科类专业背景的讲解员也会更愿意与观众互动交流。讲解员对于提问方式、技巧的掌握与业务熟练程度呈正相关。

调查结果显示，讲解员提问时使用特指问句式频率最高，提问主要针对具体的文物进行。提问多是从实物的具体特点与实物的功能出发，对于实物的结构与价值的思考有所欠缺。三位讲解员中，仅有J3在提问中应用了较多的开放型与引导型的问题，15 个问题中有 7 个是兼属知识型和引导型的，符合盖尔和苏珊的分类。其他两位讲解员为观众主体性服务的提问意识不明确，提问存在难度过高、与观众体验结合不紧密等问题，没有形成从实物的具体特点到结构、功能、设计，再到意义和价值的提问理念。

讲解员们在访谈中表示，在职业培训中，她们主要接受的训练仍停留在对讲解词的记忆与背诵，以及讲解仪态、礼仪的训练上，对于如何在讲解中体现以观众为主体的内容涉及甚少。讲解词是讲解员理解并阐释文物的基础。我们选取讲解过程中提问频率最高的“羽人竞渡铜钺”的讲解词进行分析：

> 该件战国时期的青铜钺，1976 年出土于鄞县云龙镇甲村石秃山。器物上方图案是两条相向的龙纹，龙的前肢弯曲，尾向内卷，昂首向天，线条婉转流畅；下方以边框底线表示狭长的轻舟，上面坐着四个头戴高高羽冠的人，双手持桨，正在奋力划船前进。这反映了越人驾水驭风的能力和“以舟作马”的生活方式。
>
> 也有研究船舶史的一些专家认为：那高高竖起的不是“羽冠”，而是早期的风帆，从而认为中国帆船出现于战国时代。
>
> [知识链接]
>
> 钺，是由石斧等工具演变而来的，既是工具，也是兵器。商周时代开始以青铜制作，形态多样，制作精良，逐步演变为象征权力、威严的礼仪用物。春秋、战国时期，由于作战方式和兵器的演化，钺已渐渐失去作战兵器和权力象征的性质，成为仪仗饰品及明堂礼乐舞蹈用器，因而发现的遗存较多。

这篇讲解词大致介绍了羽人竞渡铜钺的出土地、形状、纹饰、功能，钺的演变与铜钺体现的历史与科学信息，大致涵盖了器物的具体特点、功能与价值。但对于器物的结构没有涉及，青铜兵器与礼器制作不仅体现了先民们的生产、生活方式，更关乎一个区域手工业的发达程度与文明的成熟程度，对于观众了解越地的发展有重要意义。文中对于器物的价值虽有分析，但是没有具体与当今宁波的发展结合起来，稍有欠缺。这些不足会在一定程度上限制讲解员的思路，导致其在具体的讲解中无法进行有效提问。

三、如何提升讲解中的提问水平

(一)树立观众中心意识

博物馆是面向全社会开放的文化教育机构，来这里参观的观众，由于其年龄结构、知识水平等不同，对博物馆陈列内容的接受和理解能力、参观博物馆的目的也各有不同。宁波博物馆的运行理念是打造面向全社会的“百姓博物馆”，因此更需要我们的讲解员在讲解前努力获取有关观众观展的需求和其自身背景的信息，以此来制定不同的讲解策略，包括问题的数量、提问的时机、提问的类型等。

提问的时机对于提问的效果也有重要影响。讲解前的提问主要是为了了解观众的基本知识背景与参观需求，以便更合理地规划提问的数量以及问题的难易程度。讲解员可以适度地询问观众的家乡、来博物馆参观的目的、对于宁波的感受等。讲解中的提问则是为整个讲解做好辅助工作，主要目的是吸引观众注意力，增加讲解内容的层次，增强观众对讲解内容的理解。此时的提问要紧扣展览主题，紧密结合展览内容，当然也要根据在讲解前对观众的了解，有针对性地提出问题。如果是面对本地观众，就可以多针对城市概况以及当地的民俗风物提问；如果是面对外地观众，则可以提出综合性或是有对比性的问题，例如关于历朝历代的时代特点、大家普遍比较熟悉的历史人物的事迹，以及南北方文化、政治、经济各方面的差异等。讲解后的提问应该起总结和反馈的作用。这个时候可以询问观众对于展览或是对于宁波的观点，以及对于此次讲解的感受与意见，以便下次改进。

（二）综合利用提问方式

在提问中，不同的问句句型对于讲解起不同的作用，特指问有较强的针对性，可以引导观众关注到讲解重点；选择问可以提供多种选择，帮助观众进行思考，减轻害羞与焦虑情绪；正、反问有缓和语气、表示礼貌的意义，既可以体现讲解礼仪，又可以使观众更放松地进行学习。反问和设问都属于修辞的方式，都可以起到吸引观众注意力和强调观点的作用。开放型问题可以激发听众的思考和互动，这种问题通常不能用简单的“是”或“否”来回答，而需要更加深入地探究和分析。例如，在讲解一件展品时，可以问：“你认为这件器物的主题是什么？”或“你如何理解这件器物的形态和意义？”这种开放型的提问可以引导听众思考和探究展品，同时也可以让他们真正参与讲解。封闭型问题通常可以用简单的“是”或“否”来回答，或者给出一个明确的答案。这种问题可以帮助听众回顾已经学到的知识点，或者检验他们对展品的理解。

在本文收集到的 32 个问题中，有 10 个属于知识型问题，12 个是引导型问题，10 个兼属知识型与引导型。其中大多数问题是封闭型问题。提问的问句大多为特指问，需要观众给出具体的答案。博物馆讲解应该以观众为主体，因此重要的是引导观众自己去观察体会，提问本身作为一种方式，不可用过于专业的知识型问题增加观众观展的负担，而应以引导型为主，更多利用知识型、引导型相结合的方式，会起到事半功倍的效果。

（三）重视知识体系建构

充足、综合性的知识储备是进行有效提问的前提和基础。在博物馆的新定义下，博物馆讲解员的知识储备不仅要包含博物馆的基本理念和运行方法、关于展览和展品的信息，以及中国历史概况，还要有跨学科的综合积累。在一般的讲解中，讲解员讲解和提问的重点在于器物的具体特点和功能，而时常忽略器物的结构和价值意义。结合对宁波博物馆讲解词的分析和讲解员的访谈，我们发现，讲解词对于讲解员的工作起指导性作用，但现有的讲解词版本较为老旧，不管是在内容还是形式上都仅仅停留在对器物的简单介绍上，缺乏对器物在不同层面的介绍与分析，特别是对器物的制作、结构，以及和当今生活的联系与意义涉及较少，亟须扩充完善。讲解员的学科背景多为文科，本身对于器物的制作与构成方法的了解不足，因此需要在日常的工作与学习中对其他相关学科进行系统性的学习。

在此次调查中，我们也发现，讲解员对于讲解，以及对于讲解中的提问的理解也不尽相同，因此讲解员之间需要加强信息共享、交流合作，博物馆可以考虑以研讨会或沙龙的形式，或是建立一个工作思路数据库，帮助讲解员们学习他人的长处，改进自身工作。

提问是一种实用的表达方式，是教育中不可或缺的有效方式，也是辅助讲解、实现讲解教育功能的重要途径。要贯彻落实“百姓博物馆”的经营理念，满足越来越多元化的观众群体的参观要求，讲解员们必须有观众意识、提问意识和技巧，这样才能更好地传递知识、启迪智慧，成为观众与博物馆之间的桥梁。

通过跨媒体叙事推动社区博物馆建设

——以宁波市地方博物馆为例

陈潇玉　宋　奕　Filippo Gilardi

（宁波市天一阁博物院；宁波诺丁汉大学）

摘　要:随着信息时代的发展,社区博物馆承担的功能和扮演的角色在不断变化。跨媒体叙事通过多种媒体平台多维度多元化传播故事,塑造社区成员的身份,吸引不同层次的观众。本文结合宁波本地博物馆的相关实践,探讨了跨媒体叙事如何通过转变叙事者角色助力社区博物馆发展,全面提升社区博物馆的参与性、协作性和过程性。

关键词:社区博物馆;跨媒体叙事;参与性;协作性;过程性

一、引　言

博物馆的主要目标之一是更广泛地传播知识,进一步推动知识的进步,因此需要吸引更多观众的积极参与和主动消费[①],而策展人的核心任务在于设计“以游客为中心”的体验。[②] 数字技术,尤其是互动技术,以多样化形式呈现展品,增强体验感,将博物馆变成“媒体空间”。[③] 跨媒体叙事则通过多种媒体平台传播故事,有

① Birkett W B,“To Infinity and Beyond: A Critique of the Aesthetic White Cube,” (PhD diss., Seton Hall University Theses, 2012).

② Stogner M B, “The Media-enhanced Museum Experience: Debating the Use of Media Technology in Cultural Exhibitions,”*Curator: The Museum Journal*, Vol. 52(2009): 385-397.

③ Russo A, “The Rise of the ‘Media Museum’: Creating Interactive Cultural Experiences Through Social Media,”In Giaccardi E (Ed.), *Heritage and Social Media: Understanding Heritage in a Participatory Culture* (London: Routledge, 2012), pp. 145-158.

效吸引观众。[①] 跨媒体展览的核心特征是去中心化，使观众沉浸于展览并与策展人进行互动。[②] 对博物馆定位的认识，经历了以"物"为中心到以"人"为中心的转变，博物馆的角色也正在从传统叙事者发展为中介叙事者。对任何博物馆来说，观众都具有重要意义，对社区博物馆尤为如此。社区期待通过掌控叙事内容，直接参与集体记忆的塑造。[③] 博物馆和社区之间的新型互动关系为传统的权威性、单一性和标准化的博物馆话语权带来了挑战。博物馆和社区之间的频繁互动也使博物馆活动更"接地气"。

本文旨在探讨跨媒体叙事如何助力社区博物馆发展。近年来，宁波地方博物馆在疫情冲击下逆势发展，不断探索博物馆融入社区的新路径。本文结合宁波本地博物馆的相关实践，讨论博物馆如何转变叙事者角色，如何运用跨媒体策略加强社区博物馆的参与性、协作性和过程性。

二、博物馆从传统叙事者到中介叙事者的转变

布鲁纳指出，故事是人们学习和理解外部世界，确定自己在世界中的位置并创造意义的主要手段。信息在故事性文本中更有利于记忆，因此故事还可作为记忆的工具。博物馆本质上承担着叙述者的角色，传播相关故事，因为人们相信有些故事值得子孙后代铭记。[④] 叙事是由博物馆构建的、旨在帮助参观者理解展览中"以展品和文物形式存在的杂乱碎片"并获得知识的过程[⑤]，而故事更能引发观众的情感共鸣并激发其想象力。[⑥] 贝德福德认为，博物馆故事创造的空白空间可以让参观者通过"自己的思考、感受和记忆"与物体建立深刻的情感联系，从而加深理解。[⑦] 因此，故事是连接观众与博物馆的纽带，而叙事则是观众与展厅建立心

---

① Kidd J, *Museums in the New Mediascape: Transmedia, Participation, Ethics* (London: Routledge, 2014).

② Kidd J, "Transmedia Heritage: Museum and Historic Sites as Present-Day Storytellers," In Freeman M, Gambarato R (Eds.), *The Routledge Companion to Transmedia Studies* (London: Routledge, 2019), pp. 272-278.

③ Kidd J, *Museums in the New Mediascape: Transmedia, Participation, Ethics* (London: Routledge, 2014); Giaccardi E, *Heritage and Social Media: Understanding Heritage in a Participatory Culture* (London: Routledge, 2012).

④ Bedford L, "Storytelling: The Real Work of Museums," *Curator: The Museum Journal*, Vol. 44 (2001): 27-34.

⑤ Lwin S M, "Whose Stuff is It? A Museum Storyteller's Strategies to Engage her Audience," *Narrative Inquiry*, Vol. 22(2012): 226-246.

⑥ Nielsen J K, "Museum Communication and Storytelling: Articulating Understandings within The Museum Structure," *Museum Management and Curatorship*, No. 5(2017): 440-455.

⑦ Bedford L, "Storytelling: The Real Work of Museums," *Curator: The Museum Journal*, No. 14(2001): 27-34.

理联系不可或缺的一环。[①]

随着科学技术推动通信系统的变革，产生了当今消费者青睐的三种叙事模式，即视听叙事、互动叙事和跨媒体叙事。[②] 这一趋势影响了观众对传统文化的期望。福克和迪尔金称，优质传统文化项目应提供多种素材和体验与活动，吸引来自不同背景的观众参与其中。参观者希望亲身参与体验，与文物进行身心互动，甚至与其他人合作并开展对话。[③] 因此，传统博物馆以主题分类设置的展陈和讲解员的解说无法满足当代观众的需求。[④] 也就是说，外部媒体环境的丰富性对以展品为中心的传统线性叙事和权威叙事带来了挑战。这就要求策展人通过不断创新来吸引观众，而跨媒体叙事无疑是实现这一目标的可行策略之一，研究证明跨媒体叙事能够提升观众参与度。[⑤]

三、博物馆跨媒体叙事

"跨媒体叙事"(transmedia storytelling)的概念最初由当今国际上最著名的传播和媒介研究学者之一亨利·詹金斯提出，用以描述娱乐行业讲述虚构故事的种种实践行为。詹金斯将跨媒体叙事定义为"将小说的各个元素系统地分散在多个传播渠道中以创造统一协调的娱乐体验的过程"。在此过程中，每一个产品都是独立的，包括电影、漫画书和视频游戏等。与此同时，每一个产品都对整体叙事做出自己独特的贡献。[⑥]

关于跨媒体叙事在博物馆场景中的应用，众多学者指出跨媒体叙事可以创造一种"多维度的体验"[⑦]，从多方面提升参观者的体验感，鼓励参观者积极思考和亲

① Simon N, *The Participatory Museum* (Santa Cruz: Museum 2.0, 2010).

② Mateos-Rusillo S M, Gifreu-Castells A, "Transmedia Storytelling and Its Natural Application in Museums. The Case of the Bosch Project at the Museo Nacional del Prado," *Curator: The Museum Journal*, No. 2(2018):301-313.

③ Falk J H, Dierking L D, "Enhancing Visitor Interaction and Learning with Mobile Technologies," In Tallon L, Walker K (Eds.), *Digital Technologies and the Museum Experience: Handheld Guides and Other Media* (Lanham: AltaMira Press, 2008).

④ Roussou M, Pujol L, Katifori A, et al., "The Museum as Digital Storyteller: Collaborative Participatory Creation of Interactive Digital Experiences," (paper presented at the 4th Museums and the Web Asia conference, Melbourne, Australia, October 5-8, 2015).

⑤ Jenkins H, "Transmedia 202: Further Reflections," *Henry Jenkins*, 2001, http://henryjenkins.org/blog/2011/08/defining_transmedia_further_re.html，访问时间：2021 年 10 月 15 日。

⑥ Jenkins H, "Transmedia Storytelling 101," *Henry Jenkins*, March 21, 2007, http://henryjenkins.org/blog/2007/03/transmedia_storytelling_101.html，访问时间：2021 年 10 月 15 日。

⑦ Bruce W, Smith S, Meyers D, et al., "Digital Storytelling in Museums: Observations and Best Practices," *Curator: The Museum Journal*, No. 4(2011):461-468.

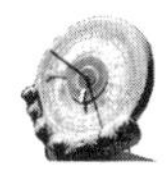

身参与。[①] 通过跨媒体技术创造"多媒体和多感官环境"[②],可以让展品重新焕发生命力,展示更多容易被传统博物馆忽略的细节,帮助观众将自己的生活与历史建立连接。此外,博物馆在展览中运用跨媒体技术,为观众提供了有趣的"狩猎和采集"空间。观众以自己的方式创造性地将零散的故事情节进行组合和连接,形成个体化的理解,构建丰富的遗产体验。此外,在博物馆环境中使用互动媒体技术,尤其是开展社交媒体的活动,模糊了博物馆体验现实和虚拟的界限。博物馆结合线上和线下平台多样化呈现展品的多样性,让观众能够在展览现场和虚拟移动空间中获得更丰富的遗产体验。[③]

跨媒体叙事不仅能增强参观者的体验感,还能为社区提供交流和赋能的场所,即通过"参与式文化"在博物馆中发挥关键作用。参与式文化是一种"对艺术表达和公众参与门槛较低"的文化,注重个体的贡献[④]、社区参与和归属感[⑤]。詹金斯认为"参与式文化"是增强跨媒体叙事的关键之一。

四、社区博物馆建设中的跨媒体叙事

博物馆是加强和肯定社区成员身份的场所,文化传统体验是引导参观者理解社群并创造归属感的重要社会行为之一。[⑥] 博物馆学学者将接触区定义为包括不同文化和少数民族的社区。[⑦] 在接触区开展跨文化对话和合作展览,进行文化交流和文化互动,推动新型社区关系的发展。但有学者对接触区的概念提出了质疑,他指出社区和博物馆之间存在固有的不对称权力关系,因为博物馆"仍然是他

---

① Kidd J, *Museums in the New Mediascape: Transmedia, Participation, Ethics* (London: Routledge, 2014); Roussou M, Pujol L, Katifori A, et al., "The Museum as Digital Storyteller: Collaborative Participatory Creation of Interactive Digital Experiences," (paper presented at the 4th Museums and the Web Asia conference, Melbourne, Australia, October 5-8, 2015); Selvadurai V, Foss Rosenstand C A, "A Heuristic for Improving Transmedia Exhibition Experience," *The Design Journal*, No. 1(2017): 3669-3682.

② Bedford L, "Storytelling: The Real Work of Museums," *Curator: The Museum Journal*, No. 1(2001): 27-34.

③ Kidd J, *Museums in the New Mediascape: Transmedia, Participation, Ethics* (London: Routledge, 2014).

④ Jenkins H, Puroshotma R, Clinton K, et al., *Confronting the Challenges of Participatory Culture: Media Education for the 21st Century* (Chicago: The MacArthur Foundation, 2006).

⑤ Giaccardi E, *Heritage and Social Media: Understanding Heritage in a Participatory Culture* (London: Routledge, 2012); Jenkins H, *Convergence Culture: Where Old and New Media Collide* (New York: NYU Press, 2006).

⑥ Byrne D, "Heritage Conservation as Social Action," In Fairclough G, Harrison R, Schonfield J, et al. (Eds.), *The Heritage Reader* (London: Routledge, 2008), pp. 149-173.

⑦ Clifford J, "Museums as Contact Zones," In Clifford J (Ed.), *Routes: Travel and Translation in the Late Twentieth Century* (Cambridge: Harvard University Press, 1997), pp. 188-219.

者'为'我们表演的场所,而不是'与'我们一起表演"。换言之,博物馆实际上是"冲突区",其中的展品通常是由社区以外的策展人选择和控制的,因此并不能代表该社区的全部视野和全部历史。[①]

面对博物馆是"接触区"还是"冲突区"的争论,当地社区应关注社区博物馆的成长,可通过开展亲民活动行使自己的权利,掌控博物馆的发展方向。[②] 社区博物馆的定义是"由社区孕育、创建、运营和管理"的场所,表明博物馆的主要功能正从保管藏品转变为服务社区。[③] 社区博物馆旨在实现公众参与、地方发展和社区赋能。[④] 社区博物馆拒绝策展人在展览策划中排斥社区、脱离语境,要求"以自己的生活书写和阐释历史"。在社区博物馆中,社区成员可以创建一个真实的接触区,在社区内部或社区之间发展横向关系,而不是纵向回应行政管理机构。[⑤] 因此,社区积极参与博物馆发展的各个阶段,在恢复当地文化特征方面发挥着重要作用。

跨媒体叙事通过吸引参观者深度体验,有利于提升社区博物馆的参与性、协作性和过程性。

(一)参与性

跨媒体策略可在两个维度上提升社区成员的参与度。首先,博物馆的核心使命是将传统文化的价值传递给社区的后代,其中观众对有形展品的实地参观至关重要。[⑥] 跨媒体博物馆通过在多个媒体渠道上发布内容,为参观者提供独立的切入点,吸引不同背景、不同兴趣的观众进行实地参观。[⑦] 其次,斯科拉里指出,跨媒体叙事的其中一个特点是它不仅能吸引观众消费,而且还能重新解释和创造新的内容,从而扩展和深化经典的叙事内容,为大众叙事和表达提供空间,使观众能够

① Boast R, "Neocolonial Collaboration: Museum as Contact Zone Revisited," *Museum Anthropology*, No. 1(2011):56-70.

② Ocampo C C, Lersch T M, "The Community Museum: A Space for the Exercise of Communal Power," *Cadernos de Sociomuseologia*, Vol. 38(2010): 135-152; Assunção dos Santos P, "To Understand New Museology in the XXI Century," *Cadernos de Sociomuseologia*, Vol. 37(2010): 5-12.

③ Brown K, Mairesse F, "The Definition of the Museum Through its Social Role," *Curator: The Museum Journal*, No. 4(2018):525-539.

④ Ocampo C C, Lersch T M, "The Community Museum: A Space for the Exercise of Communal Power," *Cadernos de Sociomuseologia*, Vol. 38(2010): 135-152.

⑤ Assunção dos Santos P, "To Understand New Museology in the XXI Century," *Cadernos de Sociomuseologia*, Vol. 37(2010): 5-12; Kidd J, *Museums in the New Mediascape: Transmedia, Participation, Ethics* (London: Routledge, 2014); Ocampo C C, Lersch T M, "The Community Museum: A Space for the Exercise of Communal Power," *Cadernos de Sociomuseologia*, Vol. 38(2010): 135-152.

⑥ Brown K, Mairesse F, "The Definition of the Museum Through its Social Role," *Curator: The Museum Journal*, No. 4(2018):525-539.

⑦ Selvadurai V, *Transmedia Exhibition: Exploring Production Criteria for a Transmedia Experience in an Exhibition Context* (Aalborg: Aalborg Universitetsforlag, 2019).

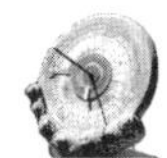

“定义自己的身份而不是接受强加的身份”[①]。这意味着观众不会不加选择地吸收文化知识，相反，他们会成为博物馆的积极代言人，以自己的体验来诠释展览，使文化遗产在社区中迸发活力。[②] 总体而言，跨媒体叙事吸引了更多观众进入博物馆空间并融入他们自己对遗产的解释，从而促进社区的民众参与。

宁波博物馆是以展示宁波人文、历史和艺术为主的综合性博物馆，其建筑主体就是一件“展品”。博物馆外墙大量使用自宁波老建筑拆下的旧砖瓦，为普利兹克建筑奖得主王澍“新乡土主义”风格的代表作，承载着江南古镇的文化记忆，也是宁波最负盛名的地标建筑之一。2023 年初，随着电视剧《三体》的走红，宁波博物馆作为剧中亚洲防御理事会联合作战指挥中心的取景地备受关注，吸引了众多观众前来打卡。宁波博物馆顺势而为，与媒体合作推出了海内外直播讲解，从《三体》取景地引入馆藏展品介绍，讲述宁波城市发展历史，与观众进行线上互动，借电视剧的走红，进一步拓展了叙事空间和叙事手段，丰富了博物馆的叙事内容。同时，观众自发在微信、微博、抖音和小红书等社交媒体分享自己的打卡留影和参观体验，成为博物馆的积极代言人，进一步扩大了博物馆的社会影响力。

（二）协作性

跨媒体叙事可容纳不同的观点和视角，并为群际对话创造变革性空间。[③] 在博物馆环境中，公共对话以共同创造和共同策展的形式交互发生。[④] 跨媒体叙事的复杂性为访问者提供了发起对话、交换信息、与他人合作以及获得更多关于自己和所属社区文化的机会。[⑤] 博物馆可应用跨媒体叙事技术吸引观众，促进社区内对话和分享。通过协同合作，让个体观众融入集体，共同构建社区历史的集体阐释。[⑥] 除了社区成员之间的合作，博物馆还可通过共同策展与社区合作，实现双

---

① Ocampo C C, Lersch T M, “The Community Museum: A Space for the Exercise of Communal Power,” *Cadernos de Sociomuseologia*, Vol. 38(2010): 135-152; Scolari C A, Bertetti P, Freeman M, *Transmedia Archaeology: Storytelling in the Borderlines of Science Fiction, Comics and Pulp Magazines* (London: Palgrave Pivot, 2014).

② Byrne D, “Heritage Conservation as Social Action,” In Fairclough G, Harrison R, Schonfield J, et al. (Eds.), *The Heritage Reader* (London: Routledge, 2008), pp. 149-173.

③ Ramasubramanian S, “Racial/Ethnic Identity, Community-Oriented Media Initiatives, and Transmedia Storytelling,” *The Information Society*, No. 5(2016): 333-342.

④ Rectanus M W, “Community-Based Museum Ecologies: Public Doors and Windows and Les Nouveaux Commanditaires (‘The New Patrons’),” *Museum and Society*, No. 2(2019): 141-156.

⑤ Kidd J, *Museums in the New Mediascape: Transmedia, Participation, Ethics* (London: Routledge, 2014); Olivares A, Piatak J, “Exhibiting Inclusion: An Examination of Race, Ethnicity, and Museum Participation,” *Voluntas*, Vol. 33(2021): 121-133.

⑥ Ocampo C C, Lersch T M, “The Community Museum: A Space for the Exercise of Communal Power,” *Cadernos de Sociomuseologia*, Vol. 38(2010): 135-152.

赢。[①] 跨媒体允许不同媒体平台的观众为博物馆的多个平台创建内容[②],同时允许社区成员参与博物馆构建,从而确保展览与受众面临的社会问题保持相关性,激发创造性思维,共同解决问题,为地方发展做贡献。[③]

随着大众需求的转变,宁波的博物馆活动开始走出场馆,走近大众,展览进商场,研学进课堂,讲解进专列。博物馆在活动策划方面不再局限于传统的社会教育活动,而是迎合社区的需求不断推陈出新,如天一阁“夜书肆”、非遗文化集市等。2023 年 3 月,中国港口博物馆以“寻海 · 造梦 · 博物馆”为主题,推出了“港口生活节”,设置港口漫行、万物春生、海上剧场、博物解谜、艺术充能等五大板块,涵盖了先锋戏、音乐、剧本杀、市集、展览、夜宿、亲子活动、潮玩等 26 项不同类型的文化艺术互动体验。在活动现场,观众的角色发生了变化,一部分观众成为博物馆的合作者和共同策展人,一部分观众从观赏者变为了消费者,群际对话的空间也发生了转变,实现了“去中心化”。港口博物馆从封闭的场馆拓展为开放的交流场所,从“冲突区”转变为“接触区”,将海洋文化和港城特色融入生活和娱乐。此外,宁波当地博物馆与大中小学校、美术家和书法家协会等紧密合作,让社区成员参与展览的策划和讲解,分享多媒体传播渠道。

(三)过程性

社区博物馆和跨媒体平台都处于持续构建状态,均为未完成的作品。基德认为,跨媒体叙事的意义有赖于用户实践和娱乐。观众通过不同的端口进入跨媒体博物馆,路径在持续增长,个体进入的接口亦存在差异,从而导致了各种版本的“博物馆学知识的阐释”。随着时代的发展,观众对历史的理解也在不断变化。艾弗森和史密斯建议博物馆利用社交媒体与其他社区成员持续对话并传播传统文化知识。持续的互动和参与过程构成了传统的一部分,互动过程与实体博物馆和展品相结合,影响了文化的形成。[④] 遗产实践是一种社会行为,有利于转变人们的观点,有助于社区博物馆锻造核心力量,即其作为社会管理者的角色。[⑤] 因此,社

---

① Brown K, Mairesse F, “The Definition of the Museum Through its Social Role,” *Curator: The Museum Journal*, No. 4(2018):525-539; Born P, “Community Collaboration: A new conversation,” *Journal of Museum Education*, No. 1(2006):7-13.

② Jenkins H, “Transmedia Storytelling 101,” *Henry Jenkins*, March 21, 2007, http://henryjenkins.org/blog/2007/03/transmedia_storytelling_101.html,访问时间:2021 年 10 月 15 日。

③ Born P, “Community Collaboration: A New Conversation,” *Journal of Museum Education*, No. 1(2006):7-13.

④ Iversen O S, Smith R C, “Connecting to Everyday Practices: Experiences from the Digital Natives Exhibition,” In Giaccard E, *Heritage and Social Media: Understanding Heritage in a Participatory Culture* (London: Routledge, 2012), pp. 126-144.

⑤ Giaccardi E. *Heritage and Social Media: Understanding Heritage in a Participatory Culture* (London: Routledge, 2012).

区博物馆的运作是一个通过社区成员的集体文化互动来改变现实的复杂过程，它能够干预历史并“通过与传统的融合来影响未来”[①]。通过理解传统并用跨媒体技术重塑传统，社区意见得以合法化并促进社区赋能。[②]

近年来，“博物馆剧场”融文学性、艺术性和戏剧性于一体，结合舞台、灯光、音乐和表演，深入社区，以观众喜闻乐见的方式传播传统文化知识。天一阁博物院尝试以藏品为切入点，邀请社区观众参与，结合多种艺术形式解读馆藏珍贵文物。2022 年 9 月，天一阁举办“天一夜读”之“中秋 · 江湖侠侣”活动，通过对馆藏古籍《易筋经》的解读和对金庸武侠剧主题音乐的演绎，建立流行文化与博物馆藏品的连接，由社区力量，即宁波音乐人的解读，进一步拓展叙事内容，创新叙事方式。天一阁藏《易筋经》为清代刻本古籍，涵盖修仙、丹药、功法、拳术、穴位等内容。通过解读《易筋经》，追溯金庸与天一阁的渊源，提取五对金庸笔下的经典侠侣形象，邀请知名音乐人用民乐、摇滚、流行等形式演绎《笑傲江湖》《刀剑如梦》《铁血丹心》等十余首金庸武侠剧主题音乐，与不同层次的观众建立连接，通过网络直播，让线上和线下观众都能感受古籍之美，沉浸式体会传统文化的魅力。

五、小　结

综上所述，博物馆经历了从关注收藏和保管到重视观众参与的转变。作为叙事者，博物馆通过讲故事帮助参观者理解展品的含义并与博物馆建立情感。为了满足新时代观众的期望，博物馆需要寻求新的方式来取代传统的线性叙事。跨媒体叙事是满足博物馆观众需求的一种可行选择，既可以为展品构建背景故事，激发观众探索文物的好奇心，也可以提供实体的和虚拟的观看体验。

跨媒体策略不仅可以增强个人体验，而且为社区博物馆发展提供了有效路径。宁波地方博物馆顺应时代潮流，致力于弱化来自社区外部的权威影响，通过深化社区内涵、强化社区身份和阐述文化传统的意义，实现公众参与、地方发展和社区赋能。跨媒体叙事的参与性、协作性和过程性可助力更多博物馆达成这一目标，吸引更多的观众参与，进一步提升博物馆的影响力。

（本文为宁波市双循环发展研究基地和宁波市文创产业国际化发展基地成果之一，原文刊于《宁波帮博物馆馆刊》2022 年第 50 期，内容有更新）

---

① Assunção dos Santos P, “To Understand New Museology in the XXI Century,” *Cadernos de Sociomuseologia*, Vol. 37(2010): 5-12.

② Rectanus M W, “Community-Based Museum Ecologies: Public Doors and Windows and Les Nouveaux Commanditaires (‘The New Patrons’),” *Museum and Society*, No. 2(2019): 141-156.

文化遗产
保护与传承研究

宁波海丝文化遗产探析[①]

钱彦惠

（宁波大学人文与传媒学院）

摘　要：古代宁波先民创造并保留了大量的海上丝绸之路文化遗存。通过对相关资料的梳理，发现宁波现存与海丝有关的各级文保单位有 67 处，其中全国重点 14 处，省级 9 处，市（区、县）级 44 处；非物质文化遗产有 21 项，其中国家级 10 项，省级 7 项，市级 4 项。这些海丝文化遗产资源具有不可再生性，所以在对其进行保护管理时，要坚持“保护第一”的原则，针对不同类型的遗存进行有分别有重点的活化利用。

关键词：宁波海丝；文化遗产；活化

宁波位于中国大陆海岸线的中间地带，枕山面海，外有舟山列岛做屏护，内有经浙东运河联通的江南地区作为腹地，并且拥有着深水岸线，使之成为连接我国古代海上丝绸之路南北航线的重要节点。这一得天独厚的地理优势，使其向东可依舟山群岛往来日韩，向南则可经泉州、广州等港通天下，宁波在古代东亚经贸与文化的交流中起着不可替代的作用，并成为中华文化对外输出的重要窗口。丰富的海丝文化遗产印证了宁波作为海丝“活化石”的历史事实。

一、宁波海丝史综论

早在距今 8300—4000 年前，宁波就有了发达的史前文化遗存。这里先后出现了余姚井头山遗址（距今 8300—7800 年）、河姆渡遗址（距今 7000—5300 年）、余姚田螺山遗址（距今 7000—5500 年）、大榭遗址（距今 4000 年）等遗存。其中，井头山遗址是已知我国大陆滨海地区年代最早的贝丘遗址[②]，也是中国沿海地区文化层

---

① 本文系宁波文化研究工程重大项目“宁波海丝‘活化石’研究”（WH 22－7）和宁波市哲学社会科学规划课题“宁波地区汉六朝商业考古资料整理与研究”（G2023－11－11）的阶段性成果。

② 浙江省文物考古研究所、宁波市文化遗产管理研究院、余姚市河姆渡遗址博物馆：《浙江余姚市井头山新石器时代遗址》，《考古》2021 年第 7 期。

埋藏最深、年代最早的一处贝丘遗址，它为解答我国海洋文化从哪里、在何时起源的问题提供了新的方向。

公元前2000年左右，宁波地区进入青铜时代。这里的早期青铜时代相当于中原地区的夏商时期。距今3000年前至楚人灭越（公元前306年），于越人开始活跃于今宁波地区，他们以山（阴）会（稽）平原为中心建立了越国。稻作、漆器、石玦和玉器等文化的相通性，为认识远古时期环中国东海各地的跨海交流提供了资料。

到了战国时代，越地居民的聚落形态发生了重大变化，高级形态的城市句章城开始出现。虽然，这时句章古港尚鲜见于史册，但在之后的秦汉至东晋600余年间却频繁见载于史籍，并多与浮海出航有关。由西汉元鼎六年（前111）横海将军韩说"出句章，浮海从东方往"可知，汉代的句章港已经成为重要的出海点。值得说明的是，当时句章城的政治、军事地位要远胜于其经济地位。考古资料表明，宁波的海上丝绸之路应开通于东汉时期，如在北仑、余姚、镇海、鄞州发现的东汉大墓中出土了数量不少的玳瑁、琉璃、玻璃等各式舶来品。伴随着海洋贸易的开展，句章港城也日益完善起来。考古工作者在故城临近余姚江的一侧曾发现了东吴至两晋的码头遗址，据此可推测这里在当时应有不少大大小小的码头供人员与物资往来。东晋隆安年间（397—401），句章旧城在孙恩起义时被毁弃，县治和港口迁至今宁波城区三江口一带，其他三县（余姚、鄞、鄮）县治基本保持不变。

隋文帝平陈后，余姚、鄞和鄮三县并入句章，这成就了宁波历史上最大的县境（今人多称为"大句章"，设治于三江口一带）。唐武德四年（621）废句章置鄞州，自此宁波开启了设州时代。唐开元二十六年（738），分越州之地置明州，自此宁波地区作为辖县建制的政区格局被予以确定。天宝十载（751）唐与大食"怛罗斯之战"和天宝十四载（755）安史之乱后，陆上丝绸之路受阻，中外交通开始由陆路转向海路。经济重心南移、城市商业革命和航海贸易勃兴使得古代宁波港城得到了快速的发展。长庆元年（821），明州刺史韩察在原鄮县县治（今宁波市鼓楼一带）主持修建子城，并将州治迁于此。唐代末年，刺史黄晟主持修建罗城，这标志着明州内外双城格局的形成，预示着宁波由海疆边城向海交重镇的转变，也标志着宁波海丝勃兴期的到来。

入宋后，政府鼓励海外贸易。明州作为外贸港城得到较快发展。市舶司（务）的设立、宋丽官方往来唯一指定口岸的确立和明州—博多航线东亚海域交通网络主干道的开通预示着宁波海交史进入兴盛期。明清之际，海禁政策、闭关政策的相继开展使得宁波再次成为"海疆堡垒"。宁波的对外贸易陷入低谷。但此时，海外贸易并未完全停滞，宁波一度成为中日勘合贸易唯一的官方指定港口。

到了近代，宁波的港口主体逐渐从江厦一带转移至江北岸，古老的宁波在冷

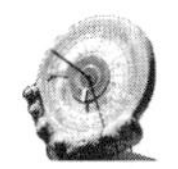

风的捶打下，坚韧地经历着蜕变。新中国成立后，特别是改革开放以来，宁波港城发展加速，主港区实现了由三江汇流处转移到甬江入海口（镇海—北仑港区），再到深水海岸线（宁波舟山港）的两次重大飞跃。

纵观宁波海交史可知，宁波的港区经历了六次大的变迁：自井头山遗址到句章港的出现，耗时5500多年；由余姚江边的句章古港到三江口奉化江北岸的江厦一带，花了约1200年，港址东进了约19公里；晚清时期由三江口江厦公园一带向江北岸（今三江口北侧甬江西岸）推进了0.5公里，花了1100年时间；19世纪70年代，宁波港开启了高速发展的步伐，港区由江北岸到镇海新港区，再一次推进了约19公里，花了大约110年；1979年宁波港区再由镇海口到北仑港区，推进了约14公里，仅用了5年的时间。而今，在“一带一路”倡议下，宁波舟山港口一体化进程全面启动，宁波舟山港已然成为全球年吞吐量最大的港口之一，而宁波也随之成为世界上知名的港口城市。

二、宁波海丝文化遗产现状

在长期的对外交往中，古代宁波先民创造并保留了大量海上丝绸之路文化遗存。这些遗存内涵丰富，种类完整。据不完全统计，宁波现存与海丝有关的文物保护单位有67处，其中全国重点文物保护单位14处、省级文物保护单位9处，市（区、县）级文保单位44处；非物质文化遗产有21项，其中国家级非遗10项、省级非遗7项、市级非遗4项（表1）。这些屹立至今的“化石”遗产成为我们解构宁波城市精神内涵的重要载体。

表1　宁波海丝相关的文物保护单位名录

类别		名称	地点	时间	级别
海上交通史迹	海港设施	浙东沿海灯塔	宁波市镇海区、北仑区、象山县所属海域、舟山定海区所属海域	晚清、民国	2013年列入全国重点文物保护单位
		宁波中山公园旧址	海曙区鼓楼街道中山公园内	长庆元年（821）以来	2011年列入省级文物保护单位
		和义门瓮城遗址	海曙区姚江北岸	建于元至正二十年（1360）	2010年列入海曙区级文物保护单位
		明州罗城遗址（望京门段）	中山西路与望京路交叉口	城墙始建于晚唐，历经宋元明清，至民国拆毁	2018年列入海曙区级文物保护单位
		清代甬东天后宫碑铭	庆安会馆内	清代	2011年列入省级文物保护单位

续表

类别		名称	地点	时间	级别
海上交通史迹	海防设施	镇海口海防遗址	甬江入海口，不到2平方公里南、北两岸的范围内	明清	1996年列入全国重点文物保护单位
		海防城址遗迹	威远城	明嘉靖三十九年(1560)	1996年列入全国重点文物保护单位
		戚少保祠	余姚市临山镇临山村校场西路17号	始建于明嘉靖年间，清光绪二十三年(1897)改名	1987年列入余姚市级文物保护单位
		道士桥烽火台	宁海县茶院乡道士桥村村南烟墩山	明代	2012年列入宁海县级文物保护单位
		山头烽火台	宁海县长街镇山头村西北面的旗山上	明隆庆年间	2007年列入县级文保点；2012年列为宁海县级文物保护单位
		爵溪所城墙遗址	象山县爵溪街道玉泉社区	明洪武三十一年(1398)	1986年列入为象山县级文物保护单位
		龙山所城	慈溪市龙山镇境内	明洪武二十年(1387)	1986年列入慈溪县级文物保护单位
		卫山烽火台	卫山之巅，今慈溪市观海卫城北一里(500米)许	宋元之际设寨驻军，明洪武二十年(1387)在此筑城置卫	1986年列入慈溪县级文物保护单位
		狭石岭古道及明清海防遗迹	瞻岐镇方桥村	明代	2018年列入鄞州区级文物保护单位
		下梅林庙	慈溪龙山镇邱王村境内的石坛山南麓	明嘉靖年间(抗倭时建)	1982年列入慈溪县级文物保护单位
		三山所北城门	浒山街道水南社区上林坊北、环城北路南侧	明洪武二十年(1387)	2003年列入慈溪市级文物保护单位
		柴湾山烽火台	慈溪市龙山镇金岙村	明洪武二十年(1387)	2011年列入慈溪市级文物保护单位
		总台山烽火台	北仑区白峰镇东门村总台山山顶	明洪武二十年(1387)	1997年列入省级文物保护单位
		石塘山烽火台	慈溪市龙山镇东门外与邱王村之间石塘山山顶	明洪武二十年(1387)	2003年列入慈溪市级文物保护单位
		金鸡山炮台	象山县石浦镇下金鸡村金鸡山山顶	清代	2011年列入省级文物保护单位
	外交设施	高丽使馆	1999年在宝奎巷一带	北宋政和七年(1117)建，南宋建炎四年(1130)被毁	1984年列入海曙区级文物保护单位

续表

类别		名称	地点	时间	级别
商业贸易史迹	商贸设施史迹	庆安会馆	鄞州区江东北路156号	落成于清咸丰三年(1853)	2001年列入全国重点文物保护单位；2014年成为宁波首个世界文化遗产
		钱业会馆	海曙区和义大道旁战船街10号	同治三年(1864)；民国十二年(1923)	2006年列入全国重点文物保护单位
		宁波商会旧址	海曙区苍水街195号	近现代	2010年列入海曙区级文物保护单位
	商贸管理史迹	浙海关旧址	浙海新关办公楼，位于现宁波市江北区中马路198号	清咸丰十一年(1861)	2005年列入省级文物保护单位
		永丰库遗址	海曙区中山西路北侧唐宋子城遗址内	南宋庆元元年(1195)	2006年列入全国重点文物保护单位
		邱洋税关旧址	慈溪市龙山镇邱王村邱洋自然村	康熙二十五年(1686)	2011年列入慈溪市级文物保护单位
	商贸生产史迹	华兴宕	海曙区鄞江镇梅园村华兴宕自然村南侧	宋代	2010年列入鄞州区(后划为海曙区)区级文物保护单位
		九缸岭窑址	余姚市低塘街道黄湖村九缸岭东麓	东汉	1987年列入余姚市级文物保护单位
		云湖窑	江北区慈城镇英雄水库豆腐山	南朝	1986年列入区级文物保护单位
		唐代青瓷窑址	镇海区九龙湖镇汶溪村小洞岙自然村北部山坡	唐代	1981年列入县级文物保护单位
		小姑岭青瓷窑址	慈溪市匡堰镇倡隆村	南朝	1982年列入慈溪县级文物保护单位
		瓦片滩青瓷窑址	慈溪市匡堰镇倡隆村栋树下	五代至北宋时期	1986年列入慈溪县级文物保护单位
		桃园窑址	慈溪市横河镇彭南村桃园自然村南部、癞头山北麓平缓山坡处	宋代	2011年列入慈溪市级文物保护单位
		湖西山窑址	慈溪市观海卫镇白洋村	唐代	2011年列入慈溪市级文物保护单位
		金鸡岙青瓷窑址	慈溪市匡堰镇倡隆村	东晋	1986年列入慈溪县级文物保护单位
		陈岙窑址	象山县黄避岙乡东塔村陈岙黄大山山脚	唐代	1982年列入象山县级文物保护单位
		上林湖越窑遗址	上林湖环湖周围青瓷窑址120处；寺龙口青瓷窑址、开刀山青瓷窑址、白洋湖越窑遗址	东汉到北宋	1988年列入全国重点文物保护单位

续表

类别		名称	地点	时间	级别
宗教信俗史迹	宗教史迹	天封塔	海曙区郡庙东南侧大沙泥街194号	始建于唐武后天册万岁及万岁登封年间(696)	1961年列入宁波市级文物保护单位
		宁波天宁寺(仅存西塔)	海曙区中山西路北侧	始建于唐大中五年(851)	2006年列入全国重点文物保护单位
		保国寺	江北区洪塘街道灵山山岙	唐广明年间(880);大殿重建于北宋大中祥符六年(1013)	1961年列入全国重点文物保护单位
		天童寺	鄞州区东吴镇太白山南麓	初建于西晋永康元年(300)	2006年列入全国重点文物保护单位
		阿育王寺	五乡镇宝幢鄮山分支育王山之西麓	始建于西晋太康三年(282)	2006年列入全国重点文物保护单位
		七塔禅寺	鄞州区百丈路183号	始建于唐大中十二年(858)	2011年列入省级文物保护单位
		月湖清真寺	海曙区月湖街道天一社区后营巷18号	初建于宋咸平年间(998—1003)	2011年列入省级文物保护单位
		观宗寺	海曙区解放南路18弄6号	始建于宋元丰年间(1078—1085),现存为民国建筑	1961年列入慈溪市级文物保护单位
		五磊寺及那罗延尊者塔	观海卫镇五磊山象山峰南麓	三国赤乌年间(238—251)	2003年列入慈溪市级文物保护单位
		天主教堂(市内唯一的法式建筑)	奉化区锦屏街道东门路小路街弄31号	清同治十一年(1872)	2003年列入文物保护点,2010年列入奉化市级文物保护单位
		江北天主教堂	江北区中马街道外滩社区中马路2号	清同治十一年(1872)	1989年列入省级文物保护单位,2006年列入全国重点文物保护单位
		延庆寺	海曙区灵桥路延庆巷1号	始建于五代后周广顺三年(953),现存为清代建筑	1961年列入宁波市级文物保护单位
	民间信俗史迹	渡海传说——达蓬山摩崖石刻	慈溪市龙山镇达蓬山	秦代	1986年列入慈溪县级文物保护单位;2011年列入省级文物保护单位
		东门天后宫	象山县石浦镇东门渔村天妃宫西路11号东侧	始建年代不详,现存为嘉庆二十四年(1819)重建,1988年重修	2011年列入省级文物保护单位

续表

类别		名称	地点	时间	级别
名人史迹	官员、学者	朱舜水纪念堂	余姚市阳明街道龙泉山南麓龙泉寺东侧	清代	1997 年列入余姚市级文物保护单位
		四先贤故里碑亭	原址位于城西郊江边的“接官亭”处，后移至余姚龙泉山南坡	严、王二碑建于乾隆十九年（1754），后毁重建于道光年间；朱、黄二碑建于清末，现为 1981 年复建	1981 年列入余姚市级文物保护单位
	商人	宁波帮严氏建筑群	钟公庙街道铜盆闸村	民国	2010 年列入鄞州区级文物保护单位
		邵逸夫旧居	镇海区庄市街道勤勇村老邵家 3 号	民国	2000 年列入镇海区级文物保护单位
其他	书籍文献	天一阁	海曙区天一街 10 号	建于明嘉靖四十年至四十五年（1561—1566）	1982 年列入全国重点文物保护单位
	史前遗址	河姆渡遗址	余姚市河姆渡镇	距今 7300—5000 年	1982 年列入全国重点文物保护单位
		井头山遗址	余姚市三七市镇三七市村	距今 8300—7800 年	2021 年列入余姚市级文物保护单位；被评为社科院“2020 年中国考古新发现”和国家文物局 2020 年度“全国十大考古新发现”
	近代建筑类	鄞县县立女中教学楼	海曙区月湖竹洲东岸	1932 年建	2010 年列入海曙区级文物保护单位
		原法国巡捕房及工程局	江北区中马路 55 号	清同治三年（1864）	1983 年列入江北区级文物保护单位
		新马弄近代建筑群	江北区白沙街道白沙社区新马路	民国石库门建筑	2008 年列入江北区级文物保护单位
		八角洋楼	阳明街道龙泉山东麓	民国	2014 年列入余姚市级文物保护单位
		蒋氏洋楼	余姚市合宝弄	1925	2014 年列入余姚市级文物保护单位
		芹庐	奉化区锦屏街道东门社区小路街弄 125 号	1926	2003 年列入奉化市文保点，2016 年列入奉化市级文物保护单位
		方家洋房	慈溪市龙山镇范市河头村中部、大路墩旁边	民国初年	2011 年列入慈溪市级文物保护单位
		周氏老杨楼	泗门镇水阁周村明风自然村大厅路 7 号	民国	2014 年列入余姚市级文物保护单位

（一）宁波海丝相关的物质文化遗存

宁波海丝相关物质文化遗存内涵丰富，种类完整，从历史功能和内容角度上看，主要可分为五大类：

首先是海上交通史迹类。这类遗存与丝路密切相关，承载着大量宁波与海外交流的历史信息。按照内容可分为海港设施史迹，有全国重点文保单位 1 处，省级 2 处，市（区、县）级 2 处；海防设施史迹，有全国重点文保单位有 2 处，省级 2 处，市（区、县）级 11 处；外交设施遗迹有区级文保单位 1 处，另有日本遣明使宿留地（嘉宾馆）。

其次是商业贸易史迹类，按照内容可分为商贸设施史迹，有全国重点文保单位 2 处，区级 1 处；商贸管理史迹，有全国文保单位 1 处，省级 1 处，市（区、县）级 1 处，另有市舶司（务）、来远亭；商贸生产史迹，有全国重点文保单位 1 处，市（区、县）级 10 处，另有鄞江镇海梅园石采石遗迹、宋代佛画制作工坊所在地（石板巷、车桥巷、咸塘街）等。

再次是宗教信俗史迹类，按内容分为宗教史迹，有全国重点文物保护单位 5 处，省级 2 处，市（区、县）级 5 处，另有东寿昌院、宝云院、广慧院等；民间信俗史迹，有省级文保单位 2 处。

复次是与宁波海丝相关的名人史迹，按照名人身份分为官员、学者，如朱舜水等；僧侣，如鉴真、圆仁、空海、最澄等；商人，如张支信、李邻德、虞洽卿、包玉刚等；工匠、艺术家，如陈和卿、周季常等。这类遗产包括与名人有关的遗迹、遗物、相关博物馆、建筑艺术类作品（佛画、书画）等。现有名人史迹 4 处，均为市（区、县）级文保单位。

最后是其他史迹，按内容又分为书籍文献，如天一阁（全国重点文保单位）藏宁波海丝相关典籍，宁波及其他机构所藏海丝相关典籍、域外藏宁波海丝古文书等；史前遗址 2 处，包括全国重点文保单位 1 处，市级文保单位 1 处；沉船遗迹，如宁波地区发现的沉船有和义路唐代龙舟、东门口海运码头北宋沉船、和义路南宋沉船、慈溪潮塘江元代沉船、象山涂茨明代沉船、象山“小白礁 I 号”清代沉船，还有海外发现的与宁波有关的沉船，如韩国新安沉船、印度尼西亚爪哇勿里洞岛海域黑石号等；石刻碑铭，如宁波发现的海丝相关的石刻、碑铭，宁波藏旅日宋人刻石，还有日藏宁波海丝相关的石刻、碑拓，如日本东福寺旧藏宁波宋代碑拓等；近代建筑类遗迹 8 处，皆为市（区、县）级文保单位。

以上史迹遗存中，上林湖越窑遗址、保国寺、天童寺和永丰库是“海上丝绸之路·中国史迹”的重要申遗点，上林湖越窑遗址还是宁波迄今为止唯一一处已建成国家考古遗址公园的遗址。

(二)宁波海丝相关的非物质文化遗存

除了上述物质文化遗存外,宁波先民还在长期的海丝文化交流中形成了包括传统技艺、民间文学、民俗传说、饮食制作等在内的一系列"活态的"具有宁波地域文化特色的海丝文化遗产。笔者初步整理出与宁波海丝文化有关的国家级非遗10项、省级非遗7项、市(区、县)级非遗4项。按照类别可分为传统技艺4项,包括国家级2项,省级1项,市(区、县)级1项;民俗类3项,包括国家级1项,省级1项,市(区、县)级1项;民间文学7项,包括国家级3项,省级3项,市(区、县)级1项;传统美术6项,包括国家级4项,省级1项,市(区、县)级1项;传统体育、游艺杂技1项,为省级非遗(表2)。

表2 宁波海丝相关的非物质文化遗存名录

名称	地点	类别	级别
越窑青瓷(烧制技艺)	慈溪市	传统技艺	第一批省级;第三批国家级
宁波金银彩绣工艺	鄞州区	传统技艺	第二批省级
红帮裁缝技艺	奉化区,鄞州区茅山镇、姜山镇	传统技艺	第二批省级; 第五批国家级非遗
船模艺术	象山县	传统技艺	第二批市级
石浦—富岗如意信俗	象山县石浦镇渔山渔村、台湾地区台东县富岗新村	民俗	第二批国家级
石浦妈祖信仰	象山县	民俗	第二批省级
妈祖信俗	宁波市	民俗	第六批市级
上林湖传说	慈溪市	民间文学	第四批省级
抗倭传说	象山县	民间文学	第二批市级
三字经	鄞州区	民间文学	第二批省级
镇海口海防历史故事	镇海区	民间文学	第五批省级
徐福东渡传说	象山县蓬莱山(今丹山);慈溪市徐福村一带	民间文学	第二批国家级
梁祝传说	海曙区	民间文学	第一批国家级
布袋和尚传说	奉化区	民间文学	第三批国家级
四明佛画	宁海县	传统美术	第五批市级
泥金彩漆	宁海县	传统美术	第三批国家级
朱金漆木雕	宁波市	传统美术	第一批国家级
宁波朱金木雕	鄞州区	传统美术	第一批省级
宁波金银彩绣	鄞州区	传统美术	第三批国家级
象山竹根雕	象山县	传统美术	第五批国家级
龙舟竞渡	鄞州区	传统体育、游艺杂技	第四批省级

三、宁波海丝类文化遗存的保护利用对策

近年来，宁波市委、市政府不断挖掘海丝“活化石”的历史内涵，开发、推广别具特色的海丝文旅活动，并以全新的方式开启了宁波海丝文化的新航程。2016年国家文物局确定“海上丝绸之路”作为2018年度我国世界文化遗产申报项目，宁波的永丰库、保国寺、天童寺、上林湖窑址4处史迹和泉州等城市的27处史迹，共同列入“中国世界文化遗产预备名单”。2017年，习近平总书记做出“宁波等古港口是记载古丝绸之路历史的‘活化石’”的重要论述后[①]，市委、市政府进一步加强了对海丝文化的保护与展示，并致力于将海丝文化打造成宁波地方文化的“金名片”。

整体上看，宁波在海丝文化遗产保护与传承上已取得了较大成绩。一是重视立法保护。2016年，市政府审议颁行了《宁波市海上丝绸之路史迹保护办法》，这在法律法规上进一步规范和强化了海上丝绸之路遗产的保护、管理和利用。二是具有宁波特色海丝文化内涵的初步完善。河海联运的地理特性、“港城＋运河＋宋韵＋禅宗”文化协同推进的海丝文化特色和勇立潮头、敢为天下先的商帮精神都昭示着具有宁波特色的海丝文化话语体系的初步形成。三是重视海丝相关文化品牌的打造。如鄞州区“海丝明珠・禅意天童”“东吴海丝宋韵”等文旅节项目的开展，2020年海丝之路（中国・宁波）文旅博览会的召开和各海丝精品旅游项目的开发等。“海丝文化周”和“海丝”研究中心的设立为发掘、研究、阐释、保护和传承宁波海丝文化，强化宁波海丝文化话语权提供了广阔的平台。

在肯定成果的同时，也须说明目前还存在着不少问题。如宁波海丝文化资源的保护利用尚缺少顶层设计。以宁波城为中心的近海和江河两岸，至今仍较完好地保存着东汉晚期至清代中期遗存120余处，但这里作为宁波海丝文化核心地带的优势并未很好地发挥出来。在实际工作中，宁波海丝文化遗存在保护利用时仍存在责任部门不明确、管理不统一，整体风貌设计待完善，海丝资源开发不足，海丝文化标识系统缺乏视觉质感等问题。就海丝非遗而言，其保护开发较物质文化遗产的难度更大，传承人危机（传承人老龄化、继承人越来越少、传承方式单一、学习时间漫长等）、宣传手段单一（宣传力度不够、传播形式落后等）和数字技术应用不足等都成为制约宁波海丝类文化遗产保护传承的因素。因此，推动这些优秀海丝文化的创造性转化和创新性发展，激活其生命力，成为亟待解决的问题。

宁波海丝文化遗产资源具有不可再生性，因此在实施对这些“化石”遗产的保

① 习近平：《习近平谈“一带一路”》，中央文献出版社2018年版，第178页。

护管理中，要坚守“保护第一”的原则，健全多元的海丝文化保护利用机制。在立法上，加强保护立法和规划设计，让海丝文化遗迹的保护管理有法可依、有规可循；在实践中，处理好城市改造开发与历史文化遗产保护利用之间的关系，切实做到在保护中发展、在发展中保护。通过借鉴国内外文化遗产管理保护的优秀经验，构建科学合理的保护利用体系，针对不同类型的遗存进行有分别、有重点地活化利用。

（一）宁波海丝物质文化遗存的“亮化”

加强对宁波海丝物质文化遗存“亮化”路径的顶层设计，分步并进式地提升宁波海丝文化的辨识度。一是实施海丝文化研究工程，充分利用多元人才资源，推进宁波海丝文化的研究，运用多种手段做好“点”的宣传，以助力构建宁波海丝话语体系，为宁波城市文化建设及海上丝绸之路世界名城申遗工作提供参考。二是发挥和扩大在甬高校、各科研院所的作用，提升现有海丝研究中心的学术影响力，打造高水平的海丝研究平台，将具有“显性”海丝特质的物质文化遗产打造成“文化标识”。充分利用宁波市内相关文博部门，继续开展海丝史迹与重点水域物质文化遗产的调查与研究，增加对海丝文化专题展的策划与设计。三是深入推进海上丝绸之路文化周的建设，加强将公共文化价值体系融入具有宁波特色的海丝文化。加大宣传力度，让群众在多维度感受海丝文化的同时，提升其海丝文化资源保护意识。

（二）宁波海丝活态遗存的“转化”

加强对海丝活态“化石”遗产“转化”的系统性规划。一是实施海丝非遗传承工程。建立稳定的海丝非遗专项基金，继续开展非遗传承人培养计划，为培育传世工匠和传世技艺提供政策上的支持。挖掘宁波海丝相关的非物质文化资源，以活态传承、有效运用促进海丝遗产保护和海丝文化弘扬。

二是加强产学研的协同联动，不断深化对宁波海丝文化内涵的研究挖掘，积极将海丝文化元素融入当前正在推进的公共文化建设项目。运用现代技术打造海丝数字文化平台，完善海丝文化资源库（电子图书、绘画书法和影视节目等）建设，设立海丝文化研习课堂，用多种形式丰富线下互动体验空间。开展多种海丝非遗会展旅游、游学体验项目，打造具有宁波特色的海丝文旅品牌。

三是建设多元的海丝非遗的宣传与保护机制。首先，将海丝非遗文化元素融入现有各级图书馆、乡镇文化站、社区文化中心、机场、码头等公共文化空间内，提高公众对于海丝文化的整体认识程度，运用多种形式创新宣传方法，为相关非遗的创造性输出和创新性转译寻找新突破。其次，充分利用数字技术、VR/AR 等高新技术，推动海丝非遗文化的宣传。如在各级文化部门网站上开设宁波海丝非遗专题，建立完善海丝数据库，激活其生命力。创造具有自主知识产权的海丝文化品牌，建设动漫创意文化产业集群等。

（三）宁波特色“丝路精神”的“活化”

在认真学习习近平总书记关于“宁波等古港口是记载古丝绸之路历史的‘活化石’”和“一带一路”的相关重要论述后①，可知宁波特色海丝文化遗存的活化利用，不仅仅包含既有文物的保护利用、文化遗产的保护传承，还应包括对这些文化遗存背后蕴含“丝路精神”的活化与弘扬。

我国古代先民在长期的海丝交往中形成了以“和平合作、开放包容、互学互鉴、互利共赢”为核心的“丝路精神”。除此之外，宁波先民在长期的实践中还形成了颇具地域特色的“海丝精神”，其“敢为人先、开拓创新”的精神内涵早已深入人心。“把跨越时空、超越国度、富有永恒魅力、具有当代价值的文化精神弘扬起来，让收藏在博物馆里的文物、陈列在广阔大地上的遗产、书写在古籍里的文字都活起来”②成为激发宁波海丝文化遗存活力的突破口。

① 习近平:《习近平谈“一带一路”》,中央文献出版社 2018 年版,第 178 页。

② 中共中央宣传部:《习近平新时代中国特色社会主义思想三十讲》,学习出版社 2018 年版,第 206 页。

宁波塘河系统的人文地理概述

张　亮

（宁波博物院）

摘　要：塘河是宁绍平原人类改造自然滨海河网，用以解决生产、生活需要的伟大成果，是汉唐以来浙东地区经济社会发展的基础性条件。本文拟通过对宁波地区塘河系统在历史时期发展演变的回顾，梳理出该区域塘河系统的演化规律、客观作用，以及对环境与人文的影响，深入分析塘河与宁波这座河海交汇处的历史文化名城的互动关系，以期为今后的名城保护实践提供全新的塘河视角。

关键词：宁波；塘河；浙东运河；潮汐江

宁波作为大运河入海口的重要城市，是见证中国大运河与海上丝绸之路连接的“活化石”。自秦汉设县以来，基于人与自然双重力量而不断构建的运河系统与港口系统，既成就了宁波古城在历史上的巨大作用，又塑造了这座历史文化名城独特的人文地理景观。本文着重讨论作为浙东运河一部分的宁波地区塘河系统对于城市发展、演变的影响，而海运系统将另外行文专门论述。

宁波地区的河道一般称为塘河系统。宁波人将穿行于主城区的六条主要河道称为“六塘河”[①]，将河道里出产的青、草、鲢、鳙等食用鱼统称为“塘鱼”，可见塘河与宁波城、宁波人的密切联系。塘河体系是宁绍平原地区所特有的人工改造自然河道系统的成果。距今四五千年前，宁绍平原在经历了最近一次海侵之后逐步成陆。[②] 具备阻咸蓄淡功能的塘河系统，对于宁波地区开发进程有着重大意义。宁波主城区至今保留着“子罗双城，三江六塘”的空间格局，塘河系统深刻地影响着城市交通系统、市镇分布，乃至人们的生活方式，是宁波城最为鲜明的人文地理景观。

---

① 即鄞西（今海曙区）的西塘河、中塘河、南塘河，鄞东（今鄞州区）的前塘河、中塘河、后塘河。

② 陈桥驿：《长江三角洲的城市化与水环境》，《杭州师范学院学报》1999 年第 5 期，第 1 页。

一、塘的基本概念和构筑方式

塘，是一个形声字。徐铉校订的《说文解字》中，解释为："塘，堤也，从土，唐声。"《康熙字典》的解释是："筑土遏水曰塘。"从以上解释可以看出，塘的本意就是挡水的土堤。

从"塘"字基本含义中引申出来的意思至少有四种：第一，人工挖掘的方形水池，杜甫《和裴迪登新津寺寄王侍郎》中"蝉声集古寺，鸟影度寒塘"中的"寒塘"即是此意，亦有进一步引申为"小坑"的情况。第二，抵抗海潮的堤坝，刘道真《钱唐记》载："防海大堤在县东一里许，郡议曹华信家议立此塘以防海水，始开募有能致一斛土者，即与钱一千，旬月之间，来者云集，塘未成而不复取，于是载土石者皆弃而去。塘以之成，故改名钱塘。"[①]第三，明清时期驻军警备的辖地或驿站关卡，所谓的"塘报""塘卒"均为此意。第四，人工筑成的河道，在修筑抵抗海水或者潮汐江水的陂塘的过程中，利用天然水源，配合堰、碶、闸等水利设施，出现了具备阻咸潮、蓄淡、灌溉、通航功能的人工河道，这就是塘河，也是本文论及的核心。

江南地区，尤其是宁绍平原，早期江河通海，咸潮充斥内陆，既不利于出行，也无法开展农业生产。随着江南经济的开发，尤其是唐宋以降经济中心的南移，如何有效地隔绝海潮的侵袭，最大限度保持与调控山区流至平原地区的淡水资源，以发展农业、保障生存，就成为塘河系统出现与完善的主要动力。这一逻辑在江南地区堤塘护岸技术的演进上亦有明显体现，其演进总体上有如下阶段：

首先是早期的土塘阶段。这一时期，南方的地方政权开始着力发展农业生产以确保自身实力，如钱塘江沿岸自古就苦于海潮侵袭，汉末以来就有土塘。钱塘在筑"捍海塘"之前，经常出现大潮冲垮堤塘的情况，"怒潮急湍，昼夜冲激，版筑不就"[②]，这里的"版筑"就是类似夯土墙的土塘做法。

其次是五代时期出现的竹笼石塘。吴越国在深入治理江南的过程中，注意到了土塘的缺陷，在后梁开平四年(910)，钱镠改用竹笼石塘，在预制的竹笼里面填满石头，层层垒起，用木桩固定后再往塘内填土夯实，筑塘的技术由此得到了提升。

最后是北宋时期的柴塘和石塘。所谓柴塘，就是一种通过柴、土相间叠压形成的堤塘。而石塘则更为坚固，就是在土塘迎水面上用条石护坡，以加强抗冲击能力，庆历七年至皇祐二年(1047—1050)王安石任鄞县知县时期，进一步优化了

① 林正秋：《古代的杭州》，《浙江大学学报》1978年第2期，第130页。

② [宋]钱惟演：《筑捍海塘遗事》，载《钱惟演策》卷四，浙江古籍出版社2014年版，第61页。

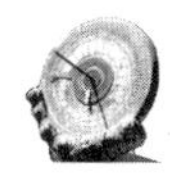

石塘的砌筑形式，改直立式石塘为斜砌式，创建了“坡陀石塘”，最大程度提升了石塘的抗潮能力。

也正是在唐宋时期，随着相关水工技术的成熟，宁波的塘河系统开始成型。

二、宁波地区塘河系统的发展及其对城市的影响

宁波地区的塘河系统的发展，主要经历了三个较大的阶段，每个阶段都互相联系又有着各自的“任务”。

（一）前城市时期至唐代的源头治理

宁波平原在海退之后的早期，依然是一个咸潮肆意横流的斥卤之地。北宋舒亶在《风堋碶记》中提到：“鄞于明为剧县，占乡十有六，而公私之田无虑几万顷。其潴以蓄待灌溉者既无几，而凡所以为捍防酾导之具，吏又忽不时省，颓漏废圮，十或八九。不幸天时稍愆亢，其涸可立待，而民辄病。间无如何，注江流以趋一时之急，且咸卤至，腐败诸苗稼，积不已，往往田遂瘠恶，遂废不足耕，种不可下。”①因此宁波地区秦汉时期的三个县治，主要在山前台地：句章县县治在城山渡，鄞县县治在奉化西坞的白杜，鄮县县治在鄞州五乡镇同岙。山前台地使得先民既可以防治咸潮侵袭，也易于获得稳定淡水资源，但是当人口增加、城市规模和物流需求进一步拓展的时候，人们就必须来到平原中心地带。清代周镐在《永镇塘记》中总结先民们面对咸潮的解决方案“故，鄞之言水利者，堤防之力居多”②，这就是塘河系统在宁波出现的基本背景。

唐代后期中原移民增加后，宁波地区深度开发的需求加大。这一阶段，作为塘河系统建设的基础部分，首先开展了一系列引水、蓄水的基础工程。其中最主要的是鄞西平原的它山堰、广德湖，鄞东平原的东钱湖。

鄞西平原最早出现的大型供水水源是广德湖，广德湖原为海退之后留下的众多潟湖之一，早期湖面形如酒器罂脰，故名“罂脰湖”。鄞县县令储仙舟于广德元年至大历八年（763—773）完成治理之后，更名广德湖。之后唐宋年间屡有治理，其灌溉区从唐代的400余顷扩大到南宋前期的2000多顷（1顷约等于6.67万平方米）③，是宁绍平原上与鉴湖齐名的平原水库，但随着南宋以后浙东地区“人—水—地”关系的进一步紧张，最终在南宋时期废湖为田。宋代王廷秀在《水利记》评价其后果：“西七乡之田无岁不旱，异时膏腴，今为下地。”④

---

① ［明］高宇泰：《敬止录（点校本）》，沈建国点校，宁波出版社2019年版，第160页。

② 天一阁博物馆：《天一阁藏历代方志汇刊》第二三八册，国家图书馆出版社2017年版，第290页。

③ 邹逸麟：《广德湖考》，《中国历史地理论丛》1985年第2期，第212页。

④ ［明］高宇泰：《敬止录（点校本）》，沈建国点校，宁波出版社2019年版，第122页。

广德湖被废后，鄞西平原之所以还能支撑起宁波府城的持续淡水供应，关键在于它山堰工程。它山堰位于鄞西平原南部山区进入平原的山口处，在工程实施之前，海潮可沿奉化江上溯章溪，进而“污染”大片平原地区。唐大和七年(833)鄮县县令王元暐“相地之宜，所历喉襟之处，规而作堰，截断咸汐”[①]。阻断咸潮上溯，山洪溢堰入江，分流引入内河，一路灌溉鄞西腹地，一路入宁波城南门，潴蓄于日、月二湖及城内诸河，完成城市供水。在广德湖被废后，它山堰成为鄞西平原和城市供水的主水源。《它山水利备览》作者魏岘评价这一水利工程：“一朝堰此水，千载粒吾民。只仰溪为雨，何劳旱望云。”[②]

鄞东平原位于通海的甬江、奉化江一线以东，其上是一个独立于鄞西平原的水网，核心是天台山脉东南余脉溪流汇聚而成的东钱湖。东钱湖也是潟湖，东晋时已经基本成型，唐天宝三载(744)，鄮县县令陆南金利用地形，将湖区西北部几个山间缺口筑堤连接，形成了规模更大的湖泊。1000多年来，东钱湖实际上是整个鄞东南平原灌溉、饮用的主水源。东钱湖美景也为历代文人所赞叹，南宋哲学家袁燮称赞东钱湖：“山色水光相映发，清辉含处妙难摹。”[③]

这三个大的蓄水、引水工程都在唐代完成，为宋代塘河干流的治理，进而为宁波平原中心区域城市建设、农业生产和交通物流的跨越式发展提供了基本前提和坚实基础。

唐开元二十六年(738)，宁波从越州析出独立建州，而配套的大型“水库”——鄞西广德湖、鄞东东钱湖——在二十几年内迅速治理完成。

在两湖治理完成不到80年的时间内，长庆元年(821)，明州终于能在距离三江口港口不到一公里处建设子城。

在它山堰工程提供更加稳定、直接的水源半个多世纪后，乾宁五年(898)，明州刺史黄晟沿南湖(日月湖前身)和两条潮汐江共同构成的边界，完成了梨形罗城的建设，奠定了嗣后1200余年宁波府城的基本形态与空间格局。

(二)两宋时代塘河干线的形成

唐末淡水水源问题解决之后，宁波的城市功能在两宋时期面临了新的挑战。首先就是北人南迁和农业发展两大因素导致的人口爆发。根据《宝庆四明志》统计数据：政和六年(1116)，宁波地区人口数接近27万；半个世纪后，乾道四年(1168)上升至33万，增长近四分之一[④]；到了南宋初年《建炎以来系年要录》已经

---

① [宋]魏岘：《它山水利备览》，载[明]高宇泰《敬止录(点校本)》，沈建国点校，宁波出版社2019年版，第135—136页。

② [宋]魏岘：《四明它山水刊备览》，《四明丛书》刊本。

③ 宁波市鄞州区水利志编纂委员会：《鄞州水利志》，中华书局2009年版，第797页。

④ [宋]罗濬：《宝庆四明志》卷五《叙赋上·户口》，清烟屿楼校刻本。

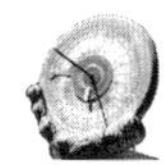

用“四方之民，云集两浙，百倍常时”[①]的文字来形容江南社会经济的剧变了。

南宋迁都临安，十分重视海外贸易，但是当时的钱塘江入海口反复变迁，海船无法在杭州附近靠岸，只能选择南侧的明州港。燕肃《海潮论》评述道：“海商舶船怖于上滩，惟泛余姚小江，易舟而浮运河，达于杭、越矣。”[②]首都配套海港地位的确立，使得宁波的城市地位变得愈加重要，经济与交通的需求也同步提升，这就需要将山区淡水资源更广泛地分布到下游中心区域；水运的需求也在同步增长，因此塘河干流的整治成为重点。这一时期，在鄞东和鄞西两个流域，各出现了三条较大的塘河干流，简要介绍如下：

广德湖在南宋被废之后，其北塘和东塘分别演变成两条塘河干流，分别为鄞西西塘河和鄞西中塘河[③]。其中鄞西西塘河始于高桥，在望春桥与中塘河汇合，由西门口注入护城河，是广德湖北塘遗迹；沿线遗留下高桥、新桥、望春桥、接官亭、大卿桥等遗迹与古地名。鄞西中塘河起于横街，往东北方向在望春桥汇入西塘河，为广德湖东界遗存河道。该河横贯鄞西平原中部，在灌溉、航运方面有较大作用。横街古称桃源乡，有桃源书院等古迹。以上两条塘河在广德湖被废后，供水作用退化，而千年以来真正为宁波府城持续供水的是鄞西南塘河。南塘河受它山堰来水，流经鄞江、石碶、段塘后自南水门入老城，是引樟溪水入鄞西河网和行洪、灌溉、航运的骨干河；沿途有星光村、南塘老街、鄞江古镇等。以上是鄞西平原或者传统上称为西乡一带的三条塘河。

在鄞东平原也形成了三条干流，乃是行洪、引流、蓄水、灌溉、航运主要河道。最北侧是鄞东后塘河，起自三溪浦，一路向西至大河头；唐代日本僧侣从三江口登陆，前往天童、阿育王寺主要走的也是这条水道。最南侧为鄞东前塘河，起自横溪镇，汇东钱湖大堰下泄湖流；于横石桥与中塘河汇合后，分别从道士堰、大石碶进入奉化江。在两者之间的是鄞东中塘河，起自东钱湖莫枝堰下注溪流，西流至横石桥与前塘河汇合。

塘河系统要与城市共成长并发挥最大作用，远不止几条主干水道的功劳，其本质是一个完整的系统，这个系统至少具备三种特性：

首先，塘河系统是一张水网。除了六条塘河干流，每条河流又有多条支流，漫布在平原之上；同时，所谓“六塘河”也仅仅是指代塘河干流中最大的几条支流，实际上府城周边与内部还有许多其他塘河。城内的河道南北向有平桥河、大庙前河等，东西向有西水门里河、天封塔东河等，另有子城护城河、内护城河、护城河绕城

---

① ［宋］李心传：《建炎以来系年要录》卷一五八“绍兴十八年”条，台湾文海出版社 1980 年版，第 5037 页。

② 邱志荣、赵任飞主编《闸务全书三刻》，广陵书社 2018 年版，第 28 页。

③ 文中论及六塘河名称时，为便于区分，均按照宁波方志行文传统，在奉化江以西流域的三条塘河名前加“鄞西”，在奉化江以东流域的三条塘河名前加“鄞东”。

三匝，城南还有日、月双湖；城外如江北、镇海区域，还有颜公渠、慈江、中大河等。

其次，塘河是人工系统。因为塘河的淡水是人们利用地形强制存蓄下来的，所以除了对河道本身的整治和渠化外，还要依靠一系列水工设施来进行最大程度的控制，如水则、碶、闸等。

水则的作用就是监测水位。南宋时期宁波地区具有代表性的水则有三处，包括淳祐年间陈恺建设过的城东大石桥碶水则和它山堰回砂闸的"则水尺"，当然最有名的还是平桥头的平字水则碑。开庆元年(1259)，吴潜在考察西乡河网后，将城外水位统一换算成平桥头的水位，做好标记，并据此操作各闸的启闭。碶、闸是在咸淡水交汇处、不同水位河段交界处，用于控制水流的调节装置。碶、闸往往配套堰、坝等拦水、蓄水工程，形成一个完整的控水、交通相结合的工程。如东钱湖的莫枝堰、高桥的大西坝等，既有控制水位的堰、坝，也有排水的碶、闸，更配有在不同水位河道之间实施"挽舟"的工具。

最后，塘河与潮汐江"互为复线"。塘河水道自其诞生之日起，就同时具备灌溉、饮用、排涝、行洪、运输等多种功能，其中运输功能较为独特，因为塘河之水最终要宣泄到大海之中，六条塘河均向三江口汇聚，这就使得塘河不仅是平原地区的"快速路"，更成为江海联运的重要组成部分。浙东运河普遍存在人工塘河与潮汐江"互为复线，因势取舍"的情况。塘河伴随着对潮汐江的隔离和控制产生，许多塘河在形态上往往平行于潮汐江，空间上也很接近。比如广德湖北塘萎缩成的鄞西西塘河，平行于余姚江；它山堰引出的鄞西南塘河，平行于奉化江；与东钱湖水系相连的鄞东后塘河，则与三江口以东的甬江并行。这种情况使得人们可以在利用与躲避潮汐力量的两种选项中自由切换。

这种应用的案例是，从丈亭三江口往宁波府城，南宋陆游说"姚江乘潮潮始生，长亭却趁落潮行"[①]，说明当时是利用潮汐走姚江天然航道。而明代张得中《北京水路歌》却说"四明古称文献邦，望京门外西渡江"[②]，则说明张得中去北京是先走平静的鄞西西塘河，在大西坝进入姚江，利用潮汐往西而行。

(三)明清时期城市河道的精细治理

历经唐宋，宁波平原的塘河系统从源头到干流都已经非常完备，这也是下游三江口区域城市进一步发展的基本前提。当时间走到明清，我们可以在宁波城中看到依托于塘河系统形成的完备、精细的城市水利系统。南塘河为府城持续供水；在城市南部地势较低处蓄水成为日、月双湖，与鄞西三条塘河一起调蓄城内水系；府城沿余姚江、奉化江筑塘设碶防止咸潮污染淡水，并在东侧沿江区域设置三

① 陈伟权：《丈亭唱响三江曲》，《文化交流》2012年第7期，第15页。

② [明]张得中：《北京水路歌》，载[清]汪启淑《水曹清暇录》卷三，清乾隆五十四年汪氏飞鸿堂刻本。

个排水口——水喉、食喉、气喉；而探测、感知城市水位情况的“信息中心”则是位于平桥头的水则。总结起来就是“南塘供水、三喉泄水、日月承水、水则控水”。

明清时期，尤其是18世纪以后，宁波府城进入了成熟发展阶段，随着人口的持续增加和经济规模的扩大，人、水、地三者矛盾空前紧张。嘉庆二十二年(1817)宁绍台道陈中孚到宁波上任时，就看到了相当糟糕的情况：城内河道大量堰塞或者被民居侵占，城市东侧的排水系统无法正常工作，而掌握全城水位的水则碑也不知去向。官方不得不发起了一次大规模的治水工程并记录在天一阁藏“浚河复喉碑”①上，其内容可以帮助我们深入了解当时河道整治的真实情况。

首先是关于施工顺序。施工从月湖的清淤开始，自经河到支河。所谓经河，特指东西向横贯宁波城的主干河道，由西水关里河、县前河两段组成，对应今天的地理方位，总体上与中山路重合。所谓支河，指由经河向南、北两侧发散开来的二级河道，根据光绪年间编纂的天一阁藏《宁郡城河丈尺图志》，19世纪末尚有主要支流12条，今天海曙老城区区域内80%以上的道路都由当年的支河及其支流填塞而来。

其次是关于河道整治。主要内容包括清淤、拆违、打通断头河。整治后的河道宽度基本达到一丈二尺至三丈(约4.3—10米)，深度为一丈五尺左右(约5.6米)。沿河设置防火水仓40余处，派遣船只专门开展巡逻值守，维修桥梁61座。河道疏浚过程中所产生的淤泥渣土，一部分用于建设沿海、沿江堤塘；另一部分运至舟山，填海开辟滩涂，公开租售，所得款项用于今后市政建设。

最后是关于水工设施的恢复。官方根据文澜阁《四库全书》中宋代宁波方志的记载，在平桥头的废墟中发掘并修复了17世纪以后“消失”了的水则碑，这为内河水利系统完整功能的发挥奠定了基础。并结合城墙修缮，进一步疏通食喉、气喉两个排水口，重新找到水喉并整修、加固，增设闸门，使之具备启闭功能。

进入民国之后，由于现代市政建设理念的引入，宁波古典城市的形态开始变化，最为典型的就是毁城(拆除城墙)、填河两项工作。1928—1942年，宁波城区桥梁从227座减少到117座，1925—1936年，老城内有18条河道被填塞成道路或公共建筑，整个民国时期，老城内八成以上的河道消失，老城区主要道路框架基本成型，而代价就是城内塘河水系逐渐衰亡。②

---

① [清]陈中孚：《浚河复喉碑记》，道光元年撰立，现竖于天一阁景区秦氏支祠后墙游廊，全文可参阅章国庆：《天一阁明州碑林集录》，上海古籍出版社2008年版，第223—224页。

② 以上数据根据张传保等编著之民国《鄞县通志·舆地志》已编“河渠”、丑编“桥”之内容统计。

三、塘河系统对城市景观的塑造和相关建议

明州港位于大运河出海口,这使得宁波地方景观往往兼具海港风情和江南之秀美,而江南秀美之景则主要来源于塘河系统对城市景观的影响和塑造。尽管随着人们生活方式和城市形态的变化,很多景致已经离我们远去,但是依然有一些特有的人文地理景观留存下来,构成了宁波这座城市最为灵动的景观与气质。

一是街河肌理。塘河水网承担了历史时期宁波城市的给排水、交通等各项主要功能。在城市空间中,道路往往只是河道的配套,街随河走,街道与河道的肌理重合。宁波城里街河的配套形式有多种:前街后河,如南塘老街区域;两街夹一河,如月湖西岸马眼漕两岸;街河并行,如平桥河与迎凤街西段。即便在二十世纪三四十年代之后填河为路,许多道路依然保留了河道的走向和脉络,典型的如"永寿界伏跗室历史街区"棋盘式的街巷格局,至今依然保留了《宁郡城河丈尺图志》中天宁寺西河、观音寺前河、文昌阁西河的基本肌理。这些街河格局,无论在历史街区改造还是新区域建设中,都应该得到重视和保留。

二是湖居环境。尽管都是江南水乡,城市与水系的关系也各有不同。比如杭州与绍兴,在罗城城墙内,尽管水道密集,但是并没有大面积湖泊,西湖、鉴湖都是城外湖。但是宁波的日、月双湖却是城内湖,因此宁波老城历史上具有十分典型的湖居景象。遗憾的是,由于月湖历史街区改造一直未能完成,宁波城内的湖居景象已经消失,不过在近郊如东钱湖,还能看到传统平原水乡的湖居聚落。比如殷湾村,其建筑的排布方式就是沿湖展开,就是所谓的"依山就势、枕水而居",建设成本不高,方便开展渔业活动,而且大格局上处于"山南水北",阳气足、光照佳;又比如韩岭村,处于南岸,占不到阳面的位置,那就借助山间谷地,沿溪流河道排布展开,依然能够得到一个相对有优势的生活环境,而且在交通上更为便捷。传统湖居中的人与自然配合方式,也可以被今天的城市建设借鉴。

三是河网湿地。目前宁波拥有湿地类型 5 类 15 型,8 公顷以上湿地总面积 23.17 万公顷,相当于市域面积的 23.6%,湿地面积位居全省第一。湿地成因有多种,除了近些年颇受关注的海岸湿地外,与塘河水系关系更为接近的是河流湿地和传统农业形成的人工湿地。由于浙东运河区域的自然河道、人工河道、灌溉系统往往是联系在一起的,因此也可以将其视为一种互相关联的景观。当年的广德湖、今天的东钱湖周边都有大量过渡性湿地存在。尤其是历史上的广德湖,作为目前宁波中心区域,恢复大湖自然不具备可行性条件,但是利用残留的中塘河、西塘河水系,恢复当年的湿地环境,在景观、行洪、灌溉上都极具可操作性,将会成为新的城市景观。

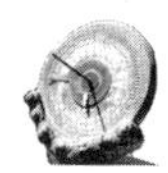

四是塘河市镇。塘河的交通节点或者重要水工设施所在区域,往往发展成为市镇。重要的交通节点如鄞西西塘河边的高桥镇,作为浙东运河进入宁波城的最后一个自然河道与人工河道的转换节点,宋代以来一直是交通要道,大西坝是见证江河联通的"活化石",西塘河沿线排布石塘老街、高桥、新桥、望春老街等一系列遗迹。五乡镇则因为当年鄞东七乡中的老界、翔凤、手界、丰乐、阳堂五乡之水,都要通过五乡碶经小浃江入海而兴盛,因此五乡也是一座依后塘河展开的古镇,现在沿后塘河布置的市镇格局和皎碶桥等水工设施遗存都是当年水运繁华的见证。建议在相关区域的建设和改造中,继续重视这种线性遗产中的节点区域,保留住"鱼虾衣角裹,鹅鸭担头鸣,白酒喧茅店,红装纳竹篇,亲朋大都在,街口竞呼名"[①]的江南景象。

---

① 乐承耀:《宁波农业史》,宁波出版社2013年版,第293页。

大运河(宁波段)文化遗产保护传承利用研究

杨晓维

(宁波市文化遗产管理研究院)

摘　要:大运河(宁波段)是宁波唯一的世界文化遗产,宁波应牢牢抓住保护传承利用之机遇。本文以宁波市丰厚的运河文化遗产资源为研究基础,根据大运河(宁波段)保护现状和特点,明确中国大运河连通海上丝绸之路核心区的发展定位,提出以活态保护为目标,统筹传承沿河文化资源,发挥世界河海名城地位和作用,对下一步做好保护传承利用工作进行了深刻阐述,旨在推进宁波运河文化标志性品牌建设。

关键词:大运河;文化遗产;保护;传承;利用

一、研究背景

大运河(宁波段)位于中国大运河最南端,是中国大运河整体的终点,也是内河航运通道与外海连接的纽带。2014 年中国大运河申遗成功,宁波市"浙东运河上虞—余姚段""浙东运河宁波段"和"宁波三江口"三个遗产点、段列入世界文化遗产名录。

长期以来,宁波市十分重视大运河(宁波段)遗产保护工作,从落实大运河遗产保护管理举措、建立大运河遗产长效保护机制等方面,积极推动大运河(宁波段)文化遗产的保护和管理工作。当前,宁波市正处在全面建设高水平国际港口名城、高品质东方文明之都,加快打造现代化滨海大都市,争创社会主义现代化先行市的机遇期,如何更好地发挥世界文化遗产的地位和作用,利用世界河海名城文化品牌,推动独具魅力的"文化强市"建设,促进城市经济社会创新性发展,是当下大运河(宁波段)文化遗产保护传承利用的重要研究内容。

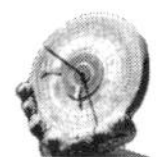

二、研究基础

大运河(宁波段)作为陆上丝绸之路连接海上丝绸之路的“最后1公里”,将传统意义上的陆上贸易线路通过大运河、海上丝绸之路向海洋延伸,是古时江南经济腹地依托河海联运通江达海的唯一通道,更是国家新一轮开发开放的战略要冲。千帆过尽,舟楫往来,流淌的大运河积淀了深厚的中华文化,串联起丰富的历史遗存。大运河(宁波段)支渠交错、遗存丰厚、源远流长,“近入乡野,远出大洋”的水运网络四通八达。运河沿线孕育了极具代表性的阳明文化、商贸文化、海洋文化、藏书文化等特色文化,保留有绵长的河道和丰富的水利工程、航运设施、聚落遗产、生态景观等遗产要素,承载了诸多科学创新技术,在浙东乃至中国文化宝库中留下了深刻的宁波印记和宁波表达。① 其中,作为中国大运河的组成部分被列入《世界遗产名录》的点、段有3处,河道长约34.4公里;被公布为国家级、省级文物保护单位的遗产点有13项28处,分布于沿线的6个市(区、县)(表1)。

表1　大运河(宁波段)文化遗产情况

项目	单位	数量	说明
世界文化遗产点、段	处	3	浙东运河上虞—余姚段(余姚部分)、浙东运河宁波段、宁波三江口(含庆安会馆)
世界文化遗产河道长度	公里	34.4	占全省遗产河道的10.5%
全国重点文物保护单位	项	6	浙东运河上虞—余姚段(余姚部分)、浙东运河宁波段、宁波三江口、水则碑、姚江水利航运设施(大西坝、小西坝旧址及压赛堰遗址)、通济桥
省级文物保护单位	项	7	浙东运河河道、马渚横河水利航运设施(西横河闸和升船机、斗门新闸和升船机、斗门爱国增产水闸)、姚江水利航运设施及相关遗产群(陆埠大浦口闸、丈亭运口及老街、姚江大闸)、宁波航运水利碑刻(镇海澥浦老街奉宪勒石、庆安会馆天后宫碑记、庆元绍兴海运达鲁花赤千户所记碑、元代移建海道都漕运万户府记碑)、舜江楼、小浃江碶闸群(东岗碶、燕山碶、义成碶、浃水大闸)、姚江运河渡口群(半浦渡口、青林渡口、李碶渡口、都神殿)

大运河(宁波段)文化遗产保护传承利用应当以大运河活态保护为目标,统筹好沿河文化遗产保护、城市文明建设和生态文明建设,积极打造宁波运河文化金名片,彰显东方文明之都的文化底蕴,使大运河成为有助于实现中华民族伟大复兴的文化标志性品牌。

① 邱志荣、陈鹏儿:《浙东运河史》,中国文史出版社2014年版。

三、存在问题

(一)大运河世界文化遗产的保护需要健全机构机制

宁波市委、市政府在2021年5月出台了《大运河(宁波段)文化保护传承利用实施规划》。规划以大运河(宁波段)世界文化遗产为核心资源,范围涉及海曙、江北、镇海、北仑、鄞州、余姚等市(区、县),内容涉及文化遗产保护与文化价值传承、运河名城名镇保护与功能提升、非物质文化遗产保护与传承工程、生态环境保护与滨河品质优化工程、航道整治利用与水利功能提升工程、文旅融合发展与产业活力升级工程等方面。从总体上看,规划范围涉及面广、纵横跨度大,而当下运河沿线各市(区、县)联动机制尚未建立,管理体制尚未理顺,众多的文化要素如何得到有效组织是当前亟须破解的难题。

(二)大运河世界文化遗产的传承需要拓展承载空间

大运河文化是由运河及其所流经区域民众所创造、遵循、延续的文化,是一个以时空辐射为演变特征的综合性的文化系统,是运河区域民众所创造的文化本身与文化形成过程的结合。因此,运河文化具有整体性和交融性,涉及商贸文化、信仰文化和民俗文化等多种门类。为适应新形势的需求和发展,更好地发挥作用,对于作为世界文化遗产的大运河(宁波段),需要拓展新的空间来传承和展示其文化魅力。根据相关规划目标定位,宁波大运河国家文化公园建设将以"一脉三片多组团多线路"空间发展为格局,着力打造"一馆二带三公园"核心展示体系①,如何推动具体项目落地实施,并在此基础上同步推进水利水运、沿线交通、遗产保护、文化传承、生态建设系列工程,从而实现经济、社会、生态效益多赢共享,亦是目前面临的机遇和挑战。

(三)大运河世界文化遗产的活化利用需要勇于创新突破

大运河文化遗产活化利用目前仍受层层桎梏:因缺乏促进运河遗产文化研究成果创造性转化的专业人才,许多研究成果因"干货太干,不好消化",无法快速有效地传递出准确、成熟的知识与信息而被束之高阁;作为直接影响景区品质人员的文物保护工程的实施者、保护规划的编制者、展馆展陈的设计者、景观风貌的整治者、文创产品的开发者、景区旅游的管理者等,往往缺乏遗产地相关领域的专业背景知识,在零散化知识点指引下"泛泛而谈",打造程式化、模式化的"流水作业",致使展现地域灵魂与标识的原创性和创新性总体匮乏;既有展示也未能充分

① 中共宁波市委办公厅、宁波市人民政府办公厅:《大运河(宁波段)文化保护传承利用实施规划》,2021年。

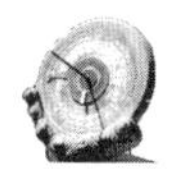

表达运河文化属性,展览内容单调重复、缺少吸引力,是对运河文化遗产资源挖掘、收集整理和研究不够深入导致的;同时运河文化传承保护利用中也存在不平衡,坚持重点突破与整体推进发展未能有机融合,市民对世界文化遗产点的知晓度并不高,遗产历史文化地位和作用有待进一步发挥;等等。

四、对策建议

大运河不仅是沟通中国南北的水上通道,而且还是连接世界的大通道。根据大运河(宁波段)的特点,结合宁波市"名城名都"建设的新目标,我们提出如下定位:中国大运河连通海上丝绸之路的核心区。立足大运河(宁波段)在历史上无法取代的地理优势和特色鲜明的枢纽作用,积极发挥宁波市地处中国大运河通江达海"最后一公里"的区位优势,提升宁波市在大运河(浙江段)文化带的核心地位,整合带动沿线城市世界遗产保护、产业创新发展、基础设施互联互通,提升文化软实力,成为助推新时期"六个浙江"建设的金字招牌。

(一)加强文化遗产保护修复与整治

全面排摸大运河(宁波段)文化遗产和文物保护单位,建立项目库。通过立法、规划等手段,明确权利义务主体,强化责任、深化细则,真正发挥运河保护管理的指导性文件的作用。加快文化遗产保护信息化进程,以提升大运河(宁波段)监测预警平台为抓手,切实做好遗产的日常保护与监测。继续做好永丰库、天一阁、庆安会馆、上林湖越窑遗址、高丽使馆遗址等文化遗产的提升、保护和利用工作。加强对压赛堰遗址、小西坝遗址和句章古城遗址(宁波江北区姚江北岸)的考古发掘,进一步深入探讨运河与城市起源、发展的关系,挖掘运河遗产价值,也是大运河遗产科学保护和利用的前提和保障。加强文物本体修缮与周边环境整治,重点推进大西坝、小西坝、压赛堰等姚江水利航运设施和斗门老闸的保护和修复。整治纤道沿线周边陆地与水域环境,保护纤道上现有桥梁遗存,建立纤道的维护机制。加强大运河沿线古镇、古村的保护和整治,推进慈城国家级历史文化名镇、半浦省级历史文化名村等运河聚落的保护开发利用建设及周边环境整治。

(二)完善非物质文化遗产保护与传承

加强非物质文化遗产的研究与保护,坚持非遗项目、传承人、传承基地"三位一体"的创新模式,推动非遗项目的传承和推广,完善普查建档制度和代表性传承人认定制度。深化沿线非遗保护,通过非遗研学基地、旅游线路打造等措施拓展非遗影响力。谋划建设宁波非物质文化遗产中心,重点推进徐福东渡传说、舜的传说等民间文学,余姚犴舞、甬剧、姚剧、百年龙舞等传统艺术,越窑青瓷烧制技艺，镇海口海防历史故事和麻将牌起源的故事等国家、省、市级非物质文化遗产的研究与保护。深入挖掘、科学评估以浙东学术文化、港口文化等为代表的宁波历史文化资源，阐明宁波优秀传统文化的独特创造与价值理念，创新表现形式，赋予新的时代内涵。依托庆安会馆和海洋与文化（象山）生态保护实验区，加强对闽粤妈祖信俗文化的保护。

（三）搭建大运河文化价值传承交流平台

建立大运河文化研究特色智库，围绕港口文化、水文化、阳明文化、藏书文化、慈孝文化、商业文化、佛教文化等重点，聘请国内外大运河研究知名专家组成专家库，与韩国、日本等东亚、东南亚国家及中东欧国家等历史上大运河文化输出的目标国家，重新建立文化交流机制，推动建立国际合作研究项目，在大运河文化研究领域发出“宁波声音”，讲好“宁波故事”。打造大运河文化研究专门机构，强化大运河文化咨询研究能力，深入开展宁波运河、城区塘河文化研究，建立和完善咨询数据库，提升城市规划、河道整治、沿河开发等重点工作的历史文化内涵和技术支撑依据，为市委、市政府重大决策提供有效借鉴。鼓励运河作品创作，组织文艺家开展大运河主题创作采风，推荐创作骨干参加南北运河诗会等创作活动，在国内知名刊物发表相关主题文学作品。推进文化交流共享，举办大运河系列摄影展、沿线名胜名景主题篆刻作品展览、短视频系列大赛等，持续扩大文化遗产公众影响力。通过组建“河长联盟学校”，创新科普宣传载体，开发浙东运河遗产科普教育读物、绘本，开设运河课堂，开展项目化德育实践活动，通过广大青少年多元化的视野和表达方式，全方位宣传运河保护理念，实现运河保护宣传的代际传承。

（四）构建大运河沿岸展示平台

深入挖掘以大运河为核心的历史文化资源，因地制宜改造提升运河沿线景点古迹，努力在保护传承和活化利用中激活“运河新生”，让运河文化成为市民“心理地标”。[①] 加强运河遗产的展示利用，改造提升运河现有绿化景观带和公共文化设施，整合旅游及市民休闲等多种功能。宁波城区重点打造“一馆两带三公园”景观带，“一馆”即河海博物馆，展示宁波作为由中国大运河和海上丝绸之路组成的世界黄金水道上世界河海名城的历史底蕴与文化内涵；“两带”即西塘河文化带和官山河绿化带，重塑沿线古村、镇的历史记忆，展示大运河（宁波段）遗产的深厚文化内涵；“三公园”，即压赛堰遗址生态公园、小西坝旧址湿地公园、大西坝运河文化主题公园，进一步加强大运河（宁波段）遗产展示利用。提高宁波博物馆、河姆渡遗址博物馆、宁波帮博物馆、中国港口博物馆、镇海口海防历史纪念馆等现有运河

① 邵波、钱升华：《论大运河文化带建设中的文物保护与传承利用》，《聊城大学学报（社会科学版）》2019年第1期。

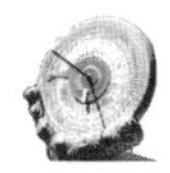

文化相关博物馆的发展水平,推动慈城古县城保护开发、余姚阳明古镇、河海博物馆、天一阁书文化博物馆、河姆渡国家考古遗址公园等建设项目顺利进展,实现“以项目促保护”良性循环。加快推进运河两岸游步道建设贯通,打造沿河市民休闲、健身的“生态长廊”,在运河沿岸打造自行车游线和步行游线,在运河沿线山体丘陵打造登山游线。通过建设和提升沿河社区,让两岸居民成为运河文化带工程最大受益者。

(五)加快运河特色文化产业发展

深入挖掘运河文化在新时代背景下的价值,优化活态传承,拓展文化空间,培育文化产业,推动运河文化遗产创造性转化和创新性发展。建立以运河特色的文化旅游产品为核心的综合性产业发展体系,重点发展文博会展业、现代工艺美术业、文化休闲旅游业、文化演艺与影视制作业等四大产业,推动相关行业向运河沿线文化产业园区集聚。依托运河沿线丰富的非物质文化遗产资源,以古村、古镇等为主体,发展融合时尚原创与运河流域传统民间技艺的手工艺,扶持发展一批运河民间工艺特色村镇。深化翠屏山“一城两园”旅游产品开发,推进慈城古县城创建 AAAAA 级旅游景区。深化业态融合发展,加快培育乡村旅游、工业旅游、中医药文化养生旅游等旅游新业态,持续推进沿线精品民宿招引和民宿集聚区建设,打造浙东运河精品研学项目。深入挖掘运河文化资源内涵,推动文化体验、生态休闲、体育健身等文化休闲旅游基地建设,打造文化旅游名城品牌。在文化演艺与影视制作业,重点发展影视节目制作发行,以大运河(宁波段)流域发生故事、培育的名人为原型创作与运河古代商贸流通、文化交流等相关的影视文化作品,扩大宁波运河文化影响力。加强创意设计,打破行业和地区壁垒,促进特色文化资源与现代消费需求有效对接,加快特色文化产业与相关产业融合发展,打造特色品牌,延伸产业链条,拓展特色文化产业发展空间,发挥综合带动效应,促进高端服务业发展。充实特色文旅活动,通过举办与运河相关的群众性文化体育活动,改善运河文化遗产旅游条件,打响运河文旅融合宁波品牌。

地域文化保护与传承中大城市近郊村历史文化价值传承及传统风貌保护策略研究

——以宁波石家村为例

张　延　王聿丽

（宁波市文化遗产管理研究院；宁波大学潘天寿建筑与艺术设计学院）

摘　要：石家村位处鄞州平原，为明代江南水乡聚落，保存有丰富的历史文化遗存，具有浓厚的人文底蕴。随着历史变迁和城市化进程的快速推进，在乡村文化解体及产业衰退的大背景下，石家村已呈现“完全空心化”状态，同时因地缘关系呈现出典型的大城市近郊村特征。在强调地域文化保护与传承的当下，应充分挖掘乡村历史文化特质，保护乡村山水格局、空间形态、人文内涵、传统风貌，以及不同历史时期生成的地域文化特色和时代价值。同时侧重新植入的城市空间和建构筑物的地域人文表达，把握原真性保护和时代性发展的平衡。

关键词：地域文化保护与传承；大城市近郊村；城市化；地域人文表达

一、乡村衰败及复兴的历史背景综述

从有聚落开始，就有了乡村，中国传统乡村已存在了数千年。传统乡村大多聚族而居，具有较强的血缘关系和地缘关系，并形成了以宗族、乡约及衿绅为组织的社会管理体系，乡村在“礼制”①下稳定发展。农耕社会是中国传统乡村社会的主要特点，以小农经济为生产生活方式的传统乡村，形成了一个自给自足、相对封闭且独立的区域，农村人过着“进可读书、退可耕田”的生活。在中国传统社会的旧式城乡关系中，城市和乡村之间保持着极为稳定的发展关系。城市发展极度依赖农村农业经济，人员结构长期稳定，文化内部保持了高度的一致性。

---

① ［西汉］戴圣：《礼记·乐记》：“天高地下，万物散殊，而礼制行矣。”

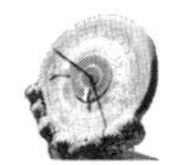

鸦片战争爆发以后，工商业城市兴起。在近代西方文化强势介入的背景下，中西方文化、技术交融与涵化使得城市逐渐成为工业、商业和教育的中心，传统社会的“士农工商”阶层顺序发生改变，社会结构重新建立。近代城市工业发展和经济繁荣吸引了大量乡村人口向城市涌入，同时城市“通过制造工农产品的剪刀差压迫和剥削乡村”①。处于自然状态下、还维持着以农业生产为主业的乡村，其自给自足的农村经济被动解体，乡村传统文化逐渐凋敝，几千年来相对封闭、稳步发展的中国乡村文化和固有风貌发生了激变，私塾、集市、庙会等文化、商业、宗教、民俗活动在乡村中不断减少直至消失，乡村向着维持生计的基本居住功能转化。②这时，城乡间的稳定关系逐渐被打破，城乡二元对立结构③逐渐确立，乡村开始呈现出衰败的景象。

自乡村衰败开始，对乡村的救亡运动一直在持续开展。民国时期，全国乡建团体达到了 600 多个，全国乡村救助试验点达到 1000 多处。④ 其中，梁漱溟先生在《乡村建设理论》中指出：乡村的无限制破坏已经令“千年相袭之社会组织构造既已崩溃，而新者未立；乡村建设运动，实为吾民族社会重建一新组织构造之运动”⑤。晏阳初先生兴办了“平教会”，他认为中国是农业大国，但乡村普遍存在的“愚、贫、弱、私”四大病害是乡村落后的主因，需要对其教育改造。卢作孚先生提出“乡村现代化”的乡建核心理念，采取以经济建设为中心，以交通建设为先行，以北碚城市化为带动，以文化教育为重点的综合建设方式。⑥

新中国成立后，百废待兴，全国开始了社会主义农村文化和新农村建设。到改革开放初期，主要经历两个典型时期，即 1958 年开始的农民公社运动和 1978 年开始的家庭联产承包责任制。⑦ 此时期，中国著名社会学家费孝通对中国乡村进行了深刻的实践，提出了乡土重建的核心在于乡土文化的重构，并发表专著《乡土中国》和《乡土建设》。林耀华⑧、李景汉⑨等学者，纷纷从人类学和社会学及村落文化视角，对村落的宗族文化及风俗习惯、建筑文化做了深入的调查和研究。当时

---

① 张小林：《城乡统筹：挑战与抉择》，南京师范大学出版社 2009 年版，第 41 页。

② 郭海鞍：《文化与乡村营建》，中国建筑工业出版社 2020 年版，第 19 页。

③ “城乡二元结构是指发展中国家普遍存在的城乡生产和组织的不对称性，也就是落后的传统农业部门和先进的现代经济部门并存、差距明显的一种社会经济状态。”张小林：《城乡统筹：挑战与抉择》，南京师范大学出版社 2009 年版，第 7 页。

④ 乡村工作讨论会：《乡村建设实验》第 2 集，中华书局 1935 年版，第 19 页。

⑤ 梁漱溟：《梁漱溟全集》，山东人民出版社 2005 年版，第 161 页。

⑥ 刘重来：《论卢作孚“乡村现代化”建设模式》，中国人民大学复印报刊资料《中国现代史》2005 年第 1 期。

⑦ 武前波、俞霞颖、陈前虎：《新时期浙江省乡村建设的发展历程及其政策供给》，《城市规划学刊》2017 年第 6 期。

⑧ 林耀华、金翼：《中国家族制度的社会学研究》，上海三联书店 1989 年版。

⑨ 李景汉：《定县社会概况调查》，上海人民出版社 2005 年版。

我国也出台了一系列的政策，在乡村中建设了一批具有时代印迹和经济特色的民房和公共建筑，如雕刻有精致的五角星和装饰纹路的供销社建筑及简易民国风格的礼堂建筑等。

20 世纪 80 年代后期至 90 年代，工业化、城镇化战略凯歌高进，在经济上城市反哺乡村的政策下，“迁村并点”和“农民上楼”成为当时风尚，大量乡村消失，传统风貌遭到破坏。在“文化堕距”①和高度“时空压缩”②的背景下，我国城镇化迎来了更快速的发展，城乡经济差距进一步扩大。据统计，1996—2006 年这 10 年间，全国农民人均纯收入只增加了 1660 元，不到城镇居民收入增量的 1/4，年均增长速度不到城镇居民的一半③，乡村发展随之产生新的问题。也在此时，国家提出了“城乡统筹”的解决战略，即将城市和乡村作为一个整体进行发展。近 20 年来的乡村复兴，主要围绕乡村统筹发展战略④、新农村建设发展战略⑤等开展，使乡村环境和风貌得到了较大的改善，农村经济得到有效发展，农民生活质量得到较大的改善，但却忽视了地域文化的传承，导致历史文化断层。在城市化水平高度发达⑥的环境下，乡村的数量仍然呈现锐减的态势⑦。

目前，城市化发展进入高质量发展时期，乡村振兴⑧和乡村更新理念将文化传承和文化复兴、地域文化保护和传承作为乡村发展的重要内容。中国传统社会的基础在乡村，中国传统文化的根本也在乡村。乡村文化的保护和传承是城市地域文化传承极为重要的组成部分，这也是现阶段乡村振兴提出“弘扬中华优秀传统

---

① 美国社会学家威廉·菲尔丁·奥格本提出“当物质条件变迁时，适宜文化也要发生相应的变化，但适宜文化与物质文化的变迁并不是同步的，存在滞后，称为文化滞后，或者文化堕距”。奥格本：《社会变迁》，王晓毅、陈育国译，浙江人民出版社 1989 年版，第 106—112 页。

② “时空压缩”的概念是哈维提出来的，他认为现代性改变了时间与空间的表现形式。我国用 30 年的时间完成了发达国家两三百年才能实现的目标，表现了极大的时空压缩性。景天魁：《时空压缩与中国社会建设》，《兰州大学学报(社会科学版)》2015 年第 5 期。

③ 张小林：《城乡统筹：挑战与抉择》，南京师范大学出版社 2009 年版，第 11 页。

④ 2003 年中国共产党的十六届三中全会提出了“城乡统筹”发展战略，为解决“三农”问题、改变城乡二元经济结构、贯彻工业反哺农业方针等提供了根本路径。李林杰、石建涛：《对我国城乡统筹发展战略的理论思考》，《河北大学成人教育学院学报》2009 年第 1 期。

⑤ 2005 年，党的十六届五中全会提出实施社会主义新农村建设的发展战略，大力推进社会主义新农村建设。2010 年、2014 年、2016 年浙江省相继实施了“美丽乡村”“特色小镇”及小城镇美丽环境综合整治行动。

⑥ 我国城镇化率由 1980 年的不足 20%上升到 2019 年的超过 60%，过去 40 年城镇化率伴随经济增长呈现较为明显的线性增长特征。2020 年我国城镇化率达到 63.89%，预计到 2025 年，我国城镇化率将达到 67.45%左右。欧阳慧、李智、李沛霖：《“十四五”时期我国城镇化率变化趋势及政策含义》，《城市发展研究》2021 年第 6 期。

⑦ 据有关资料，2000 年我国自然村总数为 363 万个，到 2010 年已锐减为 271 万个，10 年间平均每天有 200 多个村落消失，其中包括大量的传统村落。唐晓梅、杨戴云：《黔东南苗族侗族传统村落保护发展对策研究》，《民族学刊》2018 年第 47 期，第 25 页。

⑧ 2017 年 10 月 18 日，习近平代表第十八届中央委员会在中国共产党第十九次全国代表大会上向大会作的报告时，明确提出了实施乡村振兴战略，并被大会审议通过。党的十九大报告指出，农业、农村、农民问题是关系国计民生的根本性问题，必须始终把解决好“三农”问题作为全党工作的重中之重，实施乡村振兴战略。

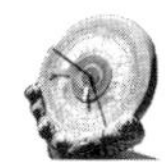

文化，保护好传统村落及其物质文化遗产和非物质文化遗产，并在保护传承的基础上，创造性转化、创新性发展，不断赋予时代内涵、丰富表现形式，为增强文化自信提供优质载体”[①]的背景。此时，研究探讨村庄的历史文化特征的传承模式与传统风貌的保护具有重要的意义。

二、石家村历史文化价值和传统风貌特征研究

（一）石家村的历史文化价值

石家村地处鄞州平原，建村历史悠久，据《鄞塘石氏家乘》记载，石家村始于宋朝开国功臣石守信[②]后裔石承浦于北宋时迁至鄞州。明代初期，石承浦的后裔石景焘、石才美、石延庆三兄弟分别迁至东石、中石、西石定居，世代繁衍，聚族而居，形成如今村落。

石家村有源远流长的“义”文化，较好地体现了中国传统社会对“义”的重视和推崇。石氏族谱上，有明确记载“有贫而不能殓葬者，宗族助其衣衾棺椁葬埋，有贫而产子者，宗族助其饘粥之资”的石家祖训；家族出了几位载入史册的义士，如清末民初慈善家石志湘、民国义士石人孝[③]、终身不娶服侍老母的石良朝等。以石家村为代表的“义”文化是中国传统文化的核心精神，具有复杂多层次的精神内涵及强大的社会效用。[④]

石家村是中国古代宗祠文化的缩影。明代末年，社会氛围开放，受“嘉靖帝建九庙合祀祖先并推恩臣民”的影响，天下百姓皆得联宗建庙祀其始祖，形成“宗祠满天下”的建宗祠祭祀祖先的社会风尚。[⑤] 清代时期，建造宗祠已是聚族而居村落的最重要组成部分，村落皆有宗祠，许多还建有支祠，形成乡村中最广泛的公共建筑，承载着家族管理、课会教育以及在节庆之日举办活动、演戏酬神等重要功能。石家村三石聚落组团都建有支祠，供奉各自始祖、先祖，石家村村民恪守祖训，名人辈出，有石师能、石延庆、石人望、石人瑾、石钟慈、石钟琴等名人。[⑥]

---

① 中共中央、国务院：《乡村振兴战略规划（2018—2022年）》，2018年。

② 石守信（928—984），字守信，开封浚仪（今河南开封市）人，北宋开国名将。初仕后周时，参与高平之战、淮南之战，累迁殿前都指挥使、义成军节度使，与赵匡胤结为异姓兄弟，成为“义社十兄弟”的成员。

③ 石人孝，发家后相助邻里，建义庄、立学校、修道路、赈灾民，建造了一幢二十四间的走马楼，名曰“德房”，以此报答养育之恩。解放后，这幢房子曾为鄞县人民政府驻地，后为国家粮库。

④ 王越：《礼与义：中华传统文化的精神内核》，《人文天下》2018年第15期，第8—11页。

⑤ 常建华：《明代宗族研究》，上海人民出版社2005年版，第4—22页。

⑥ 石师能，石家村二世祖，榜眼及第，仕为江苏省润州（今镇江丹阳）县丞；石延庆，以迪功郎明州教授应试，考入下等，减二年磨勘，迁左修职郎；石人望，著名口琴家，中国音乐家协会会员，代表作有《小放牛》《凤阳花鼓》《金蛇狂舞》等；石人瑾，著名会计学家，原大华会计师事务所创始人、上海财经大学教授，从事会计理论方面研究；石钟慈，数学家，中国科学院院士，浙江万里学院名誉校长；石钟琴，国家一级演员、舞蹈家，芭蕾舞剧《白毛女》中“喜儿”扮演者。

石家村保存有丰富的历史文化遗产，有石富房、中石祠堂、存义小学等20多处重要历史建筑，其中石富瀚宅、李秋房民居、中石祠堂等建筑艺术价值较为突出。石家村还拥有光裕桥、武威桥、磊村谷我桥、东石桥4座古石桥、45处具有历史价值的河埠头、19棵形态较好的景观树等历史环境要素(图1)。

图1 石家村历史文化要素分布

(二)石家村格局特色

石家村自然环境禀赋突出，江南水乡特色分明，拥有田、水、塘、林、湾和岛六大资源要素，是典型的平原水乡村落。村落格局形态清晰，“河水环绕三石聚落”构成了石家村村落布局的雏形，河流中部被人工勾勒成义字形结构，完善了村落的自然布局形态。

村落原始格局以水为界，石景焘、石才美和石延庆三兄弟分别占据三处滨水高地，逐渐向外散开，形成中石、西石和东石三大组团。地势平坦、土地肥沃的地理环境，为村庄的发展提供了空间。聚落之外绕水而开辟耕作农田，形成了集居住组团和耕种生产于一体的乡村聚落基本格局。

中石、西石和东石三个聚落组团都在滨水处建有宗祠和支祠，祠堂的位置为最初每个组团聚落的核心区域，随着后代繁衍，聚落由南逐渐向北散开，演绎了村落格局形成和发展的轨迹。聚落内部街巷纵横交错形成“三横五纵”的路网骨架，使村落形态更加清晰。村内分布众多曲折的巷弄，其间分布的院落式民居与巷弄组合关系较为灵活，巷弄形态与建筑入口多斜向擦过，而不直接碰撞，形成不规则的巷弄布局形态。从村庄内残留的石板路还能看出，历史时期村内巷路满铺石板

路，体现了质朴自然的村落风貌。

（三）石家村空间景观特色

石家村在景观上展现了江南平原地区水乡特色和农耕文明下的农业景观特色，以自然格局为基础，通过历代人工改造，形成了滨水景观、街巷景观和农林景观等特色传统空间景观。

因水而兴的滨水空间为村庄最主要景观空间之一。石家村水系丰富，三个聚落组团内都有河水经过，形成了多处尺度适宜、视野开阔、要素丰富的滨水特色空间。古石桥、传统埠头、驳岸、水系等都是滨水空间的组成元素。河水交错处还形成了多处岛湾空间，村民利用水系，在村东南角宽阔宜人处开辟了较大的荷塘。河流之上，遗留有 5 处石板桥及 45 处河埠头，河埠头形态各异，形式与河岸或垂直，或折角，或平行，都用石板铺就，形式自然质朴。这些滨河景观不仅成为村内的宜人景观，而且与村民生产生活紧密融合在一起，是村落的公共活动空间和交往空间，凝结了浓郁的水乡记忆，展现历史更替下的人生百态。

石家村街巷景观呈现出水街相依、高墙窄巷的特征。街巷格局呈现“三横四纵鱼骨状肌理”，其中主街道路一般为宽 3.5—5 米，次要支路宽 2—3 米，内部巷弄一般为 1—2.5 米，墙高而巷窄。街巷风貌有双侧传统风貌街巷，有单侧传统风貌街巷，有双侧宅院滨水街巷，亦有单侧宅院滨水街巷，形成丰富曲折的错落空间、开合有度的景观风貌。

石家村农田景观是展现其江南水乡特色的重要内容，也是传统农耕社会的印证。石家村的耕地农田规模较大，呈环状沿河围绕村落，形成“围田”式农田景观。农作物以水稻为主，也有种植小麦、油菜花等油作类，玉米等蔬菜类等作物，“田环水绕”的格局下，展现出自然质朴的乡野景观。

（四）石家村建筑风貌特色

石家村所处的鄞州，为古代宁波地域文化的核心区域，行政区划稳定，其传统建筑风貌表现出了典型的宁波传统建筑地域特征。从格局形态看，有临水而居建筑和普通合院式民宅两类。临水而居建筑有面水而建并在河岸边留出步道的、有在河岸处开后门或外廊以砌筑条石踏步通向水面的，无论哪种形式，都与河面取得了有效联系。合院式民居格局也多样，有一字型行列式，有单幢点式、宅院式。宅院式又有三合院、“H”型、日字型、四合院等多种组合形式，表现了住宅建筑的多变性。

建筑年代上，多为清代到民国时期。村内还有 20 世纪 50—70 年代及 80—90 年代的砖混建筑，建筑层数多为 1—2 层。这些带着时代印迹的建筑错落有致，高低起伏，表现了乡村建筑自然多样的美感。大多建筑的构成序列为“街道—门屋—正厅—堂屋—起居—厨房—河道”，建筑组群的分布表现了与实际功能需求相一致的空间秩序感。

建筑材料上主要表现出平原地区的特点，材料以砖石为主。由于防水防潮的需要，建筑基层大多有用毛石垒砌的，也有用梅园石砌筑的，其中梅园石较毛石更讲究，防潮石材之上采用青砖空斗墙面。就地取材的杉木、和泥土烧制的黛色小青瓦、青砖等，表现了极强的地域建筑风貌。

建筑形式上，石家村建筑于质朴基调上，对重点部位进行了艺术处理。屋面形式均为坡屋顶，山墙有人字坡山墙、观音兜马头墙、屏风式马头墙等多种；梁架上，大多建筑都出前下檐，且采用宁波地区的拱背梁形式，还有更讲究的，建筑前檐用轩架，采用船篷轩形式。建筑门楼、前檐、屋脊等部位都加入简单的装饰，有些还嵌入了木雕、石雕和灰塑等工艺装饰，体现了民居建筑在实用基础上对艺术和美的追求。

三、石家村区位概况及存在问题研究

（一）石家村区位概况

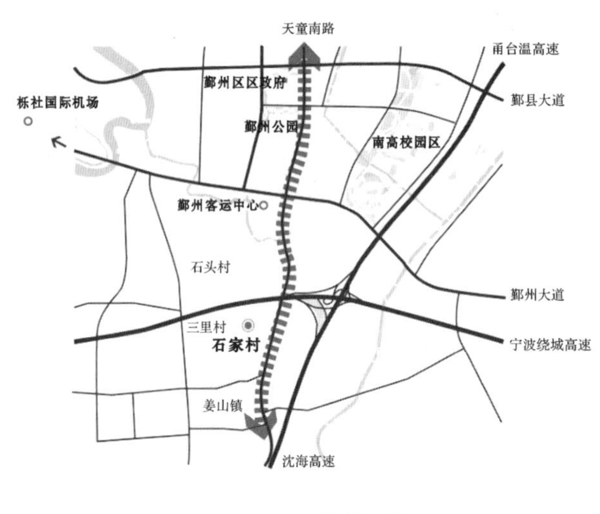

图 2　石家村区位

石家村的区位特征表现了较为典型的大城市近郊村[①]特色。随着历史变迁，如今的石家村已成为鄞州新城首南街道的下辖自然村，城市的扩张使得石家村被列入大城市近郊村范畴。其紧贴宁波市鄞州中心城区，距离鄞州区区域商圈南部商务区 2 公里，与宁波绕城高速及天童南路、宁南南路等重要城市干道相接，毗邻轨道交通三号线高塘桥站与姜山站，北侧为宁波高校园区和鄞州城市公园（图 2）。

① 大城市近郊村是城市环境向乡村环境的过渡地带，是城市功能和农村功能互为渗透的区域，具有地理相关性和发展相关性的特征。徐斌、周晓宇、刘雷等：《大城市近郊乡村更新策略——以杭州西湖区绕城村为例》，《中国园林》2018 年第 12 期。

作为大城市近郊村落，石家村具有以下几个特点：交通极为便利，村落除民宅、农田等功能区域外，还承担了鄞州传统工农业重镇姜山镇的相关配套服务功能，建有部分工厂用房；村落周边大部分村庄已被拆迁，被改变为城市相关功能区块，建有较多城镇高层建筑。

（二）存在的主要问题

受城市功能区的辐射及经济发展的影响，乡村大量年轻劳动力外流，石家村逐渐呈现“空心村”的状态。在 2014 年，石家村仅居住有 1300 多名本地人，而外来人员有 3000 多名，村庄中外来人员居多，是本地人的 2 倍有余。

由于乡村自治内驱力长期不足，且外来经济资源有限，村庄基础设施及相关居住配套功能逐步缺乏更新，村庄内涝积水日益严重。村内人口外移，使得传统建筑大多空置，建筑缺乏保养维护，保存状况较差，甚至部分坍塌。其中石富瀚宅、李秋房民居、中石祠堂等五处传统建筑存在构件缺失、局部倒塌等情况。为改善居住条件，村民自发性和无序性地建设现代民宅现象普遍，村庄的传统格局肌理和风貌遭到了一定的破坏。2016 年，首南街道对村庄居民实施了整体的搬迁后，村庄呈现了“完全空心化”的状态。历史文化传承和传统风貌的保护衰败态势日趋严峻。

空心后的石家村，村庄水系格局、街巷肌理依旧清晰，传统风貌依然留存。村庄保存有体现各时期历史记忆的建筑类型，传统风貌特色和空间特征明显，体现历史记忆、岁月痕迹的空间节点依然可见，作为地域文化特色的传承内容，石家村的保护迫在眉睫。

石家村作为大城市近郊村，已无法作为完整的生活性村庄按照传统方式延续和发展，其保护模式需要转型，宜基于地缘关系，与城市发展紧密，并主动承担城市辐射区的相关功能。同时，在城市更新中，为突出特色，改变城市化“千篇一律”的面貌，应牢牢把握住地域文化传承的站位，做好村庄历史文化特征的传承和传统风貌的保护，并创新性展现和表达。

四、石家村历史文化传承与表达策略研究

（一）延续与弘扬：保护历史悠久源远流长的“弘义文化”

石家村“弘义文化”蕴含有“石家名人”的教义，有“中石祠堂”的孝义，有“存义学堂”的情义。石家村的“义”文化是古代中国社会“义”文化的缩影，是活态的“义”文化的载体。“义”文化的弘扬和传承对现代社会和谐共建具有较为重要的积极意义。

伴随着乡村没落，“弘义文化”正面临断代危机的风险，亟须从历史传承和地域文化中汲取力量，延续文脉，构建新时代弘义文化品牌。传承“弘义文化”可结合祠堂、礼堂及人们喜欢休憩、聚集的村口、河埠头、村前小广场等公共空间做好以文字、图片、数字化多媒体及可体验的多手段阐释系统，让人时时了解、感受石家村的悠久历史文化和历史故事，同时讲好石家村“义”的故事，开展“义”的行动，凝聚“义”的力量。

（二）缓冲与融合：保护绕城生态带上田水纵横的近郊乡野空间

石家村作为都市近郊村，承载了都市区生产生活功能的外溢和辐射，具有发挥以追求良好生态为主导的都市区休闲度假、文创文娱、创新创业等功能的良好条件。[①] 在业态开发、功能重塑后，尤其在城市外溢城市空间特质下，石家村的“田水纵横的近郊乡野特质”更显得弥足珍贵、与众不同并独具特色。

保护“田环水绕、三石聚落”的传统田园郊野风貌，要保护村庄田、水、林等要素构成的生态环境，依托南北两侧田园与林带建生态防护带，与城市界面形成缓冲。乡村尺度下的开敞空间、建筑与场的比例都是构成乡野空间特色的重要组成部分，以此形成新城市功能下的传承地域风貌的城市特色空间区域。

（三）织补与共生：保护江南地区延续百年的传统水乡格局

延续百年传统水乡格局，保护义字形水系，历史上不同时期创造的特色滨水空间，丰富多样的岛、湾、荷塘等水环境要素，保护临河界面、古桥、传统埠头、生态型驳岸、临水而居的建筑空间形态。

在石家村更新中，新植入的建筑或空间应有效回应原有格局肌理形态，采用“有机生长模式”的方式延续石家村传统格局肌理；修复、搭建缺失破损的建筑肌理，尤其通过小规模、渐进式的设计理念，采用“嵌入式”的缝补方式，织补建筑肌理缺失及散乱的区域（图 3）。

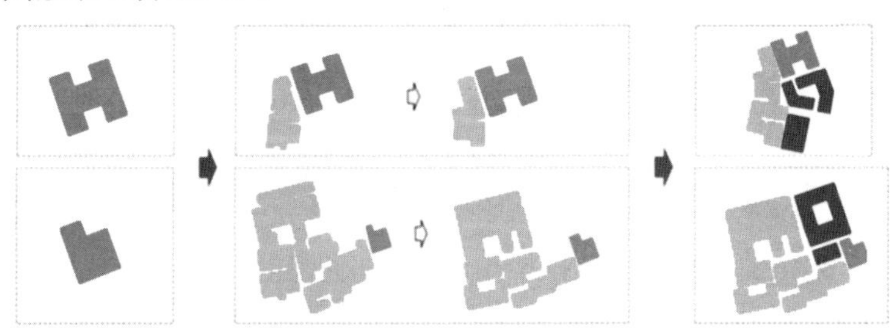

图 3　石家村修复、搭建缺失破损的建筑肌理方法示意

① 张如林、余建忠、蔡健等：《都市近郊区乡村振兴规划探索——全域土地综合整治背景下桐庐乡村振兴规划实践》，《城市规划》2020 年第 S1 期。

滨水空间的重塑手法应注重尺度、材质和空间景点传统特质的表达，注重提取石家村建筑自由生长的神韵，避免只强调功能，而缺乏特色的现代硬质驳岸、现代滨水景观和空间形式的直接植入，鼓励风格简约、自然生态型驳岸设计形式，强调符合地域特色及人性关怀的滨水空间，突出传统和现代共融共生。

（四）保留与修复：保护甬派地域特色鲜明的浙东民居建筑集群

石家村位于鄞州平原区域，历史上这里一直是宁波稳定行政和地域文化的中心区域，保存下来的传统建筑堪称浙东区域甬派民居典型代表。石家村共有历史建筑 12 处，建议历史建筑 5 处，传统风貌建筑 17 处，其传统建筑场地布置、竖向关系、建筑与道路的衔接关系、建筑形态、合院布局、建筑高度、风貌、材料和色彩等内容，都具有非常重要的历史价值和艺术价值。

在乡村更新中，应该严格保护这些建筑历史环境、传统建筑风貌、体现传统工艺的建筑局部和建筑构件，真实地留存这些历史信息。对破损的、长期缺乏维护的建筑，参照文物建筑的保护标准进行真实性和完整性修复。

同时由于石家村“空心村”现状，功能置换是石家村需要对传统建筑实施的必要措施，也是贯彻“让文物活起来”方针的重要手段。在建筑保护中，鼓励对内部和局部空间进行更新，以适应现代功能需求，实现建筑的使用价值。对祠堂和名人故居类建筑应以体现历史文化价值为主，保持传统建筑真实风貌，提供场景复原可能，同时内部展陈应采取“文化展示”为主的功能导向，传承石家村的深厚文化。

（五）阐释与营造：展现宁波中心城区乡愁记忆浓厚的农耕聚落

石家村传统聚落是满载乡愁的农耕聚落。在以农耕文明为背景的乡村，生活在其中的人们留下了许多鲜活的与生活生产紧密相关的人工痕迹。村庄农田紧紧包围着居住群，合院式的传统建筑聚落既有晾晒空间，又有储藏空间。收割时节，院落外村庄内，河边、桥头、建筑前后错落处、古井旁都变成了晒场，人们一边劳作一边拉家常，这些都随着岁月沉淀为乡村农耕文明下的乡愁特质。这些乡愁特质是渗在骨子里的文化精神，记录和传承着乡村文化信息，浓厚的乡愁记忆是石家村传承延续的主要内容。

石家村已经失去了使乡村得以活态传承的原住民，传承农耕文明应结合石家村的更新策略，保留村庄农田区域，尤其保存与村庄、河水相生相依的空间关系，利用现代科技，形成创意农业景观、场馆科普知识点、互动体验活动等功能区域，可以让现代人们体验“果蔬生长、在稻田里摸鱼”的乡村闲适生活状态，形成“集农业体验和休闲度假于一体的度假区"，展示传统农耕文明，传承古老农耕智慧，弘扬中华优秀农耕文明。

（六）继承与创新：凸显历史文化积淀下场所精神的表达

石家村自明代建村以来，就形成了独特的秩序关系。建筑的尺度、形体、色彩、高度、组合的结构和密度都展现着石家村独特的历史文化信息（图4）。[①] 表达地域的场地特征包括保护原有建筑的秩序特征，也包括并不拘泥于传统设计手法但在形态意味上演绎乡村的秩序和肌理、呈现自然质朴的风貌特色的新建建筑。

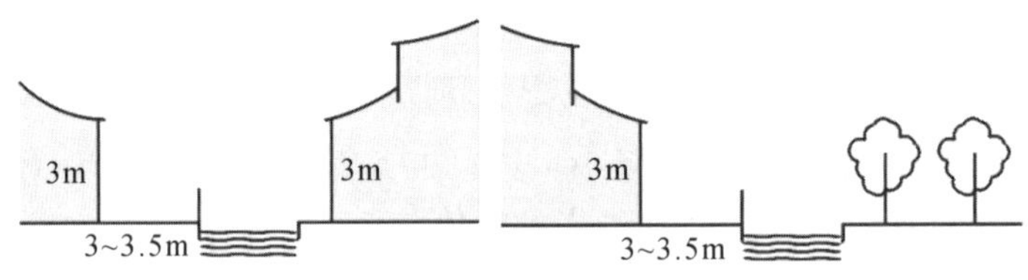

图4　石家村水街相依格局示意

石家村许多场所都是时间、空间和文化的凝练和升华，是与一代代村民密切联系的岁月留存。在村庄更新设计中，应将其作为"有意味的蕴含"和"村庄文化传承的巨大力量"[②]，运用场所精神完善设计的手法，阐释历史记忆、文化记忆和岁月价值，营造精神记忆场所。对传统村落空间和文化精神的表达，并不主张于滥用地方传统元素，亦反对对传统要素的简单拼贴和复制。而鼓励"提升材料技术性能的适宜技术""提升空间效果的适宜技术""呼应文脉的适宜技术"[③]，或形成江南韵味，或以消隐的姿态尊重传统，满足现代的功能置换，塑造舒适的现代使用空间。

（七）编织与塑造：在艺术品中阐释岁月痕迹

面对位于城市空间外溢区域且原住民已搬迁腾空的现实，石家村未来的更新和建设必定会在一定程度上融合现代功能和景观。雨遮、巷道上的街灯、座椅、树木、水池、艺术品、标识、活动设施等现代环境景观的构成要素都可以在石家村中营造。将历史故事、历史场景等编织于艺术品，通过现代手法塑造，构成地域故事的再现。

---

① 中华人民共和国住房与城乡建设部：《中国传统建筑解析与传承（浙江卷）》，中国建筑工业出版社2019年版，第143页。

② 中华人民共和国住房与城乡建设部：《中国传统建筑解析与传承（江苏卷）》，中国建筑工业出版社2019年版，第180页。

③ 中华人民共和国住房与城乡建设部：《中国传统建筑解析与传承（江苏卷）》，中国建筑工业出版社2019年版，第193—196页。

五、小　结

大城市近郊村作为村庄的一种类型，在城市化进程中由于地缘关系成为城市化前沿，既有接受城市辐射的优势，又受到被城市吞噬的压力[①]，是“统筹城乡社会经济、实现城乡一体化的前沿阵地，同时也是人口管理、土地利用、社会秩序、生态问题最多、矛盾最突出的地带”[②]。做好大城市近郊村地域文化特色的保护和传承，原真性保护那些延续百年的山水格局、空间肌理、传统风貌和历史文化要素，尤其是在城市空间环境下，突出乡村郊野空间特质、悠久的历史文化内涵和乡愁记忆的表达，既是避免地域性丧失和文化趋同的方法，也是留住乡愁、找寻时代记忆、传承中国传统文化的重要内容。

同时，像石家村这样的已经“完全空心化”的大城市近郊传统乡村，要承担较多的城市功能，在建筑和空间上，需要植入现代化功能空间和建构筑物。在整体规划和设计上，要做好传统历史文化的阐释，营造地域文化阐释空间和精神记忆场所，表达浓厚的乡愁记忆，展现岁月价值内涵。在空间上，注重传统空间与现代空间的融合，在历史文化空间中感受现代化的舒适环境，在现代空间中体会地域人文内涵。在建筑设计上，布局要与当地生态环境取得关联，风貌上注重乡土材料的创新性运用，表达上讲究技术和手法的创新，共同构建凸显地域文化传承的新城市区域。

---

① 刘洪彬、于国锋、王秋兵等：《大城市郊区不同区域农户土地利用行为差异及其空间分布特征——以沈阳市苏家屯区238户农户调查为例》，《资源科学》2012年第5期，第879页。

② 李世峰：《大城市边缘区地域特征属性界定方法》，《经济地理》2006年第3期，第478—481页。

宁波地区文物建筑预防性保护工作现状评估及适应性框架研究

张陆青　张　延

（宁波市文化遗产管理研究院）

摘　要：文物建筑的预防性保护是指通过日常巡查、科学记录等手段对文物的保存状态进行长期关注，通过及时采取轻微干预手段来减少或者延缓病害的发生，以此实现延长文物修缮周期、变大修为小修、变小修为日常维护和环境控制的目的。文章论述宁波地区文物建筑预防性保护工作现状，评估实施效果，提出地区适应的预防性保护体系框架建议，同时为其他地区文物建筑预防性保护工作提供参考。

关键词：宁波地区；文物建筑；预防性保护；适应性框架

一、预防性保护理论背景

（一）国外文物建筑预防性保护发展情况

预防性保护（preventive conserwation）的最早提出是在1930年罗马召开的第一届艺术品保护科学方法研究国际会议上，最初的理论发展及实践主要是在博物馆藏品或艺术品保护领域。[①]

20世纪50年代，切萨雷·布兰迪（Cesare Brandi）将预防性保护概念引介入

① 吴美萍：《建筑遗产的预防性保护研究》，东南大学2011年硕士学位论文。

建筑领域。[①] 20 世纪 60—70 年代，《威尼斯宪章》[②]、弗兰切斯基尼委员会(Commissione Franceschini)[③]、国际文化财产保护与修复研究中心(ICCROM)、国际古迹遗址理事会(ICOMOS)、文物古迹监护组织(MOWA)、鲁汶大学雷蒙·勒迈尔国际保护中心(Raymond Lemaire International Center for Conservation, RLICC)等公约及组织相继公布及成立，对相关概念、原则宗旨、工作方法等提出的建议成为预防性保护理论体系的雏形。

20 世纪 70 年代，建筑遗产预防性保护的现代理论体系构建基本完成，实践则以荷兰为起点，在东欧、西欧和丹麦广泛推广。[④] 1976 年，乔凡尼·乌勒巴尼(Giovanni Urbani)以整体性的眼光推出"规划式保护"(conservazione programmata)方法，并推出"翁布里亚区文化遗产规划保护试点项目"(Pilot Plan for the Programmed Conservation of Cultural Heritage in Umbria)，是风险防范研究的早期实践，在预防性保护发展史上具有奠基性地位。[⑤] 此外，频发的地震灾害[⑥]使建筑遗产遭受了巨大破坏，学者们也开始思考面对自然灾害如何保护建筑

---

① 切萨雷·布兰迪将决定了艺术作品(包含历史性建筑在内)作为(美学)形象和史实记录而存在的必备条件、艺术作品材料的保护状况，以及保护的环境条件作为预防性保护的研究对象。之后《威尼斯宪章》及意大利《修复宪章》等国际重要的修复宪章的编制均参考了布兰迪的理论，他的理论也对后来的修复实践产生了不可忽略的影响。戎卿文:《国际建筑遗产预防性保护学术网络的生成与进展——欧洲践行者的足迹》,《自然与文化遗产研究》2020 年第 1 期，第 88—103 页；徐琪歆:《布兰迪修复理论之"修复的概念"》,《艺术设计研究》2013 年第 2 期，第 91—95 页。

② 《威尼斯宪章》界定了"历史古迹"的概念，提出了保护与修复古迹的宗旨，总结了古迹保护、修复、发掘、资料出版的要求，成为建筑遗产保护领域最重要的国际规范性文件。针对所处时期广泛开展的文物保护活动及不同流派，宪章"保护与修复"部分内容提出了维护文物真实性与完整性的原则，为预防性保护理论奠定了基调。戎卿文、张剑葳:《从防救蚀溃到规划远续:论国际建筑遗产预防性保护之意涵》,《建筑学报》2019 年第 2 期，第 88—93 页。

③ 1964 年成立于意大利，由十余名政务代表和十余名各领域专家组成。工作内容为开展遗产普查，回顾并修订保护法规和管理机制，为 20 世纪 60 年代意大利对文化遗产的相关定义、分类和保护的科学方法等做出了重要推进和创新，对意大利的保护实践产生了潜在而深刻的影响。戎卿文、张剑葳、吴美萍等:《论意大利建筑预防性保护思想与实践中的整体观》,《建筑学报》2020 年第 1 期，第 86—93 页。

④ 实践开端以荷兰 1973 年成立文物古迹监护组织(Monumentenwacht, MOWA)和乌勒巴尼 1976 年于意大利翁布里亚(Umbria)开展的规划式保护试点项目为标志，此后获得迅速发展。戎卿文:《国际建筑遗产预防性保护学术网络的生成与进展——欧洲践行者的足迹》,《自然与文化遗产研究》2020 年第 1 期，第 88—103 页；戎卿文、张剑葳:《从防救蚀溃到规划远续:论国际建筑遗产预防性保护之意涵》,《建筑学报》2019 年第 2 期，第 88—93 页。

⑤ 乔凡尼·乌勒巴尼采用的方法是划定文化遗产所处的一定范围内的自然地理环境为研究对象，标注该区域历史上各灾害发生的位置、频率、强度和集中度，针对性地制定保护计划、监测方案等对策。戎卿文、张剑葳、吴美萍等:《论意大利建筑预防性保护思想与实践中的整体观》,《建筑学报》2020 年第 1 期，第 86—93 页。

⑥ 1900 年开始，全球 6 级以上地震发生频率呈逐年上升趋势，20 世纪 60 年代末至 80 年代全球 7 级以上地震年频次均在 15 次/年以上，多的逾 20 次/年。李勇:《1900～1980 年全球 6 级以上地震的频度和能量》,《自然灾害学报》2003 年第 2 期，第 7—12 页；和景昊、郭履灿:《1975—1976 年地震活动与近两年全球和中国地震活动图象的比较研究及趋势分析》,《内陆地震》1991 年第 3 期，第 193—201 页。

遗产，风险防范意识开始增强[①]，预防性保护的理论逐步更新。

1982 年，伯纳德·费尔登（Bernard Feilden）的《历史建筑保护》（*Conservation of Historic Buildings*）出版，书中根据建筑的残损情况、当下及未来物理环境等条件，提出对遗产进行七种不同程度干预的保护工程，并明确了预防损毁内容。1987 年出版的《两次地震之间：地震带的文化资产》（*Between Two Earthquakes: Cultural Property in Seismic Zones*），对震前、震中、震后如何开展建筑遗产保护提供指导。[②]

此外，国际古迹遗址理事会、联合国通过了《华盛顿宪章》"国际减少自然灾害十年（1990—1999）"计划等，进一步强调了应对、预防自然灾害对建筑遗产保护的重要性。

20 世纪 90 年代以后，建筑遗产预防性保护相关的组织和机构数量不断增加，区域性组织也开始涌现。[③] 建筑遗产预防性保护逐步纳入灾害风险管理、风险防范[④]、监测技术、材料科学及结构工程等内容，理论日趋成熟。同时，随着互联网信息技术的发展，用于预防性保护研究的软件、模型等计算机工具也逐步研发和改进。[⑤] 此外，欧盟第三研发框架计划（FP3）至第八研发框架计划（FP8）也纳入了文

① 吴美萍：《国际遗产保护新理念——建筑遗产的预防性保护探析》，《中国文物科学研究》2011 年第 2 期，第 90—95 页。

② 吴美萍：《欧洲视野下建筑遗产预防性保护的理论发展和实践概述》，《中国文化遗产》2020 年第 2 期，第 59—78 页。

③ 目前全球已有至少 24 个国家或地区正在开展预防性保护研究，实践项目、研讨会议数量也明显增加。戎卿文：《国际建筑遗产预防性保护学术网络的生成与进展——欧洲践行者的足迹》，《自然与文化遗产研究》2020 年第 1 期，第 88—103 页。

④ 例如 20 世纪 90 年代逐步推广至意大利全国的"风险地图"（carta del rischio），最早为意大利中央修复研究院（Istituto Centrale per il Restauro，ICR）开展的一项名为"文化遗产的风险地图"（Risk Map of Cultural Heritage）的研究项目。该项目首先在罗马、那不勒斯、拉文纳和都灵 4 地试行，通过借助 GIS 技术对区域内建筑遗产状态及自然环境进行监测，进行风险分析和评估，建立起一套合理且经济适用的日常维护修复系统。1998 年，英格兰遗产委员会（English Heritage）根据全国濒危建筑遗产目录，正式建立了濒危建筑遗产登录系统等。吴美萍：《建筑遗产的预防性保护研究》，东南大学 2011 年硕士学位论文；戎卿文：《国际建筑遗产预防性保护学术网络的生成与进展——欧洲践行者的足迹》，《自然与文化遗产研究》2020 年第 1 期，第 88—103 页。

⑤ 1994 年，比利时鲁汶大学雷蒙·勒麦尔国际保护中心在文物古迹监护组织建筑维护实践的基础上，与意大利米兰理工大学结构工程系（Department of Structural Engineering, Politecnico of Milan）、荷兰建筑结构研究所（TNO Building and Construction Research）和德国汉堡技术大学（Technische Universitat Hamburg）合作负责由欧盟环境研发部门发起的"古代砖结构损毁评估专家系统"（5V-CT92-01-08-Expert System for Evaluation of Deterioration of Ancient Brick Masonry Structures）研究项目。通过对事件经验的分析，确定建筑遗产的损毁类型，并形成"砖结构损毁诊断系统"（Masonry Damage Diagnostic System）计算机软件。吴美萍：《建筑遗产的预防性保护研究》，东南大学 2011 年硕士学位论文。

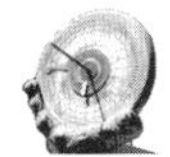

化遗产预防性保护的相关项目。[①]

进入21世纪，建筑遗产预防性保护成为建筑遗产保护领域的重要组成部分，影响进一步扩大。2006年，联合国教科文组织（UNESCO）于日本立命馆大学设立了“文化遗产和风险管理”教席（UNESCO Chair on Cultural Heritage and Risk Management），预防性保护在日本和亚太地区的实践备受关注。[②] 2009年，联合国教科文组织“古迹与遗址的预防性保护、监测和维护”教席（UNESCO Chair on Preventive Conservation，Monitoring and Maintenance of Monuments and Sites）于比利时成立，通过国际交流、项目合作等，推广宣传建筑遗产预防性保护的成功经验及优秀成果。

（二）国内文物建筑预防性保护发展情况

中国地域辽阔，复杂的地理气候条件引发多样的灾害情况。我国文物建筑材料以砖石、木材为主，针对城市建筑、水利设施等，自古至今已经形成了系统完整的预防性保护思想体系，包括监测、灾害预防、修缮技术研究、管理制度构建等内容，如元朝“岁修”制度、民间“捉漏”习俗及北宋城市消防监测制度等，主要通过日常保养维护或修缮工程来维持建筑功能，相较于现代的预防性保护理论，仍有一定的差异。[③]

现代预防性保护理念于2010年左右才引入国内，但早自20世纪80年代，吴庆洲[④]、肖大威[⑤]等学者针对古建筑防灾（防水、防火、防震、防风等）发表了研究成果。1992年，《古建筑木结构维护和加固技术规范》颁布，对古建筑维修与加固工程的防腐、防虫、防火、防雷、除草、抗震加固等防护措施进行了规定。2009年9月，由国家文物局与国际文化财产保护与修复研究中心（ICCROM）主办、中国文化遗产研究院承办的“2009亚太地区预防性保护：藏品风险防范研修班”于北京召

---

① 例如，列入欧盟第四研发框架计划（FP4，1994—1998年）的“文化（遗产）建筑外部木质构件保护状态和环境风险的评价体系与评价方法”（Wood-Assess）项目；第六研发框架计划（FP6，2002—2006年）资助文化遗产防灾策略、空气污染物对于文化遗产的影响相关的研究；第七研发框架计划（FP7，2007—2013年）资助“空气污染对不可移动和可移动文化遗产影响的优先评估诊断的技术和工具”（TeACH）、“历史结构的智能监测”（SMooHS）课题等。戎卿文：《国际建筑遗产预防性保护学术网络的生成与进展——欧洲践行者的足迹》，《自然与文化遗产研究》2020年第1期，第88—103页。

② 这一教席与京都大学、早稻田大学等展开合作，为古迹和历史街区等建立了一系列的风险地图和防灾措施框架。

③ 李爱群、周坤朋、解琳琳等：《中国建筑遗产预防性保护再思考》，《中国文化遗产》2021年第1期，第13—22页。

④ 吴庆洲：《两广建筑避水灾之调查研究》，《华南工学院学报》1982年第2期，第127—141页。

⑤ 肖大威：《中国古代建筑发展动力新说（一）——论防潮与古代建筑形式的关系》，《新建筑》1986年第4期，第67—69页；肖大威：《中国古代建筑发展动力新说（二）——论防火与古代建筑形式的关系》，《新建筑》1988年第1期，第61—64页；肖大威：《中国古代建筑发展动力新说（三）——论防震与古代建筑形式的关系》，《新建筑》1988年第2期，第72—76页；肖大威：《中国古代建筑发展动力新说（四）——论防风与古代建筑形式的关系》，《新建筑》1988年第3期，第68—71页。

开，预防性保护首次在国内作为专题正式出现。在最初的概念认知阶段，国内研究多针对馆藏文物，后才逐步发展至建筑遗产保护领域。

国内建筑遗产预防性保护经过近十年的快速发展，建筑遗产灾害（防火、防风、防雨、防洪、防震、防雷、防腐、防虫、减渗防塌等）及防灾减灾研究、建筑遗产结构（木结构、砖砌体结构、钢筋混凝土结构等）损毁机理分析、建筑遗产监测（虎丘塔、莫高窟、应县木塔、保国寺大殿、苏州古典园林等）等方面均已有初步的理论成果和应用实践[①]，同时开展了一系列国际会议、专题研讨、培训等交流活动[②]。

二、宁波地区文物建筑预防性保护工作现状

（一）宁波地区文物建筑保护管理现状——以海曙区为例

宁波地区文物保护管理工作情况基本与国内整体情况一致，围绕文物古迹保护利用进行协调和组织工作，包括确定保护目标、制定规章制度、组织研究、阐释价值、实施监测、管理旅游活动、建立管理队伍等方面。不可移动文物的保护措施是指通过保护工程对文物古迹进行直接或间接的干预，包括保养维护与监测、加固、修缮、保护性设施建设、迁移及环境整治等保护工程。文物保护工程以最低限度干预为要义，除日常保养维护外不应进行更多的干预，通常实施的干预措施针对性较强。此外，文物古迹的技术性保护须履行立项程序，采用项目制，须对项目可行性进行分析，立项批准后进行细致、专业的现场勘查及专项设计，通过论证及报批后再实施，施工全程均须采取合适、安全的技术方案，避免加剧对文物古迹的损害。

海曙区位于宁波市的中心区域，东临奉化江，北濒余姚江，西与余姚市接壤，南与奉化区连接。[③] 截至 2022 年底，辖区内有全国重点文物保护单位 8 处，浙江省级文物保护单位 17 处，宁波市级文物保护单位 5 处，区（县、市）级文物保护单位 100 处，宁波市级文物保护点 84 处，区（县、市）级文物保护点 111 处。

近 10 年，海曙区实施的保护工程总计 117 项，涉及 3 处全国重点文物保护单位，9 处省级文物保护单位，6 处市级文物保护单位，16 处区（县、市）级文物保护单位，56 处市级文物保护点，17 处区（县、市）级文物保护点，10 处第三次全国文物普查登录点。其中，修缮工程 89 项，约占 76.1%；保养维护工程 10 项，约占 8.5%；迁移

---

① 吴美萍：《建筑遗产的预防性保护研究》，东南大学 2011 年硕士学位论文。

② 如 2011 年南京“建筑遗产的预防性保护国际研讨会”、2019 年南京“预防性保护——第三届建筑遗产保护技术国际学术研讨会”、2019 年宁波“首届木结构古建筑病害勘察及预防性保护培训班”、2023 年成都“建筑遗产预防性保护技术高级研习班”等。

③ 1200 年前，明州刺史韩察在三江口建立子城，标志着宁波建城的开端。因唐长庆元年（821）始建、明万历十三年（1585）重建的海曙楼而得名的海曙区，是宁波市历史文化底蕴最深厚、遗存最丰富的地区之一。

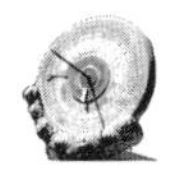

工程 6 项,约占 5.1%;加固工程 5 项,约占 4.3%;环境整治工程 3 项,约占 2.6%;其他工程 3 项,约占 2.6%,保护性设施建设工程 1 项,约占 0.9%(图 1 至图 3)。

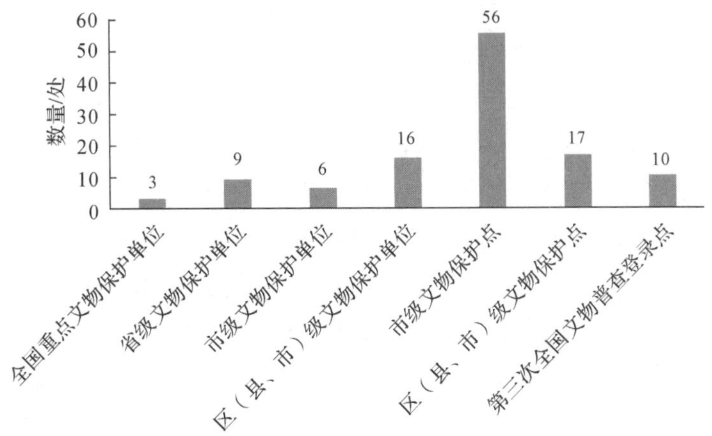

图 1　近 10 年海曙区实施保护工程的各级文物保护单位(点)数量

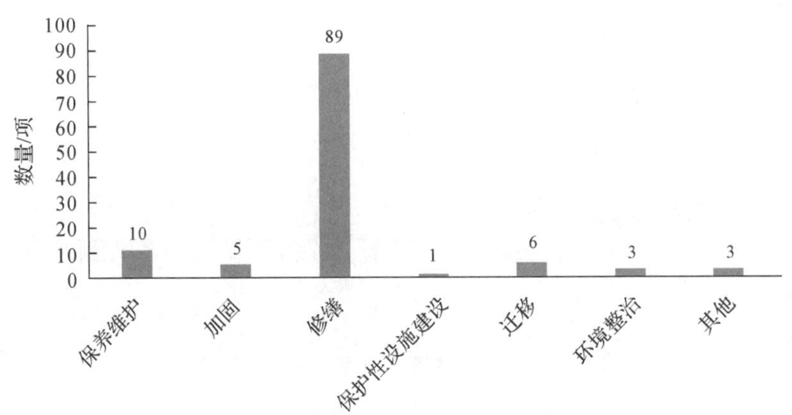

图 2　近 10 年海曙区各类保护工程实施数量

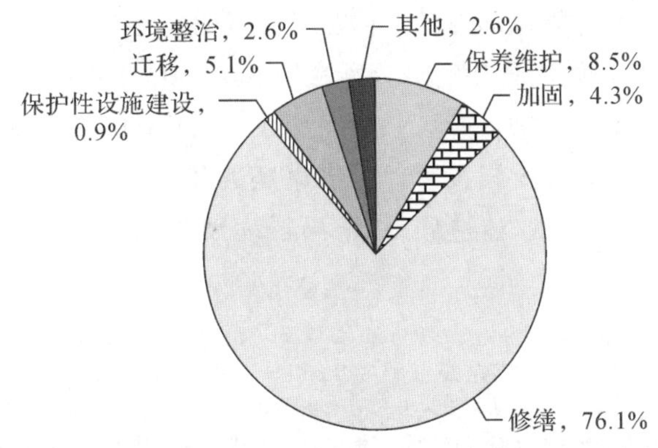

图 3　近 10 年海曙区各类保护工程实施占比情况

梳理各保护工程的干预内容及造价，迁移工程主要内容为本体拆卸搬迁等，统计 3 项工程平均造价约 647.45 万元/项，均价居于首位。修缮工程为恢复原建筑形制格局、屋面翻修、屋脊重做、木结构打牮拨正、构件修补更换、墙体重砌粉刷、地面铺装修复、油漆重刷、白蚁消杀等，统计 27 项工程平均造价约 431.06 万元/项。环境整治工程为本体周围环境整治、本体及周边环境排水系统修复、本体外立面整治等，统计 2 项工程平均造价 44.25 万元/项。加固工程多为墙体及木结构加固、构件更换，屋面翻修等，统计 4 项工程平均造价约 42.17 万元/项。保护性设施建设工程为修复墙壁书法雕刻及装饰、安装避雷设施等，统计 1 项工程造价共计 38.00 万元。保养维护工程多为传统建筑屋面翻修、木构件加固或更换、墙体清洗、非结构墙体拆砌、地面铺装整修、油漆重刷、防火、防虫、防腐处理、消防设施安装、白蚁消杀等，统计 8 项工程平均造价约 36.50 万元/项，均价最低(图 4)。

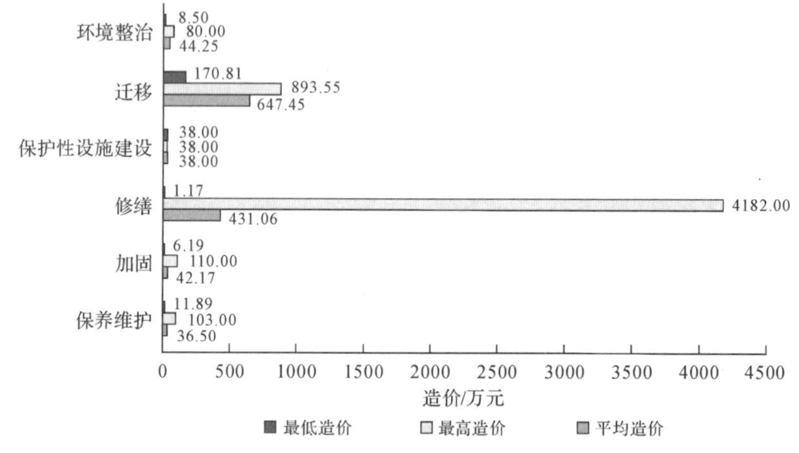

图 4　近 10 年海曙区各类保护工程造价情况

(二)宁波市天一阁博物院(天一阁院区)古建筑保养维护现状

天一阁位于宁波市月湖之西，为范钦(1506—1585)于明嘉靖四十年(1561)至嘉靖末年(1566)六年间创建，位于其宅之东。藏书楼名“天一阁”，取自汉代郑玄注《易经》“天一生水，地六成之”之义，意在防火，寄托了主人以水制火、保全藏书的愿望，并在阁前凿池，名“天一池”。明万历十三年(1585)，范钦长子大冲继承藏书。此后天一阁一直由范氏族人管理。清康熙四年(1665)，范钦的曾孙范光文又在阁前增构池亭，环植竹木，建造假山，格局延续至今。①

① 现在的天一阁院区占地面积约 2.6 万平方米，是以天一阁为核心、以藏书文化为特点的专题博物院。总体布局由藏书文化区、园林休闲区、陈列展览区三大功能区组成。藏书文化区由东明草堂、范氏故居、尊经阁、明州碑林、千晋斋和新建藏书库组成。园林休闲区由东园和南园组成，东园由明池、假山、长廊、碑林、百鹅亭、凝晖堂、林泉雅会馆组成；南园由水池、水北阁、抱经厅、假山、廊、亭组成。陈列展览区由秦氏支祠、闻氏宗祠、麻将馆和新建的书画馆组成。

2020年开始，宁波市天一阁博物院通过与第三方签订服务协议的方式，开展天一阁院区及伏跗室古建筑保养维护专项工作，含小修小补及常规养护工作内容。小修小补包括门窗维修类[①]、油漆抹面类[②]、屋面修补类[③]、加固维护类[④]、活动脚手架搭拆[⑤]及其他零星修补安装[⑥]；常规养护包括瓦垄清扫及石板养护。保养维护内容主要是对屋面、木构件、地面、墙面等的养护以及突发状况的处理（如恶劣天气时、临时加固及维护需要等工作）。在日常巡查中，天一阁博物院若基于综合评估判定需要日常养护，可发起小型修理，及时解决。

（三）宁波市文物安全检查工作现状

2017年，宁波市文化广电旅游局根据国务院办公厅印发的《关于进一步加强文物安全工作的实施意见》及相关部署，组织开展宁波市文物安全检查工作，持续至今。

宁波市文物安全检查的主要内容为文物消防安全检查、文物本体安全检查及文物周边环境安全检查等三项。文物消防安全检查内容主要包括消防机构建设、管理制度、人员培训及档案管理情况、消防设施设备、消防通道、违规活动管理及核实隐患整改情况是否符合规范；文物本体及周边防火环境是否存在问题及隐患等。文物本体安全检查内容主要包括屋面病害情况、墙体病害情况、结构病害情况、斗栱与吊顶（藻井）病害情况、门窗病害情况、楼梯（栏杆）病害情况、油饰（彩画）病害情况、台基病害情况、地面病害情况的严重程度。文物周边环境安全检查主要考察周边环境现状的保护情况、保护范围和建设控制地带内的生产建设行为及周边排水隐患的情况。

根据近5年海曙区、江北区、鄞州区、镇海区、北仑区、奉化区、余姚市、慈溪市、宁海县、象山县、高新区等11地的640余处文物保护单位（点）的安全检查情况，文物消防安全、本体安全、周边环境安全存在隐患的文物保护单位（点）分别占98.91％、29.97％、33.23％。

文物消防安全方面，隐患具体表现为电气线路敷设不规范、消防器材配置不合理、防火分隔未设置、易燃可燃物品违规存放、避雷设施未安装、人员技能意识不强等。

---

① 具体内容包括插销、门锁更换；局部残损修补；门窗脱落归位；1平方米内的局部地板修补；配合活动安拆等。

② 具体内容包括2平方米以内的油漆、墙面粉刷修补。

③ 具体内容包括1平方米以内屋面筑漏；零星望砖、椽子脱落修补；局部掉落封檐板加固；屋面局部装饰脱落修复等。

④ 具体内容包括门窗加固，展厅展柜、桌椅加固，牌匾加固，临时性的支撑加固等。

⑤ 具体内容包括配合维修或其他工作的活动脚手架搭拆。

⑥ 具体内容包括遮阳帘安装等（具体根据现场情况确定）。

文物本体安全方面，各地文物本体均有不同程度的残损，发生问题的概率在1%—70%不等。其中，台基地面、木构件、屋面、墙体多存在问题，具体表现为建筑局部拆改建、坍塌；台基地面石板、木地板断裂、糟朽，散水铺设材料酥碱、明显变形，排水沟、泄水口不通畅；院内或本体周围植物根系导致地面拱起；柱、梁、枋等结构构件歪闪、糟朽、虫蚁蛀蚀，木蜂危害情况严重；封檐板、椽子糟朽，屋面漏雨、长草，屋脊破损，瓦件缺失；墙体歪闪、移位、开裂，抹灰层发霉、空鼓、脱落，外墙面酥碱风化；门窗后期改建或缺失，楼梯糟朽；油漆彩绘起甲、脱落；等等。

文物周边环境安全方面，隐患多在于周边环境排水不畅，各地文物普遍存在此类问题，其他还有周边环境风貌遭到破坏、保护范围和建设控制地带内存在影响环境风貌的生产活动或建设行为等(图5)。

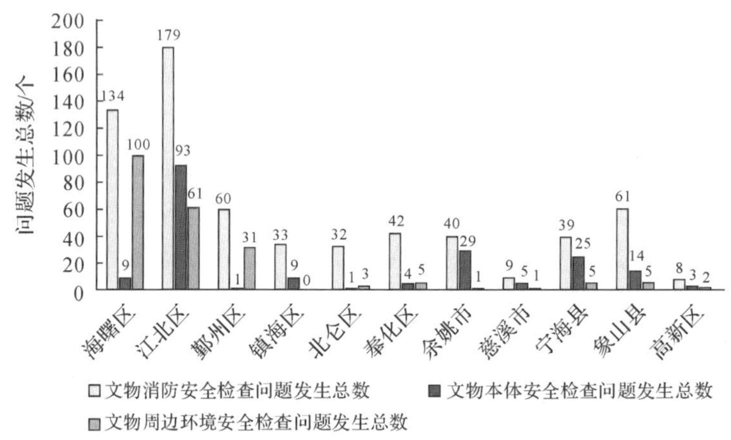

图5　近5年宁波市文物安全检查问题分布

(四)宁波地区常见气象灾害安全排查及维护工作现状

宁波地区主要自然灾害类型有台风灾害，坍塌、滑坡和泥石流地质灾害，暴雨灾害，盐碱灾害，沉降灾害，火灾，地震灾害，酸雨灾害等。其中，台风是对宁波市影响较广、损失较大的灾害之一。

宁波濒临东海，常年受到台风自然灾害的影响且频率很高。据统计，1953—2016年影响宁波的台风共154个，平均每年2.4个。从1981年到2014年，对宁波市造成明显灾情的台风有32个，年均致灾台风频数为0.94个，但有的年份如2005年遭受3次台风，有的年份未遭受台风的影响，台风灾害分布无规律。由于台风具有风暴潮多重性、持续时间长且极易引起其他灾害，危害较大。在1997年和2011年两次历年最大台风灾害中，宁波倒塌房屋间数达26000间和5720间，经济损失金额巨大。

在2021年第14号超强台风“灿都”来临前，天一阁博物院启动防汛防台应急

响应，关闭旅游景区，落实24小时应急值守值班，准备应急设备物资，同时加强重要基础设施、次生灾害易发区域、危险地带等的巡检及排查，对文物进行及时加固等。台风过境时，工作人员时刻关注降水、积水及风力情况，对水淹地区采用沙包等应急用具或用排水泵及时排水等。台风过后，天一阁博物院及时进行灾后巡查和检修，统计受台风和连日降雨影响的建筑园林损失情况。据统计，天一阁院区（含伏跗室）共计19幢建筑出现建筑漏雨，檐沟破损9处，墙面及外挂面剥落7处；伏跗室共计2处出现建筑漏雨，檐沟破损2处、脱落1处，墙面及外挂面剥落11处，并及时进行保养维护工作。

（五）宁波地区文物建筑建设控制地带内建设工程施工前的保护措施

划定不可移动文物的保护范围及建设控制地带是完善文物保护管理工作的重要手段之一，属于文物保护单位“四有”制度工作范畴。① 保护范围②是指对文物保护单位本体及周边一定范围内重点保护的区域，是确保文物真实性、完整性、安全性的最重要的前提。③ 建设控制地带则为在文物保护范围之外，保证文物安全及体现历史风貌的区域。

宁波地区对文物建筑涉建项目的要求，根据地上或地下工程的性质，主要包括基坑围护等保护措施及建设控制地带内建筑高度、体量、色彩等建设控制指标。

1. 地下工程干预内容

文物建筑因体量不大，且基本使用天然建材，自重较小，故基础一般为软基础。若在文物建筑周边进行开挖建设行为，必然会对文物建筑基础及周边地下土壤产生不可避免的影响，严重的可能导致文物基础沉降，危害文物建筑本体结构及周边环境。为避免此类建设工程对文物本体及环境产生安全隐患，宁波市文物部门要求编制工程设计方案时，须补充设计基坑围护方案，并进行内容完整、针对性强的文物影响评估。例如区级文保单位王宅、陈家墙门涉及项目“‘两馆三园’建设工程”，项目位于宁波市鄞州区，周边环境复杂，西侧临近七塔禅寺钟楼，靠近法物流通处、五观堂、清规堂等建筑；北侧临近区级文物保护单位陈家墙门和王

---

① 我国文物保护单位制度主要包括文物保护单位的认定与退出机制、文物保护单位“四有”制度、文物保护工程制度等三个制度。

② 《文物保护法》第十五条规定，“各级文物保护单位，分别由省、自治区、直辖市人民政府和市、县级人民政府划定必要的保护范围，作出标志说明，建立记录档案，并区别情况分别设置专门机构或者专人负责管理”。

③ 《文物保护法》第十七条规定，“文物保护单位的保护范围内不得进行其他建设工程或者爆破、钻探、挖掘等作业。但是，因特殊情况需要在文物保护单位的保护范围内进行其他建设工程或者爆破、钻探、挖掘等作业的，必须保证文物保护单位的安全，并经核定公布该文物保护单位的人民政府批准，在批准前应当征得上一级人民政府文物行政部门同意；在全国重点文物保护单位的保护范围内进行其他建设工程或者爆破、钻探、挖掘等作业的，必须经省、自治区、直辖市人民政府批准，在批准前应当征得国务院文物行政部门同意”。

宅，须重点保护，基坑变形控制要求高；东侧和南侧现状道路存在市政管线。工程内容包括地下室二层，地下建筑面积 7811 平方米，地下开挖面积 4525 平方米。项目地下工程处于省级文物保护单位七塔禅寺的建设控制地带内，区级文物保护单位王宅、陈家墙门保护区划外，按照文物相关法律法规要求，设计单位编制基坑围护专项设计方案，以避免工程威胁文物及环境安全。结合安全经济、方便施工的原则，综合实际情况，基坑围护形式采取“排桩＋支撑”的方案。考虑到基坑开挖的时空效应，为减少支护结构变形，有效控制周围地表位移，将开挖区域分为西 1 区、西 2 区及东区共 3 个小基坑独立施工。每个基坑待施工至结构顶板完毕并回填后，继续开挖相邻基坑(图 6)。同时，为确保基坑开挖对文物建筑及环境的安全，西区第二、第三道钢支撑配备应力伺服控制系统，24 小时实时监测，高压自动报警，低压自动补偿，可最大程度减轻基坑变形。

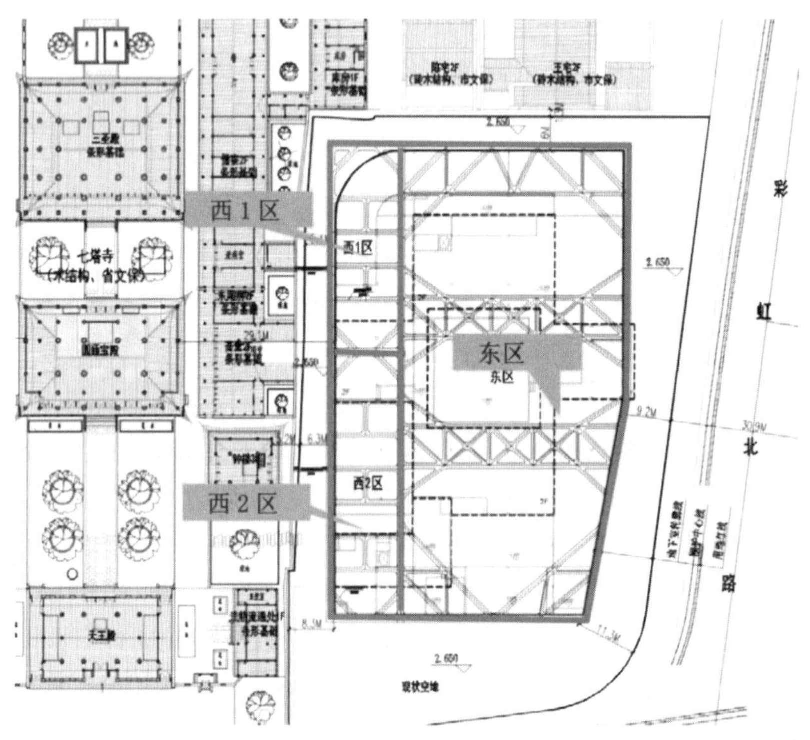

图 6　区级文保单位王宅、陈家墙门涉建项目“‘两馆三园’建设工程”维护方案平面布置①

① 宁波市民用建筑设计研究院有限公司：《区级文保单位王宅、陈家墙门涉建项目“两馆三园”建设工程基坑围护设计方案》，2012 年 12 月，第 3 页。

2. 地上工程干预内容

宁波地区对文物建筑建设控制地带内建设工程的要求，主要包括建控地带内建筑高度、体量、色彩等建设控制指标是否遵循相关规定，与文物建筑本体、周边其他文物建筑、传统风貌建筑及环境天际轮廓线、空间对话关系等是否和谐。例如，《宁波保国寺文物保护规划》划分了一、二、三类建设控制地带，并分别做相应的管理规定。对于一类建设控制地带，要求"可以进行少量一至二层的园林景观建筑建设，以满足旅游功能所需，但须经主管部门批准；对于这类建筑的材料、颜色、形式，应按传统建筑要求，要与山林环境相协调，色彩以灰、白色为主，不得使用琉璃瓦、瓷砖贴面、水泥抹面、金属瓦等不协调材料。建筑体量不宜过大，连续立面长度在 20 米以下。林地还须遵守林业部门的相关规定"等；对于二类建设控制地带，要求"建筑材料、颜色要求与一类建设控制地带相同；建筑高度宜控制在 2—3 层，特殊的点景建筑（如观景台）可局部高 4 层；建筑格局应为合院式、街巷式或散点式"等；对于三类建设控制地带，要求"建筑不得大面积使用红色、粉色、蓝色、黄色等鲜艳色彩，不得使用琉璃瓦、瓷砖贴面、水泥抹面、金属瓦等不协调材料；建筑高度不得超过 6 层，连续立面长度不得超过 40 米"等。[①] 此外，对于控制建设地带内建筑功能，《宁波保国寺文物保护规划》要求在一类建设控制地带内，可以进行少量的园林景观建筑建设；在二类建设控制地带内，可建旅游服务设施、

---

① 《宁波保国寺保护规划》第四十条 建设控制地带内的管理规定：

建设控制地带范围内的建设活动应该严格遵守相关法规的管理规定，所有新建或改建项目必须得到文物部门的批准，建筑高度、建筑风格等方面的要求按所处控制地带的类别分别加以控制，一切活动不得对文物保护单位的历史风貌造成破坏。

在保国寺所有类别的建设控制地带内，因特殊情况确需作业者，须按照有关法律法规中规定的程序报批，并须得到文物主管部门同意。不得进行砖瓦、砂石等建材生产和其他工业生产活动，现有一切类似活动应立即停止。禁止进行违反保护规划的拆除和开发，禁止对文物格局和风貌造成不良影响的改建，禁止进行其他对文物保护和文物环境保护造成破坏性影响的活动。不得在建设控制地带内建设污染文物保护单位及其环境的设施，已有的污染保国寺及其环境的设施，应当限期治理。

此外，各类建设控制地带的管理规定分别如下：

一类建设控制地带：对已有的山林完整保护，不得随意砍伐树木；可以进行少量一至二层的园林景观建筑建设，以满足旅游功能所需，但须经主管部门批准；对于这类建筑的材料、颜色、形式，应按传统建筑要求，要与山林环境相协调，色彩以灰、白色为主，不得使用琉璃瓦、瓷砖贴面、水泥抹面、金属瓦等不协调材料。建筑体量不宜过大，连续立面长度在 20 米以下。林地还须遵守林业部门的相关规定。

二类建设控制地带：山脚下的环境控制区，在使用功能上可以作为旅游服务区，可以建设旅游服务设施、园林建筑等。建筑材料、颜色要求与一类建设控制地带相同；建筑高度宜控制在 2—3 层，特殊的点景建筑（如观景台）可局部高 4 层；建筑格局应为合院式、街巷式或散点式。董家村（保国寺东南侧村庄）需控制规模，不宜再扩建；建筑立面应改造成符合以上控制要求。随着周边村镇建设、旅游发展等，逐步清整塑料大棚。

三类建设控制地带：为村镇和公共设施建设控制区，使用功能维持现状。建筑不得大面积使用红色、粉色、蓝色、黄色等鲜艳色彩，不得使用琉璃瓦、瓷砖贴面、水泥抹面、金属瓦等不协调材料；建筑高度不得超过 6 层，连续立面长度不得超过 40 米。已有建筑予以保留，但需进行适当的立面改造使之符合以上要求。

以上管理规定未尽之处，遵照《中华人民共和国文物保护法》及相关法律法规执行管理。

园林建筑等。

三、宁波地区文物建筑预防性保护工作评估及适应性框架研究

（一）宁波地区文物建筑预防性保护工作评估

总体而言，宁波地区文物建筑预防性保护工作相对碎片化，缺乏整体性思路，工作方法尚未得到重视和系统性地应用。文物建筑保护管理的工作模式较为单一、粗放，保护工程以修缮为主，保养维护意识薄弱，经济性较差。天一阁博物院（天一阁院区）古建筑保养维护专项工作未成系统，未能实现干预程度定性施工及经费、人力、物力的利用效率最大化，造成了资源浪费。文物安全检查工作的现场巡查人员缺乏必要的专业知识，对于文物本体残损及周边环境安全情况未能正确判断，检查结果缺乏准确性。此外，文物安全管理制度不健全，对于文物本体及周边环境出现的轻度残损类问题，响应时间较长，不能及时实施必要的保养维护工程，任由文物建筑残损加重，以致只有实施修缮工程才能解决问题。常见气象灾害安全排查及维护工作不够完善，未梳理制定自然灾害区划图及对不同地区、不同频发灾害针对性较强的安全排查及维护专项工作制度。文物建筑建设控制地带内建设工程施工前必要的干预措施是有效保护文物建筑的安全及历史环境信息的重要手段之一，面对城市化进程加快、建设项目逐步增加的形势，制定全面而具有约束力的保护措施刻不容缓。

（二）宁波地区文物建筑预防性保护工作适应性框架建议

文物建筑的预防性保护是指通过日常巡查、科学记录等手段对文物的保存状态进行长期关注，通过及时采取轻微干预的手段来减少或者延缓病害的发生，以此实现延长文物修缮周期、变大修为小修、变小修为日常维护和环境控制的目的，既是推进文物长效保护的重要措施，也是后续开展文物保护工程的实施依据。

结合宁波地区文物建筑预防性保护工作现状及基础，围绕对文物保存状态及常见风险的评估、巡查、轻微干预等工作，制定宁波地区文物建筑预防性保护工作流程（图7）。

预防性保护工作可分为前期研究与执行实施两部分。前期研究主要是综合评估环节，要求对文物的价值、保存状态及威胁文物价值保存或本体安全的风险因素等开展调查与评估，编写评估报告，建立文物健康档案，确定灾害防范的实施需求，明确文物存在的重点病害与保存风险，并提出处置建议。实施途径分为灾害防范和专业检修，主要是基于前期研究结论与建议开展的预防性保护相关具体工作，通过开展灾害防范、专业巡查、小型修理等工作实现文物的长效保护。同

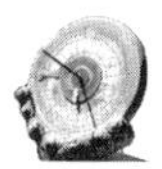

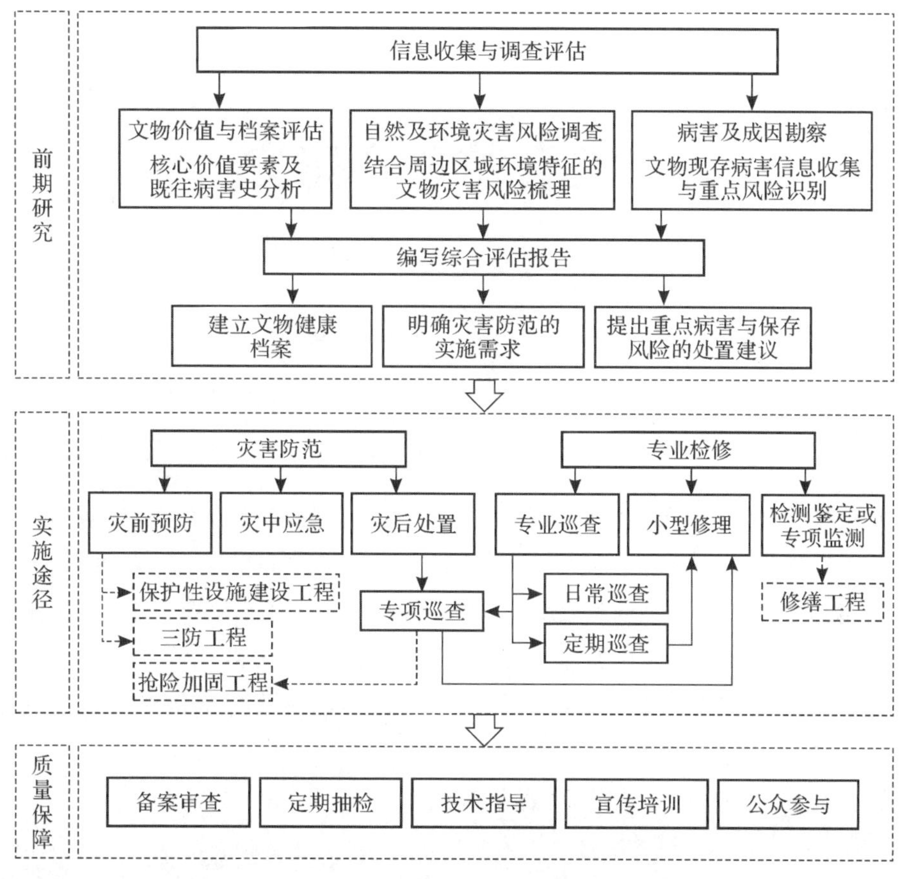

图 7　宁波地区文物建筑预防性保护工作流程

时，备案审查、定期抽检、技术指导、宣传培训、公众参与等途径亦可保障工作质量。

四、结　语

预防性保护是基于价值和风险评估，从实践与理论出发，关注文物建筑在自然环境与微环境下的状态，注重长期坚持的态度与习惯，秉持最小干预原则、防患于未然的思维与方法，吸纳社会共同参与日常管理的新型保护战略。本文梳理了宁波地区文物建筑保护管理，天一阁博物院古建筑保养维护、文物安全检查、常见气象灾害安全排查与维护，以及文物建筑建设控制地带内建设工程施工前的保护措施等一系列预防性保护相关既有工作，评估实施效果，综合工作基础，提出适应宁波地区的预防性保护体系框架建议，为其他地区文物建筑预防性保护工作提供参考。

宁波会馆遗产研究

丁洁雯　施小蓓

（宁波市文化遗产管理研究院）

摘　要：宁波位于我国海岸线中段，又是大运河的南端出海口，运河与海丝交会的独特地理优势带动了宁波城市的经济发展。宁波商贸繁荣，本地商帮兴起，外出经商并在异乡和本地创建会馆；商贸环境优越，吸引外地商人会聚，历史上宁波也曾是会馆繁盛的地区。通过文化遗产学的视角，本文将宁波会馆遗产视为完整的文化生命体，梳理其创建、发展与现状，并借鉴国内典型范例对其保护利用模式进行探讨。

关键词：会馆遗产；宁波商帮；保护利用

会馆遗产是一种出现年代较晚、类型较新的文化遗产。作为明清以来凝聚了中华文化内在精神、管理流动人群的民间社会组织，会馆以其“祀神、合乐、义举、公约”的基本功能，在社会变迁的过程中，发挥着重要的社会管理作用。会馆不仅把传统的地缘关系与新兴的行业纽带融为一体，在经济发展中发挥了重要功能，同时还凝聚着地域文化精髓，是展示和弘扬地域文化的特殊场所，充分展示出社会变迁，以及官绅、商人等各阶层在社会变迁过程中的调适和转变，意味着在传统行政体系之外民众的自治与有序社会秩序的建立，在推进中国社会由传统走向现代的过程中发挥着积极的作用。[①]

何炳棣先生在《中国会馆史论》中提出，最早的会馆出现于明永乐年间的北京，由旅京官僚团体创建，会馆分为试馆、工商会馆和移民会馆三种类型。[②] 不同类型的会馆因其内在特点，有着不同的集中分布区域。明清时期，试馆多服务于科举士绅，集中兴建于京城；湖南、湖北、四川、云南、台湾等地区是移民开垦的新

---

① 王日根：《会馆史话》，社会科学文献出版社 2015 年版，第 1 页。

② 何炳棣：《中国会馆史论》，中华书局 2017 年版。

兴经济区域，由于语言、习俗等差异，移民群体与土著和其他移民群体间存在隔阂，纷纷建立移民会馆；而在会馆中占据主体地位的工商会馆，通常在江南、沿海一带交通便利、经济条件较好的地区兴盛发展，它们以同乡、同业为纽带，为规范商业活动、实施自我管理、推动商业繁荣和城镇兴旺起到了重要作用。学界普遍认为，工商会馆初现于明朝万历时期的苏州，“岭南会馆，在(苏州虎丘)山塘桥西，明万历年间广州商建”[①]。宁波因其处于运河与海丝交会处的独特地理优势，商品经济繁荣，历史上也曾是会馆繁盛的地区。

一、宁波会馆遗产的历史脉络

从本质而言，会馆是团结商民、服务同乡的民间团体，是维持秩序、协调商贸活动的经济组织，因此其产生发展与商业发展息息相关。而畅达的水陆运输、兼容并包的社会氛围都是商业兴旺发展的有利条件，也会推动会馆的创建和发展。

(一)河海联运与宁波商业的发展

明清时期的宁波，已形成“三江六塘河，一湖居城中”的水网格局，江河交织如网，水运交通发达，船只从三江口出发，经鄞县(今鄞州区)、慈溪、余姚，至余姚江上游的通明堰，再经梁湖堰、风堰、太平堰、曹娥堰、西兴堰和钱清堰，抵曹娥江、钱塘江，到达杭州，与大运河相连。从南岭、福建来的船只在三江口停泊后，自内河航行，经杭甬运河到达杭州，并通过运河与杭州、洛阳、涿郡(今北京)及京城长安连接起来。[②] 内河转运经济得以迅速发展，水埠集镇大量形成。由于位于我国海岸线中段，又是大运河的南端出海口，以河海联运的独特优势，宁波将贯通全国的水路交通动脉大运河与世界水路大通途海上丝绸之路相衔接，实际已成为杭州外港，与杭州之间的商旅交通十分繁忙。受杭州湾和长江口的暗沙和潮汐影响，来自华南及海外的远洋大帆船只能在宁波卸货，转驳给能通航内陆航道的小轮船或小帆船，再由这些小船经运河转运到杭州、长江沿岸港口以及中国北方地区，而长江下游地区的产品则经运河水道运往宁波出口。“宁波城东、北、南三面环江，江源分为二，一由上虞，余姚，宁波。潮来自镇海。至宁波海潮，一日两次，江水海水来往冲击磐结于三江口中，海船可以出入，此宁波所以易富也。城内河道中，由东门绕北门而出大江，东归海，水势湾环，尤主集财。”[③]

作为南北货物的中转站，得益于河海联运的独特地理优势，宁波的商品经济

---

① 王日根:《中国会馆史》,东方出版中心 2007 年版,第 58 页。

② 乐承耀:《宁波古代史纲》,宁波出版社 1995 年版,第 97 页。

③ 段光清:《镜湖自撰年谱》,中华书局 1960 年版,第 73 页。

也得以快速发展。根据乐承耀先生的研究，明嘉靖三十八年(1559)宁波府的集市贸易处已达44处，比南宋时期增加了15市。[①] 到清康熙年间，宁波府的集市已达76个，为了便于贸易活动的开展，各集市错开日期，互相沟通，连成网络。宁波府的集市更是分为综合性集市、庙会集市和专业化集市三类，极大便利了生产者与消费者之间的物资交流。慈溪彭桥、道林有棉纺织业市，慈溪新浦、象山石浦等地有水产集市，鄞县韩岭、下水等地有山货竹木市，在慈溪、余姚等地短则2—3天、长则3—5天的各类庙会，商贾云集，南北百货竞销。各地客商纷纷前来，《宁波府简要志》卷三记载，在黄墓、大隐二市，慈溪县西南三十里(15公里)等处都有酒店、饭店用于接待外地的客商。奉化南渡也曾设有酒馆，用以接待前来赶集的客商和乡民。市区商业更是繁荣发展，灵桥门、后塘街商业兴盛，"千万鱼腥叠水涯，常行怕到后塘街，腥风一市人吹惯，夹路都将水族排"，"鄮地原因贸易名，灵桥彻夜有人行"，其商贸活动的兴盛发展可见一斑。[②]

(二)宁波商帮的形成及其创建的会馆

明末清初，宁波商人在药材业、成衣业、沙船业、南货业等行业异军突起。随着外出商人日益增多，以会馆为核心的同乡组织开始出现。据文献记载，宁波人在外地创设的第一个会馆是明末天启、崇祯年间在北京右安门内由药材商人创建的鄞县会馆。"京城之西南隅多隙地，口路蜒伏，古冢垒垒，有旧名鄞县会馆者，尤然隆起于其间。相传为明时吾郡同乡之操药材业者集资建造，以为死亡停柩及春秋祭祀之所。"[③]此后又有钱业、成衣业等，以行业会馆为依托，不断推进宁波商帮的发展兴盛。清初，宁波慈溪的成衣商人率先迈出宁波，外出落户北京，后于北京前门外晓市大街129号建浙慈会馆，浙慈会馆碑文云"浙江慈溪县成衣行商人会馆，又名浙慈会馆，在清初成立"，该会馆成为旅京宁波成衣行商人的主要活动场所。目前所掌握的资料显示，由宁波人主持、参与组织的会馆、公所和同乡会，足迹遍布北京、天津、上海、南京、江苏、湖北、广州、四川、山东、辽宁、浙江、福建、安徽、湖南、江西、河南、香港、澳门、台湾，甚至远涉海外，成为宁波商帮繁荣兴盛的缩影。

宁波商帮在本地建立的会馆也不断涌现。宁波海商是清代沿海地区主要的地域海商群体之一，清乾嘉之际，宁波地区出现了颇为活跃的经营海上航运业的热潮，"滨海商民，率造巨舟行海上，冒险贸货。北至锦州曰北帮，南至福建曰南帮"。清中叶以后，河运漕粮难以维系，道光六年(1826)年底和道光二十七年(1847)，清政府实行了最初的两次漕粮海运，自此海运成为漕粮运输的主要形式。

---

① 乐承耀:《宁波经济史》，宁波出版社2010年版，第191—192页。

② 乐承耀:《宁波古代史纲》，宁波出版社1995年版，第384页。

③ 李华:《明清以来北京工商会馆碑刻选编》，文物出版社1980年版，第97页。

便利的水运交通、丰富的漕运经验,加上过硬的造船技术,使得漕粮海运的实行成为宁波商业船帮发展的重要机遇,“时江浙两省俱办海运,宁波须封佣北号商船。是时宁波北号海船,不过一百七八十号。后因海运利息尚好,渐添至三百余号之多”[①]。随着获利的丰厚与积累,为更好地团结协作谋求利益,咸丰三年(1853),宁波所辖的鄞、镇、慈三邑九户北号船商,便捐资修建了庆安会馆,“吾郡回图之利,以北洋商舶为最巨。其往也,转浙西之粟达之于津门。其来也,运辽燕齐莒之产贸之于甬东”[②]。宁波商业的发展,尤其是涉远类商业活动的频繁,推动了宁波钱庄业的迅速发展。宁波是我国钱庄业最重要的创始和发源地之一,宁波钱庄业兴起于明中叶,清乾隆后渐至鼎盛时期,至清乾隆三十五年(1770),市中滨江一侧,已出现了一条全部开设钱庄的“钱业街”,街上钱庄至道咸年间达 100 余家,有“钱行街”之称。为统一管理钱庄业,宁波江厦街滨江庙一带设有钱业同业公所,进行钱币交易。民国十二年(1923),由敦余、衍源等 62 家大小同行共出资建造钱业会馆,至民国十五年(1926)竣工。钱业会馆建成后,成为当时宁波金融业聚会、交易的场所和最高决策地,协调全市钱业同行业务开展,对宁波钱庄业的规范发展发挥了重要作用。宁波医药业也有着悠久历史,清康熙四十七年(1708),宁波府太守陈一夔和药商曹天锡、屠孝澄等倡建药业会馆,“兹药皇圣帝殿,吾药材众商之会馆也。溯厥缔造之始,由康熙四十七年戊子,前太守陈公讳一夔暨商士曹君天锡、屠君孝澄等捐资赡田,割冲虚观左偏,建祀于元坛殿后,规模始基”[③]。药业会馆是宁波南北药材交易、名医坐堂、同业聚会议事的重要场所,也是供奉炎帝神农氏的殿堂。清咸丰年间在砌街、三法卿坊开始形成药行一条街,盛时有药店、药行 58 家,北京同仁堂、天津达仁堂、广州敬修堂、上海童涵春堂均在此采购药材,一度成为全国中药转运集散中心、东南药材中心。

(三)各地行商前来与会馆的繁盛

经济的发展、兼容并包的社会环境、畅达的河海联运,吸引大量外地商人来宁波经营。各地行商会集宁波,纷纷建立各自的会馆,对于宁波商业的发展与城市的繁盛起到了积极的推动作用。“吾乡滨海,贾航到处皆盛。惟商于宁者,好义最多,乡之创立义举,皆宁商力是赖。”[④]根据清光绪《鄞县志》中的记载,嘉道以来,福建、广东等地商人云集宁波。最早在宁波建立会馆的外地商人应是福建商人,“闽之商于宁者,有八闽会馆,兴、泉、漳、台之人尤多。固又自建会馆二。其一曰‘大会馆’,康熙三十四年,蓝公理镇斯土,率吾乡人始建之。其一曰‘老会馆’,创立不

---

① 段光清:《镜湖自撰年谱》,中华书局 1960 年版,第 98 页。

② 《甬东天后宫碑铭》,现藏于宁波庆安会馆。

③ 《药皇殿祀碑》,现藏于宁波药皇殿内。

④ 章国庆:《天一阁明州碑林集录》,上海古籍出版社 2008 年版,第 244 页。

知何时。台湾自国朝始通版籍,兹馆也,台人与焉,其在康熙二十四年开关以后无疑,而谓之'老会馆'亦先于'大会馆'无疑"①。根据碑文记载,福建商人清初在宁波建立的会馆至少有三处:八闽会馆、老会馆和大会馆。又"康熙三十五年,奉前提宪蓝,首创闽商在甬东买地,鸠工建设会馆,供奉天后圣母"②。根据两篇碑文内容可知,在康熙二十四年(1685)到康熙三十四年(1695)之间,闽商曾在宁波创建"老会馆",其后又创建"大会馆"。清咸丰年间,徽州商人在原战船街1号建新安会馆,会馆由台门、仪门、戏台、大殿、重楼厢房、配房等组成,创建新安会馆的徽商主要从事茶叶、油漆、颜料、锅席、鞭炮等生意。此外,还有广东商帮在宁波市区原木行路庆安会馆北侧创建岭南会馆,这是清代广东盐商在宁波议事聚集、联络乡谊的场所,同时兼作交易、情报、住宿、娱乐之用。清晚期,还有山东商帮在宁波创建连山会馆等。除宁波城区,象山石浦也是福建商人聚集之地,嘉庆九年(1804),福州寓户黄其鸣等于象山石浦古道捐建三山会馆,光绪六年(1880),又建泉州会馆。③ 民国以后,会馆作为一种历史存在已经处于衰微阶段,宁波地区的会馆、公所逐步被同业公会所取代,同时,新形式的经济组织——商会纷纷成立。会馆尊崇于道德规范约束下的经营活动,而商会倾向于从政治和社会角度去规范经济活动,会馆最终逐渐融入商会组织之中。

二、宁波会馆遗产现状概述

目前,宁波现存会馆遗产应不少于五处,集中分布于三江口周边的有四处:庆安会馆、安澜会馆、钱业会馆、药业会馆,另有位于象山石浦镇的三山会馆。

(一)庆安会馆

位于宁波市江东北路156号,地处奉化江、余姚江、甬江交汇的三江口东岸(图1)。庆安会馆始建于清道光三十年(1850),落成于清咸丰三年(1853)。又称"北号会馆",是宁波北号船商聚会议事的重要场所。又名"甬东天后宫",是祭祀妈祖的殿堂、浙东妈祖信俗传承的重要载体。庆安会馆为宁波近代木结构建筑典范,平面呈纵长方形,坐东朝西,中轴线上的建筑依次有宫门、仪门、前戏台、大殿、后戏台、后殿、左右厢房、耳房及附属用房,会馆建筑上1000多件朱金木雕和200多件砖、石雕艺术品,是宁波地域传统雕刻工艺的代表。2001年6月,庆安会馆被国务院公布为第五批全国重点文物保护单位。同年12月,依托庆安会馆和安澜会馆辟设的浙东海事民俗博物馆正式对外开放,它是我国首个海事民俗类博物

① 章国庆:《天一阁明州碑林集录》,上海古籍出版社2008年版,第244页。

② 章国庆:《天一阁明州碑林集录》,上海古籍出版社2008年版,第216页。

③ 林浩、黄浙苏、林士民:《宁波会馆研究》,浙江大学出版社2019年版,第43—45页。

馆，现为国家三级博物馆、省级爱国主义教育基地。2014 年，中国大运河成功申遗，作为大运河（宁波段）的重要组成部分，三江口（含庆安会馆）遗产区列入世界文化遗产名录。

图 1　庆安会馆（图片来源：庆安会馆）

（二）安澜会馆

位于宁波市区三江口东岸，庆安会馆（北号会馆）南侧，又称“南号会馆”，由此形成了宁波独有的南、北号两会馆并立的格局。该馆由宁波南号商帮于清道光六年（1826）创建，整体建筑坐东朝西，沿中轴线依次排列宫门、前戏台、大殿（图 2）、后戏台和后殿。现为宁波市级文物保护单位，与庆安会馆联合辟为浙东海事民俗博物馆。

图 2　安澜会馆大殿[①]

① 文中未标明来源的图片均为笔者拍摄。

（三）钱业会馆

位于宁波市中心战船街10号（图3）。清同治年间，由于在江厦一带滨江庙原有的钱业同业公所毁于兵火，钱庄业于同治元年（1862）筹资重建。至民国十二年（1923）购置建船厂跟（今战船街）“平津会”房屋及基地一方，兴建钱业会馆，民国十五年（1926）竣工，由坐北朝南的门厅、正厅和议事楼及左右厢房组成。钱业会馆是昔日宁波金融业聚会、交易的场所，也是全国唯一保存完整的钱庄业历史文化建筑。现为全国重点文物保护单位，根据该馆历史沿革和功能，辟为宁波钱币博物馆，重新设计布展后于2013年5月正式对公众开放。

图3　钱业会馆

（四）药业会馆

位于宁波市天一广场华楼巷98号，始建于清康熙四十七年（1708），现存建筑为清道光年间重建（图4），由前后三个殿堂及西厢房组成，是宁波南北药材交易、名医坐堂、同业聚会议事的重要场所，也是供奉炎帝神农氏的殿堂，现为海曙区级文物保护单位。2004年，药皇殿经保护性修缮和恢复后，对公众开放，内设宁波医药史料陈列和医药经营活动场所。2018年，药皇圣诞祭祀仪式列入第五批宁波市级非物质文化遗产代表性项目名录。

图 4　药业会馆

（五）三山会馆

位于象山县石浦镇延昌社区延昌街 100—130 号(图 5)。“三山”，为福建省福州市的别称，以旧福州市内东有九仙山、西有闽山（乌石山）、北有越王山得名。据建筑的时代风格判断，三山会馆应建于清晚期，大门朝东略偏北，青砖砌筑，蜊灰封面，由福建渔民捐资建造。现为宁波市三普登录点。

图 5　三山会馆

从本体保存来看，除象山三山会馆，其他四处会馆本体保存较为完整，且馆内均设置与其文化内涵密切相关的主题陈列，发挥着文化惠民、普及知识的社会功能。现存五处会馆归属不同职能部门管辖，普遍存在保护须进一步加强、研究须进一步深入、利用须进一步活化等现实问题。

三、宁波会馆遗产保护利用模式探讨

贺云翱先生曾提出，文化遗产是一个完整的生命体，其文化价值应当“能够让当代人和未来人获得不同文化的滋养与启迪，直接成为人类文化创新的资源，成为现代文明创造的重要参与力量，成为连接过去、今天和未来的关键纽带”①。存留至今的珍贵文化遗产——会馆遗产，是地域社会多元文化的重要构成，也是地域创新发展的文化内驱力的重要组成，传承与弘扬会馆遗产所承载的丰富文化内涵亦已成为重要议题之一。宁波地区的会馆遗产如何实现有效保护、合理利用？下文试以国内目前在会馆遗产保护利用中的可行模式进行探讨和分析。

（一）博物馆保护利用模式

萌芽于17世纪、成熟于19世纪的博物馆学，旨在通过保存、研究和利用自然标本与人类文化遗存，以进行社会教育的理论和实践。作为国家法定的文化遗产保护专门机构，博物馆的基本任务涵盖对文化遗产的搜集、保护、管理、研究、展览和提供利用。专题博物馆模式在国内会馆保护利用中运用最为普遍，已成为保护会馆遗产最常用的经典手段。相比其他模式，专题博物馆集收藏、研究、展示、教育于一体，一方面可以持续挖掘会馆遗产内涵，另一方面可以在保护会馆遗产的基础上适度开展展示、教育活动，发挥会馆遗产的当代价值。相比现代化的综合性博物馆，会馆类专题博物馆均将会馆遗产本体设为馆舍，带有浓厚的明清时代气息，游客在进入博物馆前，已被其自身的环境氛围所感染，入馆后，通过陈列展示等细节信息，全面感受传统历史文化的浸染与熏陶，能有效实现文化遗产信息输出的最大化。将作为文保单位的会馆辟为博物馆对外开放，一方面通过展陈阐释和传播会馆承载的历史文化，另一方面会馆建筑本体作为博物馆最大的藏品，得以被妥善保护和管理。

典型案例：自贡西秦会馆（图6）。西秦会馆位于四川省自贡市市中心解放路，清乾隆元年至十七年（1736—1752），大批陕籍商人来自贡经营盐业致富后集资修建。全馆占地3451平方米，于1988年被列为全国重点文物保护单位。1959年3月，在邓小平同志倡议下，以西秦会馆为馆址，组建盐业历史博物馆，由西秦会馆、吉成井盐作坊遗址和王爷庙三处组成，并于同年10月正式对外开放。该馆以收藏、研究、陈列中国井盐业历史文物和资料为主，充分利用会馆的建筑空间，将反映井盐业发展的史籍、文献、实物、工具等珍贵文物和资料，有机组合陈列起来，融

① 贺云翱：《文化遗产学》，江苏人民出版社2017年版，第57页。

参观学习、互动体验于一体，被颁定为“全国科普教育基地”，于2017年被正式评定为国家一级博物馆，同时也是我国最早建立的专业史博物馆之一。

图6　自贡西秦会馆(图片来源：自贡西秦会馆)

(二)开放式旅游景点保护利用模式

国际古迹遗址委员会(ICOMOS)于1999年10月在墨西哥通过的《国际旅游文化宪章》中达成共识：旅游与文化遗址之间是互相依存的动态关系，国内、国际游客可以通过旅游，了解和体验到历史和其他社会的现实生活。而文化遗产在旅游中呈现的经济价值，又可转换为教育资源和保护资金，使得文化遗产的保护与利用进入良性循环。[①] 旅游业的发展是城市文化遗产新的机遇和挑战，应致力于提升遗产可参观性，营造合适的文化氛围，增加遗产的“可消费性”，以体验性强的旅游项目和活动，增强遗产的丰富度和吸引力。当前，国内会馆遗产已逐渐成为旅游经济的组成部分，具有文物价值、历史价值的会馆先后被修复，并对外开放。旅游作为一种经济性活动，要产生良好的经济效益和社会效益，要涵盖的不仅是“游”，还包括“食”“娱”等。将会馆融入文化旅游的大家庭，就要寻求最适合该会馆发挥和发展的形式。

典型案例：北京湖广会馆(图7)。北京湖广会馆位于北京市西城区虎坊桥西南隅，始建于清嘉庆十二年(1807)，建筑面积2800平方米。原为私宅，由叶名沣捐建为湖广会馆，谭鑫培、余叔岩、梅兰芳等诸名伶皆曾在此演出。湖广会馆是目前北京仅存的建有戏楼的会馆之一，也是按原有格局修复并对外开放的第一所会馆，于1996年5月8日对外开放。北京湖广会馆巧妙利用自身资源，以贴近老百姓生活的方式，形成了该馆旅游开发的独特思路：一是“食”，楚畹堂内设“南国”和“北国”两个餐厅，供游客饮茶、休闲、吃饭，推出旅游特色餐饮，号称“湖广会馆私房菜”。二是

① [美]Dallen J. Timothy：《文化遗产与旅游》，孙业红等译，中国旅游出版社2014年版，第2页。

"游",文昌阁内辟"北京戏曲博物馆",以会馆史料、戏曲文物、文献以及音像资料,展示以北京戏曲艺术为主的戏曲发展史。三是"娱",充分利用湖广会馆戏楼,每晚由北京京剧院著名京剧演员演出,游客们可在古老戏楼内欣赏原汁原味的戏曲精品剧目,体验会馆演出的独特文化氛围,北京湖广会馆受到海内外游客的广泛关注。

图7 北京湖广会馆戏台演出(图片来源:北京湖广会馆)

(三)特色住宿保护利用模式

在1999年版的《巴拉宪章》中,明确表述了保护文化遗产的目的是保持某个地点的文化意义。如何进行保护,怎样处理具体的地点与文化构件,取决于怎样做才能使得这个地点的文化意义得到最好的延续。[①] 历史上不少会馆原为民居,比如扬州京江会馆、苏州八旗奉直会馆等,后被辟为会馆。而创建的会馆为满足同乡住宿需求,本就设有居室,具有居住的功能。会馆作为民居,可以保存传统的居住习惯和风俗,成为历史街区的重要组成部分,具有较高的历史文化价值。"住到文物建筑里去。"这是东德曾提出的口号。与其赋予建筑遗产全新的用途,不如让其重获最初用途,历史文化意义和强烈的场所精神会凸显出其珍贵的价值。[②] 借鉴意大利皮埃蒙特大区(Regione Piemonte)民居的保护与修复经验[③],可以会馆为核心,划定区域,建立会馆住宿体验区,使该区域建筑群在时代性、地域风格和社会层面达成一致,在保持会馆遗产的原真性和历史文化氛围的同时,提高当地居民在遗产保护和利用中的参与和受益。

典型案例:扬州岭南会馆(图8)。扬州岭南会馆,位于扬州市区新仓巷,始建

① 李春霞:《遗产:源起与规则》,云南教育出版社2008年版,第150页。

② 陆地:《建筑遗产保护、修复与康复性再生导论》,武汉大学出版社2019年版。

③ 顾贤光、李汀珅:《意大利传统村落民居保护与修复的经验及启示——以皮埃蒙特大区为例》,《国际城市规划》2016年第4期,第110—115页。

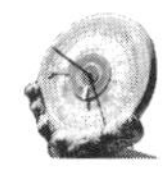

于清同治八年(1869),由卢、梁、邓、蔡姓盐商集资修建,是清代粤人众盐商在扬州议事聚集、联络乡谊的场所,占地面积4000平方米,建筑分东西两条轴线,现存大门、照厅、大厅、住宅楼。目前岭南会馆内设古建筑文化展览区、建筑图书馆和建筑设计展览馆。毗邻的境庐精品酒店由4座旧的教学楼改造而成,共有35间客房,与岭南会馆形成游览和住宿的统一整体。宾客们穿过古老建筑空间,便抵达休憩之地。在重视会馆遗产保护的同时,给予公众近距离体验会馆空间的机会。会馆内主打图书阅读和休闲游览,成为毗邻酒店住宿的配套服务,从会馆遗产保护和利用而言,不失为一种选择。

图8　扬州岭南会馆

(四)区域融合保护利用模式

作为空间消费行为的一种,旅游产业地域关联性极强。多区域协作将通过资源共享和互补,在输送客源、改善旅游产品结构、创造品牌效应等领域展现巨大合力。具有市场开发价值的会馆遗产可以进一步融入地方旅游发展大格局,合理规划与周边旅游区结合,互相依托,形成一个区域旅游资源网络,将会馆融入邻近风景、旅游、文物点的服务与交通体系之中,通过区域旅游整体实力带动会馆遗产旅游。

典型案例:广州八和会馆。广州八和会馆位于广州市荔枝湾恩宁路,始建于清光绪十五年(1889),由粤剧艺人行会八大剧班——兆和堂、庆和堂、福和堂、新和堂、永和堂、德和堂、慎和堂、善和堂——组建而成的梨园堂改建而成。2003年8月,广州市荔湾区政府分三期修建“粤剧博物馆”及“粤剧广场”,以八和会馆为中心,设置西关“粤剧一条街”,将八和会馆纳入整体旅游规划范畴,使其成为旅游区域的核心建筑,与周边旅游资源良性互动,成为广州的重要旅游景观,取得了可观的社会经济效益。

保国寺大殿古建文物保护管理数字化改革实践探索与思考

曾 楠

（宁波市天一阁博物院）

摘 要：宁波保国寺大殿是我国长江以南地区现存最为完整的唐宋早期木构建筑遗产，具有极高的历史、文化、科学和艺术价值，较早地开展了数字资源采集和监测体系构建的工作。当前，数字化改革正在改变社会治理的模式，文物领域也面临全方位、系统性、重塑性的变革，为此特以保国寺大殿的探索为例，总结实践经验和存在问题，谋划适应数字化改革的发展思路。

关键词：保国寺大殿；古建文物；数字化

2021年，浙江省全面启动部署数字化改革工作，提出要大力推动政府、经济、社会全方位的数字化转型，已经取得一系列卓有成效的改革成果。结合当前文物工作被提升到前所未有的重视关注高度，浙江省遵循"保护第一、加强管理、挖掘价值、有效利用、让文物活起来"的新时代文物工作方针，制定了建设文博强省的目标，明确提出要切实加强文物保护利用改革创新，通过数字化改革推进文物领域全方位、系统性、重塑性变革，为建设文博强省提供重要的引领、撬动和支撑作用。这无疑是古建文物保护管理工作创新提质的绝佳契机，然而古建文物的境遇、现状毕竟千差万别，实际推进数字化改革进程中还需要"一文物一策略"地具体实践，为此特以保国寺北宋大殿保护管理数字化的探索为例，总结实践经验和存在问题，谋划适应实际需求的发展路径。

一、保国寺北宋大殿文物概况

保国寺位于宁波市江北区洪塘街道灵山山岙。据清嘉庆《保国寺志》记载，保国寺始建于东汉初年，原名灵山寺，唐广明元年（880）重建并获敕今额，后历代屡有扩建修葺，现保存有唐宋以来至民国多个历史时期的建筑遗址遗存。大殿是保国寺古建文物遗产的精华所在，建于北宋大中祥符六年（1013），宋代建成时为单檐歇山顶，三开间厅堂式架构，平面呈罕见的纵长方形，面宽 11.9 米，进深 13.35 米。清康熙二十三年（1684）加建下檐，形成现状面阔七间、进深六间的重檐歇山顶建筑。

清代外檐的遮盖较好地保护了大殿的宋代架构，使其留存下丰富的宋代早期建筑形制及技艺做法等历史信息，被学界认为是我国长江以南地区现存最为完整的唐宋早期木构建筑，成为见证 11 世纪初东亚地区木构营造技艺的代表性遗存。它不仅印证了我国第一部官方建筑典籍《营造法式》记载的拼合柱、虾须拱、镊口鼓卯等做法，还反映了宋朝文化大融合、科技大发展过程中的南技北传，以及海上丝绸之路鼎盛背景下的建筑文化东传海外等史实，对于研究古代中国官式建筑体系的发展脉络、传统建筑文化对外交流等均具有重要意义。因此保国寺 1961 年被国务院公布为第一批全国重点文物保护单位，2016 年被列入“海上丝绸之路·中国史迹”申遗遗产点。

二、基于文物本体的数字资源采集

数据是推动数字化改革的关键要素，对于古建文物保护管理工作而言，可分为文物本体信息数据和保护管理信息数据两大类。文物本体信息数据是数字化改革的基础资源，简而言之即是将古建文物转化为使用数字形式表示的数据格式文件，从而实现长久保存、快捷调取、直观展示、多维转化等功用；保护管理信息数据则是针对游离于古建文物之外但与文物本体息息相关的各类客观环境或人为干预，以数据形式来表征文物本体受到外界影响作用的程度，产生并应用于监测、分析、预警、干预、记录等保护管理的具体工作。因此，采集文物本体数据是数字化改革的第一步。

早在 1954 年发现保国寺北宋大殿文物价值之初，大殿本体的信息数据已经开始采集。原南京工学院（现东南大学）的刘敦桢教授第一时间要求大殿发现者戚德耀等人对大殿进行了测绘，据此对大殿建造年代做出基本判断。此后，清华大学建筑学院的郭黛姮教授为深入研究大殿的学术价值，对大殿进行了多次实地测量，绘制完成系统的平立剖面图纸。这些二维的传统测绘图为建立符合数字化改革需求的三维数据资源提供了最原始的信息素材。

大殿本体三维数据资源的采集始于 2006 年，使用徕卡 HDS3000 型三维扫描仪对大殿空间信息进行了采集，建立了第一个大殿现状三维模型（图 1），这在当时属于国内为数不多的使用三维技术记录古建文物本体信息的一次尝试。2009 年，通过手工测绘与二维图照、三维扫描相结合的手段，建成大殿构件尺度数据库和残损勘察图库，并以视频形式复原了大殿北宋形制的三维复原模型（图 2）。此后随着三维技术的日趋普及成熟，2018 年使用激光三维空间数据信息采集技术，对包括北宋大殿在内的保国寺古建筑群中轴线主体建筑及东西轴线钟楼、鼓楼等附属建筑进行了扫描，总布设扫描站点数达到 938 站，最终形成近 287G 的三维点云数据（图 3）。其间，关注到文物古建所处地理空间信息的必要性，利用 1∶1000 数字地形图的高程数据，配合保国寺现场调查获取的地貌信息，生成山地数字高程模型，再将高程模型与古建筑群正射影像图和三维模型叠加，得到保国寺 GIS 地理信息数据（图 4）。

图 1　2006 年同济大学三维扫描设备及采集成果

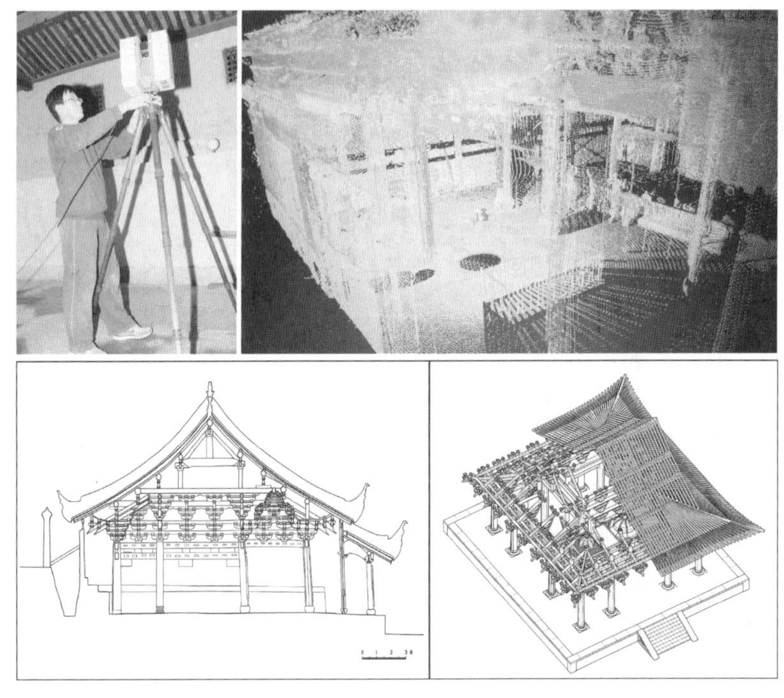

图 2　2009 年东南大学勘测研究复原三维模型

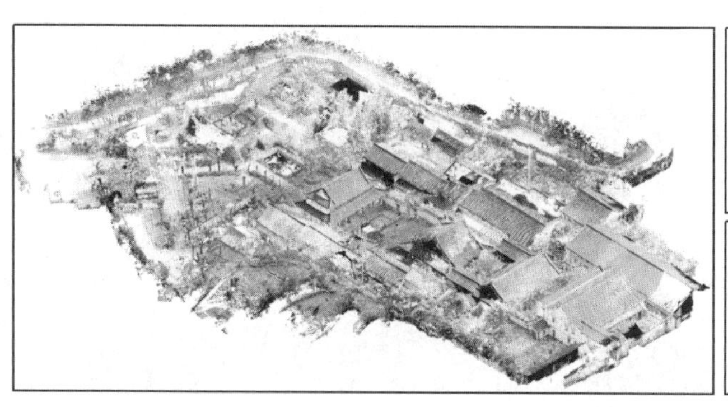

图3　2018年北京工业大学激光三维点云模型

图4　2017年保国寺山体数字高程模型及古建筑群三维正视图

2021年起，保国寺大殿又开展了新一轮三维模型数据的资源采集，以建筑考古学作为理论指导，借鉴我国石窟寺考古创新的3D新技术，力求建立从整体到局部均高精度的数字化档案数据。本轮采集首先对大殿及周边环境进行航拍，完成布网控制以支撑对三维扫描成果的平差以及提供海量点云数据的空间定位；随后，使用Focus大空间、超长测距的高速三维激光扫描仪建立无色但形状逼真、细节丰富的三角网格模型，同时通过多角度、全方位、兼顾整体外观和局部细节的摄影测量，重建色彩丰富的稠密点云模型；最后，利用空间定位进行模型对齐，将激光扫描的三角网格模型和摄影重建的稠密点云模型无缝结合起来，相互取长补短，得到精度逼真、色彩丰富的彩色精细三维模型(图5)。

图 5　2021 年保国寺大殿外观及内部构架彩色精细三维模型

三、基于监测信息的应用系统建构

保护管理信息数据是一个跨多学科、多领域的庞杂数据体系，至少但不限于包括古建文物周边的环境信息数据，如温湿度、风向风速、降雨量、地下水文、空气质量、地质状况等；古建文物的病害信息数据，如倾斜沉降程度、歪闪松动程度、糟朽酥碱程度、脱榫开裂程度、病虫害程度等；古建文物的人为干预信息数据，如修缮改易、保养维护、支顶加固、生物防治等，这一类型的数据几乎贯穿古建文物保护管理工作的全过程，产生于各类古建文物监测体系场景中。

“十三五”期间，我国文物事业提出对文物建筑遗产由注重抢救性保护向抢救性与预防性保护并重转变。在此背景下，随着预防性保护的理念深入与技术成熟，以及世界文化遗产申报对监测工作要求等因素的助推，古建文物监测逐步成为各级文物保护管理单位的重要工作内容之一。保国寺北宋大殿在国内较早地开展了古建实时动态科技监测体系的构建，已有 12 年之久。2007 年，保国寺保护管理机构即提出转换保护手段——从“治”到“防”、从“抗灾损”到“控灾损”，联合国内知名科研院校研发大殿科技保护监测系统，相较虎丘砖塔、应县木塔等以修缮为目的的监测，更贴近预防性保护理念。该监测系统从建构发展至今大致可分为四个阶段：

(1)基础架构阶段。首先是完成系统总体框架的设计，包括监测目标、指标分类、系统功能、数据处理流程等，基本贯穿指导了截至目前的整个研发过程。其次，重点利用计算机信息处理技术，对大殿的结构、环境、材质开展定期监测并数字化(图 6)。其中，对温湿度、风速风向等自然环境指标实现实时监测，多个点位的监测数据通过有线传输方式直接被系统获取；对倾斜沉降等结构变形和材质糟朽、开裂、虫害等仍然沿用传统人工作业手段，一般以 1 年为周期实施监测后，再手动录入数字化信息。此阶段的成效体现了在国内率先实践建筑遗产预防性保护理念的引领示范作用,验证了科技监测系统的可行性和数字化传感设备的高效性,积累了大量遗产本体与环境信息数据,同时也暴露出指标监测周期不匹配、存储数据海量且冗余、相关性分析难度大、系统稳定性差等弊端。

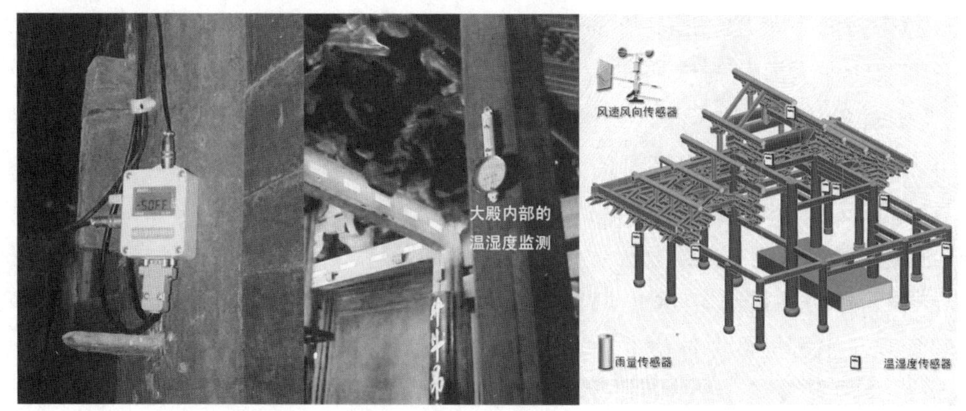

图 6　大殿科技监测系统初期有线监测设备

(2)技术更新阶段。在系统框架搭建完成之后,随着网络传输、传感测量、识别成像等新兴技术的迅猛发展,主要对监测技术手段进行了更新。具体包括:传感设备性能的更新,将初期采用数据有线传输方式的设备全部替换为无线传输,避免因信号通道阻塞导致数据丢失,设备灵敏度和数据稳定性大幅提升;实时监测种类的更新,新增了二氧化硫、PM2.5 颗粒物等项的空气状态监测,以分析建筑构件表面病害的来源,新增了地下地表水位、流量、流速等水文监测,以寻找大殿地基不均匀沉降的成因,特别是新增了宋构部分承重内柱的实时倾斜变形监测,以获取大殿受到外部作用时主体结构的瞬时状态变化;材质关键信息的更新,初期材质信息的记录较为粗略,多是肉眼观测取得的定性判断,后采用阻力仪和应力波等无损微损检测技术,获得大殿内柱不同高度截面的内部断层扫描图(图 7),得以准确判断其内部的糟朽损害现状,此外还鉴定得到大殿结构用材的树种配置情况等。

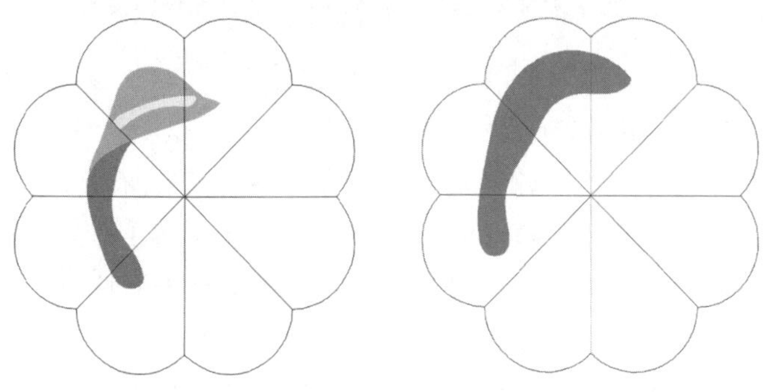

图 7　大殿西南角柱内部腐朽程度断层扫描

(浅灰色表示轻度腐朽;深灰色表示中度腐朽;黑色表示重度腐朽)

（3）系统提升阶段。此后系统进行了两次升级改造。一是移植现代建筑结构健康监测，先采用有限元分析建立大殿计算模型，模拟极端风荷载作用下大殿结构响应，确认须重点监测的柱梁构件部位，再引入分布式光纤光栅传感技术，在大殿核心受力的中槽及变形显著的后槽布设光纤回路，辅以物联网环境监测，建立起长期服役的大殿结构应变实时监测。二是开发专门的构件信息数据库应用软件，监测对象从建筑整体深入到构件单体，将大殿化整为零为400余组构件，以构件类型结合位置构成每组唯一的关键识别字段，配有图片、照片、三维模型等图形信息，按需定制登录残损变形、材质退化、生物侵袭、构件缺失以及相应的维修措施、更换记录等信息，进而为管理人员提供残损快捷定位、全方位信息提取、现状差异判断、预防举措制定、资料归档收集等监测相关操作的应用平台，而针对研究者和参观者则可提供评估研究、直观展示等规范化服务（图8）。

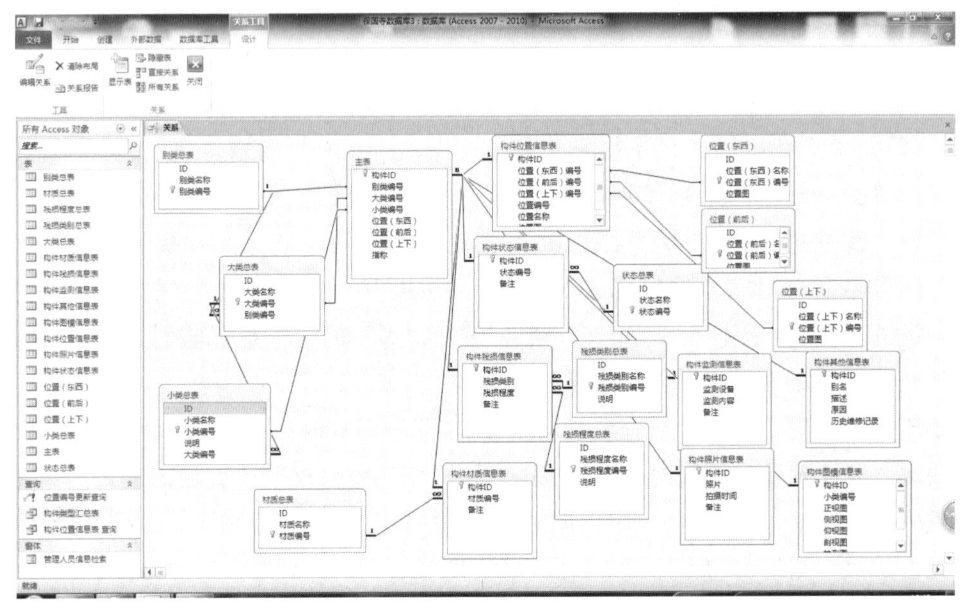

图8　大殿木构信息数据库 Access 版数据表结构关系

（4）数字赋能阶段。近年来，该系统顺应数字赋能文化遗产保护管理提质升级的风向，开始探索应用场景研发，尝试以气象风险灾害作为突破口，建立多源异构数据融合分析平台，通过 HTTP 等主流通信协议将不同来源的监测数据接入纳入统一平台，对数据进行预处理以消除冗余、缺失、异常等噪点数据，进而开展数据分析挖掘，再嵌入风险预警模型，最终实现监测和预警的联动。目前选取了短时降雨、长时降雨、强风、雷电四类气象灾害类型，利用2019年6月至2022年12月相关监测设备收集的16万条数据，采取一线管理单位的主观经验判断和反复修正逼近的模拟试验，基本确认了四类灾害的预警分级响应阈值，待平台部署到

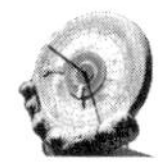

位后，将在保国寺管理机构的统筹指挥、值班监控、支援协助等各级岗位人员之间建立起快速的应急响应反馈机制（图 9）。

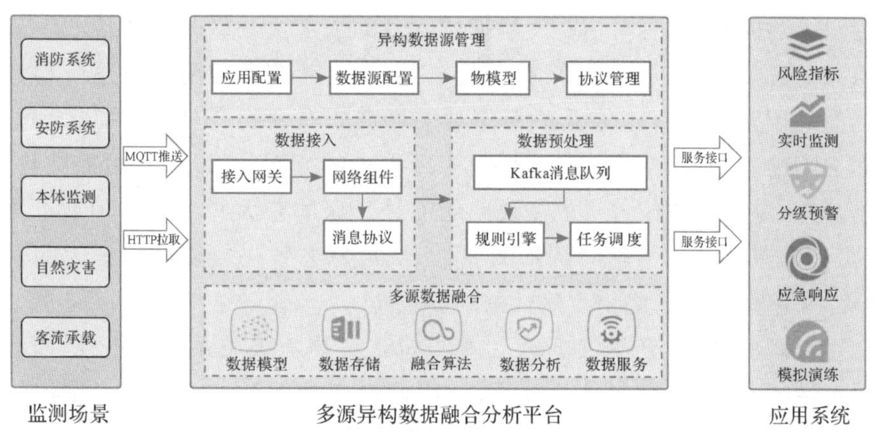

图 9　保国寺气象灾害监测数据融合分析平台总体架构

四、保国寺大殿保护管理数字化探索的问题与思考

（一）遗产数字资源凌乱孤立

保国寺大殿文物本体的数字资源采集工作已经具有一定的数量和种类，但是由于时间跨度较大、建设单位众多、相关工作项目分散，最初建设采集的目标并非都是朝着数字化方向努力，有的是服务遗产课题研究，有的是配合文保维修工程，所采用的设施设备也因项目需求而各异，因此导致不同的数字资源既有内容重叠又有格式差异，相互之间也没有传承和交互的计划，难以集中到标准统一的数据管理系统中，从而出现现有数字资源各自孤立、成为互不相通的信息孤岛的情况，在数字资源转化利用时往往不能做到高效合理使用。

（二）数字化保护成效不明显

保国寺大殿科技保护监测起步较早，至今存储积累了海量的监测数据，但目前分析数据、实际指导大殿保护管理的方法尚处于试验阶段，尽管有所突破，但仍处于诸如温湿度、倾斜沉降等海量数据不知如何使用的现实境地，这也是目前我国文物遗产监测领域存在的普遍问题。究其原因，笔者认为在于古建筑遗产病害关系复杂多样，一个倾斜变形问题的“因变量”就可能受到温湿度、风力风向、地下水位等多个“自变量”的影响，而要研究指标间的定量关系，又必须对“因变量”和“自变量”进行周期相近的监测，有些指标的监测难以做到同步，更何况有些“自变量”的影响还存在延缓作用的时差，就更加显著地增加了找到监测指标危险报警阈值的难度。

(三)对数字化探索的思考

针对上述问题,笔者对古建文物保护管理的数字化改革提出以下几点建议:

(1)架构应基于需求,不宜"拿来主义"。数字资源采集和应用系统构建的架构设计应基于充分调研评估保护管理对象存在的安全隐患、面临的风险病害,结合古建文物的实际情况,确定符合保护管理需求的方案,可以借鉴类似文物,但不能简单套用,应切实抓住自身的主要问题症结。保国寺大殿考虑增加地下水文监测,正是为了探究地基不均匀沉降的原因,从根源上解决整体结构歪闪的病害机理,避免"头疼医头"式、仍留有病灶的纠偏校正。

(2)指标应关联对应,不宜频度过高。古建文物病害关系复杂多样,因此监测指标要定性考虑原因、结果的相互呼应,为倾斜变形等"因变量"至少设定一个以上的"自变量",以便研究指标间的定量回归关系,科学确定须采取措施的指标阈值,最终实现预防性保护监测的实际应用。"因变量"和"自变量"的监测周期必须相同或接近,但不要求每秒每分即产生一个监测值的频率,因为高频意味着数据海量冗余,存储分析难度也会增加,可考虑病害显著发展时短期高频与稳定状态下按需定频相结合的变频模式。

(3)组织应专业牵头,不宜各自为政。保国寺大殿多年的探索表明,依据专业特长选取多个科研单位合作开发,各单位采用的技术手段不尽相同,数据成果有较大差别且分散存储于多个终端平台,重新归整统一的工作量较大。因此,遗产管理保护单位宜在启动数字化改革时,选择横跨文物遗产、建筑工程以及信息技术等多学科领域的,能及时掌握遗产保护和数字信息技术发展前沿趋势的专业科研机构作为牵头单位,协调合作各方,设计集成平台,统筹建设进度等。

(4)操作应人机互动,不宜全靠仪器。数字赋能文化遗产保护管理目前还处在探索验证阶段,可能存在技术不成熟、系统不稳定、安装不便捷等诸多问题,不能也不应该完全忽略遗产管理者的作用,一方面,要对监测系统巡查保养,确保监测仪器正常运行,稳定积累人工无法得到的高精度数据;另一方面,用传统人工经验式巡查作为必要补充,补充尚无法实现仪器监测的指标,亦是验证仪器数据准确与否的一把标尺。

五、保国寺大殿数字化改革的发展思路

面对数字化改革的契机,保国寺大殿数字化改革的发展首先是要做好顶层设计,从系统开发、管理、使用、维护等角度出发进行,对内要满足古建筑遗产保护、管理和科研的需求,对外要满足遗产展示宣传和大众日益增长的文化需求,构建

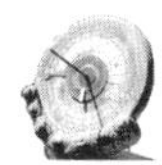

包括遗产数字资源库、游客管理系统、安全管理系统、工程管理系统、行政管理系统、数字博物馆等六大系统的总体框架（图 10），实现从资源到素材再到应用场景的创造性转化。

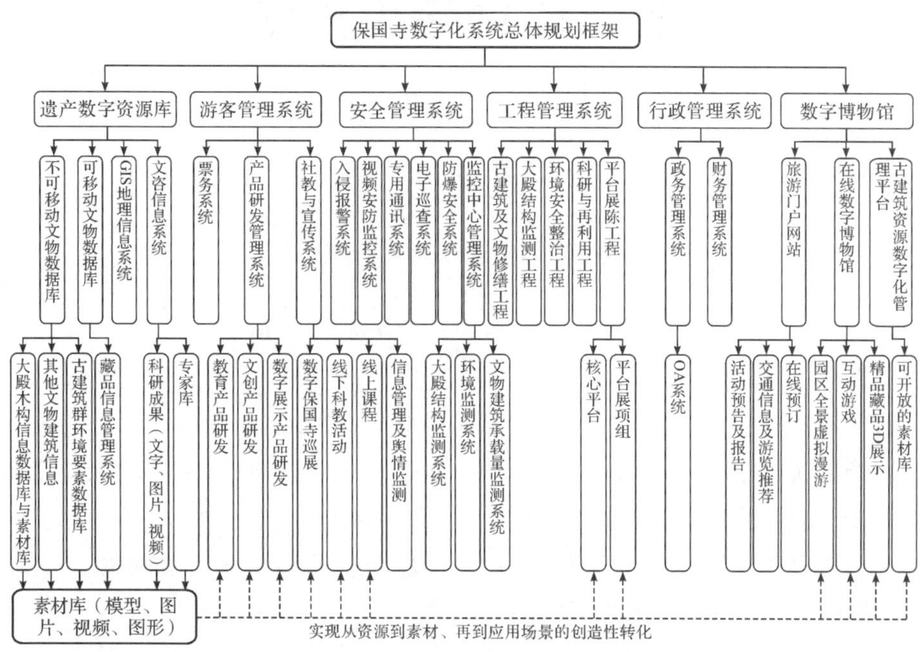

图 10 保国寺数字化系统总体规划框架

其次，落实到操作层面，数字资源采集应基于顶层设计的需求，将现有的数字资源进行分解、清洗、加工及整理，分类整合成二维图形、三维模型、地理环境信息等专项素材库以及图片视频、科研成果等参考文献资料库，利用数据库管理模式实现系统存储、查询和调用，在资源整合过程中发现遗漏缺失的数据，及时采集完善；保护管理机制的数字化再造应继续联合国内高校与研究机构，开展古建筑结构关联分析、健康安全评估、大数据挖掘分析以及古建筑监测预警机制等相关研究，继续扩大多源数据的融合分析，形成具有推广示范作用的场景平台；积极实践创新理念和技术手段，如不以监测指标数据的绝对值作为预警的阈值，而强调数据变化的相对值，或者在结构力学和材料学分析的基础上，运用非线性多元回归、黑箱理论等大数据算法，尝试破解监测数据分析应用的瓶颈；等等。

尽管面临种种挑战和困难，但文物保护管理数字化改革是大势所趋，需要遗产保护管理部门和社会各界力量合作，发挥各自的特长，才能高效实现数字化改革目标，满足人们对美好文化生活的向往。

（原文刊于《文物鉴定与鉴赏》2021 年第 5 期）

宁波三江口的历史底蕴

——以“运”为论

张亚红

（宁波市文化遗产管理研究院）

摘　要：宁波三江口，作为“中国大运河最南端”并实际发挥“河”“海”连接点作用的历史，始于唐代，兴盛于宋元时期。在千年历史长河中，宁波三江口紧系治国之大计、民生之便利，成为海内外各色舟船辐辏云集之地，既成就了古代宁波“甲于天下”的繁荣与昌盛，也成就了今日宁波“港通天下”的底蕴与格局。

关键词：宁波三江口；漕船；商舶；舟船

世界遗产宁波三江口，隶属于“中国大运河·浙东运河”①段。文献中，关于宁波三江口之说，最早见于南宋乾道《四明图经》，其中的“三江之口”②、“东渡门三江口”③即是。因其左岸为鄞县县治、宁波府府(郡)治所在，故又有“鄞之三江口”“鄞城东之三江口”“郡城三港口”“县东三港口”“宁波府城东三港口”等诸多说法④；古地图中一般简单标注为“三港口”⑤。

此地作为“中国大运河最南端”并实际发挥大运河与海上丝绸之路连接点作用的历史，始于唐代，其中，唐肃宗上元年间(760—761)“新罗梗海道，更繇明、越

---

① 宁波三江口，被明确视作“浙东运河”组成部分的说法，始见于民国时期，可参见：《沿浙东西运河航线分布图》，《浙江省建设月刊》1936年第10卷第3期；《全国经委会计划整理浙东西运河》，《申报》1936年7月6日；《查勘浙东运河》，《申报》1936年6月25日。

② 乾道《四明图经》卷一《城池》。

③ 乾道《四明图经》卷二《鄞县·桥梁》。

④ 《鲒埼亭集外编》卷五《碑铭(二)·明监纪推官叶虞钱公墓志铭》；《鲒埼亭集外编》卷十《行状(二)·华氏忠烈合状》；《大明一统名胜志·浙江省·宁波府·定海县》“大浃江”条；雍正《浙江通志》卷十四《山川六·宁波府下·镇海县》“大浃江”条；《大明一统志》卷四十六《宁波府·山川》“鄞江”条；《大清一统志》卷二百二十四《宁波府·山川》“鄞江”条；《今水经·南水》“鄞江”条。

⑤ 嘉靖《宁波府志》卷首《郡治图》。

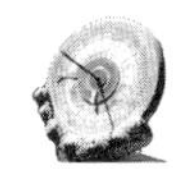

州朝贡"[①]是一个重要标志。北宋年间(960—1127),因"浙江之口,起自纂风亭,北望嘉兴大山,水阔二百余里,故海商舶船,畏避沙潬,不由大江,惟泛余姚小江,易舟而浮运河,达于杭、越矣"[②],宁波三江口"带江汇海,通达天下"的天然优势获得进一步的用武之地。随着宁波"近入乡野、远出大洋"水运布局的完善,"海接三韩诸岛近,江分七堰两潮平"[③]水运通道的成熟,宁波三江口"运势亨通,地尽其利",成为海内外各色舟船下碇系留、起碇扬帆的云集之地。

一、三江口的漕船

漕船,又称"漕舫""漕舻"等,因服务于昔时的"漕运"而得名。漕运是利用水道(河道、海道)征调粮食、钱帛、马料等物资以供军政所需的官方运输行为。漕运之举出现的时间十分久远。其中,走河道的漕运,至迟在"春秋之世已有之"[④];走海道的漕运,则出现在"秦攻匈奴"时,即秦时已有。[⑤] 从文献记载来看,宁波正式参与漕运的历史,始于唐代[⑥],因海道漕运而负盛名于元代。

元时,"漕江南粮,以河运弗便。至元十九年……初通海道漕运"[⑦],即秦时已有的海运从"以给边方之用"正式成为"用之以足国"[⑧]的治国大计。时为庆元的宁波,内河通畅,海道发达,港口成熟,承担漕粮海运的区位优势十分显著:"浙河东西及于江淮,储积待运。近仓之渠,则又浅隘,大舰或不能遽通,必假小舟转载,亦不免于跋涉之劳也。庆元为郡,并江通海,无滩濑椒崖之险,万斛之舟,直抵城下,视他郡则易为力。"[⑨]作为"府港深阔"的宁波三江口,率先成为漕粮海运的启航地,至元年间(1264—1294)即有"漕舻琛舶,凑集城下"[⑩]之盛况。这些麇集三江口一带的漕舻琛舶所运送的米物,主要有二:一是产自庆元府和邻近地区的米粮,包括慈溪、定海、奉化、昌国、象山、临海、宁海等地,二是部分在温台、福建等地登舟的

---

① 《新唐书》卷二百二十《列传第一百四十五·东夷》;[元]马端临《文献通考》卷三百二十二《四裔考一》。

② [北宋]姚宽《西溪丛语》卷上。

③ [南宋]范成大:《初赴明州》,载《石湖诗集》卷二十一。

④ 《左传·僖公十三年》;[明]丘濬《大学衍义补》卷三十三《漕挽之宜(上)》;《漕船志》卷三《船纪》。

⑤ [唐]李吉甫《元和郡县志》卷四《河南道·登州》;[明]丘濬《大学衍义补》卷三十三《漕挽之宜(上)》;[清]嵇璜《续文献通考》卷三十一《国用考·漕运下·漕粮兼资海运疏》。

⑥ 《新唐书》卷五十三《志第四十三·食货三》,武英殿本,第714—718页;[元]马端临《文献通考》卷二十五《国用考三》。

⑦ 《永乐大典(残卷)》卷一万五千九百五十《元漕运二·经世大典》;《元史》卷一百六十六《列传第五十三·罗璧》;《皇朝经世文统编》卷六十七《理财部十二·漕运·海运论》;[明]丘濬《大学衍义补》卷三十四《漕挽之宜(下)》。

⑧ [明]丘濬《大学衍义补》卷三十四《漕挽之宜(下)》;《御选明臣奏议》卷五《漕运议》。

⑨ 至正《四明续志》卷三《城邑·鄞县·坊巷桥道》。

⑩ 成化《宁波郡志》卷四《闾里考·鄞县》"东津浮桥"条;《敬止录》卷十《山川考》"东津浮桥"条。

米粮。这些米物的装运，一般先储积于三江口一带靠近“海道运粮舟次”之地的官仓，“郡仓岁畜米以输京师”[①]，再于指定的起发时间由脚夫挑担至“路约一里”之外的漕船停泊处，“脚夫径直担米上船，就将舶船并温台所用不尽船料支装”[②]，装船后自三江口一带启航，经甬江入海道，或直航至京畿，或转运至京畿。

元代的漕粮海运之法，如“艘数装泊”“艘数泊所”“湾泊何处”“开洋何处”等，虽时有调整，但宁波三江口一带，一直是“浙东装粮路”的重地要港。为护佑漕船海艘，确保海运顺利，这一带多有建置，如大德年间(1297—1307)，于三江口桃花渡北建显德庙，“其神姓姚名器，凡海艘遇飓者，有祷辄应，故称显德之神……都漕运万户卢荣感神效灵运道，捐址建祠”[③]；皇庆元年(1312)，海运千户范忠暨漕运倪天泽等复建来远亭北的天妃庙(灵济庙、灵慈庙)后殿等[④]；至正二年(1342)，城南东津浮桥(灵桥)一带建马道一所，“縻漕舟以上下……致粮于舟……又屋其旁，属延庆寺……象大士天妃于其中，以启舟人之敬畏”[⑤]，由此可见三江口一带的漕运氛围。至于往来三江口的漕船规模与繁忙程度，可从“四明岁石不下十万”[⑥]，“每岁漕运米物十数万斛”[⑦]，“转粟数百万斛给京师”[⑧]，“用船……慈溪定海象山鄞县桃花等渡、大山高堰头慈岙等处，一百四只；临海宁海严岙铁场等港，二十三只；奉化揭崎昌国秀山等岙一带，二十三只”[⑨]等诸多记载中推断一二。

二、三江口的商舶

商舶，又称“贾舶”，主要指开展对外贸易的船只，其中，来华贸易的外国商船，昔时常被称作“番舶”。古代宁波的对外贸易兴盛于宋元时期，以市舶贸易为主要形式。宋淳化年间(990—994)，宋廷在明州设立市舶司(务)[⑩]，掌番货、海舶、贸易之事。后宋廷又下旨夯实明州(庆元)在市舶贸易中的地位，“非明州市舶司而发过日本、高丽者，以违制论”，“诸非杭、明、广州而辄发海商船舶者，以违制论”[⑪]，遂

① [元]陈旅《安雅堂集》卷十二《志铭·丘同知墓志铭》。

② 《永乐大典(残卷)》卷一万五千九百五十《元漕运二·经世大典》。

③ 嘉靖《宁波府志》卷十五《坛庙·鄞》。

④ [元]程端学《积斋集》卷四《灵济庙事迹记》;《四明谈助》卷二十九《东城内外(下)·天后宫》。

⑤ 至正《四明续志》卷三《城邑·鄞县·坊巷桥道》。

⑥ 至正《四明续志》卷九《祠祀·神庙·鄞县》“丰惠庙”条。

⑦ [元]程端礼《畏斋集》卷五《庆元路总管沙木思迪音公去思碑》。

⑧ [元]程端礼《畏斋集》卷三《送刘谦父海运所得代序》。

⑨ 《永乐大典(残卷)》卷一万五千九百五十《元漕运二·经世大典》。

⑩ 宝庆《四明志》卷三《郡志三·叙郡下·制府两司仓场库务并局院坊园等》;《宋史》卷四百六十六《列传第二百二十五·宦者一》;同治《鄞县志》卷六十一《古迹一·蔡范市舶司记》。

⑪ 《东坡奏议》卷八《乞禁商旅过外国状》。

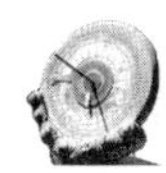

有“凡中国之贾，高丽与日本、诸番之至中国者，惟庆元得受而遣”[①]之说。元时，虽屡修市舶之制，但仍视市舶为实现“国家大得济”之举措，时为庆元港的宁波，仍是市舶贸易的重郡要府，“当海道要冲，舟航繁伙甲他郡”[②]，“远迩方物，夷商贸迁，风帆浪舶，万里毕集，事视他郡尤剧”[③]。明清时期，因政策原因，市舶贸易式微，但宁波依旧是“番舶会集”“商船番舶乘潮出没”“越舫闽樯阵阵过”的浙东大港，对外贸易也依旧颇具影响。历史上，诸如“城外千帆海舶风”“浪舶风帆，来自天际”“商舶往来，物货丰衍”“风帆海舶，夷商越贾”“番舶会集，货贝骈臻”“通番互市，珠贝外国之物，颇充于中藏”“是邦控岛夷，走集聚商舸；珠香杂犀象，税入何其多”“番舶乘潮而舣，高舸蔽江而来”[④]等盛赞宁波对外贸易的记载，可谓史不绝书。

作为商舶碇泊解缆之地的三江口，目之所及之处，千舳万舻，川流不息；海陆珍异，委积市肆；番汉商贾，纷至沓来。三江口一带“樯帆络绎”“百货贸迁”“商贾集凑”的繁华延续千年而不息，与之相适应的港口建置亦完备无虞。首先是管理机构的建设。如：宋时，建市舶务门、市舶库和来远亭于三江口一带：市舶务门“惟舶货入则开”[⑤]；市舶库“东西前后列四库，舻分二十八眼，以‘寸地尺天皆入贡，奇祥异瑞争来送。不知何国致白环，复道诸山得银瓮’号之”；来远亭“贾舶至，检核于此”[⑥]。元时，于来远亭外增建核验之所，“创盖厅屋并轩共六间，南首挟屋三间，以备监收舶商搬卸之所”[⑦]。来远亭，作为“市库中亭”，在很长时间里，皆是舶货云集贸迁之地，有诗云：“海南估客货百艘，乘风一直到江皋。来远亭前争招邀。木难火齐千百包，珊瑚十丈何苕荛……”[⑧]清时，设海关于三江口，先分设大关与小关，大关在“城东三港之南”，小关在“三港西岸”，后因思虑“关宜当隘，不宜偏僻；事宜从一，不宜旁分”，遂“爰购隙地于三港口东岸……合两关为一处。从此迎来送往，弊绝利兴，上裕国储，下安商旅，或未始非地利之效也”[⑨]。其次是船舶停靠之所的建设。自宋代以来，三江口一带，包括往西沿姚江至盐仓门（和义门）一带，

---

① 宝庆《四明志》卷六《郡志六 · 叙赋下 · 市舶》。

② ［元］程端学《积斋集》卷四《海运千户所厅记》。

③ ［元］程端礼《畏斋集》卷五《庆元路总管沙木思迪音公去思碑》。

④ 乾道《四明图经》卷一《分野》《风俗》、卷八《律诗》、卷九《记一 · 三江亭记》；开庆《四明续志》卷一《城郭》，《舆地纪胜》卷一一《两浙东路庆元府》；《宋史》卷八十八《志第四十一 · 地理四 · 两浙路》；嘉靖《宁波府志》卷四《形胜 · 郡》；雍正《浙江通志》卷二百七十一《艺文 · 诗 · 送黄中玉之庆元市舶》；［清］陈梦说《新建浙海大关记》，载《宁波海关志》编纂委员会编《宁波海关志》，浙江科学技术出版社 2000 年版，第 330 页，另载章国庆、李燕萍《甬城现存历代碑碣志》，宁波出版社 2009 年版，第 68 页。

⑤ 宝庆《四明志》卷三《郡志三 · 叙郡下 · 城郭》。

⑥ 宝庆《四明志》卷三《郡志三 · 叙郡下 · 制府两司仓场库务并局院坊园等》。

⑦ 至正《四明续志》卷三《城邑》，亦可见于《四明谈助》卷二十九《东城内外（下）· 来远亭》。

⑧ ［清］全祖望：《杨司舶江楼》，载《句余土音》卷中，亦可见于《四明谈助》卷二十九《东城内外（下）· 杨司舶江楼》。

⑨ ［清］陈梦说：《新建浙海大关记》。

往南沿奉化江至灵桥门一带，往东沿甬江至白沙一带，皆为商舶停泊处。这至少可从三方面得以印证。一是考古成果。例如，20 世纪 70 年代以来在三江口一带考古发掘发现的古代海船码头，包括宋代东门口码头遗址、宋元时期江厦码头遗址和南宋渔浦码头遗址等，由此亦可佐证宋时“本府僻处海滨，全靠海舶住泊，有司资回税之利，居民有贸易之饶”[①]之史实。二是文献记载。例如，“城东灵桥门北……临江石砌道头一片”[②]，“下番滩，在府东一里，为鄞江之滩。故老云：胜国时，诸番互市于兹，因以得名”[③]，“凡番舶商舟停泊，俱在来远亭至三江口一带，帆樯矗竖……每遇闽广船初到或初开，邻舟各鸣钲迎送，番货海错，俱聚于此……对江为后塘街、下番滩，杨柳道头等处”[④]，“其地（定海之白砂）当海舟泊步处。而绝海之商，通蕃之贾，往往贸迁于此”[⑤]，“鄞之商贾，聚于甬江。嘉、道以来，云集辐辏，闽人最多，粤人、吴人次之。旧称鱼盐粮食马头”[⑥]，以及“挝鼓鸣锣潮正还，闽人舟过候涛山。停桡暂泊三江口，官府亲来放蚤关”[⑦]，等等，由此可见三江口一带码头类航运设施的基本布局和兴盛繁华的运营态势。三是现存的古画旧图，如在雪舟的《宁波府图》中，三江口作为船舶云集之地的景况，一目了然；在《最新宁波城厢图》（1914 年）中，三江口一带的道头、码头等设施，亦是一清二楚，其中甬东司道头、杨柳道头、方家道头（大道头）在清时已有正式名称。除以上两种建置外，三江口一带还有诸如庙宇、街市、船厂[⑧]、会馆等相关建置，如“天后宫……宋绍熙二年建……康熙间……为城东巨观”[⑨]，“三江口南北海商公所并有分祀”[⑩]；“及西国通商，百货咸备，银钱市值之高下，呼吸与苏杭、上海相通，转运既灵，市易愈广，滨江列屋大都皆廛肆矣”[⑪]，等等，皆是三江口一带对外贸易繁盛的例证。

三、三江口的其他舟船

往来于宁波三江口的舟船，除了漕船、商舶外，还有客船、货船、渔船、战船[⑫]、

---

① 宝庆《四明志》卷六《郡志六·叙赋下·市舶》。

② 至正《四明续志》卷三《城邑·鄞县·公宇》。

③ 《古今图书集成·方舆汇编·职方典》第九百八十一卷《宁波府部汇考七·宁波古迹考》；《四明谈助》卷三十二《东郭(西)·后塘街·下番滩》。

④ 《四明谈助》卷二十九《东城内外(下)·环富亭》。

⑤ 《九灵山房集》卷二十三《元逸处士夏君墓志铭》。

⑥ 同治《鄞县志》卷二《风俗》。

⑦ [清]胡德迈：《甬东竹枝词》，载同治《鄞县志》卷七十四《土风》。

⑧ 《敬止录》卷二十九《寺观考四·东乡废寺·江下寺》“市舶船厂”条。

⑨ 《四明谈助》卷二十九《东城内外(下)·天后宫》。

⑩ 民国《鄞县通志》第一《舆地志》卯编《庙社·一区庙社一览表》。

⑪ 同治《鄞县志》卷二《风俗》。

⑫ 《四明谈助》卷二十九《东城内外(下)·超然亭·战船厂》。

游船、湖船[①]等，可谓形形色色，不拘一格。其中，首先值得提及的是那些搭载海内外使者及相关随行人员的舟船。例如：唐咸通年间(860—874)，日本头陀亲王率领入唐使团搭载江船沿着甬江、宁波三江口等水道，前往京城，“明州差使司马李闲点检舶上人物，奏闻京城……五年……十二月，亲王、宗叡和尚、智聪……驾江船牵索，傍水入京”[②]。明永乐年间(1403—1424)，郑和曾自三江口一带启航出使西洋，“孺谷指楼下桃花渡为永乐中太监三宝奴出西洋处。海舟征倭时，碇入水不可出，益数十人泅出之。复有一碇大如牛，相挽而上，上铸三宝名”[③]。明嘉靖年间(1522—1566)，策彦周良所率的入明使团沿着甬江行至宁波三江口一带的“鄞县甬东江次所”，后又行至灵桥门，经多番点检后，人憩息于“嘉宾堂”，物收纳于“东库”[④]，船则停靠于浮桥南的“日本船津”[⑤]。嘉宾馆(堂)是明代宁波接待海外来使的“官方指定”之所，“宇内盛平，岛外诸国，由海道入贡，先至鄞，鄞起‘嘉宾馆’接诸贡使”[⑥]，这也就决定了三江口一带必然是海外使者往来的必经之地。其次是那些沿着内河往来的、搭载僧侣与香客(含天子、王公、百司)的舟船。前往普陀者，经浙东运河至宁波，或先自西门(望京门)入城内寺院，如海会庵[⑦]，等待“渡海之路”顺遂，再于三江口桃花渡一带乘舟前往，或直接在三江口一带换乘前往，“自内河来者，历钱江、曹娥、姚江、盘坝者四，由桃花渡至海口，风顺半日可到”[⑧]。前往天童寺、阿育王寺等地者，入城，或不入城，一般都会乘坐船只至江东，而后可选择在三江口以东的张斌桥登舟，沿后塘河前往，如“从明州城出了江东门□是张斌桥，从张斌桥趁船只四十里到了小白河，从小白河头起步，两行夹道青松……”[⑨]，再者就是三江口一带往来较为频繁寻常的渔船、航船[⑩]、货船等。这一点，可自现存的古诗中窥见一斑，如“桃花渡口人未动，野鸢飞上卖渔船”[⑪]，“早行多辛苦……欸乃橹声动”[⑫]，“鼓柁江流白沙湾，白布帆行赭山树”[⑬]，“一带甬江水，三江口却分。

---

① 湖船，为“般剥客旅货物”之用，见《宋会要辑稿·食货四三·宋漕运三》。

② 《入唐五家传·头陀亲王入唐略记》。

③ 《客越志》卷上。

④ 《初渡集(中)》“明嘉靖十八年五月廿二日至同年十月六日”。嘉宾堂、东库的相对位置，见嘉靖《宁波府志》卷首《郡治图》。

⑤ [日]雪舟等杨：《宁波府图》。

⑥ 《四明谈助》卷十四《北城诸迹(四下)·车轿李氏·栎轩李先生》。

⑦ 《清容居士集》卷二十《海会庵记》。

⑧ 《涌幢小品》卷二十六。

⑨ 《天童弘觉忞禅师语录》卷一《住明州太白山天童禅师语录一》。

⑩ 指昔时“载行旅之舟”，一般有固定航线，定期行驶，沿途停靠，搭客载货。

⑪ [明]张琦：《明州歌五首》，《白斋竹里诗集续》卷三。

⑫ [清]姜宸英：《桃花渡待晓》，《姜先生全集》卷二五。

⑬ [明]沈明臣：《晓发桃花渡》，《丰对楼诗集》卷五。

潮去潮又来，来去徒纷纷”[①]，“片帆直下桃花渡……白沙江口白帆多”[②]，“西洋琛贝遐方集，北渡帆樯过客经”[③]，“杨柳道头风，桃花渡口红……送客三江口，风波惹个愁”[④]，等等。

除以上船只外，还值得一提的是渡船，这是宁波三江口一带最为便利民生且存在时间最为持久的船只类型，也是三江口一带主要服务于宁波民众的船只类型。直至二十世纪六七十年代，渡船依然是三江口一带不可或缺的交通工具。这类船只所停靠的渡口，以桃花渡最为出名。该渡是宁波三江口历史上最为重要的渡口和放舟东去之地。历史上关于桃花渡的记载和诗词众多，北宋晁说之的《思四明所居与桃红渡相对》[⑤]是最早吟咏桃花渡的古诗，也是文献中关于桃花渡的最早记载。桃花渡漫溯春秋，渡舟无数，后因新江桥的建成（1862 年左右）而逐渐淡出余姚江。除桃花渡外，甬东司道头、包家道头、杨柳道头、方家道头（大道头）[⑥]、和丰道头以及北门、盐仓门、浮石亭、外滩一带皆有渡船的停泊之所——渡口。[⑦]这些渡口，在很长时间里是宁波市民往来老城区与江北、老城区与江东等线路的重要交通工具。其中，三江口大道头渡口在 20 世纪 60 年代，每日过渡 2000 人左右，“这是一个交通要道。每天过渡的约二千人左右……大道头渡口，是甬江、姚江、奉化江三江会合的地方，有暗流、急湍，还有回水，来往的船只不但特别多，而且行驶的都很快”[⑧]。

四、结　语

宁波三江口，水道深通，港埠深阔，自其成为“建州之始”[⑨]“府城所始”[⑩]之地后，区位优势更显突出，在浙东航运史和对外交通史上的崛起，是必然之势。自唐宋时期开始，宁波三江口作为浙东运河贯通海路的关键节点，赋予了浙东运河新的历史意义：“浙东之盐米，帝后之梓宫，高丽、日本之使臣，南海之香药珠犀，皆不

① ［清］李暾：《赠别赵司马元度・其四》，《松梧阁二集》。

② ［清］胡湜：《江行二绝》，《蛟川诗系》卷二十五。

③ ［清］董沛：《桃花渡》，《六一山房诗集》卷一。

④ ［清］陈仅：《甬江行》，《继雅堂诗集》卷十七《蛣腹斋集下》。

⑤ 《景迂生集》卷五《古诗》。

⑥ 三江口一带的渡口，可参见《最新宁波城厢图》（1914 年），民国《鄞县通志・地图・鄞县分图甲》。

⑦ 《关于渡船的建议》，《宁波人报》1949 年 9 月 21 日；《改善渡船交通再度迫切建议》，《宁波人报》1949 年 9 月 22 日。

⑧ 《行行业业：三江口上老渡工》，《宁波大众》1962 年 2 月 11 日。

⑨ 民国《鄞县通志》第一《舆地志》甲编《建置沿革・附历代建置沿革考》。

⑩ 《宋元四明六志校勘记》卷二《佚文二・延佑四明志・上卷・八城》。

由钱塘大江，唯泛余姚小江，易舟浮运河而达于行在（杭州）。”[①]使得宁波三江口在航运史上的地位、贡献和影响力更加凸显并得以延续千年。“内趋绍郡达京都，外趋镇海入大洋，旁趋奉化达温台”的宁波三江口，成就了国之计、商之利、民之用，也成就了宁波“港通天下”的底蕴与格局。

① 《中国大百科全书·中国历史》，中国大百科全书出版社1995年版，第932页。

后　记

宁波大学文物与博物馆专业硕士学位点（简称宁大文博专硕点）自 2021 年正式获批设立以来，得到了宁波市文化遗产管理研究院、宁波市天一阁博物院、宁波博物院、宁波中国港口博物馆等甬城各大文博机构和省内外诸多兄弟院校专业团队的鼎力支持。本论集既是宁大文博专硕点推出的第一部学术出版物，也是各位师友、同仁和以上各大文博机构精诚合作的学术性成果。

本论集文章的征集与统校工作历时大约半年，能够按计划顺利汇编成册，首先应该感谢各位作者惠赐稿件，其次要感谢诸位同仁的辛苦付出。与论著不同，论集的征文、统校、编务工作需要团队协力完成，大家在百忙中拨冗投入这项繁杂琐细的工作，实属不易。团队成员具体分工如下：宁波大学刘恒武教授、宁波市文化遗产管理研究院王结华院长担任主编；中国港口博物馆冯毅馆长、宁波大学金露副教授担任副主编；南京大学贺云翱教授，浙江大学张颖岚教授，宁波大学李乐教授、龚缨晏教授、尚永琪教授、童杰教授，天一阁博物院庄立臻院长、徐学敏副院长，宁波博物院张亮院长，宁波市文化遗产管理研究院林国聪副院长担任编委；文物研究栏目由宁波大学杨懿博士负责编校，考古研究栏目由宁波大学白斌博士负责编校，博物馆研究、文化遗产保护与传承研究两个栏目的编校工作则由金露副教授完成。此外，宁波大学历史系研究生高天一在书稿编辑过程中也给予了诸多协助。值此论集付梓出版之际，再次向以上诸位表示衷心谢忱！

本论集由宁波大学文物与博物馆专业硕士学位点（QZ202211146）资助出版。在论集编辑策划、出版事宜议定等环节上，宁波大学人文与传媒学院、研究生院、学科建设处、人文社科处的领导与同仁给予了诸多关怀，谨此致以诚挚谢意！另外，论集的顺利出版，还要感谢浙江大学出版社编辑团队的辛勤工作！

由于时间仓促，兼之编者水平有限，本论集中的错漏之处恐在所难免，尚请各位作者和读者给予谅解并不吝指正。

刘恒武　王结华

2023 年 5 月 22 日于宁波大学

图书在版编目(CIP)数据

宁波文物与博物馆专题研究论集/刘恒武，王结华主编.—杭州：浙江大学出版社，2024.1
ISBN 978-7-308-24774-0

Ⅰ.①宁… Ⅱ.①刘… ②王… Ⅲ.①博物馆学—宁波—文集 ②文物工作—宁波—文集 Ⅳ.①G269.275.53-53

中国国家版本馆CIP数据核字(2024)第065861号

宁波文物与博物馆专题研究论集
NINGBO WENWU YU BOWUGUAN ZHUANTI YANJIU LUNJI
刘恒武　王结华　主编

策划编辑　吴伟伟
责任编辑　陈　翩
文字编辑　蔡一茗
责任校对　许艺涛
封面设计　雷建军
出版发行　浙江大学出版社
（杭州市天目山路148号　邮政编码310007）
（网址：http://www.zjupress.com）
排　　版　浙江大千时代文化传媒有限公司
印　　刷　杭州高腾印务有限公司
开　　本　787mm×1092mm　1/16
印　　张　25.75
字　　数　519千
版 印 次　2024年1月第1版　2024年1月第1次印刷
书　　号　ISBN 978-7-308-24774-0
定　　价　118.00元

浙江大学出版社市场运营中心联系方式　(0571)88925591；http://zjdxcbs.tmall.com